AF340735

PAUL NOURRISSON

AVOCAT A LA COUR D'APPEL
LAURÉAT DE L'INSTITUT

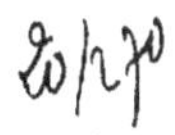

HISTOIRE

DE LA

LIBERTÉ D'ASSOCIATION

EN FRANCE DEPUIS 1789

TOME I

LIBRAIRIE

DE LA SOCIÉTÉ DU

RECUEIL SIREY

22, Rue Soufflot, Paris-5e

LÉON TENIN, Directeur

HISTOIRE

DE LA

LIBERTÉ D'ASSOCIATION

EN FRANCE DEPUIS 1789

A LA MÊME LIBRAIRIE

DU MÊME AUTEUR

L'ouvrier et les accidents, 1887.

La responsabilité des accidents du travail et le projet de loi adopté par la Chambre des députés le 10 juillet 1888, 1889.

Le risque professionnel et les accidents du travail, 1891.

De la participation des particuliers à la poursuite des crimes et des délits (Ouvrage récompensé par l'Académie des Sciences morales et politiques. Concours pour le prix du budget de 1893), 1894.

Étude critique sur la puissance paternelle et ses limites (Ouvrage récompensé par l'Académie des Sciences morales et politiques. Concours pour le prix Bordin de 1897), 1898.

L'association contre le crime, 1901.

Étude sur la répression des outrages aux bonnes mœurs (Ouvrage couronné par l'Académie des Sciences morales et politiques. Concours pour le prix Saintour de 1904), 1905.

Le grand danger. Tout par l'État, 1909.

PAUL NOURRISSON

AVOCAT A LA COUR D'APPEL
LAURÉAT DE L'INSTITUT

HISTOIRE

DE LA

LIBERTÉ D'ASSOCIATION

EN FRANCE DEPUIS 1789

TOME I

LIBRAIRIE
DE LA SOCIÉTÉ DU
RECUEIL SIREY
22, Rue Soufflot, Paris-5ᵉ
LÉON TENIN, Directeur

1920

A LA MÉMOIRE DE MON FILS

JEAN-FÉLIX-MARIE NOURRISSON

Tombé pour la France le 4 mai 1918.

INTRODUCTION

La liberté d'association.

Importance actuelle de l'association. Le droit d'association droit naturel
et nécessaire.

Caractères juridiques de l'association : lien entre les personnes dans un
but autre que de partager les bénéfices, idée de permanence, intérêt
collectif distinct de l'intérêt particulier des membres de l'association.

Utilité de l'association au point de vue social : l'association contre-poids
à l'omnipotence de l'Etat, garantie des droits et des libertés, auxiliaire
de l'Etat.

Rôle de l'Etat vis-à-vis de l'association : défense de la liberté individuelle, défense de l'ordre public. Prévenir et surtout réprimer.

Une législation est nécessaire relativement au droit d'association. Le droit
d'association étant, non une concession des pouvoirs publics, mais un
droit naturel dont la liberté est la garantie, le principe posé à la base de
cette législation doit être la reconnaissance de la liberté d'association.
La liberté d'association suppose pour les associations la faculté de
naître et la possibilité de vivre. — Toute association doit pouvoir se
former sans autorisation. La loi peut seulement réglementer l'exercice
du droit : conditions imposées pour la création et le fonctionnement de
l'association; sanctions pénales, nullité et dissolution. — Pour vivre,
l'association doit pouvoir posséder et se perpétuer, ce qui constitue la
personnalité. Nécessité de la personnalité droit total pour l'association.
Comment la personnalité pourra être acquise. L'objection de la mainmorte : son danger, son utilité. La fondation. — Causes de dissolution.
Comment elle pourra s'exercer. Sort des biens en cas de dissolution.

Tendances actuelles vers la liberté à l'étranger et en France. La notion
de la liberté d'association est une notion contemporaine. Le développement historique de cette notion sujet de cette étude.

Quels obstacles ont été apportés à la liberté d'association : Exclusivisme
de l'Etat écartant l'initiative individuelle ; craintes ou préjugés contre
certaines catégories d'associations : les associations professionnelles et
surtout ouvrières, religieuses, politiques.

Le mouvement moderne en faveur de la liberté d'association reconnue
comme nécessaire s'explique : par l'extension en fait des associations ;
par la nécessité qui s'impose de plus en plus de faire tomber le système
de prohibition notamment à l'égard des associations professionnelles,
religieuses, politiques; par les tendances actuelles au point de vue économique et social ; par la réaction contre l'omnipotence de l'Etat.

Plan de l'ouvrage : suivre ce mouvement dans les différentes périodes
historiques depuis la Révolution et, par là même en montrer la légitimité.

S'il est un fait qui s'impose avec une incontestable évidence, c'est le courant irrésistible qui porte les hommes
de notre temps vers l'association. Nous sommes à une

époque de syndicats, de groupements de toute sorte, à une époque où revit l'esprit corporatif [1]. C'est un fait que Taine avait constaté en envisageant les conditions de vie de la société moderne [2]; c'est sans doute dans l'association qu'il aurait cherché les remèdes aux maux dont souffre cette société, et surtout aux plus graves de ces maux, « l'écrasement des corps faibles par l'Etat, sa tendance croissante à l'ingérence, à l'absorption de tous les services, la descente du pouvoir aux mains de la majorité numérique. [3] » Contre l'omnipotence de l'Etat, contre la tyrannie du nombre, l'association s'impose pour sauvegarder la liberté des individus [4].

C'est en effet de la liberté individuelle et de la nécessité sociale de l'assistance mutuelle entre les hommes que dérive le droit d'association. Pour donner à son activité son développement complet et pour exercer ses facultés dans toute leur étendue comme pour défendre ses droits, l'homme, être essentiellement sociable, a besoin de joindre son action à celle de ses semblables en vue d'un effort commun.

L'association centuple les forces de l'individu.

L'homme isolé, tel que l'a envisagé la doctrine révolutionnaire imbue des idées de Rousseau, on l'a dit avec raison, est une chimère [5]. L'individualisme est un mal, car il vient de l'égoïsme et conduit à l'isolement; l'initiative individuelle, qui est un bien, ne peut s'exercer efficacement que par l'association. L'association est nécessaire à

1. Fagniez. *Corporations et syndicats*, 1905, p. 190.
2. Taine. *Les origines de la France contemporaine*, 1899, t. X, p. 203; t. XI, p. xix.
3. Taine. T. XI, p. xv. — *Sa vie et sa correspondance*, 1907, t. IV, p. 351. « L'association » fragment préparé pour le dernier volume des origines de la France contemporaine.
4. On nous permettra de rappeler nos ouvrages précédents dont la conclusion a été la nécessité de l'association comme condition de l'extension de l'initiative individuelle et comme obstacle à l'omnipotence de l'Etat : *De la participation des particuliers à la poursuite des crimes et délits*, 1894. — *L'association contre le crime*, 1904. — *Le grand danger : tout par l'Etat*, 1909.
5. Nourrisson. *Jean-Jacques Rousseau et le rousseauisme*, 1903, p. 142 et suiv. ; P. Leroy-Beaulieu. *L'état moderne et ses fonctions*, 1900, p. 32; de Gaillard Bancel. *Les anciennes corporations de métiers*. Préface de M. Fagniez, p. xviii.

l'homme pour qu'il puisse accomplir sa destinée et jouir de ses droits essentiels. Le droit d'association est donc un droit naturel et non une concession de l'Etat [1] ; la loi peut en réglementer l'exercice, elle ne le crée pas. C'est là une vérité qui ne serait plus à proclamer aujourd'hui si elle n'était encore oubliée dans les dispositions législatives les plus modernes [2].

Ce qu'on a fait remarquer, avec non moins de raison, c'est que le droit d'association est, en quelque sorte, un droit incompressible [3]. Il est tellement nécessaire, surtout à notre époque et dans notre pays où les institutions et l'ordre social ne reposent plus sur les traditions consacrées par une coutume universellement acceptée, qu'il est l'objet d'une aspiration constante de la part des citoyens. Qu'on tente de le nier : il s'impose à l'opinion publique. Qu'on s'efforce de le supprimer : on y revient par des moyens détournés. Malgré les prescriptions légales on y recourt de plus en plus. Les prohibitions portées contre les associations n'aboutissent qu'à multiplier les associations considérées comme illicites [4] jusqu'au jour où le sentiment général réclame la reconnaissance d'un droit dont chacun a besoin et dont tout le monde veut user avec d'autant plus d'ardeur que les prescriptions les plus rigoureuses ont été prises pour en interdire l'exercice.

On a défini l'association ou plutôt le contrat par lequel se réalise l'association, « la convention par laquelle deux

1. L'association tire sa vie de la volonté des associés. (De Lamarzelle : Sénat, 17 juin 1901, p. 896.)

« Le fait de l'association est aussi naturel que le fait de se loger, de se nourrir, de se vêtir. » (M. Fonsegrives. *Le droit d'association*, Congrès tenu en 1899 sous la présidence de M. Lamy, p. 14.)

« Les corps spontanés sont des organes distincts, aussi naturels que l'Etat, aussi indispensables dans leur genre, partant aussi légitimes que lui. » (Taine. *Les Origines*, t. IX, p. 205).

Notons qu'à côté des associations volontairement formées il y a des associations naturelles dont nous faisons partie par la force des choses : la famille, la cité, la patrie, l'Etat lui-même. On a pu définir la patrie : « une association d'âmes au service d'une organisation sociale. » (Le cardinal Mercier cité par M. Rocquain. *Compte-rendu de l'Académie des sciences morales*, août 1917, p. 125.)

2. Congrès de 1899, p. 120.

3. Ravier du Magny. *Revue catholique des Institutions*, août 1912, p. 121.

4. Hubert Valleroux. *Les corporations d'arts et métiers et les syndicats professionnels*, 1885, p. 414.

ou plusieurs personnes mettent en commun d'une façon permanente leurs connaissances ou leur activité dans un but autre que de partager des bénéfices ». Ainsi est formulé l'article 1ᵉʳ de la loi du 1ᵉʳ juillet 1901.

Ce qui caractérise l'association c'est, avant tout, le lien qu'elle crée entre ses membres [1]. Elle n'est pas, comme la réunion, un rassemblement accidentel d'individus. Elle n'est pas, comme la société, une simplification, une fiction [2] qui permet à des intérêts pécuniaires de se grouper, de telle sorte que la raison sociale représente et engage les associés dans la limite du mandat qu'ils se sont donné, mais en vue de leurs intérêts personnels. La société, c'est, au fond, l'ensemble des associés, et, la société dissoute, chacun d'eux reprendra sa part de l'actif social dans la proportion de son apport. Tout autre est le caractère de l'association. Elle n'est pas un groupement de capitaux, elle est un groupement de personnes. Les membres ont en vue un but commun à atteindre, ils ont en vue un intérêt matériel ou moral qui est l'objet poursuivi et dont la recherche constitue le lien juridique et l'engagement réciproque qui les unissent. La société, ainsi que la définit l'article 1832 du Code civil, a essentiellement pour objet un partage de bénéfices [3]. L'association, si elle n'exclut pas forcément l'idée d'un avantage matériel, ne se propose pas essentiellement pour objet le bénéfice qui en résulte ; ce qui domine chez les membres de l'association, ce n'est pas l'idée d'un gain pécuniaire, c'est l'idée d'une action commune vers un but déterminé, d'un intérêt collectif qui groupe les individus dans un commun effort.

Un autre caractère de l'association est sa permanence [4]. La société, par essence, est constituée pour un temps déterminé au terme duquel elle doit prendre fin. Elle se

---

1. Célier et Taudière. *Sociétés et associations*, 1911, p. 5, 31.

2. « La personnification des sociétés n'est qu'une forte concentration de droits individuels ; elle est une fiction de personnalité... la personnification est une fiction, un voile qui cache pour un temps le fait de la copropriété. » (Note de M. Labbé sous l'arrêt de la Cour de Paris, 25 mars 1881 ; Sirey, 1881, t. I, p. 250.) — Congrès de 1899, p. 137.

3. Cassation, 11 mars 1914 (*Gazette des Tribunaux*, 24 avril 1914).

4. « Une association est un groupe d'hommes agissant en commun d'une façon permanente. » (Hauriou. *Précis de droit administratif*, 1892, p. 9.)

dissout par la mort ou la volonté d'un seul des associés [1]. L'association, en principe, et sauf convention contraire, n'envisage pas de limite à sa durée [2]. Les associés pourront se réserver le droit de sortir de l'association [3] ; l'association ne continuera pas moins à fonctionner jusqu'à une dissolution qui n'interviendra que par la volonté commune, par la réalisation de l'objet poursuivi, ou par l'impossibilité légale ou matérielle d'atteindre le but proposé [4].

Enfin l'association, ainsi que nous l'avons indiqué, a pour objet un intérêt collectif distinct de l'intérêt particulier de chacun de ses membres [5]. Dans la société, groupement d'intérêts particuliers, chacun des associés doit forcément avoir fait un apport, et cet apport est un apport pécuniaire ou pouvant se résoudre en une valeur pécuniaire ; dans l'association, chacun de ceux qui se groupent apporte essentiellement ses connaissances ou son activité [6]. On peut sans doute concevoir dans l'association un apport matériel en vue du but poursuivi, on peut même envisager l'hypothèse où celui qui a fait l'apport se réserverait le droit de le reprendre en quittant l'association, il n'en est pas moins vrai que l'actif de l'association n'appartient pas aux associés, à la dissolution de l'association, et à moins d'une clause formelle insérée dans le pacte statutaire, le patrimoine de l'association ne doit pas être partagé entre eux [7].

Cette distinction entre l'intérêt de l'association et celui des associés est incontestable pour les associations investies de la personnalité légale. Quant aux associations qui, aux yeux de la loi, sans être illicites, seraient de simples

1. Article 1865 Code civil (sauf la dérogation prévue par l'article 1868).

2. Domat posait la distinction entre les communautés, « assemblées de plusieurs personnes unies en corps », qui sont perpétuelles, et les sociétés qui se forment pour un certain temps. (*Droit public*, titre XV, § 1.)

3. Ils auront toujours ce droit, d'après l'article 4 de la loi de 1901, si l'association n'est pas formée pour un temps déterminé.

4. Célier et Taudière, pages 58, 61.

5. On a fait observer que l'association n'est pas seulement la somme des intérêts individuels des associés. Il y a un intérêt collectif distinct des intérêts des associés. (Rapport de M. Falcimaigne. *Gazette des Tribunaux*, 14 avril 1913. De Lamarzelle. *Correspondant* du 25 décembre 1900, p. 1056.)

6. Loi du 1er juillet 1901, article 1.

7. Sur la validité contestable de la clause d'attribution des biens de l'association aux associés en dehors de la reprise des apports voir : l'article 15 du décret du 16 août 1901. Célier et Taudière, p. 64.

groupements de fait, elles ne possèdent pas de personnalité juridique, il y aura lieu simplement de tenir compte des conventions intervenues entre les associés et de l'indivision de biens qui peut en résulter [1] : Il est bien certain cependant, qu'en fait et dans l'intention des associés, elles ne sont pas constituées dans l'intérêt particulier de chacun de leurs membres, mais dans un intérêt collectif, en vue d'un but commun à atteindre.

S'il en est ainsi, et si l'association est la véritable forme de la solidarité, le moyen le plus efficace de l'exercice de l'activité humaine qui devient plus puissante par le groupement et la multiplication des efforts, on voit quelle peut être sa force et son utilité.

Au point de vue social son rôle ne peut plus être méconnu aujourd'hui. Bien loin, comme on a paru le redouter [2], d'aboutir à l'effacement de l'initiative individuelle, l'association la stimule en même temps qu'elle centuple son efficacité. Agent actif de paix sociale [3], elle constitue le véritable instrument de réforme et la digue la plus résistante à opposer au socialisme [4] qui aboutit en définitive à l'anéantissement de toute initiative de la part des individus. Elle rend possible et efficace l'effort de chacun en vue de la prospérité commune et de l'accomplissement du devoir social [5]. L'histoire en apporte des témoignages irrécusables.

De nos jours, en particulier, l'association est une nécessité sociale [6]. Elle est la grande force qui peut s'opposer aux empiètements de l'État dont le despotisme envahissant broie les individus pour en faire une poussière impalpable qui ne laisserait devant lui aucun obstacle [7]. En

1. Célier et Taudière. p. 35 et s.
2. Le Play. *Réforme sociale*, t. II, ch. V.
3. *Ib.*, t. III, p. 22.
4. « Ce que le socialisme promet, l'association libre le tient. » (M. Deschanel, *Bulletin de la Société des Agriculteurs de France*, 1er août 1897.)
5. Lefébure. *La ... aissance Religieuse en France*, 1886, p. 170. (Discours à l'Assemblée . ationale en 1873.)
6. Sur la nécessité sociale de l'association : Taine, t. X, p. 202.
7. De Tocqueville. *La démocratie en Amérique*, t. I, p. 379-382. — Taine, t. IX, p. 188-189. — *Rapport de M. Laboulaye à l'Assemblée Nationale sur le projet de loi relatif à l'enseignement supérieur* (Sirey, lois annotées, 1876, p. 65). — De Lacombe. *Correspondant*, 10 octobre 1900, p. 37.

face de l'omnipotence croissante de l'Etat, les citoyens ont des droits dont l'association est la sauvegarde la plus sûre et la garantie essentielle [1]. A la centralisation à outrance dont nous souffrons aujourd'hui elle peut être un remède efficace par l'usage bienfaisant d'une liberté fondamentale qui apprend aux citoyens à participer eux-mêmes à la gestion de la chose commune au lieu de s'en remettre aveuglément au pouvoir central des intérêts de chacun [2].

Il est devenu banal d'énumérer les avantages de l'association dans tous les ordres d'idées ; il n'est point cependant inutile de rappeler sans cesse les services inappréciables qu'elle peut rendre. Non pas qu'elle soit, comme on l'a dit ironiquement, une panacée universelle [3] ; mais de combien de droits et de libertés n'est-elle pas la garantie première et essentielle [4] ?

La propriété, les droits du père de famille et en particulier ses droits sur ses enfants consacrés par la liberté de l'enseignement [5], la liberté de la bienfaisance, trouvent une sauvegarde dans le droit d'association.

Dans l'ordre économique, la mutualité et la coopération constituent moins une recherche de bénéfices que la réunion d'efforts pour procurer à leurs adhérents secours, économie et travail [6].

Dans le monde du travail l'association a un intérêt primordial : l'association professionnelle est un élément essentiel de la société, surtout de la société actuelle, que l'on considère la nécessité pour les ouvriers de s'unir en vue de la défense de leurs intérêts communs, ou même que l'on envisage l'intérêt plus élevé qui placerait dans l'union des

1. Pour atteindre la liberté d'association il faut violer les autres libertés. « Il n'est presque pas un principe de droit public dont le maintien ou la garantie ne soient liés au respect de cette liberté fondamentale. » (Pierre Dareste. *Revue des Deux-Mondes,* 1er octobre 1891, p. 828.)

2. De Tocqueville, t. I, p. 10 ; Taine, t. VII, p. 174-179. — *Sur l'association comme instrument de décentralisation* : Charles Brun. *Le régionalisme.* Bloud, 1911.

3. « Parmi les panacées des novateurs, l'association est un remède dont on a abusé. » (Le Play. *Réforme sociale,* t. II, Ch. V, XII, § 2.)

4. Pierre Dareste, La liberté d'association. *Revue des Deux-Mondes,* 15 octobre 1891.

5. Le mouvement en faveur de la liberté d'enseignement s'appuie sur l'idée d'association. (Le Play. *Réforme sociale,* t. III, p. 386.)

6. Clunet. *Les associations,* 1909, p. 22, note 1.

patrons et des ouvriers la solution des questions sociales qui tourmentent notre époque [1].

Au point de vue charitable, quiconque se préoccupe du problème du paupérisme, quiconque ne veut pas sur ce point s'en rapporter exclusivement à l'Etat, doit demander à l'association les moyens de tenter des efforts difficiles pour les individus isolés. La liberté religieuse ne peut être revendiquée et défendue efficacement que par elle, et dans des convictions religieuses communes à tous ses membres l'association puise son énergie la plus grande et se manifeste sous sa forme la plus élevée [2]. C'est le christianisme en effet, par les sentiments de dévouement et d'amour du prochain qu'il inspire, qui peut unir les hommes par les liens les plus forts et les plus durables. De là vient que les congrégations religieuses réalisent la plus haute expression de l'association, en même temps que par le mobile de désintéressement supérieur qui les anime elles peuvent rendre au point de vue social les plus éminents services [3].

Au point de vue politique enfin n'est-ce pas l'association qui garantit aux citoyens l'exercice de leurs droits, en leur permettant l'entente et l'union qui sont indispensables pour les faire respecter, en leur donnant le moyen de développer leur libre initiative. A cet égard on peut dire que, sous une démocratie [4], le droit d'association est un droit primordial sans l'exercice duquel le suffrage universel demeure rudimentaire et inorganisé [5]. L'association permet aux citoyens de se défendre contre la tyrannie du nombre, tyrannie la plus brutale et la plus odieuse de toutes car elle est irresponsable. Sur cette base repose l'organisation des partis politiques en l'absence desquels

---

1. Congrès de 1899, p. 98-126 et s. — M. Lamy : « Ne peut-on voir se dégager des associations l'ébauche d'un ordre renouvelé. » (*Le Correspondant*, 10 décembre 1907, p. 1002.) — Les droits corporatifs qui ont leur place entre les droits individuels et les droits de puissance de l'Etat ont fait leur réapparition de nos jours. (M. Larnande. *La loi*, du 4 novembre 1911.)

2. Hubert Valleroux. *Les corporations d'arts et métiers*, 1885, p. 260.

3. Taine, t. XI, p. 139.

4. De Tocqueville. *La démocratie en Amérique*, t. II, p. 112, 156. — M. Charles Benoist : « La démocratie s'organisera par l'association, ou elle ne sera pas. » (Congrès de 1899, p. 100.)

5. Congrès de 1899, p. 98.

la direction gouvernementale ne dépend plus que de votes électoraux émis au hasard des circonstances et des passions locales [1]. L'association donne aux membres de la nation le moyen de mesurer la responsabilité de leurs votes en prenant part, d'une façon raisonnée, à la gestion de la chose publique.

Si en effet nous considérons l'association comme une force contre l'Etat omnipotent, comme un moyen de défense contre l'Etat qui outrepasse sa véritable fonction, nous l'envisageons aussi comme une aide pour l'Etat quand il exerce ses attributions dans sa véritable sphère c'est-à-dire dans l'intérêt de tous. A ce point de vue l'association est une force pour l'Etat en lui apportant le concours de l'initiative individuelle qui viendra renforcer son action sur les terrains où elle est nécessaire et légitime [2].

Est-ce à dire que l'exercice du droit d'association ne puisse pas entraîner d'abus [3] ? C'est ici que nous apparaît le rôle de l'Etat en cette matière. Sa fonction essentielle est de veiller à la sécurité publique, de maintenir l'ordre dans la société ; il remplira donc sa mission en empêchant l'association de devenir tyrannique pour les citoyens et dangereuse pour lui-même [4].

Le droit de s'associer est un droit naturel et primordial, mais nous persistons à croire, bien qu'à l'opinion contraire aboutissent des doctrines qui ont d'ardents partisans [5], que ce droit ne saurait s'exercer en violation de

---

1. Congrès de 1899, p. 48.

2. De Lamarzelle. *Correspondant*, 10 novembre 1900, p. 452. — L'association contre l'Etat omnipotent, mais aussi l'association auxiliaire de l'Etat, telle est la formule que nous avons considérée comme devant être la conclusion de notre ouvrage : *Tout par l'Etat* (p. 407).

3. Notons du reste que les abus du droit d'association peuvent être atténués par la liberté d'association elle-même. C'est ainsi que les excès des syndicats révolutionnaires peuvent être combattus par la création de vraies associations professionnelles.

4. Taine, IX, p. 179-180.

5. C'est ainsi qu'à propos d'un arrêt de Cassation déclarant passible de dommages-intérêts le syndicat qui a forcé le patron, sous menace de grève, à renvoyer un ouvrier qui se refusait à faire partie du syndicat, on a pu écrire :

« Pour que ce développement (des syndicats) soit possible, il faut que la liberté des syndicats reste entière, il faut même que nous sachions oublier parfois la classique antithèse de la liberté et de la licence, fermer

la liberté individuelle. On doit avoir le droit de s'associer ; on doit avoir aussi le droit de ne pas entrer dans
une association ou d'en sortir. La législation qui rendrait
l'association obligatoire, fût-ce même en matière professionnelle, serait, nous osons le proclamer, la pire des législations car elle arriverait à méconnaître le principe de
liberté sous lequel nous ne saurions comprendre l'association [1]. La contrainte est la négation de l'association,
comme aussi le monopole, et à ce point de vue les excès
commis de nos jours par les syndicats ouvriers sont assez
frappants pour qu'il soit impossible de ne pas reconnaître
à l'Etat le droit de protéger la liberté individuelle et la
liberté du travail qui en est la plus légitime conséquence.

En second lieu l'Etat a le droit de se défendre lui-
même et de maintenir les associations dans le rôle qui
légalement leur appartient. N'a-t-il pas, de toute évidence,
le devoir d'empêcher tel groupement politique de devenir, comme on l'a dit, un Etat dans l'Etat. Tels étaient
les clubs révolutionnaires dont le plus célèbre, le club
des Jacobins, est resté comme le type d'un organisme
vivant en dehors du pouvoir légal et imposant sa volonté
à ce pouvoir lui-même [2]. Telles sont aussi les sociétés
secrètes ; elles tendent par leur action occulte à s'appro-
prier la direction des affaires publiques en violation des
règles constitutionnelles qui président à l'organisation
des pouvoirs de l'Etat. N'est-il pas aussi du devoir de la
puissance publique d'obliger les associations jouissant
de l'existence légale à rester dans les limites de leur véritable action en raison de leur objet, de ne pas admettre,
par exemple, que des associations professionnelles permettent aux fonctionnaires d'échapper à la discipline

les yeux sur les abus qu'il y aurait plus d'inconvénients à réprimer qu'à
tolérer. » (Note de M. Jay sous l'arrêt de Cassation du 22 juin 1892. —
Sirey, 1893, I, p. 143.) — Voir aussi M. Fonsegrives. (Congrès de 1899,
p. 25.)

1. L'association, pour l'école socialiste, est un moyen de contrainte. On
a été jusqu'à parler de la « souveraineté économique » des groupements
professionnels. (P. Boncour. *Le fédéralisme économique*, 1901, p. 360.)

2. Taine, t. V, p. 66 et s. « Cela fait un vaste organisme politique aux
millions de bras qui opèrent tous à la fois sous une impulsion unique. »

nécessaire ou qu'elles se transforment en organismes politiques et révolutionnaires ? L'exemple de la Confédération générale du travail est le plus frappant à cet égard parce qu'il fait ressortir à la fois, et la gravité du devoir de l'Etat, et les conséquences lamentables qui résultent de son abstention à le remplir.

Pour exercer sa fonction qui consiste à protéger les citoyens et à sauvegarder l'ordre public contre les abus qui peuvent résulter du droit d'association, l'Etat doit à la fois prévenir les abus et les réprimer[1]. Il doit les prévenir en réglementant, et nous dirons de quelle façon nous comprenons d'une façon générale cette réglementation, l'usage de l'association ; en fixant par exemple certaines règles de publicité ou d'organisation, en réglant notamment ce qui concerne le droit de posséder. Il doit surtout les réprimer en poursuivant les actes délictueux commis par les membres de l'association en tant que ces actes constituent des actes prévus et punis par la loi pénale applicable à tous les citoyens. Nous ne saurions comprendre, par exemple, pourquoi les atteintes portées à la liberté du travail échapperaient à la sanction d'une réparation civile, ou même, dans le cas de violences, à la répression pénale parce qu'elles seraient le fait de personnes groupées en une association quelconque au lieu d'être imputables à un individu isolé. A plus forte raison, si l'association a été formée en vue de commettre des actes délictueux, ces actes peuvent-ils être réprimés avec une sévérité particulière[2]. L'Etat doit aussi, nous le ferons remarquer plus loin, prévoir des sanctions, la nullité et la dissolution, contre les associations qui auraient un objet illicite ou contraire aux lois.

Et même ce dernier devoir de répression est le plus essentiel, car, si par l'excès des mesures préventives[3] l'Etat peut être soupçonné de vouloir apporter des obstacles à la constitution des associations, au contraire,

1. De Lamarzelle. *Correspondant*, 10 janvier 1901, p. 57.
2. Article 265 du Code pénal et loi du 18 décembre 1893 sur les associations de malfaiteurs.
3. Par exemple en soumettant la formation de l'association à une autorisation d'après le système du Code pénal.

quand, une fois l'association constituée, elle apparaît comme dangereuse pour l'ordre public, quand elle a été le moyen de commettre des actes délictueux, le droit de répression de l'Etat est nécessaire et ne peut être contesté. Le pouvoir répressif de l'Etat en cette matière est indiscutable, c'est un pouvoir que tous s'accordent à lui reconnaître, même ceux qui réclament la plus libérale législation.

A ces différents points de vue une législation est en effet nécessaire. Quelle doit être cette législation ? Elle dépendra de la façon dont sera compris le droit d'association. Jusqu'à une époque récente la législation a été en France purement prohibitive. La loi reconnaissait aux citoyens le droit de se grouper en vue de bénéfices à réaliser, de gains à poursuivre, elle admettait la société, groupement d'intérêts. Quant à l'association, groupement de personnes constitué dans un but autre que celui de réaliser des bénéfices, elle ne s'en occupait que pour l'interdire ou la soumettre à des conditions rigoureuses qui équivalaient en pratique à une prohibition. C'est que le droit d'association n'était pas considéré dans son véritable caractère de droit naturel et primordial, droit que la loi ne crée pas, dont elle peut seulement régler l'exercice. La loi de 1901 elle-même, qui s'intitule « relative au contrat d'association », a paru envisager surtout le contrat d'association qu'elle proclamait licite et dont elle réglait les formes et déterminait les effets.

Le principe qui doit dominer, c'est que l'association est un organisme spontanément formé dont l'Etat ne peut que constater l'existence [1] car, avons-nous dit, l'homme a besoin de s'unir avec ses semblables, et la volonté collective des associés née de ce rapprochement est aussi respectable que la volonté individuelle de chacun d'eux. S'il en est ainsi, il faut reconnaître que la garantie et la condition première de l'exercice de ce droit est la liberté. Comme le droit d'association, la liberté d'associa-

---

1. L'Etat pourra dissoudre l'association ou l'empêcher de vivre juridiquement, « mais donner la vie à l'association, il ne le peut pas, car elle l'a déjà reçue, et c'est le contrat qui la lui a donnée » (de Lamarzelle. *Le Correspondant*, 25 décembre 1900, p. 1056).

tion est de droit naturel, c'est une liberté primordiale et qui ne résulte pas d'une concession de l'Etat. A la base de toute législation sur le droit d'association doit donc se trouver la reconnaissance de la liberté d'association. Dans la pratique, l'intérêt public exige du reste cette condition première. L'association vit de liberté : la contrainte l'empêche de produire ses heureux effets ; un régime de prohibition n'atteint en réalité que les bons citoyens dont elle paralyse l'activité, tandis que ceux qui veulent se servir de l'association dans un but inavouable ou nuisible échappent aux prohibitions légales par des subterfuges ou un mystère d'autant plus dangereux que leurs actes blâmables sont plus difficiles à surveiller. L'histoire des sociétés secrètes et des organisations occultes politiques ou révolutionnaires démontre avec évidence la vérité de cette affirmation [1].

C'est à ce point de vue surtout qu'il faut se demander quelle doit être la législation relative à l'association. Il ne suffit pas de voir comment le législateur peut réglementer le droit d'association. Il ne suffit même pas d'exiger que cette réglementation, par une excessive rigueur, ne décourage pas l'initiative privée. Ce qui importe principalement est de poser comme base de cette législation le principe de liberté sans lequel le droit d'association n'existe pas [2] ou n'existe que d'une façon précaire suivant le bon plaisir du législateur.

En quoi consiste la liberté d'association ? Nous considérons qu'elle suppose essentiellement deux conditions qui sont nécessaires et indispensables pour que le droit d'association ne soit pas un vain mot : la faculté pour les

---

1. Faire du droit d'association une concession de l'Etat, c'est faire de l'association un corps privilégié avec les abus qui en résultent.

Interdire l'association c'est placer les citoyens entre la loi naturelle et la loi positive et les pousser à constituer des associations illicites. — (Ravier du Magny. *Revue catholique des Institutions*, août 1912, p. 103).

Au congrès de 1899 on a fait remarquer justement qu'en cette matière, avec la contrainte, on a, non l'usage, mais l'abus de l'association.

2. Le droit commun des associations est la liberté. Baudoux et Lambert. *Revue des Deux-Mondes*, 15 août 1907. — Basseville. *Le droit à l'association*, Dijon, 1897.

associations de naître, et la possibilité pour elles de continuer à vivre [1].

La faculté de naître implique que toute association a le droit de se former sans autorisation de l'Etat. Nous disons toute association, c'est-à-dire que la liberté doit exister au profit de tous les citoyens qui ne se proposent pas un but immoral ou illicite [2]. Exclure de cette liberté une catégorie de citoyens est, de la part du législateur, une prétention inadmissible. C'est cependant ce qu'a fait la loi de 1901 qui, paraissant dans son article 2 poser le principe général de la liberté d'association, exclut dans son titre III toute une catégorie de citoyens qui ne peut être définie que d'une façon abusive. Les congrégations en effet restent soumises à l'autorisation et à l'autorisation législative. Celles qui n'ont pas obtenu l'autorisation sont des associations illicites sans qu'on puisse déterminer le caractère d'une congrégation autrement qu'en relevant certaines manifestations de la vie humaine qui tendent en somme à révéler l'existence des vœux. Or les vœux sont des engagements de conscience qui n'ont aucune valeur par eux-mêmes aux yeux de la loi. Ces religieux que la loi ne connaît pas, que logiquement, d'après les principes actuellement en vigueur, elle ne doit pas connaître, ne peuvent donc former une association comme les autres individus. En somme, la loi de 1901 frappe d'incapacité une catégorie de citoyens en raison de leurs sentiments intimes et constitue au droit commun une dérogation qui est une véritable tache dans notre législation [3]. Rien n'autorise, comme nous le remarquerons à

1. Voir les conclusions du Congrès de 1899. Compte rendu, p. 275.

2. Il n'appartient pas plus à l'Etat de créer les associations que de créer les individus. « Toutes les associations doivent être respectées quels que soient leur caractère et leur but ; leur indépendance ne cesse que lorsqu'elles deviennent nuisibles ou délictueuses. » (D'Herbelot. *Le droit d'association et les congrégations religieuses*, 1900.)

Cependant on a pu dire que, jusqu'à présent, un projet de loi sur la liberté d'association a toujours été dirigé contre certaines catégories d'associations. (M. Aynard. Chambre des Députés, 20 mars 1901.)

3. Aux Etats-Unis le principe est que « toutes les associations étant libres, il n'y a pas lieu de distinguer entre les associations religieuses autorisées et les associations religieuses non autorisées ». (Conseil d'Etat. *Etudes sur le droit d'association dans les législations étrangères*, 1899, p. 145.)

propos de la loi de 1901, à distinguer les congrégations des autres associations religieuses et les associations religieuses des autres associations.

Ce droit commun, qui doit être le même pour tous sous peine d'être arbitraire et non plus le droit commun, c'est, disons-nous, la formation libre de l'association. Jusqu'à une époque récente, notre législation, toujours dirigée contre certaines catégories d'associations, soumettait la naissance de toutes au bon plaisir du pouvoir administratif et « sous les conditions qu'il plaira à l'autorité publique de leur imposer ». Tels sont les termes de l'article 291 du Code pénal [1] dont l'opinion publique a fait justice ; tel est le système qui ne peut plus être soutenu de nos jours. S'associer librement et sans autorisation préalable est un droit, et ce droit devrait être consacré par la Constitution du pays comme les autres droits primordiaux et essentiels nécessaires à la liberté publique.

Ce principe posé, la loi peut évidemment intervenir pour réglementer le mode d'exercice du droit. Nous avons admis que le rôle de l'Etat est incontestable à ce point de vue pour protéger les citoyens et pour se protéger lui-même car l'Etat est le gardien de la sécurité publique ; mais l'Etat ne pourra intervenir que par une législation générale réglant d'avance et sans acception de personnes les conditions imposées à la création et au fonctionnement de toute association. Le législateur pourra, par exemple, prescrire une certaine publicité comme il l'a fait pour les sociétés commerciales. Il pourra exiger de l'association une déclaration et une publicité qui porteraient le fait de son existence à la connaissance des pouvoirs publics et des tiers [2] ; si la loi de 1901 n'a pas imposé cette déclaration, nous n'aurions rien vu que de légitime dans une obligation qui était prévue dans le projet du gouvernement et qui est imposée aux syndicats

---

1. La faculté de former librement les associations de moins de vingt personnes est illusoire au point de vue de la véritable liberté d'association.

2. Ce système impliquerait la prohibition des sociétés secrètes, c'est-à-dire de celles dont l'existence et surtout le but sont dissimulés, sociétés qui ont été interdites par le décret de 1848.

professionnels par la loi de 1884. Nous admettons aussi que la loi réserve au membre de l'association le droit de s'en retirer s'il ne s'est pas engagé pour un temps déterminé.

Au point de vue pénal, ce sont aussi des règles générales qui doivent être posées pour la protection des citoyens et la sauvegarde de l'ordre public. Les actes à réprimer sont les actes délictueux de droit commun des membres ou des représentants de l'association qui pourront être considérés comme plus graves s'ils ont été commis par des personnes associées [1]. Ce sont aussi les infractions aux conditions de formation et de fonctionnement et en particulier aux règles de publicité si elles sont prescrites.

Enfin il est une disposition répressive qui s'impose, c'est la disposition légale qui prononce la nullité de toute association ayant un objet illicite, contraire aux bonnes mœurs et aux lois [2]. Dans ces cas la sanction, indépendamment de la sanction pénale applicable aux actes délictueux qui auraient été commis, doit être la dissolution, mais la dissolution prononcée par les tribunaux de l'ordre judiciaire qui peuvent seuls présenter contre l'arbitraire les garanties nécessaires. C'est là un point essentiel, et, ainsi que nous le dirons plus loin, nous ne saurions admettre que l'association puisse être dissoute par un simple décret comme les associations reconnues d'utilité publique avant la loi de 1901 [3], et comme les congrégations depuis la loi de 1901 alors même que celles-ci auraient été reconnues par une loi. Encore bien moins pourrions-nous admettre que l'autorité administrative puisse dissoudre une association sans recourir aux tribunaux judiciaires comme l'ont voulu les auteurs des décrets

---

1. Rappelons les articles 265 et s. du Code pénal et la loi du 18 décembre 1893.

2. Nous considérons aussi que les sanctions devraient atteindre les associations ayant une existence légale et exerçant une action étrangère au but qu'elles ont déclaré vouloir poursuivre.

3. Depuis la loi de 1901 il est admis que la reconnaissance d'utilité publique peut être retirée par un décret rendu en Conseil d'Etat, mais l'association subsiste comme association déclarée et ne peut être dissoute que par l'autorité judiciaire. (Célier et Taudière. *Sociétés et associations*, p. 66, 71. — Pichat. *Le contrat d'association*, n° 106.)

de 1880 contre les congrégations. La garantie de l'autorité judiciaire est essentielle pour mettre fin à l'existence d'une association car l'association ne peut être détruite que si elle est, par son but ou son fonctionnement contraire à l'ordre public.

Sous ces réserves, et moyennant ces garanties, l'association pourra se former librement, mais, pour que la liberté d'association soit sauvegardée, il faut encore que l'association, une fois née, puisse subsister. Pour vivre, il est nécessaire que l'association possède et qu'elle se perpétue ; ce sont les deux caractères qui constituent sa personnalité.

Sans la personnalité, en effet, l'association ne saurait avoir une véritable existence, et le droit d'association est un droit qu'on a pu qualifier de vide [1]. Le droit d'association n'existe que s'il est total, et, sans la reconnaissance de ce droit total, la liberté d'association n'est pas réellement reconnue. Sans doute, dans une législation qui admet simplement pour les citoyens le droit de se grouper sans autorisation préalable, les droits de propriété de chacun des associés doivent être respectés et la plus élémentaire équité impose ce respect de la propriété individuelle alors même que les biens ainsi réunis seraient mis à la disposition d'une œuvre commune. Mais cette situation de fait ne suffit pas à donner à cette œuvre la stabilité et la durée nécessaires ; elle est soumise à des éventualités qui peuvent toujours être un obstacle à la réalisation du résultat poursuivi. L'association, sans but lucratif, a d'autres droits que les droits des membres qui la composent. Elle n'est pas une juxtaposition de droits individuels, elle représente des intérêts collectifs permanents. De plus elle ne peut faire œuvre utile que si elle possède des biens qui lui soient propres et ne reposent pas sur la tête de ses membres. Elle n'est pas, comme la société, constituée pour un temps et pour une durée limitée. Elle se propose une œuvre durable [2]. Il

---

1. Eugène Rostand. *La loi de 1901 et l'association ordinaire.* (Brochure du comité de défense et de progrès social.)

2. On l'a remarqué spécialement pour les associations charitables : « La charité ne veut pas s'en tenir à l'œuvre quotidienne ; il lui faut les

lui faut donc à la fois, et un patrimoine indépendant du patrimoine propre des associés, et une perpétuité qui assure l'efficacité de ses efforts. Posséder et durer, tel est le droit total pour l'association. C'est ce qui constitue la personnalité.

Comment l'association pourra-t-elle acquérir cette personnalité qui lui est indispensable pour vivre ? Cette personnalité est-elle une fiction qui est créée par l'Etat et le législateur, ou au contraire la personnalité existe-t-elle pour l'association, comme pour l'individu, par le fait seul de son existence ? C'est là une controverse qui est encore vivement débattue [1]. Elle nous apparaît plutôt comme une controverse théorique. Au point de vue des nécessités pratiques qui nous préoccupent, ce qui est essentiel c'est que la législation reconnaisse à l'association le droit à la personnalité par le fait même qu'elle a le droit à l'existence [2]. Dès l'instant qu'une association existe légalement et qu'elle n'est pas contraire à l'ordre public comme ayant un but illicite, elle a droit par là même à la personnalité sans laquelle elle ne peut être une association au sens intégral du mot. Nous ne saurions reconnaître dans la personnalité un privilège concédé par l'autorité publi-

jours et les semaines, la vie et la survie ; elle donne pour ceux qui souffrent et pour ceux qui souffriront. Ainsi un apport de dévouement accumulé, une épargne immense de dons volontaires viennent en aide aux pénuries et aux insuffisances sociales présentes et futures. » (Hanotaux. *Revue hebdomadaire*, 15 février 1913, p. 359.)

1. De Lamarzelle ; (Sénat, 17 juin 1901 *Officiel*, p. 896). *Le Correspondant*, 25 décembre 1900, p. 1051 et s. et sources citées, p. 1059. — Conseil d'Etat. *Etudes sur le droit d'association*, 1899, p. 158. — Congrès de 1899 : Louis André, p. 69-77. De Vareille-Sommières, p. 162 et s. — Van den Heuvel. *De la situation légale des associations sans but lucratif*, 1884. — Saleilles. *De la personnalité juridique*, 1910. — Crouzil. Rapport au XXIX° Congrès des jurisconsultes catholiques, 1912. (*Revue catholique des Institutions et du droit.*) — Michoud. *De la personnalité morale des associations et sociétés*, 1910. — Terrat. *Rapport au IV° congrès scientifique international des catholiques*, 1895. — Clunet. *Les associations*, p. 296 (sources citées).

2. « La législation idéale devrait contenir cette disposition : toute association, toute fondation, tout établissement légalement constitué jouit de plein droit de la personnalité juridique. » (Hauriou. *Précis de droit administratif*, 1900, p. 10.) C'est ce qui existait dans notre législation avant la loi de 1901 pour les sociétés de secours mutuels et les syndicats professionnels. (De Lamarzelle. *Le Correspondant*, 25 décembre 1900, p. 1062.) « Le droit doit consacrer le fait. » (Crouzil. *Rapport cité*, p. 216.)

que [1]. De même que l'Etat doit reconnaître le droit d'association qui est un droit naturel et non une concession des pouvoirs publics, de même, à toute association licite, il doit reconnaître la personnalité qui est une condition essentielle de vie pour l'association ; il ne peut qu'en déterminer l'étendue.

L'Etat pourra en effet, dans l'intérêt de l'ordre public, fixer certaines conditions pour la création de l'association et par là même pour la constitution de la personne morale, distincte des associés, qui va en être la conséquence, suivant nous, nécessaire. Il pourra même, nous l'admettons, prévoir diverses catégories d'associations et imposer certaines garanties plus rigoureuses aux associations auxquelles il reconnaîtrait une personnalité plus étendue [2]. Mais ce qui est essentiel, avons-nous dit, c'est que ces règles soient fixées d'avance et sans acception de personnes, c'est que la personnalité, et une personnalité suffisante, soit reconnue d'avance aux associations qui se conformeront aux conditions posées par la loi [3]. C'est ainsi que les règles formulées pour les sociétés assurent la personnalité à celles qui se forment en conformité avec les conditions imposées par le législateur [4]. C'est ainsi qu'aux Etats-Unis, l'adoption de statuts admis par la loi confère par là même la personnalité aux associations qui ont déclaré s'y conformer. Ce que nous ne pouvons accepter, au contraire, c'est le système de la loi de 1901 envisageant, d'une part les associations déclarées qui peuvent acquérir librement la personnalité, mais une personnalité insuffisante ; d'autre part les associations reconnues d'utilité publique lesquelles ont une personnalité complète mais qui ne peuvent naître que sous le bon plaisir de l'Etat [5]. Le système de la déclaration pourrait être admis pour conférer à la personnalité, si cette personnalité donnait à l'association se formant librement la garantie d'une propriété suffisam-

---

1. Exposé des motifs du projet de loi de M. Waldeck Rousseau sur les associations (*Officiel*, 1883; Sénat. Doc. parl., n° 1016).
2. Par exemple dans le cas de reconnaissance d'utilité publique.
3. Congrès de 1899. *Compte rendu*, p. 77.
4. *Sur la personnalité des sociétés* : Célier et Taudière, p. 15, 16.
5. Célier et Taudière, p. 66, note 3.

ment étendue pour lui permettre d'accomplir une œuvre
efficace. En aucun cas la reconnaissance de la personnalité et d'une personnalité entraînant un droit suffisant de
posséder ne doit dépendre de l'arbitraire des pouvoirs
publics ni même du législateur pour chaque cas particulier [1].

A cette question de la personnalité se rattachent deux
importantes questions, celle de la mainmorte et celle de
la dissolution de l'association.

L'association doit posséder ; n'est-il pas à craindre que
ce droit de propriété n'entraîne de graves dangers au point
de vue économique ? L'association doit se perpétuer ; comment assurer son existence contre l'arbitraire des pouvoirs publics ?

L'objection de la mainmorte est assurément celle qui a
été agitée le plus souvent contre la reconnaissance de la
personnalité des associations ; on s'est plû à la grossir [2].
Tandis que dans les sociétés ordinaires, a-t-on dit, les biens
appartiennent au fond aux associés qui se partageront le
fonds commun au moment où la société parviendra à
l'expiration de sa durée, dans l'association « ce qui effraye
c'est la perpétuité de l'association survivant à ses membres, distincte de tous et de chacun, possédant pour le
compte d'un être de raison et arrivant par la pérennité
de son institution à constituer une mainmorte, à soustraire
ses biens à cette loi économique fondamentale, essentielle :
le partage, la circulation ». Ainsi s'exprimait en 1883
M. Waldeck Rousseau [3] reprenant en somme les considérations si souvent citées de Montesquieu sur « les acquisitions sans fin qui paraissent aux peuples si déraisonnables

____

1. Nous faisons allusion à la disposition de la loi de 1901 exigeant une
autorisation législative pour la reconnaissance de chaque congrégation
religieuse.

2. Sur la question de la mainmorte et pour les réponses aux objections
qu'elle soulève : Rivet. *Rapport au Congrès des jurisconsultes catholiques*
en 1891 (*Revue catholique des Institutions*, janvier 1892, p. 25). — Congrès de 1899. *Compte rendu*, p. 28, 138. — Leroy-Beaulieu. *L'Economiste
français*, 3 novembre 1900, p. 595. — Béchaux. *Réforme sociale*, 30 novembre 1900. — De Lamarzelle. *Le Correspondant*, 25 décembre 1900,
p. 1064 et s. — Crépon. *Revue des Deux-Mondes*, 15 janvier 1901. — La
vraie mainmorte. *Le Correspondant*, 10 avril 1901.

3. Exposé des motifs. *Officiel*, 1883, Sénat ; Doc. parl., n° 1018.

que celui qui voudrait parler pour elles serait considéré comme un imbécile [1] ». Ajoutons que l'objection de la mainmorte, quand on parle des associations, est presque toujours en réalité dirigée contre la mainmorte religieuse, contre les congrégations [2]. C'est la crainte de voir se développer et vivre librement les congrégations religieuses, crainte procédant d'une haine sectaire ou résultant de préjugés irréfléchis, qui a, pour la plus grande part, toujours constitué le véritable obstacle à une législation libérale sur les associations.

Qu'est-ce cependant que la mainmorte ? C'est la propriété d'un être qui ne meurt pas, d'un être moral, c'est un patrimoine impersonnel et le plus souvent, au moins en fait, inaliénable et par là même perpétuel. C'est au fond, pour les associations, une propriété impersonnelle et collective qui se perpétue. Or l'association investie de la personnalité n'est pas le seul être moral qui donne naissance à la propriété de mainmorte. Même en laissant de côté les sociétés anonymes [3], n'y a-t-il pas la mainmorte constituée par les établissements publics et d'utilité publique [4]. Ici la perpétuité est encore plus frappante puisque ces personnes morales, absolument distinctes des individualités qu'elles renferment, ne disparaissent que par leur suppression dans des circonstances exceptionnelles, puisqu'on ne pourra jamais concevoir, après cette suppression, que leurs biens soient partagés entre les personnes qui en font partie [5].

En ce qui concerne les associations, parmi lesquelles il n'y a équitablement aucune raison de distinguer les

1. *Esprit des lois*, t. II, xxv., ch. v.
2. Alors qu'il y a une importante mainmorte « laïque » (Article de M. Leroy-Beaulieu, cité *supra*).
3. De Lamarzelle. *Le Correspondant*, 25 décembre 1900, p. 1073 ; 10 janvier 1901, p. 75
4. La vraie mainmorte. *Le Correspondant*, 10 avril 1901, p. 5.
5. Congrès de 1899, compte rendu, p. 154. — Crépon. *Revue des Deux-Mondes*, 15 janvier 1901, p. 405. — Nous avons vu qu'on peut envisager le cas où les associés pourraient, à la dissolution, reprendre leurs apports, et peut-être se partager l'actif de l'association. Quand il s'agit de la suppression d'un établissement, par exemple d'un hospice, on ne saurait concevoir que ses biens soient attribués aux administrateurs ou aux hospitalisés.

associations religieuses [1], pourquoi la propriété collective serait-elle moins respectable que la propriété individuelle ? Le danger vient-il de ce qu'elle se perpétue, danger économique qui se révèle par l'obstacle apporté à la circulation des biens ? mais ce danger existe, et bien plus grand, avec la perpétuité bien plus assurée de la propriété des établissements.

D'ailleurs ce danger économique qu'ont exagéré les adversaires de la liberté des associations et surtout des congrégations, peut être prévenu, à l'égard des associations pourvues de la personnalité, par des mesures législatives dont nous ne méconnaissons pas, en principe la légitimité. Le législateur peut y pourvoir par des impôts spéciaux, à condition que ces impôts n'aboutissent pas à une confiscation déguisée ni même à des vexations qui arrivent à entraver l'action utile ou bienfaisante des associations. Que des taxtes équitables aient pour but de remplacer les droits de mutation que la perpétuité du patrimoine de l'être moral fait perdre au trésor public : nous l'admettrons volontiers, en observant toutefois que l'intérêt public bien entendu pourrait en exempter certaines associations charitables [2]. Le législateur peut même fixer certaines limites au patrimoine de mainmorte, comme il le fait aux Etats-Unis [3] en limitant par avance l'avoir maximum que pourra posséder une association investie de la personnalité morale [4] : cela encore nous l'admettrons à condition que cette limitation soit assez large, et surtout à condition qu'elle soit fixée d'avance par la loi sui-

1. Les congrégations religieuses qui seraient reconnues d'utilité publique devraient être soumises aux mêmes règles que les établissements de la même catégorie.

2. Voir les exemples cités dans le *Bulletin de la Société de législation comparée*, 1881, p. 467-474 ; 1905, p. 262.

3. Congrès de 1899, p. 144. Notons qu'en pratique ces dispositions sont appliquées aux Etats-Unis avec une très grande largeur d'idées.

4. On peut aussi limiter la possession des immeubles à ceux nécessaires au fonctionnement de l'œuvre poursuivie par l'association. Ajoutons la nécessité imposée par la loi de l'autorisation administrative aux associations reconnues d'utilité publique pour recevoir des dons et legs. Si on objecte la difficulté de limiter en fait la propriété mobilière, nous répondrons que les valeurs mobilières possédées par les membres de l'association et utilisées pour l'usage commun n'ont pas le danger de l'inaliénabilité et de la perpétuité.

vant le but et le caractère de chaque catégorie d'associations et sans acception ni exception de personnes [1].

Mais ce qui domine surtout pour nous la question de la mainmorte c'est une question d'utilité pratique. La mainmorte peut offrir des dangers au point de vue économique, et nous venons de reconnaître que le législateur peut s'en préoccuper et chercher à les prévenir. Elle peut offrir aussi, et elle offrira souvent, de précieux avantages au point de vue social. Elle peut être un mal ; elle peut être un bien. Tout dépend de l'usage auquel elle est destinée, usage qui peut être bienfaisant et auquel la circulation et le partage forcés des biens peuvent être un obstacle [2].

C'est le premier point de vue, le danger de la mainmorte, l'idée que la propriété perpétuelle finira par être une source d'abus, qu'elle deviendra par la suite du temps inutile et peut-être nuisible, qui dominait chez Turgot lorsqu'il terminait ainsi son article *Fondation* dans l'Encyclopédie [3] : « Si tous les hommes qui ont vécu avaient eu un tombeau, il aurait bien fallu, pour trouver des terres à cultiver, renverser ces monuments stériles, et remuer les cendres des morts pour nourrir les vivants. » Singulier raisonnement qui assimile toute propriété perpétuelle à un terrain consacré à un usage funèbre au lieu d'y voir un champ dont la production sans cesse renouvelée peut nourrir une longue suite de générations.

Turgot n'envisageait du reste que la propriété de l'établissement, lequel, suivant lui, finit toujours par dévier de son véritable objet [4]. Sans vouloir montrer ce que cette

---

1. Congrès de 1899, p. 77. — Au Brésil, a été abolie la législation concernant la mainmorte considérée comme régime d'exception à l'égard de certaines associations. (*Bulletin de la Société de législation comparée*, 1905, p. 349.)

2. Ainsi sous l'ancien régime les biens de certaines personnes morales étaient détournés de leur destination. Par contre comment nier l'utilité de la mainmorte utilisée pour un objet charitable ou scientifique ? — Le Play. *Réforme sociale*, t. 1, p. 317. — De Lamarzelle. *Le Correspondant*, 25 décembre 1900, p. 1068, 1077. — La vraie mainmorte. *Le Correspondant*, 10 avril 1901. — Léon Say : « Que de mainmortes nous font défaut ! » (*Journal des Economistes*, 15 octobre 1890.)

3. Turgot. *Œuvres*, éd. de 1811, t. III, p. 255, voir aussi p. 246.

4. Turgot reconnaît du reste lui-même les bienfaits de l'association : « Il s'en faut beaucoup que la voie des établissements publics et des fon-

affirmation a 'd'excessif, nous pouvons remarquer que le droit de posséder pour l'association, étant donné que l'association est par essence une réunion d'activités, peut être au contraire et sera souvent fécond en heureux résultats[1]. Au point de vue social en effet, n'est-ce pas l'association possédant, c'est-à-dire capable de poursuivre une œuvre durable, qui pourra rendre de véritables services à la collectivité, à l'ensemble des citoyens, et constituer un auxiliaire précieux pour l'Etat? Comment, par exemple, s'exercera le plus utilement la bienfaisance privée si ce n'est par l'association ? Allons plus loin : la liberté de la bienfaisance, que nous considérons comme une liberté primordiale, peut-elle s'exercer utilement si ce n'est au moyen d'associations possédant un patrimoine, capables ainsi de recueillir des libéralités et d'en assurer l'emploi d'une façon permanente afin de poursuivre l'œuvre entreprise ? A défaut d'une telle stabilité, l'initiative privée en est réduite à des combinaisons plus ou moins fragiles pour suppléer à l'insuffisance des moyens que lui assure une stricte légalité[2].

Cette perpétuité d'une œuvre bienfaisante ou simplement utile se réalise surtout par la fondation qui est l'affectation d'un bien à un usage déterminé[3]. On sait com-

dations soit la meilleure pour procurer aux hommes tous ces biens dans la plus grande étendue possible. L'emploi libre des revenus d'une communauté ou la contribution de tous ses membres dans le cas où le besoin serait pressant et général ; *une association libre* et des souscriptions volontaires de quelques citoyens généreux, dans le cas où l'intérêt sera moins prochain et moins universellement senti; voilà de quoi remplir parfaitement toutes sortes de vues utiles ; et cette méthode aura sur les fondations cet avantage inestimable qu'elle n'est sujette à aucun abus important. » (p. 251.)

1. « Comme la contribution de chacun est entièrement volontaire, il est impossible que les fonds soient détournés de leur destination. S'ils l'étaient, la source en tarirait bientôt. » (Turgot, p. 251.)

2. M. Louis Rivière au Congrès d'assistance et de bienfaisance de 1900, t. I, p. 174.

« Interdire à la richesse la destination qui la consacre à perpétuité à la science, à la misère, à la maladie, c'est proscrire la forme la plus utile, la plus noble de la propriété. » (Lamy. *Revue des Deux-Mondes*, 1er septembre 1918, p. 30.)

3. Sur les fondations :

Bulletin de la Société des études législatives, 1901, n° 1. Rapport de M. Larnaude et sources citées. — *Congrès de la Société d'économie sociale en 1913* : Discours de M. Teissier. — Rapport de MM. Geouffre

ment, dans notre législation, l'Etat semble s'être proposé d'entraver les fondations, comme s'il était jaloux de voir se créer une œuvre durable en dehors de lui. A l'heure actuelle, et cette lacune a été maintes fois signalée, la fondation est, dans bien des cas, légalement impossible. Un seul moyen existe actuellement d'assurer d'une façon certaine l'affectation perpétuelle d'un patrimoine à une œuvre déterminée, c'est la reconnaissance d'utilité publique, c'est-à-dire la création d'une personne morale dont la naissance est subordonnée au bon plaisir de l'Etat, qui est soumise à son contrôle, et dont la disparition, qui pourra toujours être provoquée par lui, peut amener la confiscation à son profit des biens amassés avec son autorisation. En dehors de l'établissement ou de l'association reconnus d'utilité publique, la société, toujours limitée dans sa durée, n'existant légalement qu'à condition de procurer à ses membres un bénéfice, exposée à la dissolution, n'offre qu'un expédient insuffisant et précaire. La fondation au contraire, peut être réalisée par l'association dont elle est la forme la plus naturelle [2], car l'association qui, en principe, n'est pas constituée pour une durée déterminée, lui assure le caractère de perpétuité nécessaire. Mais, pour réaliser une fondation, il faut que l'association puisse posséder dans une large mesure et non avec la capacité strictement mesurée en matière immobilière que lui reconnaît seulement la loi de 1901 ; il faut surtout qu'elle puisse s'enrichir de libéralités, c'est-à-dire acquérir par d'autres moyens que par le procédé trop restreint qui résulte de l'accumulation des cotisations. C'est à ces conditions que

de Lapradelle et Truchy (*Réforme sociale*, 1er juillet, 1er septembre 1913. — *Congrès d'assistance de Montpellier en 1914.* Rapport de M. Hébrard de Villeneuve. — Ravier du Magny. *Le contrat de fondation*, Paris, 1894. — Plaisant. *La fondation libre.* Rousseau, 1911. — *Les fondations.* Tract de l'association populaire (Préface par M. Maze Censier), 1913. — Hubert-Valleroux, *Rapport au XXXI° Congrès des jurisconsultes catholiques* (*Revue catholique des Institutions*, juin 1914). — *Revue catholique des Institutions* (janvier et juillet 1906, mars 1908).

2. Sur l'avantage de la fondation au moyen de l'association voir le rapport de M. Larnaude à la Société des Etudes législatives (*Bulletin*, 1909, n° 1, p. 31).

On peut comprendre la fondation directe si la personne morale est créée par la volonté d'un seul sous condition de la reconnaissance d'utilité publique.

l'association pourrait exercer son action la plus bienfaisante en permettant la libre création de fondations qui seraient pour l'Etat des auxiliaires précieux. Les pouvoirs publics seraient, par là même, déchargés de fonctions qui appartiennent avant tout à l'initiative des citoyens, soulagés dans tous les cas dans l'accomplissement de la mission qui leur incombe ; les contribuables devraient voir s'alléger le fardeau des charges publiques grâce aux contributions volontaires que fournirait là libre générosité des citoyens.

On peut donc affirmer que, pour l'association, le droit de posséder présente, au point de vue des conséquences pratiques qui en résultent et de l'utilité sociale bien entendue, des avantages qui dépassent de beaucoup des dangers systématiquement exagérés et auxquels il est possible de remédier dans une équitable législation.

Mais pour que l'association soit investie d'une véritable personnalité, il ne suffit pas qu'elle puisse posséder, il faut aussi qu'elle se perpétue.

Quelles causes pourront mettre fin à son existence ? Comment la placer à l'abri d'une dissolution arbitraire des pouvoirs publics ? Comment, au cas de dissolution, régler le sort de ses biens ?

L'association pourra, en premier lieu, être dissoute par les associés eux-mêmes, si par exemple ils sont d'accord pour constater que l'association n'est plus à même de réaliser l'objet pour lequel elle a été fondée, ou s'il résulte des statuts que cet objet a été réalisé ou que la période prévue pour la durée de l'association est arrivée à son terme.

Elle pourra être aussi dissoute par les pouvoirs publics, mais ici on se trouve en présence d'un grave danger : si le droit de dissolution est remis au bon plaisir de l'Etat, on peut craindre qu'il ne l'exerce sous la pression des passions politiques et antireligieuses, ou qu'il ne cède à la tentation de s'emparer des biens de l'association. Comment éviter ce danger ?

Le rôle de l'Etat étant de veiller au maintien de l'ordre public, on ne peut évidemment, nous l'avons admis, lui refuser le droit de dissoudre une association dont l'existence serait un péril à cet égard. Mais c'est seulement dans une semblable circonstance que ce droit peut être légitime, et dans des cas qui devront être formellement déterminés par la loi. C'est ainsi que la loi de 1901 [1] a prévu le cas où l'association est déclarée nulle comme fondée sur une cause ou un objet illicite, contraire aux lois, aux bonnes mœurs [2]. C'est ainsi encore que la dissolution pourra être prononcée, en dehors des sanctions pénales proprement dites, si l'association ne s'est pas conformée aux formalités exigées pour sa constitution [3]. Une autre garantie indispensable, c'est que la dissolution ne puisse être prononcée que par l'autorité judiciaire, et non par un simple décret du chef de l'Etat. La loi de 1901 [4] a heureusement innové sur ce point en remettant exclusivement aux tribunaux de l'ordre judiciaire le droit de statuer sur la dissolution des associations ; elle a conservé cependant le droit de dissolution par décret en conseil des ministres dans un cas spécial pour les associations déclarées [5] et dans tous les cas pour les congrégations religieuses [6]. Ces dernières dispositions nous apparaissent comme une dérogation fâcheuse au principe tutélaire que nous venons de poser.

Que deviendront les biens de l'association ? Que la dissolution soit volontaire ou forcée, les biens devront être dévolus conformément aux statuts, si les statuts ont prévu cette éventualité ; ou, dans le silence des statuts par l'assemblée des associés [7]. C'est ce que dispose la loi de 1901

1. Article 7.
2. Article 3 qui ajoute : « atteinte à l'intégrité du territoire nationale et à la forme républicaine du gouvernement ».
3. Articles 7 et 8 de la loi de 1901 laquelle admet que dans ces deux cas la dissolution peut être prononcée à la requête du ministère public ou de « tout intéressé ».
4. Article 7.
5. Article 12. Rappelons que pour les associations reconnues d'utilité publique le retrait de la reconnaissance d'utilité publique n'entraîne pas par là même la dissolution. Elles subsistent comme associations déclarées et ne peuvent être dissoutes que par l'autorité judiciaire.
6. Article 13.
7. L'article 11 du décret du 16 août 1901 dispose que les associations reconnues d'utilité publique devront prévoir dans leurs statuts les règles selon lesquelles les biens seront dévolus en cas de dissolution.
En cas de dissolution d'une association non déclarée, les biens qui

dans son article 9. Il ne nous apparaît pas que les associés aient le droit de se partager l'actif de l'association dont le patrimoine ne leur appartient pas personnellement [1] ; ils auront le droit de reprendre, non leurs cotisations définitivement aliénées, mais leurs apports. Ce n'est qu'à défaut d'une disposition des statuts ou de l'accord des associés que nous pourrions admettre l'intervention des pouvoirs publics pour régler le sort des biens de l'association. Encore faudrait-il qu'ils fussent obligés par une disposition formelle de la loi à faire la dévolution de ces biens à une association poursuivant un but similaire [2]. Avant tout doit être écartée la confiscation. C'est cependant à la confiscation qu'aboutit la loi de 1901 : d'une façon probable pour les biens des associations déclarées ou reconnues d'utilité publique qui auraient été dissoutes et dont la dissolution n'aurait pas été réglée par les statuts par les associés [3] ; d'une façon probable aussi pour les biens des congrégations non autorisées qui seront soumises à la liquidation sans que leurs membres aient été consultés sur la répartition de l'actif, et sans que l'Etat soit obligé, d'après la loi de 1901, d'attribuer cet actif à un établissement similaire [4]. Admettre, ce qui a été soutenu tant de fois de nos jours, qu'à la dissolution de l'association, ses biens pourront, dans quelque hypothèse que ce soit, être traités comme des biens vacants et sans maître dont l'Etat pourra par conséquent librement disposer, c'est ouvrir la porte à l'arbitraire [5] ; c'est donner à l'Etat la tentation de supprimer la personnalité de l'association

auraient été mis en commun devront être considéré comme indivis et partagés suivant les conventions intervenues entre les associés.

1. Nous avons dit plus haut que cette répartition de l'actif social entre les associés pourrait être sérieusement contestée sur le terrain de la législation actuelle.

2. *Congrès de 1899*, p. 137.

3. Célier et Taudière, p. 64 et sources citées, p. 71.

4. L'article 18 de la loi de 1901 en organisant la liquidation des congrégations dissoutes et en disposant que l'actif sera réparti entre « les ayants droit », étant donné que cette expression sera vraisemblablement considérée comme excluant les membres des congrégations, pourra, comme nous le dirons, aboutir à une véritable confiscation.

5. Van den Heuvel. *De la situation légale des associations*, p. 58. — Hébrard. *Du sort des biens d'une association en cas de dissolution.*

laquelle doit naître et subsister sans être soumise à son bon plaisir.

Telle est, au moins envisagée dans ses grandes lignes, la législation qui devrait assurer à l'association le droit de naître et le droit de vivre. Pouvoir se constituer librement, pouvoir acquérir et posséder d'une manière durable ; telles sont les deux conditions indispensables aux associations pour qu'existe réellement la liberté que nous revendiquons comme essentielle.

Si on examine à ce point de vue le mouvement législatif contemporain et le mouvement actuel d'opinion, on reconnaîtra une tendance à se rapprocher de cet idéal.

A l'étranger [1], les pays anglo-saxons reconnaissent depuis longtemps la liberté d'association comme une liberté primordiale et de droit naturel. Aux Etats-Unis, bien loin d'être traitée en ennemie par l'Etat, l'association remplace l'Etat dans nombre de fonctions de la vie sociale [2] ; elle peut acquérir une personnalité assez étendue en réalisant les conditions faciles à remplir imposées par les lois d'incorporation [3]. En Angleterre, pays d'initiative individuelle, la liberté d'association fait partie de ce droit commun qui repose sur la tradition ; le droit de posséder est facilement obtenu par l'incorporation. Si la tendance législative actuelle porte l'Angleterre vers la centralisation, la liberté d'association reste un principe fondamental, comme aussi subsistent la facilité de constituer des fondations et le respect des fondations une fois établies.

En ce qui concerne les divers pays de l'Europe autres que l'Angleterre, on a fait remarquer [4] que leur évolution, au cours du XIXe siècle, vers le régime des gouvernements libres et parlementaires avait été marquée par un élargissement du droit d'association. Au moment où s'élaborait en France la loi de 1901, neuf nations, Belgique, Hollande, Danemark, Allemagne, Autriche, Bulgarie, Serbie, Suisse et Espagne, reconnaissaient la liberté d'association

---

1. Nous nous réservons d'exposer plus complètement la législation étrangère à propos de la loi de 1901.

2. De Tocqueville. *La démocratie en Amérique*, t. I, p. 226.

3. *Bulletin de la Société de législation comparée*, 1905, p. 253, 268.

4. *Congrès sur le droit d'association* en 1899, p. 49, 50.

comme existant de par le droit commun. Deux de ces nations, la Suisse et l'Espagne, accordaient à toute association une personnalité légale et une capacité de posséder restreinte mais formelle. Plusieurs pays notamment la Belgique, la Hollande, et certains Etats de l'Allemagne avaient inscrit le principe de la liberté d'association dans leurs constitutions. La Russie et le Portugal étaient les seules nations, avec la France, à conserver le système préventif et arbitraire. Nous avons donc été devancés par un grand nombre de législations étrangères, en ce qui concerne la reconnaissance, pour l'association, du droit de se former librement; en ce qui concerne le droit de posséder, la législation des pays anglo-saxons peut encore nous servir d'exemple.

En France, si nous considérons la tendance actuelle des esprits, le mouvement des idées, la transformation des mœurs, nous pouvons constater que l'opinion publique n'a cessé d'évoluer vers la liberté d'association à mesure que l'association apparaissait comme une nécessité sociale de notre époque [1]. L'individualisme a fait son temps, il est plus que jamais combattu aujourd'hui [2] ; il n'a jamais été, quoiqu'on ait pu dire, et notre histoire en est la preuve, le fond de notre caractère national [3]. Si, pendant une longue période, notre tendance à l'association a été comprimée par une législation prohibitive, cette tendance naturelle a peu à peu, par une poussée irrésistible, fait brèche au principe qui la soumettait au bon plaisir du

1. Notons que, comme pour s'associer, il faut se réunir, la liberté de réunion est en quelque sorte le premier degré de la liberté d'association. De là une confusion entre le droit de réunion et le droit d'association qui a duré jusqu'en 1868 (de Faget de Casteljau. *Histoire du droit d'association de 1789 à 1905*. Nous recourrons souvent à cette très complète étude.)

2. Pierre Dareste. *La liberté d'association. Revue des Deux-Mondes*, 15 octobre 1891, p. 825.

3. C'est ce que nous avons indiqué dans notre ouvrage, *Tout par l'Etat*, p. 299. On a pu faire remarquer avec raison que, si le Français a pu être qualifié d'individualiste, ce n'est pas qu'il soit réfractaire à l'association, mais c'est parce qu'il n'est pas assez porté à s'intéresser à la répercussion de ses actes en ce qui concerne l'intérêt général. (Decamps. *La formation sociale de l'anglais moderne*. Colin, 1904, p. 361-365), à cet égard on peut faire remonter la cause de notre individualisme, ainsi entendu, à notre législation centralisatrice.

pouvoir central ; elle s'est manifestée par une expansion
extraordinaire dès qu'une disposition légale lui a permis
de prendre tout son développement. C'est ce que nous
constaterons à toutes les époques et à propos des différentes formes d'association sur tous les terrains où
s'exerce l'initiative individuelle.

Nous aurons l'occasion de relever le témoignage des
hommes d'Etat, des économistes et des juristes qui, de
nos jours, ont proclamé l'existence du droit d'association
et par suite la nécessité de la liberté d'association qui en
est la première garantie. Mais ce qu'il faut noter surtout
c'est l'état actuel de l'opinion publique : que le droit d'association soit un droit naturel, que la liberté d'association
soit une liberté primordiale comme la liberté individuelle
dont elle est la conséquence, que l'existence de cette
liberté ne dépende pas du législateur qui n'a pas à la
concéder mais seulement à en réglementer l'exercice, ce
sont là des idées qui sont, en général, à l'heure actuelle,
acceptées par quiconque n'est pas aveuglé par le préjugé
jacobin, le fétichisme de l'Etat, ou la haine antireligieuse.
La loi de 1901, dans le principe général qu'elle pose, a
été le résultat de cette tendance. Le progrès des idées à
cet égard se manifeste par la répulsion qu'inspire à tous
les esprits non prévenus les restrictions apportées à la
liberté d'association par la loi de 1901 dans son titre III
pour toute une catégorie de citoyens. Les déclamations
qui furent de mode à une certaine époque contre le danger des congrégations ne se retrouvent plus que chez des
publicistes aveuglés par la passion[1]. Les mesures que
nécessite, paraît-il, une certaine politique à l'égard des
congrégations religieuses sont au fond accueillies par
défaveur par l'opinion publique[2].

En ce qui concerne le droit de posséder pour les associations entraînant, par suite, la facilité pour elles d'acquérir la personnalité civile, il est incontestable qu'il est
de plus en plus compris et réclamé par le progrès de
l'opinion : on demande presque unanimement un droit de

---

1. Voir l'introduction du volume publié par M. Waldeck Rousseau
Associations et congrégations.

2. Lefébure. *La renaissance religieuse en France*, 1886, p. 29.

propriété plus complet pour les syndicats ouvriers par exemple, on reconnaît de plus en plus la nécessité de combler la lacune qui existe dans notre législation en ce qui concerne les fondations, on réclame pour les œuvres charitables le droit de se perpétuer en dehors du bon plaisir de l'Etat. Les esprits non prévenus constatent et déplorent l'infériorité de notre législation à cet égard par rapport à d'autres pays. Les préjugés inspirés par la crainte excessive de la mainmorte sont énergiquement combattus. Dans le même ordre d'idées on peut relever la répulsion éprouvée par tous les esprits indépendants pour la spoliation et la confiscation qui résultent en définitive de la liquidation des congrégations non autorisées et des opérations inavouables qui en ont été la conséquence.

En résumé, aspiration vers une conception plus complète des droits de l'association, mais surtout reconnaissance du principe lui-même de la liberté d'association pour tous, tel est, si nous ne nous faisons illusion, l'état d'esprit qui se manifeste, en général, à l'heure actuelle, en France, quand on envisage la question qui nous occupe.

Mais, il faut bien le reconnaître, cette notion de la liberté d'association, envisagée comme la garantie essentielle et la condition primordiale du droit d'association, est une notion plutôt contemporaine. La liberté d'association, on a pu le remarquer, est une liberté moderne. Le droit d'association a été arraché par bribes au législateur à la fin du XIXe siècle. En matière d'association la législation était restée surtout prohibitive jusqu'au jour où, sous la pression de l'opinion publique, la loi de 1901 a consacré, au moins dans ses dispositions générales, le principe de liberté. Pendant une longue période de notre histoire, et à moins de remonter aux époques lointaines où l'exercice du droit d'association s'imposa par le besoin d'une organisation sociale qui se créait spontanément en l'absence d'un pouvoir centralisé [1], l'association est apparue comme une concession du pouvoir de l'Etat. Pendant longtemps ce pouvoir, sous les diverses formes politiques qu'il a revêtues, s'est appliqué à restreindre et à surveil-

____

1. De Lamarzelle. *Le Correspondant*, 10 novembre 1900, p. 453.

ler cette manifestation de l'initiative individuelle. Comment l'idée d'association a-t-elle été comprise, comment l'association a-t-elle été pratiquée aux différentes époques de notre histoire ? Comment est née la notion de la liberté d'association telle que nous l'admettons aujourd'hui ? Comment s'est-elle formée dans les idées, dans les mœurs ? Dans quelle mesure a-t-elle été peu à peu admise par la loi ? Comment et par quels obstacles la reconnaissance de ce principe a-t-elle été si longtemps retardée ? C'est ce que nous nous proposons d'examiner en étudiant l'histoire, dans notre pays, de la liberté d'association.

Nous pouvons dès maintenant indiquer à quelles constatations devra nous conduire cette étude. En la poursuivant à travers les périodes successives de l'histoire, nous arriverons à reconnaître, d'abord quels ont été les obstacles apportés à la liberté d'association, en second lieu comment, et sous quelles influences, cette liberté a été revendiquée et reconnue comme nécessaire.

Si la liberté d'association a été, pendant une longue période, méconnue; si le droit d'association a été refusé aux aspirations qui se manifestaient de plus en plus, cu n'a été consacré par la loi qu'après de longues revendications et en quelque sorte arraché par fragments au législateur; il faut, suivant nous, en chercher l'explication dans deux causes : l'exclusivisme de l'Etat prétendant à l'omnipotence, les craintes, justifiées ou excessives, mais réelles, que certaines catégories d'associations les plus importantes inspiraient à l'opinion publique et à l'Etat lui-même.

L'Etat a été le premier et le plus redoutable adversaire de la liberté d'association [1]. A toutes les époques de notre histoire l'Etat a tendu à une omnipotence qui l'a fait dévier de son véritable rôle. Ne se contentant pas d'exercer ses fonctions propres dont la plus essentielle est le maintien de l'ordre public, il a, sous les diverses for-

1. Sur les méfiances traditionnelles de l'Etat à l'égard de l'association : Taine. *Sa vie et sa correspondance*, 1907, t. IV. p. 351, 355 ; Dareste. *Revue des Deux-Mondes*, 15 octobre 1891, p. 323 ; Ravier du Magny. *Revue catholique des Institutions*, août 1912 ; de Faget de Casteljau (Conclusions) ; de Tocqueville, t. II, p. 342. 350 ; Hauriou. *Précis de droit administratif*, 1892, p. 28. ; *Tout par l'Etat*, p. 316.

mes que lui ont donné les régimes politiques [1], constamment visé à une domination exclusive de toute initiative individuelle : autant qu'il l'a pu, et dans la mesure où le lui permettaient les mœurs et l'opinion publique, il s'est attaché en conséquence à interdire ou à entraver tout organisme qui ne dépendait pas de lui [2].

De cette conception du rôle de l'Etat dérive l'antagonisme profond qui a toujours existé entre l'Etat lui-même et l'association manifestation la plus complète de l'initiative privée. Sous l'ancien régime, du moins dans sa dernière période, la liberté d'association n'existe pas et nous constaterons que le droit d'association est considéré comme une concession du pouvoir public. Les personnes morales, qu'on appelle les corps, n'existent qu'avec la permission de l'Etat qui les constitue et les régit ; les associations ne sont que des corps privilégiés, tels que les corporations de métiers. La Révolution les supprime et proclame la négation du droit d'association. C'est le triomphe de l'individualisme et de la thèse de Rousseau dans le *Contrat social* : l'Etat n'est qu'une collection d'individus lesquels ne possèdent d'autres droits que ceux qu'ils tiennent des décisions de la majorité [3]. Au-dessus « d'une poussière humaine » domine l'omnipotence de l'Etat [4]. L'Etat et l'individu sont seuls en présence, sans qu'en face de l'Etat, aucun groupement naturel puisse être reconnu. Tels sont les principes qui servent de point de départ à la législation moderne, et si, au cours du xixe siècle, ils sont peu à peu minés sous la poussée d'un irrésistible courant, si les

1. On nous permettra de renvoyer à ce dernier ouvrage où nous avons essayé de montrer comment la domination excessive de l'Etat s'est perpétuée sous tous les régimes en s'identifiant avec le parti politique au pouvoir.

2. L'Etat ne veut supporter ni concurrence, ni résistance. Dareste. *Revue des Deux-Mondes,* 15 octobre 1891, p. 823.

3. Il ne doit pas y avoir de « société particlle » dans l'Etat (*Contrat. social.* t. II, ch. iii).

4. Taine, IX, p. 189. — La puissance de l'Etat a créé l'isolement de l'individu. — Réciproquement la réaction contre l'individualisme, c'est-à-dire contre l'isolement de l'individu, a abouti, en l'absence de la liberté d'association, à jeter l'individu dans les bras de l'Etat. (Béchaux. *L'école individualiste et le socialisme d'Etat,* 1907). — La puissance de l'Etat est sortie de l'excès de l'individualisme. (Odilon Barrot. *De la centralisation,* 1861, p. 11.)

nécessités sociales en demontrent l'absurdité, il n'en est
pas moins vrai qu'à la reconnaissance du principe de la
liberté d'association, l'Etat, avec sa prétention à l'universelle domination et son organisation centralisée, aura
toujours été le principal obstacle [1].

Sa résistance s'est encore fortifiée des craintes [2] ou des
préjugés inspirés aux représentants de l'Etat lui-même et
à l'opinion publique par certaines catégories d'associations au sujet desquelles se pose la question de liberté ou
de prohibition.

De tout temps, il faut le reconnaître, on a redouté les
coalitions et les associations d'ouvriers. Nous verrons l'ancien régime prohiber sévèrement les coalitions. Dans les
corporations, déviées de leur esprit primitif, il finit par
attribuer aux patrons une importance exclusive. La Révolution redoute dès ses débuts, le rapprochement des ouvriers entre eux, et la législation de 1791 n'a pas seulement pour objet de détruire les corporations qui ont été
discréditées par leurs abus et leur exclusivisme, elle vise
surtout à interdire l'association ouvrière dont la formation est redoutée [3]. Cette association entre ouvriers
arrive à se constituer de nos jours, mais ce n'est pas sans
avoir rencontré une longue méfiance sous les divers régimes politiques et sans s'être heurté, du côté des patrons,
à des répugnances que peuvent justifier dans une certaine
mesure les excès trop nombreux et les tendances trop
exclusivement combatives des syndicats actuels [4]. La crainte
inspirée par l'association ouvrière a fait redouter la consécration, au profit de l'association professionnelle, d'une
liberté qui devait profiter aux groupements ouvriers dans
une si large mesure.

On a craint aussi, et surtout, de donner la liberté aux as-

1. *Congrès de 1899*, p. 41, 42. Voir la citation du discours de M. Thiers
en 1834 réservant à l'Etat la force que donne toute cohésion des efforts.
— Worms. *La liberté d'association au point de vue du droit public à
travers les àges*, 1887.

2. Ces craintes sont inspirées, comme nous l'indiquons, par d'incontestables abus qui ont contribué pendant longtemps à discréditer l'association.

3. Fagniez. *Corporations et syndicats*, p. 65.

4. Fagniez, p. 123.

sociations religieuses, disons le mot, aux congrégations. L'ancien régime ne s'était pas contenté d'imposer aux communautés religieuses une étroite surveillance, de reconnaître des effets légaux aux vœux de leurs membres ; par le système de la commende, il avait mis la main sur leurs biens qu'il détournait ainsi de leur destination originaire. Dans la période qui précéda la Révolution un grand nombre de congrégations avaient ainsi dévié de leur but primitif : on pouvait trop facilement les représenter comme des organismes inutiles dont les richesses s'offraient à la cupidité des partisans intéressés d'un bouleversement de l'ordre social. Du souvenir des abus du passé et du souvenir de l'ancien régime auquel les congrégations apparaissaient comme intimement rattachées, devaient subsister les préjugés contre les congrégations religieuses, préjugés exploités sous la Restauration, on sait avec quelle violence, et se perpétuant de nos jours surtout sous la forme des objections économiques élevées contre la mainmorte représentée toujours comme exclusivement religieuse.

A l'heure actuelle les hommes non prévenus constatent facilement que, sous un régime de liberté qui ne leur reconnaîtrait aucun privilège mais ne les soumettrait à aucune mesure d'exception, les congrégations religieuses, fondées sur le dévouement et constituant en somme le type le plus élevé de l'association, peuvent rendre les plus éminents services pour le bien public. Toutefois, chez nombre de bons esprits, l'objection économique, dont nous avons montré l'exagération, conserve son importance. A ces préjugés, venant du souvenir des abus du passé, à cette crainte d'un danger économique, la peur de la mainmorte, est venue s'ajouter la haine antireligieuse. On peut dire avec exactitude [1] que c'est la crainte de donner la liberté aux congrégations religieuses qui a constitué le principal obstacle à l'aboutissement de tous les projets qui se sont succédé pendant si longtemps pour formuler une législation réglant dans notre pays l'exercice du droit d'association [2].

1. Voir le rapport de **M.** Trouillot que nous citons plus loin à propos de la loi de 1901.

2. Crépon. *Revue des Deux-Mondes*, 15 janvier 1901, p. 378.

Avant la loi de 1901, d'après la thèse gouvernementale, les congrégations ne peuvent tenir leur existence légale et leur personnalité que du bon plaisir du pouvoir. Celles qui ne possèdent pas la reconnaissance légale ne peuvent même pas être assurées de fonder une existence de fait sur les droits individuels des membres qui les composent. Toujours menacées, elles sont soumises à un arbitraire qui, sans tenir compte de longues tolérances, prétend tirer de l'incertitude de la législation le droit de dissolution à leur égard ; elles ne sont reconnues que pour être persécutées. Au point de vue de leur situation de fait on soutient qu'elles sont illicites, mais, pendant de longues périodes, on n'ose pas les poursuivre devant les tribunaux répressifs. Au point de vue de leur personnalité, elles sont inexistantes, mais la loi les reconnaît pour les frapper de mesures fiscales. La loi de 1901 vient enfin consacrer le préjugé contre les congrégations et lui donner son expression la plus forte : ayant pour objet d'établir la liberté d'association, elle en excepte formellement les congrégations religieuses que le législateur ne peut même pas définir puisque la congrégation ne se différencie de l'association ordinaire que par l'existence entre ses membres de vœux c'est-à-dire d'engagements moraux dont la loi se refuse à tenir compte. La loi de 1904 ira même jusqu'à déclarer les membres des congrégations religieuses indignes d'enseigner.

Bien plus, si la loi de 1901, en dehors des congrégations, n'exclut pas la liberté d'association sur le terrain religieux, la loi de séparation va encore faire apparaître davantage le préjugé antireligieux du législateur. En effet, loin de reconnaître l'Eglise catholique comme une association de fait dont la constitution intérieure doit être respectée si l'on veut sauvegarder la liberté de conscience de ceux qui la composent, loin de reconnaître tout au moins aux catholiques le droit de s'associer sur le terrain du droit commun, la loi de 1905 prétend imposer aux catholiques qui voudront avoir le libre exercice de leur culte et conserver les fondations constituées avec l'approbation de l'autorité publique des associations soumises à des règles exorbitantes du droit commun et contraires à la constitution du catholicisme. On dirait qu'il est impossible, sur le terrain religieux, d'admettre la liberté de droit commun ; il est certain, dans tous les cas, que la crainte d'avoir à proclamer cette liberté de droit commun sur ce terrain comme sur tous les autres a constitué un des plus grands obstacles à la reconnaissance de la liberté d'association dont elle empêche encore la pleine réalisation.

Enfin, un dernier obstacle, et non le moindre, a été longtemps la crainte des associations politiques. L'ancien régime éprouvait cette crainte en raison de son caractère absolutiste ; l'association dans un but politique, ou même simplement indépendante de l'Etat, ne pouvait évidemment trouver place sous l'ancienne monarchie : s'associer c'était conspirer. Les régimes postérieurs devaient, en raison de leur instabilité même, et surtout après que la révolution de 1830 eut définitivement brisé le principe monarchique héréditaire, redouter l'association politique, moyen principal d'opposition [1]. C'est une tendance de la nature humaine de refuser la liberté à ses adversaires [2]. Il faut reconnaître du reste que le souvenir des associations politiques qui avaient été les agents les plus actifs de l'anarchie révolutionnaire devait, après la réaction du 18 brumaire, exercer sur l'opinion publique et sur le législateur une influence défavorable au régime de liberté.

L'éclosion d'associations révolutionnaires et de sociétés secrètes qui suivit la révolution de 1830 et celle de 1848 n'était pas pour calmer ces méfiances. De nos jours, l'apparition de l'Internationale, d'associations telles que la Confédération générale du travail, et même d'associations d'anarchistes qui couvrent d'un prétexte politique des organisations dangereuses pour la sécurité publique, peuvent produire dans l'opinion publique un mouvement de réaction contre le régime de liberté. Sur le terrain politique l'association est trop souvent apparue comme un

---

1. « En France l'association n'a été considérée longtemps par le Gouvernement et par les citoyens eux-mêmes que comme une œuvre politique. » (Conseil d'Etat. *Etudes sur le droit d'association*, p. 143.)

2. « Tous les gouvernements ont redouté l'association comme centre de résistance. »(M. d'Haussonville à l'Assemblée Nationale.) Hubert Brice. *Le droit d'association et l'Etat*, 1892, p. 49.)

organisme révolutionnaire. Pour se ressaisir, il lui faut se rappeler les dangers de l'arbitraire ; considérer qu'au système de l'interdiction, lequel ne profiterait qu'aux éléments de désordre trouvant toujours moyen de s'organiser en dépit de toutes les mesures prohibitives, est préférable le système de répression. Sous l'empire de ce dernier système les citoyens peuvent se grouper pour des œuvres utiles, tandis que les associations dangereuses pour l'ordre public peuvent être frappées par un pouvoir pénétré du sentiment de son devoir social.

Comment et sous quelles influences la liberté d'association, malgré ces obstacles, a-t-elle été revendiquée et reconnue comme indispensable ? Il nous apparaît que ce mouvement s'est produit par l'obligation de recourir à l'association, conforme au fond à notre tempérament national, pour le développement de l'initiative individuelle ; par la nécessité de l'association pour la liberté et en particulier pour la liberté professionnelle, religieuse et politique. On a reconnu que l'association était nécessaire à la vie sociale. De là, comme une conséquence inévitable, l'extension des associations au xixᵉ siècle et l'importance toujours croissante de leur rôle. Par la force des choses, par les inconvénients toujours plus grands dans nos mœurs actuelles du système de prohibition, l'absence de la liberté d'association s'est fait plus vivement ressentir. On a reconnu le vide produit par cette absence. Il en est résulté un irrésistible courant, et comme une poussée, vers cette liberté.

Considérons en effet les trois catégories d'associations qui inspiraient surtout les craintes et les préjugés que nous avons indiqués. Envisageons le développement de ces associations et nous constaterons que le mouvement qui s'est produit vers la liberté dans le monde du travail, dans le monde religieux, dans le monde politique, devait conduire, malgré ces préjugés, à la revendication de la liberté d'association qui s'impose de plus en plus, surtout en ce qui concerne ces trois catégories d'associations, comme une logique nécessité.

Il n'est personne aujourd'hui pour méconnaître l'importance de la question ouvrière. Condamné à l'isolement par les lois révolutionnaires, l'ouvrier n'a pas tardé à ressentir l'absence d'une organisation professionnelle. L'apparition de la grande industrie est venue accroître le nombre des travailleurs déracinés du sol et soustraits à toute influence locale, tandis que les conditions modernes du travail les rapprochaient dans des agglomérations importantes. En même temps qu'ils étaient portés à s'unir pour défendre leurs intérêts et améliorer leur sort, ils prenaient conscience de la force que leur donnait le droit de suffrage remis entre leurs mains : les masses ouvrières, a dit avec raison M. Charles Benoist, sont le nombre, et le nombre est devenu la force [1]. Que les aspirations du nombre aient été trop souvent exploitées par des politiciens, que le mouvement ouvrier ait été dévoyé faute d'une organisation véritablement professionnelle qui aurait rassemblé les véritables éléments de la profession, c'est-à-dire les ouvriers eux-mêmes avec les patrons ; que les chefs d'industrie et le législateur n'aient compris que tardivement cette nécessité ; que le souvenir des abus des corporations à la fin de l'ancien régime ait pesé longtemps sur les associations professionnelles [2] ; que les lois de 1864 et de 1884 aient été inspirées en partie par des considérations politiques et par le désir des hommes au pouvoir de s'attirer les faveurs des masses électorales, c'est ce qui ne peut être nié aujourd'hui. Il n'en est pas moins vrai que, dans les conditions de la vie actuelle, la liberté du travail, sans la liberté d'association, ne serait qu'une liberté incomplète, et que le mouvement ouvrier et professionnel, qu'on a appelé le mouvement syndical, devait, surtout avec les progrès de la démocratie, aboutir à la liberté d'association.

La liberté religieuse, de son côté, admise comme principe moderne, pourrait-elle se comprendre sans cette essentielle garantie ? Les congrégations religieuses par leur rétablissement progressif après la Révolution et leur déve-

---

1. « L'Etat moderne est le nombre malheureux et législateur. » (C. Benoist. *La crise de l'Etat moderne, t. I. — Le travail, le nombre et l'Etat*, 1905, p. 25.)

2. Ce qui est nécessaire, à l'heure actuelle, ce n'est pas l'association obligatoire dont la Révolution n'a pas voulu, c'est l'association libre qu'elle n'a pas osé rétablir. (C. Benoist. *L'association dans la démocratie. Revue des Deux-Mondes*, 1er juin, 1899.)

loppement continu malgré les vicissitudes d'une législation restrictive, tantôt tolérante, tantôt persécutrice, ne démontraient-elles pas, par leur vitalité même, qu'elles répondaient à un besoin formel de la vie religieuse et qu'elles constituaient par la mise en commun des dévouements la forme la plus élevée et la plus utile de l'association. En même temps se dissipaient de plus en plus les préjugés longtemps entretenues contre elles. Les revendications de plus en plus pressantes en faveur de la liberté d'enseignement devaient aussi entraîner, par voie de conséquence, la revendication de la liberté d'association elle-même. Vers ce but aussi devait tendre le grand mouvement de renaissance religieuse qui s'est accentué depuis le milieu du xixe siècle. Aujourd'hui surtout que l'Etat croit pouvoir se proclamer désintéressé de la question religieuse, comment les catholiques se verraient-ils refuser le droit de s'organiser librement pour maintenir leur culte et défendre leurs intérêts les plus sacrés [1] ? Sans la liberté d'association, la liberté religieuse ne serait qu'un vain mot, et cette cause de la liberté doit tôt ou tard triompher complètement des restrictions qui la refusent à une catégorie de citoyens sous le couvert de sophismes dont l'opinion publique éclairée a déjà fait justice.

Au point de vue politique, le régime qui interdisait l'association ou la soumettait au bon plaisir du pouvoir était en contradiction flagrante avec les principes modernes. La liberté de réunion, proclamée par la Révolution devenait manifestement insuffisante [2]. Les idées égalitaires de 1789 contenaient en germe la liberté d'association. Cette liberté apparaissait comme la garantie de la liberté individuelle, elle devenait, avec la liberté de réunion et la liberté de la presse, la conséquence nécessaire du suffrage universel et du progrès de la démocratie. La liberté politique avec

1 Comte de Paris : *Une liberté nécessaire*, 1894. La liberté d'association est prévue comme nécessaire dans l'hypothèse de la séparation de l'Eglise et de l'Etat (p. 46).

2. La Révolution n'a proclamé que le droit de l'individu sans voir que le moyen d'assurer ce droit, c'est l'association. (Hubert Brice, p. 1.) — Congrès de 1899. Compte-rendu, p. 10, 11 : « La liberté d'association est une force de tous les jours et de toutes les heures. » L'exercice du droit de réunion et du droit de vote est en effet intermittent.

le maintien de l'article 291 du Code pénal a été qualifiée de suprême ironie. Tout citoyen est électeur, c'est-à-dire détient une partie de la puissance publique, et les citoyens, tous électeurs, ne pourraient s'associer pour faire prévaloir leurs aspirations relatives à la direction des affaires publiques [1]. Cette absurdité se manifesta pour la dernière fois lors du procès des ligues en 1899 lorsqu'on vit poursuivre devant les tribunaux répressifs des citoyens coupables d'avoir fait au grand jour ce qu'une association politique puissante faisait depuis longtemps par des procédés occultes et qui, malgré elle, avaient été dévoilés à l'opinion publique. Sur le terrain politique, plus encore, la liberté d'association s'imposait.

Ajoutons qu'au point de vue économique et social, le besoin de grouper les efforts individuels se faisait aussi vivement sentir [2]. N'avait-il pas fallu permettre à la mutualité de s'organiser librement ? Est-il possible aujourd'hui, sans méconnaître la liberté de la bienfaisance, de refuser le droit de se grouper à ceux qui veulent mettre en œuvre toutes les ressources de l'initiative privée afin de poursuivre un but charitable ou social que l'Etat seul est impuissant à atteindre ? Que peut l'action individuelle et isolée pour accomplir les tâches qu'imposent à tous les gens de cœur les nécessités sociales de l'heure présente. Bien plus, dans cet ordre d'idées, il est indispensable d'obtenir une liberté complète, c'est-à-dire le moyen de faire vivre une œuvre, de lui assurer la durée. L'utilité de la mainmorte, de la mainmorte bienfaisante, est aujourd'hui, nous l'avons dit, de plus en plus reconnue. La liberté d'association pourra seule complètement combler cette lamentable lacune de notre législation : l'impossibilité de créer, sans le bon plaisir du pouvoir, l'œuvre de bienfaisance durable qu'on appelle une fondation.

Tous ces intérêts sont au fond solidaires. Ils se réunissent en somme dans une aspiration vers une plus complète liberté individuelle dont l'initiative collective est la

1. « Peuple libre, compte tes libertés ! Quant tu auras énuméré celles de presse, de réunion, de suffrage, le dénombrement sera fini. » (M. Lamy au Congrès de 1899, p. 10.)
2. Cronzil. *La liberté d'association*, 1907.

conséquence nécessaire. Cette tendance, sur le terrain des revendications ouvrières, religieuses, politiques, économiques et sociales, est venue battre en brèche le vieux principe qui considérait l'association, non comme un droit naturel, mais comme une concession laissée à l'arbitraire de l'Etat.

Il faut encore expliquer le mouvement moderne en faveur de la liberté d'association par le mouvement qui s'est produit et s'accentue chaque jour contre l'omnipotence de l'Etat. Une réaction s'est manifestée et s'accentue chaque jour contre la prétention de l'Etat à vouloir tout faire et tout absorber [1]. Or, de même, nous l'avons montré, que l'Etat prétendant à la toute-puissance, est le plus redoutable adversaire de la liberté d'association, de même aussi l'association est le moyen le plus efficace de résistance à cette oppression. La liberté d'association, qui n'est que la liberté individuelle sous une forme collective, s'est donc imposée de plus en plus à mesure que s'accentuait la tyrannie de l'Etat et que la nécessité de la combattre s'imposait à tous. L'initiative privée en se développant devait donc se dégager des entraves qui lui étaient imposées.

En même temps que l'association est une arme contre l'oppression de l'Etat, elle est, suivant l'expression de M. Cheysson [2], un tampon entre l'Etat et l'individu ; elle est un remède efficace à l'égoïsme de l'individualisme. Elle est aussi, en même temps qu'un stimulant de l'initiative individuelle, un auxiliaire précieux pour l'Etat [3] ; elle supprime l'antagonisme funeste entre l'Etat et l'individu en intéressant les citoyens à la gestion de la chose publique, car, s'il est une doctrine désastreuse, c'est celle

1. Leroy-Beaulieu. *L'Etat moderne et ses fonctions*, 1900. — Dareste. *Revue des Deux-Mondes*, 15 octobre 1891, p. 825.

2. Cheysson. *La famille, l'association et l'Etat*, p. 19.

3. « La meilleure forme de l'Etat est celle qui recourt à la plus grande diversité d'organes autonomes pour entretenir l'esprit de solidarité. » (De Lacombe. *Le Correspondant*. 10 juin 1907, p. 1009.)
L'association doit jouer vis-à-vis de l'individu un rôle analogue à celui de l'Etat, c'st-à-dire faire ce que l'individu ne peut faire seul. (M. Larnaude. Discussion à la Société des Prisons. *Revue pénitentiaire*, 1896, p. 32.) — Voir aussi le développement de ces idées dans notre ouvrage : *Tout par l'Etat* (p. 398 et s.).

qui proclamerait l'Etat chargé seul de l'intérêt général, les particuliers n'ayant à se préoccuper que de leurs intérêts privés [1]. Les citoyens doivent avoir le moyen de défendre collectivement l'intérêt général. De cette nécessité, de la tendance qui porte de plus en plus les citoyens à se défendre contre l'oppression de l'Etat tout en collaboront à son action, est sortie aussi l'aspiration à la liberté d'association. Par la revendication de cette liberté s'est manifestée la lutte de l'initiative individelle contre l'omnipotence de l'Etat incompatible avec notre régime démocratique et les aspirations actuelles de notre société.

Ainsi nous apparaissent les causes qui, à travers bien des vicissitudes, ont retardé ou préparé la reconnaissance de la liberté d'association telle qu'elle est comprise aujourd'hui et de plus en plus revendiquée dans son intégrité. Nous nous proposons, nous l'avons indiqué, d'étudier le développement de cette notion de la liberté d'association dans les idées, les mœurs, la législation de chacune des époques de notre histoire, en prenant pour point de départ l'état de la législation et de l'opinion publique tel qu'on peut le constater au moment où va disparaître l'ancien régime. Pour chaque période nous aurons à constater comment a été conquis et pratiqué le droit d'association, comment s'est manifestée l'association sous ses diverses formes au point de vue des intérêts professionnels, religieux, charitables, sociaux, économiques, politiques, et quelles ont été les tendances vers le principe de liberté.

Nous n'avons pas la prétention de nous livrer à une étude détaillée des diverses dispositions légales qui ont trait au droit d'association. Mais, ainsi que nous l'avons dit, nous voudrions, de l'esprit qui a inspiré ces diverses dispositions, du mouvement des idées qui les ont provoquées ou combattues, essayer de dégager des données générales : comment est née et s'est formée la nation de la liberté d'association ; comment, à chacune des périodes de l'histoire contemporaine, par la pratique de l'associa-

---

1. *Les associations auxiliaires de la justice.* Mémoire lu à l'Académie des Sciences morales et politiques le 9 mai 1908.

tion, par les tendances de l'opinion publique et des mœurs, par la législation qui a marqué à l'égard du droit d'association des progrès ou des reculs, notre pays s'est acheminé de plus en plus vers cet idéal de la liberté d'association que nous avons essayé de fixer et qu'une loi impartiale et complète devrait enfin réaliser. Retracer l'histoire de ce mouvement, c'est en montrer sa légitimité et constater son aboutissement nécessaire.

Si quelques esprits méconnaissent encore cette nécessité fondamentale de la liberté d'association garantie d'un droit naturel et primordial, nous serions heureux d'avoir essayé de leur faire partager notre conviction, et d'avoir, pour notre modeste part, contribué à l'achèvement d'une œuvre qui nous paraît nécessaire pour notre pays et digne d'être poursuivie par un commun effort : la reconnaissance par la loi de la liberté d'association, entière dans ses conséquences, égale pour tous. Tel est le principe qu'il faudrait même inscrire dans la constitution et qui, par sa disposition générale, devrait dominer toute notre législation [1], quelles que fussent les réglementations de détail pour les divers modes d'exercice d'un droit commun à tous les citoyens d'une même nation. Nous avons vu l'importance et même la nécessité de l'association à notre époque, mais, nous le répétons, nous ne saurions comprendre l'association si elle ne repose sur le principe de la liberté.

1. Baudoux et Lambert. *Revue des Deux-Mondes*, 15 août 1907, p. 858.

LIVRE PREMIER
PÉRIODE ANTÉRIEURE A 1870

CHAPITRE PREMIER
L'association à la fin de l'ancien régime.

Ce qu'était l'association à la fin de l'ancien régime.

Le rôle de l'association dans la formation de l'unité nationale. — L'association a été un fait nécessaire pour l'organisation de l'ordre social : la féodalité, les communes, les corporations, les ordres religieux. — Force de l'association au Moyen Age. — L'œuvre centralisatrice et absorbante de la monarchie en opposition avec le principe d'association. — Notion de l'association sous la monarchie absolue : l'association ne peut exister que comme corps privilégié, comme personne morale créée par l'autorité royale. — Principes consacrés par les édits et par les arrêts des Parlements ; l'association concession du pouvoir royal ; les communautés doivent être autorisées ; les assemblées sont prohibées. — Les associations de bienfaisance. — Ces principes admis par les juristes : Domat, Pothier. — L'Encyclopédie.

Principaux types de l'association à la fin de l'ancien régime :

Les associations légales : les communautés religieuses soumises à l'ingérence du pouvoir royal deviennent des corps privilégiés. — Les corporations de métiers d'abord groupements spontanés et répondant à une nécessité sociale ; leur transformation en groupements privilégiés et fermés par suite de la politique fiscale du pouvoir royal et de l'exclusivisme de leurs membres. — Avantages et abus des corporations à la fin de l'ancien régime. — Réforme tentée par Turgot. — Négation du droit d'association lui-même.

Les associations de fait ou illégales : les associations d'ouvriers ; les confréries ; les compagnonnages ; crainte inspirée par les associations ouvrières. — Les associations religieuses dissidentes : les juifs, les protestants, les jansénistes. — Les associations secrètes : les compagnonnages, la compagnie du Saint-Sacrement, les loges maçonniques.

État des mœurs et de l'opinion publique à la fin de l'ancien régime : les clubs et les salons associations tolérées. — Comment les écrivains du xviii⁰ siècle ont-ils envisagé et compris l'association ? — Les philosophes, les encyclopédistes, les économistes. — La notion de l'association méconnue ou rarement envisagée. — L'individualisme de Rousseau.

Résumé de la situation à la fin de l'ancien régime.

Comment s'est manifestée l'association sous l'ancien régime, comment l'idée d'association était-elle alors envisagée et comprise ? Quelle était surtout à cet égard la situation à la veille du bouleversement de l'époque révolutionnaire. Il importe tout d'abord de chercher à s'en rendre compte. C'est en effet à la fin de l'ancien régime que nous voulons nous placer pour apprécier l'état de choses qui existait alors et déterminer le caractère de la législation, la tendance des esprits et de l'opinion publique au moment où va éclater la Révolution. Remonter à l'origine de notre histoire nationale nous entraînerait hors des limites que nous avons fixées à notre sujet.

Il est impossible cependant de ne pas signaler, en jetant un regard sur le passé, le rôle capital de l'association dans la formation de l'unité nationale. On a pu dire avec raison que l'association a fait la France [1]. À l'origine l'association est une tendance spontanée, une liberté de fait, une force naturelle de groupement et de défense qui réunit les intérêts communs au moment où un nouvel ordre social succède à l'organisation romaine brisée par les invasions des barbares. Dans le désarroi général de la société, chacun des individus prend sa part de liberté d'association, comme chacun des pouvoirs qui se forment prend sa part de souveraineté.

C'est ainsi que le système féodal, à remonter à son origine, apparaît comme une série d'associations contre l'anarchie, associations qui, dans leur développement successif, arrivent à se hiérarchiser entre elles [2].

C'est ainsi que les corporations groupent les artisans rapprochés par la communauté d'intérêts et auxquels la force de l'association permet de s'affranchir du servage et de créer l'organisation professionnelle du travail [3]. C'est ainsi que la commune n'est pas autre chose qu'une asso-

---

1. M. Lamy. Congrès de 1899. Compte rendu, p. 9 : « Dans notre histoire, quelle grandeur de la France ne fut pas l'œuvre des associations ? » — De Lamarzelle. *Le Correspondant*, 10 novembre 1900, p. 453. — « La société d'autrefois était hérissée de libertés. Ces libertés ont pour garantie deux principes : l'hérédité et l'association ». (De Montalembert. *Les moines d'Occident*. Introduction, p. ccLiv.)

2. Taine. *Les origines de la France contemporaine*, t. I, p. 12-13. — De Lamarzelle. *Le Correspondant*, *ib*. « La féodalité qu'est-ce autre chose sinon un contrat d'association conclu spontanément sous l'empire de la nécessité. »

3. De Lamarzelle, p. 455.

ciation arrachant son autonomie au régime féodal [1]. C'est ainsi que les monastères, pendant longtemps sauvegarde de l'industrie et de la civilisation [2], renferment la forme la plus puissante de l'association avec la congrégation religieuse.

Ainsi, au Moyen Age, l'association, fondée sur le principe chrétien, est la base de l'organisation politique, économique et sociale [3]. L'association, libre à l'origine par la force des choses, est par sa pratique et son esprit, le caractéristique de l'ancienne France [4] ; elle s'épanouit avec les communes, les corporations, les ordres religieux, offrant, avec le plus efficace tempérament à l'égoïsme humain, le plus puissant instrument de paix sociale [5]. Elle assure « à la commune ses franchises, à la province ses privilèges, au royaume son inlassable résistance contre l'étranger ». La variété de ses combinaisons « fait à chaque homme place dans des corps vivants où il trouve soutien, discipline, solidarité de son intérêt particulier et d'un intérêt collectif [6] ». Cet intérêt collectif devient l'intérêt national, quand se forme l'unité française grâce au concours de ces forces autonomes dont l'association a créé les éléments. L'œuvre de la monarchie a consisté à réaliser cette unité en groupant ces forces, en même temps que, par un patient travail, elle ajoutait successivement à son domaine les provinces qui devaient constituer le territoire national [7].

Mais, au lieu de se contenter d'être le régulateur, le roi prétend tout absorber : « grisé de son œuvre d'unité », il « conçoit le rêve de ne tolérer aucune autre force que

---

1. La commune est-elle sortie de la corporation, ou la corporation de la commune ? C'est là une question discutée (De Lamarzelle, p. 455), mais il est certain que la commune et la corporation sont des manifestations de l'esprit d'association.

2. Taine, t. I, p. 4, 6, 7 ; de Montalembert. *Les moines d'Occident,* 1860.

3. Congrès de 1899, p. 64.

4. De Faget de Casteljau. *Histoire du droit d'association,* 1905, p. 484.

5. Congrès de 1899, p. 64.

6. M. Lamy. Congrès de 1899, p. 9.

7. De Lamarzelle, p. 456.

la sienne [1] ». Constituant avec persévérance cette puissance de l'Etat avec lequel elle finira par se confondre, la monarchie devient absolue, et son œuvre aboutit « à la solitude imposée au Français comme condition de l'ordre [2] ». La destruction de cette vie spontanée et féconde, tel va être le résultat de la monarchie absolue.

La monarchie en effet, exagérant l'œuvre de centralisation nécessaire à l'œuvre de l'unité nationale, crée la puissance formidable de l'Etat qui se personnifie dans le roi [3] et arrive à tout absorber. Méconnaissant les véritables principes traditionnels qui constituaient comme une tradition non écrite, la monarchie, arrivant à être absolue, brise peu à peu les corps autonomes [4] qui étaient ses soutiens et dont la disparition se fera cruellement sentir à l'heure où leur appui deviendrait nécessaire [5]. C'est la destruction progressive, en face de l'omnipotence de l'Etat, de toutes les forces autres que le pouvoir central dont elles étaient le contre-poids.

Or le principe d'association est en opposition avec cette conception du pouvoir de l'Etat sous la monarchie abso-

---

1. De Lamarzelle, p. 457.
Casimir Delavigne met dans la bouche de Louis XI, l'expression de cet idéal de la monarchie française :

  « Je voudrais voir ces tyrans de la France,
  Ces vassaux souverains, réduits à leurs fleurons
  De ducs sans apanages et d'impuissants barons,
  N'offrir de leur grandeur que les nobles fantômes ;
  Je voudrais voir leurs fiefs, démembrés du royaume,
  S'y joindre, et ne former sous ma même loi
  Qu'un corps où tout fût peuple, oui tout... excepté moi. »

       (Louis XI, acte III, scène iv.)

2. M. Lamy, Congrès de 1899, p. 9.

3. Voir dans La Bruyère (*Du souverain ou de la République*) ce portrait de Louis XIV : « Que de dons du ciel ne faut-il pas pour bien régner !... *une puissance très absolue* qui ne laisse point d'occasion aux brigues, à l'intrigue, et à la cabale ; qui ôte cette distance infinie qui est parfois entre les grands et les petits, qui les rapproche, *et sous laquelle tous plient également.* » — Voir aussi ce tableau du résultat auquel doit aboutir, d'après lui, la monarchie de Louis XIV : « Quand vous voyez quelquefois un nombreux troupeau qui, répandu sur une colline vers le déclin d'un beau jour, paît tranquillement le thym et le serpollet... le berger soigneux et attentif est debout près de ses brebis ; il ne les perd pas de vue, il les suit, il les conduit... *Image naïve des peuples et du prince qui les gouverne,* s'il est bon prince. »

4. Taine, t. IX, p. 191 ; de Lamarzelle, p. 458 et la note.

5. De Lamarzelle, p. 461, 462.

lue. Aussi la monarchie, en respectant l'existence de certains corps que l'association avait formés avec l'aide de la royauté elle-même, en consacrant leur existence les annihile ou les énerve [1]. Le roi est tout sinon en fait, au moins en principe, dans la doctrine qui trouve sa complète manifestation au xviie siècle [2]. Aussi, Louis XIV, qui incarne pour ainsi dire cette doctrine et la porte à son apogée, ne saurait admettre qu'un groupement se forme en dehors de son autorité : « Le roi ne veut pas de ralliement [3] » ; il ne faut pas dans l'Etat « de pelotons à part [4] ». Telles sont les méfiances qu'inspire l'existence même de tout ce qui pourrait évoquer l'idée d'une association se constituant librement. L'association ne peut exister que comme une communauté, un corps privilégié, tenant en principe son existence de la permission du pouvoir royal et pouvant être supprimé par lui. L'association n'est conçue que comme une personne morale. Hors de là, l'association confondue avec la réunion, « l'assemblée », apparaît comme une révolte contre l'autorité royale parce qu'elle semble toujours constituer un danger [5].

Il faut insister sur cette conception de l'association par la monarchie absolue et considérer quels principes étaient admis dans cet ordre d'idées à la fin de l'ancien régime.

Le droit en vigueur était établi par les édits royaux que confirmaient les arrêts des Parlements. Tout d'abord, nous l'avons dit, le principe fondamental était que l'association n'existe qu'en tant que corps privilégié. C'est une concession du pouvoir royal, et ce pouvoir, qui crée la communauté et contrôle son existence, peut la supprimer. Sans

1. Taine, t. IX, p. 192 ; de Lamarzelle, p. 457, 462.
2. Bossuet dira : « Le Prince est un personnage public. tout l'Etat est en lui ; la volonté de tout le peuple est renfermée dans la sienne. » (*Œuvres complètes*, t. XXV, p. 312.)
3. Sainte-Beuve, *Histoire de Port-Royal*, t. V, p. 28.
4. *Ib.*, paroles de l'archevêque de Harlay : « On fait à Port-Royal des pelotons contre l'Etat. » De Lamarzelle, p. 463. — Il faut se rappeler à cet égard quels souvenirs avaient laissé à Louis XIV les événements de la Fronde pendant sa jeunesse.
5. « Toute requête est regardée comme une association illicite si elle est signée de plusieurs. » (*Remontrances de Malesherbes*, Taine, t. I, p. 122, note.) — Weil, *Le droit d'association*, 1893, p. 3.

une autorisation la personne morale ne peut se former, et, sans la personnalité morale, l'association est illicite [1].

C'est ce que décide l'ordonnance du 21 novembre 1629 rendue sous le ministère de Richelieu et qui introduit dans notre législation le principe d'où on fera découler par la suite toutes les mesures contre les associations religieuses : aucune fondation nouvelle de monastère ne peut avoir lieu sans lettres-patentes d'autorisation [2]. Le roi sanctionnait ainsi une prescription du Parlement formulée en 1618. Par l'ordonnance du 16 juin 1659 Louis XIV prononçait la dissolution de toutes les maisons fondées sans autorisation depuis moins de dix ans, et l'ordonnance de 1666 fixait les formalités nécessaires pour obtenir l'autorisation [3]. L'édit du mois d'août 1749 sanctionnait ces dispositions par des mesures rétroactives qui allaient jusqu'à la confiscation des biens acquis par les établissements non autorisés [4]. Il sera admis de même, comme nous le verrons, que les corporations ne peuvent être établies que par l'autorité royale.

En dehors des personnes morales sur lesquelles s'exerce ainsi de plus en plus la mainmise du pouvoir royal, les associations et les réunions confondues sous le nom d'assemblées sont frappées des prohibitions rigoureuses et sans cesse renouvelées. Ce sont des groupements illicites et dangereux au premier chef. « Toute assemblée particulière qui n'est pas autorisée par le souverain, dit l'avocat général Joly de Fleury, donne lieu à des soupçons légitimes que la police a intérêt à vérifier et présente toujours une matière ouverte à des inquiétudes qu'il est de

---

1. « Aucune communauté, quelle qu'elle soit, ne peut s'établir sans lettres-patentes du Prince dûment enregistrées, et si c'est une communauté ecclésiastique il faut le concours des deux puissances (Guyot. *Répertoire de jurisprudence*, v° *Communauté*, 1777).

2. Rousse. *Consultation*, p. 14. — L'ordonnance de 1774 appliquait cette prohibition aux fondations (Vialay. *Les cahiers de doléances du Tiers-État*, 1911, p. 177).

3. L'édit de 1666 s'applique « aux communautés religieuses *ou séculières*, même sous prétexte d'hospice » (Vialay. p. 177).

4. En avril 1749 les communautés religieuses sont frappées d'incapacité de recevoir en ce qui concerne les legs d'immeubles et de rentes foncières ; les donations entre vifs sont seules permises avec autorisation du roi.

bon ordre d'écarter [1]. » « Ces sortes d'assemblées, remarque de la Poix de Fréminville [2], sentent toujours le libertinage et n'ont pour but que de mauvaises fins. » « Si les assemblées, dit Denizart [3] n'ont pas seulement pour but de traiter une affaire commune à ceux qui se réunissent, mais de former entre particuliers ce qu'on appelle une association, elles sont contraires au bon ordre à moins qu'elles ne soient légalement autorisées [4]. »

C'est ainsi que sont envisagées les assemblées par les édits et les arrêts des Parlements, qu'il s'agisse de réunions ou d'associations politiques, ouvrières, ou même purement religieuses. Nombreux seraient les textes à citer. C'est ainsi que sans remonter aux plus anciennes prescriptions à ce sujet [5], nous pouvons mentionner à titre d'exemples l'Edit de juin 1559 qui punit de mort les fauteurs d'assemblées illicites [6]; le Code Michaud, en 1629 [7], qui défend de « faire aucune ligue ou association et y entrer »; l'ordonnance de 1670 [8] qui range parmi les cas royaux au même rang que les séditions et émotions populaires « les assemblées illicites ». Le 13 décembre 1660 [9] un arrêt du Parlement interdit les assemblées sans la permission du roi; en 1717, semblable interdiction est renouvelée à propos d'une réunion de trente-neuf personnes qui avaient signé un acte qu'elles avaient fait signifier au Parlement [10]; en 1778, un arrêt rendant exécutoire une sentence de police de la ville de Lyon faisait « défense à toutes personnes. de quelque qualité et condition qu'elles fûssent, de s'assembler ou s'attrouper sans y être autorisées ». En 1772, vingt-cinq gentilhommes sont emprisonnés

1. Cité par Blanche. *Dictionnaire général de l'administration*, v° *association*.
2. *Dictionnaire de la police*. Cité par Weil, p. 3.
3. Cité par Weil, p. 3.
4. « Toutes sortes d'associations, dès là qu'elles ne sont point autorisées authentiquement, doivent être proscrites et condamnées. » (Duchesne, *Code de la police*, 1767, t. I, p. 258 : des assemblées illicites.)
5. Weil, p. 4.
6. Germain Martin. *Les associations ouvrières au XVIII° siècle*, p. 38.
7. Germain Martin, p. 47.
8. Germain Martin, p. 35.
9. De Grandmaison. *La compagnie du Saint-Sacrement. Le Correspondant*, 25 mars 1911; Allier, *La cabale des dévôts*, p. 364.
10. Weil, p. 4; Germain Martin, p. 40.

ou exilés pour avoir signé une protestation contre les ordres de la Cour [1].

Ces prohibitions frappent même, à certaines époques, les confréries qui sont suspectes à la fois au pouvoir civil et au pouvoir religieux. Un arrêt de règlement du 9 mai 1760 [2] fait « défense à toutes personnes de former aucunes assemblées illicites, ni confréries, congrégations ou associations, sans l'expresse permission du Roi et lettres-patentes vérifiées en la Cour ». Nous verrons plus loin comment les associations d'ouvriers étaient particulièrement redoutées.

Les principes que nous venons de rappeler s'appliquent même aux associations de bienfaisance qui doivent être autorisées par le pouvoir royal. C'est ainsi que les associations charitables fondées par saint Vincent de Paul rencontrèrent les suspicions des représentants de l'autorité. En 1617 le lieutenant du roi au présidial formule un projet de réquisition contre « un certain prêtre nommé Vincent, lequel, sans en communiquer aux officiers royaux, avait assemblé et reçu trois cents femmes ou environ dans une confrérie à laquelle il donne le nom de charité pour subvenir et fournir des vivres et autres nécessités aux pauvres malades de ladite ville [3] ». Aussi saint Vincent de Paul, dans le règlement qu'il donne aux Dames de charité, insère cette recommandation inspirée par la prudence : « Les Dames auront pour maxime de ne pas traiter dans leurs assemblées des affaires particulières, ni de générales notamment de celles de l'Etat [4]. »

Certaines associations qui se sont perpétuées jusqu'à nos jours doivent leur existence à l'approbation du pouvoir royal. La Société philanthropique, fondée en 1780, mentionne dans son rapport de 1787 : « Nous sommes une association volontaire, composée de membres volontairement élus, présidés par des chefs volontairement choi-

<hr>

1. Floquet. *Histoire du Parlement de Normandie* (cité par Taine, I, p. 56).

2. De Montlosier. *Mémoire à consulter*, 1826, p. 347 ; Hubert-Valleroux, *Les corporations d'arts et métiers*, 1885, p. 72, 115 ; Weil. p. 6.

3. Feillet. *La misère au temps de la Fronde et saint Vincent de Paul*, p. 122 ; Pierre Gauthiez, *Revue hebdomadaire*, 8 décembre 1917, p. 201.

4. Emmanuel de Broglie. *Vie de saint Vincent de Paul*, 1902, p. 138.

sis. » Mais elle ajoute que le roi est au nombre de ses membres. La Société de charité maternelle se fonde en 1784 sous la présidence de la reine [1]. On voit aussi, dans un autre ordre d'idées, se créer au xviii° siècle la Société d'agriculture qui, supprimée en 1792, se reconstituera en 1798. Mais aucune de ces associations ne peut, en principe, s'établir s'établir sans l'autorisation royale. Les fondations sont nombreuses et favorisées, mais elles sont soumises à la même sanction [2].

Chez les juristes de l'ancien régime se retrouve par suite ce principe que l'association, quelle que soit sa forme, n'existe que par une permission expresse de l'autorité royale. La notion de la liberté d'association n'apparaît nulle part. En dehors des « corps » qui font partie de l'organisation de l'Etat, tels que les trois ordres dans leurs assemblées régulières [3], les universités, les compagnies judiciaires, les municipalités ou communautés d'habitants, les seules associations légales sont, quand elles ont été autorisées et par suite investies de la personnalité morale par le pouvoir royal, les communautés religieuses et les corporations de métiers. Tout autre groupement est illicite et doit être prohibé.

Domat fournit l'exemple le plus frappant de cette consécration du principe de l'absolutisme royal incompatible avec le droit d'association qui serait une atteinte à l'autorité du souverain.

Ce n'est pas que Domat soit le défenseur de ce que nous appellerions aujourd'hui la doctrine individualiste. Bien au contraire, l'idée fondamentale du *Traité des lois civiles* c'est que la société repose sur deux lois primordiales : celle qui commande aux hommes la recherche du souverain bien qui est Dieu, celle qui les oblige « à s'unir et s'aimer entre eux [4] ». Entre les hommes existent « des liaisons générales [5] » les rattachant à la société, mais les

1. Mlle Chaptal. *Revue hebdomadaire*, 28 février 1914, p. 509.
2. Hubert-Valleroux. Rapport du XXXV° Congrès des jurisconsultes catholiques (*Revue catholique des Institutions*, décembre 1911, p. 484).
3. L'Eglise forme un corps à part dans l'organisation de l'ancien régime.
4. Domat, *Œuvres*, édition Remy, 1828, t. I, ch. i, p. 14.
5. *Id.*, p. 7.

hommes sont aussi rapprochés par des engagements particuliers, et les uns et les autres ont pour effet de « lier »
chacun des membres de l'humanité « à l'exercice de l'amour
mutuel [1] ». Par engagements particuliers Domat entend
d'abord les liens de famille. Mais il y ajoute « ceux qui se
forment dans les diverses communications qui se font entre
les hommes de leur travail, de leur industrie et de toutes
sortes d'offices, de services et d'autres secours... ce qui
renferme tous les différents usages des arts, des emplois
et des professions de toute nature, et tout ce qui peut lier
les personnes selon les différents besoins de la vie, soit
par des communications gratuites, ou par des commerces [2] ».

C'est en réalité surtout la société qu'a en vue Domat, la
société dont il donne, dans les *Lois civiles* [3], la définition
reproduite à peu près textuellement par notre Code actuel.
C'est encore la société qu'il vise principalement quand il
parle « des engagements volontaires et mutuels » par lesquels les hommes « s'associent [4] ». Il aurait été cependant
logique de tirer de cette doctrine la notion du droit d'association considéré comme nécessaire pour compléter
entre les hommes cette union mutuelle qui doit être le
moyen de leur perfectionnement moral. Mais cette notion
ne peut se faire jour en face de la notion de la souveraineté royale, et Domat, dans son *Traité de droit public* [5],
écrit ce passage qui résume la doctrine des juristes de son
époque : « Comme il est de l'ordre et de la police d'un
Etat, que non seulement les crimes, mais *tout ce qui peut
troubler la tranquillité publique, ou la mettre en péril, y
soit réprimé, et que, par cette raison, toutes assemblées de
plusieurs personnes en un corps y soient illicites* à cause du
danger de celles qui pourraient avoir pour fin quelque
entreprise contre le public ; celles mêmes qui ont pour
fin de justes causes, ne peuvent se former sans une expresse approbation du souverain sur la connaissance de

1. Domat, *Œuvres,* édition Remy, 1827, t. I, ch. I, p. 14.
2. *Id.*, p. 8.
3. *Lois civiles*, t. I, titre VIII, § 1.
4. *Lois civiles*, p. 13.
5. Titre II, section 2, art. 14, p. 33. *Lois civiles*, t. I, p. 108.

l'utilité qui peut s'y trouver. Ce qui rend nécessaire l'usage des permissions d'établir des corps et communautés ecclésiastiques ou laïques, régulières, séculières, et de toute sorte, chapitres, universités, collèges, monastères, hôpitaux, corps de métiers, confréries, maisons de ville ou d'autres lieux, et toutes autres *qui rassemblent diverses personnes pour quelque usage que ce puisse être*. Et il n'y a que le souverain qui puisse donner des permissions, et approuver les corps et communautés à qui le droit de s'assembler puisse être accordé. »

Les « assemblées » sont donc illicites, si ce n'est sous forme de personnes morales créées par l'association. Effectivement, dans le titre XV du *Traité de droit public*[1]. Domat traite des « communautés », et il entend par là « les corps composés de plusieurs personnes, pour un bien public[2], et qui, dans un Etat, sont considérés comme y tenant lieu de personnes ». Les communautés « établies pour un bien commun » à ceux qui les composent, « sont destinées à différents usages pour le bien public[3] ». Ce sont les communautés religieuses, les communautés de villes et d'artisans, les universités[4]. Elles sont, à la différence des sociétés, perpétuelles, et leurs biens sont inaliénables[5] ; elles peuvent, à la différence des Ordres, s'assembler quand bon leur semble[6] ; mais elles ne peuvent se former que « par la permission du prince[7] » qui peut aussi les dissoudre[8].

Ce sont les mêmes règles que, plus tard, consacre Pothier dans son *Traité des personnes* quand il pose en principe que l'autorisation du pouvoir est nécessaire pour faire du groupement un corps et approuver ses statuts[9].

1. *Œuvres*, t. III, p. 244.
2. C'est ce qu'on entend aujourd'hui par établissements publics ou reconnus d'utilité publique.
3. *Ib.*, p. 244, 245, 249.
4. *Ib.*, p. 245.
5. *Ib.*, p. 245, 249.
6. *Ib.*, p. 246.
7. *Ib.*, p. 244. Pour les sociétés qui se forment en vue d'intérêts particuliers, Domat reconnaît qu'il n'y a pas nécessité de la permission du prince (p. 245).
8. *Ib.*, p. 249.
9. Pothier. Edition Bugnet. *Traité des personnes*, t. IX, p. 78, n° 210.

Ce sont les mêmes idées fondamentales que constate dans notre droit, à la veille de la Révolution, l'Encyclopédie [1] : « La communauté est l'assemblée de plusieurs personnes unies en un corps, formée par la permission des puissances qui ont droit d'en autoriser ou d'en empêcher l'établissement... Leur usage est de pourvoir par le concours et le secours de plusieurs personnes à quelque bien utile au public, quoiqu'elles soient aussi établies pour le bien commun de ceux qui en sont membres. Aussi la première règle de leur police est qu'elles procurent quelque avantage et quelque utilité à l'Etat qui les établit, et qu'elles ne soient que par l'ordre et la permission du prince. Car *toutes assemblées de plusieurs personnes, sans cet ordre et cette permission, seraient illicites.* »

Envisageons quels étaient, à la fin de l'ancien régime, les principaux types de communautés ou d'associations en dehors des corps proprement dits, c'est-à-dire des municipalités et des personnes morales que nous appellerions aujourd'hui des établissements publics. Les communautés autorisées par le pouvoir royal constituent ce qu'on peut appeler les associations légales. Celles qui ne sont point pourvues de cette autorisation peuvent être appelées des associations illégales.

Comme associations légales, existent, nous l'avons dit, les communautés religieuses ou congrégations et les corporations d'arts et métiers.

A la suite d'un régime de liberté sous la juridiction des évêques, les communautés religieuses, depuis le xvi⁰ siècle [2], n'existent qu'en vertu de l'autorisation royale, et ce principe est établi par les édits et ordonnances que nous avons rapportés. De même, elles peuvent être supprimées par l'autorité royale ; l'exemple le plus célèbre est la suppression de la Société de Jésus par l'édit de 1764 [3] succédant à l'arrêt du Parlement de 1762 [4].

---

1. *Encyclopédie de jurisprudence*, 1783, v° *communauté*.
2. De Lamarzelle. *Le Correspondant*, 10 janvier 1901, p. 69.
3. Rousse, *Consultation*, p. 17.
4. Rapporté par Montlosier. *Mémoire à consulter*, p. 350. Voir sur la suppression de l'ordre des Jésuites : Guiraud, *Histoire partiale, histoire*

L'autorisation royale a un double effet : elle donne au monastère, en même temps que le droit d'exister, la personnalité civile. Elle lui confère sur la personne du religieux, par les vœux solennels, une emprise légale consacrée par l'intervention du bras séculier [1], en même temps que le religieux est frappé, vis-à-vis de sa famille, d'une véritable mort civile [2]. Le roi « protecteur, conservateur et exécuteur des lois de l'Eglise », fait « de la vie monacale et de la société conventuelle une institution publique dont la surveillance et la garde lui appartiennent, et qui a, dans l'ordre général de l'Etat, sa place, son rang, son emploi, ses sujétions et ses privilèges [3] ». Corps privilégié, la communauté religieuse est en même temps soumise à l'ingérence royale qui va jusqu'à l'abus : non seulement le pouvoir royal établit à son égard un système de fiscalité fondé sur la nécessité de compenser la perte des droits de mutation causée par la perpétuité des biens de mainmorte ; non seulement il intervient pour interdire ou surveiller les acquisitions de biens ; non seulement il prétend s'ingérer dans la réglementation des moindres détails de la vie religieuse [4] ; mais il arrive à mettre la main sur la nomination des chefs des monastères. Par le concordat de 1515, la nomination des abbés et des prieurs, qui jusque-là appartenait aux moines, est, sauf quelques exceptions, attribuée au roi [5]. Bien plus, s'introduit l'usage de la commende qui, permettant de conférer les bénéfices à des personnages étrangers aux ordres religieux, fut la cause principale de la décadence de la plupart des monastères [6].

rraie, 1917, t. II, p. 316, 329, 330 : *Assemblée du clergé de France*, avis des évêques sur l'utilité, les doctrines, la conduite, et le régime des Jésuites en France, 1760,

1. Rousse, p. 22.
2. Rousse, p. 15.
3. Rousse. *Consultation*, p. 16. Il y a lieu de remarquer avec M. Rousse combien il est illogique d'invoquer cette conception de l'ancien régime pour la faire revivre dans notre régime légal actuel.
4. Voir les arrêts de 1766, de 1767 et l'édit de 1768. (Rousse, p. 14.)(De Fajet de Casteljau, *Histoire du droit d'association*, 1905, p. 11 et s.).
5. Rousse, p. 16. A la fin du xvii° siècle, sur mille abbayes, quinze seulement gardent le privilège d'élire leurs chefs.
6. Hanotaux. *Revue hebdomadaire*, 15 février 1912.

Dès lors, à la fin de l'ancien régime, les congrégations religieuses ne représentent plus rien de ce que comporte aujourd'hui pour nous l'idée d'association avec la notion de liberté dans sa constitution et d'indépendance réservée aux membres qui la composent. La congrégation évoque l'idée d'un corps privilégié [1] ; son patrimoine, souvent détourné de sa destination primitive pour servir à la dispensation des faveurs royales, se présente comme un abus introduit dans l'ordre social, en même temps que par son opulence il s'offre à ces convoitises qui servent de prétextes aux réformes législatives non seulement légitimes mais destructives, et même aux bouleversements politiques.

Les corporations de métiers, pour qui veut envisager leur histoire, présentent le spectacle de la même évolution partant de la liberté pour aboutir au privilège.

La corporation, à l'origine, est un groupement, presque toujours spontané, fondé par une nécessité de protection mutuelle [2], cimenté par l'idée de fraternité chrétienne [3] qui lui a donné toute sa force et lui a fait produire ses meilleurs résultats. Au moyen âge, elle est conforme aux besoins et à l'état social de l'époque [4], et elle offre cette magnifique organisation professionnelle si complètement décrite de nos jours et si justement admirée [5]. Mais, à la fin de l'ancien régime, la corporation a cessé de remplir sa fonction sociale [6]; elle n'est plus en rapport avec les mœurs et les tendances du monde du travail, elle a perdu les caractères qui faisaient autrefois sa force et sa véritable grandeur. « La charité et la solidarité profession-

---

1. L'abbé de Saint-Pierre demande la réduction du nombre des ordres religieux dans son mémoire : « Projet pour rendre les ordres religieux plus parfaits ». (De Lavergne, *Les économistes français au XVIII* *siècle*, 1870, p. 37.)

2. « L'homme isolé, au moyen âge, est sans force et sans droit, il n'a de droit et de force qu'en s'associant avec les autres. » (Hubert-Valleroux. *Les corporations d'arts et métiers*, 1885, p. 21.)

3. Louis Blanc, cité par *La Réforme sociale*, 1er décembre 1911, p. 657.

4. Hubert-Valleroux, p. 20.

5. Hubert-Valleroux, *ouv. cité* ; Fagniez. *Corporations et syndicats*, 1905 ; Martin Saint-Léon. *Histoire des corporations de métiers*, 1909 ; De Gaillard-Bancel. *Les anciennes corporations de métiers*, 1913.

6. Hubert-Valleroux, p. 14.

nelle d'autrefois, dit M. Martin Saint-Léon [1], font place à un égoïsme réfléchi et à un exclusivisme méthodique. L'édifice corporatif qui aux xiii° et xv° siècles évoquait l'image d'une de ces belles cathédrales gothiques dont le portail large ouvert et les vastes nefs semblent appeler, sans distinction de rang ni de fortunes, tous les fidèles à la prière et à l'action de grâces, n'apparaît plus au xviii° siècle que sous la forme d'une Bastille où se retranche une oligarchie jalouse et avare qui ne voit pas grossir autour d'elle le flot des belligérants. »

Aussi est-ce une erreur profonde au point de vue historique, de la part de ceux qu'anime la pensée généreuse et, en elle-même digne d'éloges, de reconstituer dans notre pays une organisation professionnelle fondée sur des principes de fraternité chrétienne, que d'inscrire en tête de leurs projets cette formule : il faut rétablir la corporation détruite en 1791 [2]. Sous cette forme l'affirmation est inexacte. Ce qu'a détruit la législation, regrettable il est vrai, de 1791, ce n'était pas la corporation en tant qu'organisation générale du travail embrassant le pays tout entier et réunissant par un lien commun les patrons et les ouvriers [3]. En effet, en premier lieu, à la fin de l'ancien régime, la corporation n'englobait pas tous les travailleurs de la même profession : la grande industrie [4] ne lui était pas soumise ; la corporation n'existait pas, par exemple, dans les campagnes, et, là où elle ne se rencontrait pas, la liberté du travail, malgré les édits royaux, existait en fait [5]. Mais en second lieu, là où elle existait, la corporation n'était plus une véritable organisation professionnelle ; elle ne comprenait plus qu'une élite, elle constituait une caste et une caste de

1. Martin Saint-Léon, p. 519.

2. Ou encore on a dit en confondant la corporation dans son dernier état avec le syndicat moderne : « Les *Syndicats* n'étaient qu'une ruine, la Révolution les avait brisés. » (*Revue de l'action populaire*, 20 juin 1914, p. 450.)

3. Hubert-Valleroux. *Revue catholique des Institutions*, décembre 1911, p. 486.

4. C'est-à-dire les manufactures. — Germain Martin. *Les associations ouvrières au XVIII° siècle*, p. 9, 10.

5. Martin Saint-Léon, p. 299, 400 ; Fagniez, p. 50 ; Leroy-Beaulieu. *Revue des Deux-Mondes*, 1ᵉʳ août 1908, p. 482.

patrons vis-à-vis de laquelle les ouvriers étaient presque sans droit [1]. La véritable corporation, tirant son origine de l'association libre et spontanée de la profession, n'existait plus à la fin de l'ancien régime.

Comment s'était opérée une si complète transformation ? C'est ce qu'enseigne l'histoire des corporations. Tout d'abord, en cette matière comme en tant d'autres, se place l'intervention excessive du pouvoir royal. A l'origine le roi protège les corporations et favorise leur organisation [2]. Au XIVe siècle il réglemente cette organisation et fixe les statuts [3], mais il va de plus en plus la pousser dans la voie du monopole et du privilège [4]. C'est en vain que l'ordonnance de 1351 paraît établir la liberté du travail en statuant que « gens quelconques qui savent le métier le puissent faire », cette prescription reste sans résultat [5]. Louis XI, tout en favorisant dans une pensée politique des corporations [6], inaugure l'expédient fiscal qui consiste à concéder contre finances des lettres de maîtrise souvent rachetées par les corporations existantes, et cette atteinte portée aux corporations se généralise sous ses successeurs [7].

L'autorité royale intervient de plus en plus, elle ne se borne pas à laisser les particuliers s'organiser en corps sous sa protection, « elle veut faire partout sentir son influence et commence à attaquer l'indépendance des corps d'états. La juridiction des jurés et des gardes du métier est entamée au profit des juges royaux, les officiers du roi assistent aux assemblées du métier [8] ». Par l'ordonnance de 1581 Henri III semble faciliter l'accès des cor-

---

1. Hubert-Valleroux. *Les corporations d'arts et métiers*, p. 235. *Revue catholique des Institutions*, décembre 1911, p. 489. — « Les corporations étaient des Chambres syndicales de patrons. » (Jules Roche. Chambre du 16 juin 1883. *Officiel*, p. 317.) — Charles Benoist. *Revue des Deux-Mondes*, 1er novembre 1909, p. 85.

2. La corporation réglemente elle-même le travail. Par les règlements d'Etienne Boileau, saint Louis ne fait que sanctionner les règles que les corporations se sont données à elles-mêmes. (Hubert-Valleroux, p. 6.)

3. Martin saint Léon, p. 243 et s. (Ordonnances de 1330, de 1351.)

4. Fagniez, p. 33.

5. Hubert-Valleroux, p. 79.

6. Fagniez, p. 35.

7. Hubert-Valleroux, p. 85.

8. Hubert-Valleroux, p. 83.

porations en réglant le chef-d'œuvre et les droits de réception, mais il établit par toute la France le monopole des corporations rendues obligatoires, il l'étend aux nouvelles industries [1]. Partout surgissent des corporations nouvelles qui, avec l'assistance de l'autorité royale, s'établissent « sur les ruines de la liberté de l'industrie [2] ».

La corporation prend le caractère d'une institution d'Etat [3]. Par l'ordonnance de 1597, Henri IV confirme cette obligation de l'établissement des corporations dans tout le royaume [4], en même temps qu'il prépare leur déchéance par les privilèges accordés aux industries de luxe [5]. C'est en vain que les Etats généraux de 1614 réclament la liberté et l'autonomie des corporations [6], aucune suite ne fut donnée à cette aspiration et la monarchie continue à exercer une tutelle oppressive [7].

Cette tendance trouve avec C .lbert sa plus haute expression dans l'ordonnance de 1673 qui érige tous les métiers en corporations [8], dans la réglementation rigoureuse à laquelle sont soumises certaines fabrications [9].

Dès lors est posé le principe que désormais le roi donne seul l'existence aux corporations [10]. Pontchartrain, par l'édit de 1691, remplace les jurés électifs par des jurés choisis par l'autorité du roi, et ces charges, érigées en office que le roi se réserve de vendre, sont rachetées par les communautés [11]. On en arrive même à permettre aux officiers royaux de créer des maîtres sans qualité [12].

Dès lors les créations d'offices se succèdent qui ne sont plus, à la fin de l'ancienne monarchie, que des expédients fiscaux [13], et cette fiscalité achemine la corporation vers la

1. Hubert-Valleroux, p. 89.
2. Hubert-Valleroux, p. 93.
3. Martin Saint-Léon, p. 295.
4. Ce qui du reste ne put être exécuté (Martin Saint-Léon, p. 299).
5. Martin Saint-Léon, p. 305, 373.
6. Martin Saint-Léon, p. 375.
7. Martin Saint-Léon, p. 376.
8. Cette ordonnance ne put être observée dans les bourgs et les campagnes (Martin Saint-Léon, p. 399; Fagniez, p. 50).
9. Hubert-Valleroux, p. 97.
10. Germain Martin, p. 32.
11. Martin Saint-Léon, p. 412.
12. Martin Saint-Léon, p. 417.
13. Préambule de l'Edit de 1776 : « La Finance a cherché de plus en plus

déchéance en faisant d'elle un corps privilégié qui est devenu « la chose du roi[1] », « une organisation où les titres et le pouvoir sont l'apanage de la fortune et non du mérite[2] ».

Mais une autre cause de la déchéance de la corporation à la fin de l'ancien régime était l'abandon des principes de solidarité professionnelle pour un esprit d'égoïsme et d'exclusivisme. Si en effet le corps de métier en tant que personne morale, ne se composait que des maîtres[3], à l'origine le sort des compagnons était comme celui des apprentis, intimement lié à la fortune de la corporation dont le privilège profitait à tous ceux qui en dépendaient[4]. Le compagnon, lié par un contrat d'engagement, et ne pouvant exercer aucune autre profession, mais assuré d'avoir du travail, conservait, au moyen âge, l'espérance de devenir maître en prouvant sa capacité par la confection du chef-d'œuvre[5]. Entre lui et le maître les intérêts étaient communs ; ils étaient aussi réunis par un sentiment de solidarité chrétienne[6].

Du jour où des causes sociales, financières et économiques ébranlèrent le système corporatif ; où les compagnons furent éliminés des assemblées corporatives ; où la facile réception des fils de maîtres, l'élévation des droits de réception rendirent presque impossible l'accession de l'artisan à la maîtrise ; où le compagnon dût rester compagnon toute sa vie ; de ce jour naquit l'antagonisme entre l'ouvrier et le patron.[7].

à étendre les ressources qu'elle trouvait dans l'existence de ces corps Indépendamment des taxes, des établissements de communautés et de maîtrises nouvelles, on a créé dans les communautés des offices sous différentes dominations, et on les a obligées à racheter ces offices au moyen d'emprunts qu'elles ont été autorisées à contracter et dont elles ont payé les intérêts avec le produit des gages ou des droits qui leur ont été aliénés. » (Turgot. *Œuvres*, t. VIII, p. 337.)

1. Germain Martin, p. 31.

2. Martin Saint-Léon, p. 418. Le rapport de la Chambre de Commerce en 1805 (p. 9) fait remarquer que l'édit de 1583 déclarait la permission de travailler un droit royal et domanial.

3. Hubert-Valleroux, p. 36.

4. Aussi, comme le remarque M. Hubert-Valleroux (p. 109) ce ne sont pas les compagnons qui réclament contre l'existence elle-même de l'association corporative.

5. Hubert-Valleroux, p. 37, 46.

6. Hubert-Valleroux, p. 49.

7. Fagniez, p. 31 ; Germain Martin, p. 13, 14 ; Kovalewsky. *La France*

Les ouvriers se groupèrent en compagnonnage dont les confréries leur fournirent souvent les cadres et qui étaient fréquemment dirigés contre les patrons [1], ils organisèrent les grèves, les mises à l'index, et l'on vit se produire les conflits qui ne sont pas, comme on pourrait le croire, spéciaux à notre époque.

Les corporations ne réalisent plus dès lors leur idéal primitif. Les métiers ont fini par être érigés en monopoles exploités par les maîtres [2]; les corporations sont des associations exclusivement composées de patrons dont les ouvriers ne sont que les « instruments [3] ». Elles sont, elles aussi, à la fin de l'ancien régime, des corps privilégiés dont on n'aperçoit plus que les abus [4]. « L'individu ne pouvait exercer un art ou un métier qu'en se soumettant à la souveraineté d'un groupe déterminé à compétence fixe [5]. » « Dans l'intérieur même du corps de métier, dit M. Hubert-Valleroux [6], tout était aristocratie et privilège. »

Cependant, si à la fin de l'ancien régime, la corporation est bien loin de l'idée d'association libre qui lui a donné naissance et lui a fait produire dans le passé de si bienfaisants résultats, il ne faut pas méconnaître les caractères intéressants qu'elle pouvait présenter même au moment de sa décadence. Elle avait autrefois constitué à l'époque de ce qu'on a nommé « son âge d'or [7] », une merveilleuse organisation du monde du travail qui avait sauvé l'industrie nationale aux heures les plus difficiles de notre histoire, qui avait abrité tout un ensemble d'institutions bienfaisantes pour la classe ouvrière, qui, sous l'influence des croyances chrétiennes [8], avait formé entre

---

économique et sociale à la veille de la Révolution, p. 30, 32, 33. On a dit avec raison que le jour où l'ouvrier sépara son intérêt de celui du patron naquit le parti ouvrier (Germain Martin, p. 31).

1. Fagniez, p. 142. Hubert-Valleroux, p. 49. — A l'origine les confréries comprenaient les maîtres et les compagnons (Hubert-Valleroux, p. 63).
2. Turgot. *Œuvres*, t. VIII, p. 331; Germain Martin, p. 32, 259.
3. Germain Martin, p. 18.
4. Levasseur. *Histoire des classes ouvrières*, t. II, 1re série, p. 283.
5. Germain Martin, p. 9.
6. Page 107.
7. Charles Benoist. *Revue des Deux-Mondes*, 1er novembre 1909, p. 88.
8. Hubert-Valleroux, p. 64; de Gailhard-Bancel, p 17; Louis Blanc. *Histoire de la Révolution française*, t. I, p. 478.

l'ouvrier et le patron un lien nécessaire à la paix sociale. Si déchue qu'elle fût, elle représentait encore une certaine organisation professionnelle dont la disparition devait, peu d'années encore après sa suppression, commencer à susciter des regrets [1]; elle aurait pu servir de base à une nouvelle organisation adoptée à des besoins nouveaux [2]. Elle entretenait l'amour du métier et la tradition du travail dans la même branche d'industrie, elle assurait la formation des apprentis, elle jouait, pour la répression des fraudes [3], un rôle important que le législateur arrive à restituer aujourd'hui aux syndicats professionnels. La corporation constituait cette représentation du métier dont tant de bons esprits appellent aujourd'hui la reconstitution; elle était un principe d'union dans ce même métier; elle pouvait devenir un préservatif contre cette individualisme qui ronge notre société actuelle [4]. On pouvait y chercher un principe d'union entre le patron et l'ouvrier, et ce principe n'était pas sans vigueur, car, ainsi que l'a fait remarquer judicieusement M. Charles Benoist [5], il y a en effet beaucoup plus de distance entre le patron et l'ouvrier d'aujourd'hui que dans l'ancien régime du travail. Enfin la corporation était une force en dehors de l'Etat et un moyen de résistance contre son omnipotence [6].

Malheureusement les avantages que pouvait encore présenter la corporation étaient en quelque sorte annihilés par ses abus. Ce qui discréditait la corporation, c'était, avec l'exclusivisme dont nous venons de parler et qui régnait dans son sein, l'esprit de monopole qui avait envahi l'institution. A considérer les prescriptions rigoureuses qui assuraient aux corporations le maintien de leur privi-

---

1. Voir *le Rapport sur les jurandes et les maîtrises* (1805) que nous citerons plus loin.

2. Hubert-Valleroux, p. 126.

3. De Gailhard-Bancel. *Les anciennes corporations de métiers et la lutte contre la fraude*, 1913. — Voir aussi notre lecture à l'Académie des Sciences morales le 4 janvier 1913 sur *les procès des corps de métiers sous l'ancien régime*.

4. Taine, t. VIII, p. 172.

5. *Revue des Deux-Mondes*, 15 août 1911, p. 864.

6. Hubert-Valleroux, p. 111. — Les avantages et les inconvénients de la corporation dans son dernier état sont résumés par Guyot dans son *Répertoire de jurispudence* au mot : arts et métiers (t. III, 1775).

lège, les procès incessants qu'elles soutenaient entre elles, les poursuites vexatoires par lesquelles elles défendaient leurs droits contre quiconque prétendait travailler librement là où elles étaient établies, on se rend compte avec étonnement des difficultés au milieu desquelles, à la fin de l'ancien régime, s'exerçaient le commerce et l'industrie, dans les grandes villes surtout [1].

De plus les corporations étaient envahies par la fiscalité. Non seulement de nombreux corps de métiers avaient été créés dans un intérêt fiscal, des charges nouvelles avaient sans cesse été établies dans le même but ; mais de lourdes taxes étaient payées par les maîtres, soit au roi, soit à la corporation, à leur entrée en fonction pour parvenir aux honneurs dans la communauté, et pour l'exercice de leur profession [2]. De là l'exagération de l'esprit de monopole, de ce monopole considéré par la royauté comme la compensation de ces charges [3]. Comme le fait remarquer M. Fagniez [4], la fiscalité fut pour les corporations une cause de discrédit analogue à celle que devait jeter sur les syndicats actuels l'intrusion de l'influence politique et électorale : « En rendant les corporations victimes et complices de sa fiscalité croissante, le gouvernement de l'ancien régime, pendant le siècle dernier surtout de son existence, ajouta pour elles la déconsidération aux animosités et aux indignations soulevées par leur exclusivisme. »

1. De Gaillard-Bancel. — Mémoire cité plus haut.

2. *Sur les charges fiscales supportées par les corporations ou imposées par elles pour l'exercice de la profession :* Hubert-Valleroux, p. 47, 98, 107 ; Martin Saint-Léon, p. 519, 540 ; *Rapport de 1805*, p. 17, 20, 22.

Préambule de l'Edit de 1776 : « Ceux de nos sujets qui, par goût ou par nécessité, se destinent à l'exercice des arts et métiers, ne peuvent y parvenir qu'en acquérant la maîtrise, à laquelle ils ne sont reçus qu'après des épreuves aussi longues et aussi pénibles que superflues, et après avoir satisfait à des droits, ou à des exactions multipliées par lesquelles une partie des fonds dont ils auraient eu besoin pour monter leur commerce ou leur atelier, ou même pour subsister, se trouve consumée en pure perte. » (Turgot. *Œuvres*, t. VIII, p. 331.)

« Bien peu de corporations pouvaient se flatter à la fin du xviii° siècle, d'avoir un actif seulement égal à leur passif. » (Hubert-Valleroux. *Revue catholique des Institutions*, décembre 1911, p. 491.)

3. Hubert-Valleroux, p. 110.

4. Avant-propos, p. vii.

Les avantages que les corporations avaient présentés disparaissaient donc, nous l'avons dit, devant leurs abus ; ces abus seuls étaient pris en considération. Les corporations arrivaient à n'être plus envisagées par beaucoup d'esprits que « comme l'assemblage de quelques privilégiés qui, pour assurer leur fortune ôtent leur subsistance à une multitude d'ouvriers [1] ». Elles avaient, à l'origine, protégé le travail ; elles étaient considérées comme portant atteinte, par leur monopole, à cette liberté du travail qui, dans le mouvement des idées et en présence des nouvelles conditions de l'industrie, était de plus en plus préconisée.

Cette idée de la liberté du travail fût le point de départ de la réforme tentée par Turgot en faisant adopter par le roi l'édit de février 1776 : « Dieu, dit le préambule de l'édit, en donnant à l'homme des besoins, en rendant nécessaire la ressource du travail, a fait du droit de travailler la propriété de tout homme, et cette propriété est la première, la plus sacrée et la plus imprescriptible de toutes. Nous regardons comme un des premiers devoirs de notre justice... d'affranchir nos sujets de toute atteinte portée à ce droit inaliénable de l'humanité [2]. » Assurément rien n'était plus juste que les critiques formulées par Turgot contre le monopole et les règlements restrictifs des corporations, mais Turgot était injuste quand il se refusait à reconnaître leurs bienfaits dans le passé et quand il ne voyait dans leurs statuts que « des espèces de codes obscurs, rédigés par l'avidité, adoptés sans examen dans des temps d'ignorance et auxquels il n'a manqué pour être l'objet de l'indignation publique que d'être connus [3] ». Il affectait de ne voir dans les résistances à la réforme que des « sophismes » intéressés [4], sans tenir compte des avantages que pouvait présenter pour la perfection des produits [5] et la répression des fraudes la corporation débarrassée de ses abus. Il avait le tort, commun aux écri-

1. Hubert-Valleroux, p. 108.
2. Turgot. *Œuvres*, t. VIII, p. 338.
3. *Id.*, p. 336.
4. *Memoire au roi*, t. VIII, p. 336.
5. C'est ce que fera remarquer l'avocat général Séguier ainsi que nous le dirons plus loin. (Foncin. *Essai sur le ministère de Turgot*, 1877, p. 187.)

vains de son temps, d'appeler au service d'un système
préconçu les procédés du pouvoir absolu ; il avait le tort
surtout, au lieu de poursuivre l'abolition d'un privilège,
de détruire une institution séculaire par la négation du
droit d'association lui-même.

Cette négation est en effet proclamée par l'édit dans des
termes qui se retrouveront en substance dans le célèbre
décret du 14 juin 1791 [1] : « Défendons aux gardes jurés
ou officiers en charge des corps et des communautés...
de convoquer aucune assemblée, ou d'y assister, sous
quelque motif que ce puisse être. Défendons à tous maîtres, compagnons, ouvriers et apprentis desdits corps et
communautés, de former aucune association ni assemblée
entre eux, sous quelque prétexte que ce puisse être [2]. »
L'origine de cette prohibition est indiquée dans le préambule par Turgot lui-même : « Les abus se sont introduits
par degré... *la source du mal est dans la faculté accordée
aux artisans d'un même métier de s'assembler et de se réunir en corps...* Les différentes professions devinrent autant
de communautés particulières [3]. » Et ces communautés
poursuivirent « l'intérêt commun des membres de la société particulière au préjudice de ceux de la société générale ». Ainsi, en haine du passé, il fallait défendre toute
association volontaire ; parce que les artisans organisés en
communauté avaient joui du monopole, il fallait leur
prescrire de rester désormais isolés ; parce que l'abus de
l'association avait porté atteinte à la liberté du travail,
droit naturel à l'homme, il fallait refuser à l'homme cet
autre droit naturel et primordial qui est le droit à l'association.

Tel était le vice essentiel de l'édit de 1776 que nous
avons à envisager principalement à ce point de vue dans
son inspiration générale. Dans ses dispositions réglementaires il proclamait le principe de la liberté du travail et

---

1. « Les citoyens de même état et profession... ne pourront, lorsqu'ils
se trouveront ensemble se nommer de président ni de secrétaire syndic,
tenir des registres, prendre des délibérations, faire des règlements sur
leurs prétendus intérêts communs. »

2. Articles XIII et XIV de l'Edit, p. 354.

3. *Id.*, p. 333.

supprimait les corporations en même temps que les con-fréries [1]. La nouvelle organisation obligeait pour l'avenir les artisans qui voudraient s'établir à en faire la déclara-tion au lieutenant-général de Police lequel serait juge des contestations qui s'élèveraient entre eux. Les artisans étaient groupés par quartier dans chaque ville, quelle que fût leur profession, et ils désignaient trois d'entre eux pour servir d'auxiliaires au lieutenant de Police.

L'édit de 1776, de même que les autres rendus en même temps, ne fut pas enregistré sans résistance. Au lit de jus-tice tenu à Versailles le 12 mars 1776, le premier prési-dent d'Aligre déclarait que « l'édit de suppression des ju-randes rompt au même instant tous les liens de l'ordre établi pour les professions de commerçants et d'artisans. Il laisse sans frein une jeunesse turbulente et licencieuse qui, contenue à grand'peine par la police publique, par la discipline intérieure des communautés et par l'autorité domestique des maîtres sur les compagnons, est capable de se porter à tous les excès lorsqu'elle se croira indépen-dante [2] ». L'avocat général Séguier protesta vivement con-tre l'édit : il voyait dans la destruction des corporations l'isolement des artisans et l'abrogation de tous les règle-ments qui maintenaient la perfection des produits. Il y voyait aussi un danger pour l'ordre public : « Les juran-des, envisagées du côté des avantages que la société en retirait, en présentent deux qu'il est difficile de leur refu-ser ; une police plus facile dans la capitale et une sûreté plus grande dans le commerce. Les corporations répondent du calme général par le calme de leur intérieur. C'est une chaîne dont les anneaux vont se joindre à la chaîne pre-mière, à l'autorité du trône qu'il est dangereux de rom-

1. Articles I et XIII. Sont exceptés les pharmaciens, orfèvres, etc. (art. IV).

2. Foncin. *Essai sur le ministère de Turgot*, 1877, p. 452. La publication des édits devait donner lieu en effet à des manifestations populaires : « les guinguettes regorgeaient d'ouvriers qui avaient quitté leurs maîtres avaient pris des carrosses de remise » et chantaient :

> Chacun peut selon son métier
> Vivre aujourd'hui sans payer
> Juré ni maîtrise.

> (Foncin p. 506).

pre [1]. » Le Parlement, dans ses remontrances, avait déjà dit : « Le cadre corporatif étant supprimé, on ne pourra plus contenir les mouvements ouvriers qui ne manqueront pas de se produire [1]. »

Indépendamment de ces considérations tirées de l'ordre public et inspirées par la crainte des mouvements ouvriers, il faut bien reconnaître que Séguier pouvait regretter avec raison la suppression de l'organisation professionnelle, suppression qui, en abandonnant l'artisan aux suggestions mauvaises de l'isolement social, constituait un acte d'imprévoyance pour l'avenir [2]. Séguier proposait du reste des réformes nécessaires en réduisant le nombre des corporations et en facilitant aux ouvriers l'accès de la maîtrise [4]. Le Parlement ne fut pas écouté.

La chute de Turgot permit de donner satisfaction aux réclamations soulevées par l'abolition des corporations [5], et l'Édit d'août 1776 [6], tout en déclarant vouloir détruire les abus qui existaient dans les anciennes communautés, institua un système qu'on peut qualifier de mixte. Un certain nombre de professions étaient déclarées libres. Les autres étaient réparties entre les six corps de marchands et quarante-six corps de métiers [7]. Les droits de réception étaient conservés sous la forme d'un impôt, mais considérablement diminués de façon à rendre la maîtrise accessible. La prohibition pour les compagnons et les apprentis de former des confréries et associations était soigneusement maintenue [8]. Ainsi constituées, les nouvelles corporations firent preuve du même esprit de monopole que les anciennes [9].

1. Germain Martin, p. 50.
2. Germain Martin, p. 51.
3. Martin Saint-Léon, p. 581 ; Nourrisson, *Trois révolutionnaires*, 1885, p. 185.
4. Martin Saint-Léon, p. 581.
5. Il s'en produisit de nombreuses et plusieurs Parlements, en dehors de celui de Paris, refusèrent d'enregistrer les édits. (Hubert-Valleroux, p. 118 ; Martin Saint-Léon, p. 581.)
6. Auquel il faut ajouter les édits postérieurs (Fagniez, p. 59 ; Martin Saint-Léon, p. 594.)
7. « Nous voulons, disait l'édit, donner aux ouvriers un moyen de défense ; nous voulons qu'ils puissent jouir de la mise en commun de leur intelligence. » (*Revue catholique des institutions*, août 1912, p. 115.)
8. Articles 40 et 43 (Martin Saint-Léon, p. 589).
9. Hubert-Valleroux, p. 120. Voir aussi notre étude citée plus haut *Sur les procès des corporations*.

Elles avaient seulement perdu l'esprit de corps qui chez celles-ci avait produit, par certains côtés, d'heureux résultats [1] ; une nouvelle organisation n'avait plus, jusqu'à la chute de l'ancien régime, le temps de se consolider et de s'améliorer [2]. Malgré cet essai de réforme succédant à une suppression radicale, le premier édit de 1776 avait porté à l'organisation professionnelle un coup mortel. Il présageait la destruction définitive que va réaliser la Révolution en se fondant sur les abus du passé, mais aussi en posant de nouveau en principe la négation du droit d'association.

A côté de ces deux grandes catégories de communautés ou d'associations puisant dans l'autorisation du pouvoir l'existence et la personnalité légales, on rencontre cependant, sous l'ancien régime, des associations de fait, quelquefois tolérées, mais contraires aux principes en vigueur, et qu'on peut appeler illégales. Tel est en effet le besoin d'association inhérent à la nature humaine que des groupements spontanés se produisent aux époques mêmes où la liberté d'association est ignorée ou strictement proscrite. Comme associations illégales nous pouvons indiquer les associations d'ouvriers, les associations religieuses dissidentes, les sociétés secrètes.

Les associations d'ouvriers existent en effet sous l'ancien régime [3] bien qu'il n'y ait aucune disposition légale qui permette aux ouvriers de se grouper entre eux et qu'au contraire ces groupements soient rigoureusement interdits. Mais les ouvriers arrivèrent de plus en plus à se réunir pour lutter contre les patrons et par suite contre l'organisation des corporations, et cet antagonisme, nous l'avons dit, prit naissance quand s'accentua la séparation d'intérêts entre l'ouvrier et le patron par l'abandon de l'esprit primitif de la corporation. Les confréries, qui avaient été à l'origine, à côté des corporations, le lien le plus puissant et le moyen de rapprochement le plus efficace entre les maîtres et les compagnons, qui avaient constitué de véritables sociétés de secours mutuels entre les

1. Notamment pour la loyauté des produits (Hubert-Valleroux, p. 120).
2. Martin Saint-Léon, p. 594.
3. Germain Martin. *Les associations ouvrières au XVIIIe siècle.* 1900.

artisans [1], furent souvent détournées de leur but [2]. Celles qui n'étaient formées que de compagnons devinrent des foyers de résistance et d'agitation. Persécutées, comme nous le dirons, tantôt par le pouvoir civil, tantôt par le pouvoir religieux, elles furent sans doute le point de départ des compagnonnages [3].

Le compagnonnage, qui existe surtout dans la petite industrie, c'est l'association d'ouvriers [4] qui a fini par s'organiser d'une manière permanente avec ses ramifications dans toute la France ; c'est, dans chaque industrie le « syndicat » (le mot se trouve dans l'ordonnance de 1730 [5]), qui lutte pour améliorer le sort des ouvriers, ma[i]s des ouvriers cherchant, suivant les tendances d'alors, à constituer en caste privilégiée vis-à-vis des autres artisans. Le compagnonnage rendit à la classe ouvrière de réels services en établissant des liens d'assistance et de confraternité [6], mais il devint de plus en plus un instrument de lutte contre les patrons [7] en recourant à la force, en organisant les coalitions et les grèves. Aussi contre cette association qui revêt souvent, surtout parmi les compagnons ambulants, la forme d'une société occulte se livrant à des pratiques mystérieuses [8], la méfiance du pouvoir fut-elle toujours en éveil.

L'autorité ne cessa de s'occuper des associations ouvriè-

1. Hubert-Valleroux, p. 69.
2. *Sur les confréries*, voir Hubert-valleroux, p. 63 et s.
3. Martin Saint-Léon. *Le compagnonnage*, 1901, p. 122. C'est surtout à cet ouvrage qu'il faut se reporter pour l'histoire de l'institution. — L'édit de février 1776, par son article 14, supprimait les confréries « qui peuvent avoir été établies tant par les maîtres des corps et communautés que par les compagnons et ouvriers des arts et métiers ». Cette suppression fut acclamée par Voltaire : « Béni soit l'article XIV qui abolit les confréries... voici l'âge d'or qui succède à l'âge de fer. » (Cité par Foncin, p. 508.)
4. Le compagnonnage, dit M. Martin Saint-Léon, c'est la corporation des ouvriers. *Histoire des corporations*, p. 558.
5. Germain Martin, p. 264.
6. Germain Martin, p. 259 — Fagniez, p. 42.
7. Martin Saint-Léon. *Histoire des corporations*, p. 561.
8. Quand la corporation se transforme en une association fiscale et exclusive, « les sociétés de compagnons se fondent comme une menace pour l'unité de la corporation ». (Martin Saint-Léon. *Le compagnonnage*, p. 30, 31.
9. Allier. *La cabale des dévôts*, 1902, p. 196.

res pour les interdire et les dissoudre [1]. Toute assemblée
non autorisée par le pouvoir royal est illicite, mais les
assemblées ouvrières sont plus spécialement visées par
les prescriptions légales. Nombreux sont les actes du pouvoir royal, édits ou ordonnances, qui montrent à la fois la
sévérité de la répression et la fréquence des infractions à
réprimer [2]. Ces dispositions sont en réalité dirigées contre
les ouvriers, les maîtres pouvant toujours se réunir dans
la corporation [3]. C'est l'ordonnance de Villers-Cotterets
en 1539 défendant aux maîtres et aux compagnons de faire
« aucunes assemblées grandes ou petites ou pour quelques causes que ce soit, et de prendre aucune intelligence
les uns avec les autres ». Ce sont, l'ordonnance de Blois
en 1579, le code Michaud en 1629, les règlements généraux de Colbert sur les manufactures, les lettres patentes
de 1749 qui interdisent « à tous compagnons ou ouvriers
de s'assembler en corps ». Nous avons relevé la disposition
de l'édit de 1776 qui défend aux compagnons et ouvriers,
comme aux maîtres, d'établir des associations. Les Parlements multiplient à cet égard leurs arrêts [4].

Comme les associations d'ouvriers recourent souvent
aux procédés de violence, les grèves, les coalitions, les
mises à l'index, sont réprimées par des mesures de police [5].
Des édits interviennent pour les interdire dans chaque
profession ; des lettres-patentes défendent aux compagnons
de quitter les maîtres sans un billet de congé. Les émeutes même, qui vont se multipliant à la fin de l'ancien
régime entraînent des prohibitions nombreuses contre les
attroupements ; la crainte de ces émeutes ouvrières se traduit par la prohibition de porter des armes [6].

En somme le sentiment qui domine vis-à-vis des associations ouvrières c'est la crainte qu'elles inspirent, crainte

1. M. Cornudet signalera dans son rapport de 1864 la prohibition des
coalitions d'ouvriers sous l'ancien régime. (*Dallos*, 1864, IV, p. 53.)
2. Germain Martin, p. 45 et s. — Allier, p. 197.
3. Germain Martin, p. 46.
4. Germain Martin, p. 55 et s.
5. Germain Martin, p. 165, 185.
6. Germain Martin, p. 165. Sources citées. — Dès 1658 les statuts des
boulangers du faubourg Saint-Germain défendent à tous les compagnons
du métier « de porter aucunes armes à feu, épées ou bâtons, ès halles,
ports, ou marchés publics ». (Delamarre. *Traité de la police*, t. II, p. 828.)

qui se traduit chez les jurisconsultes et les économistes du xviii° siècle par des affirmations significatives : « Les hommes se réunissent plus souvent, dit de la Poix de Fréminville [1], pour nuire à l'Etat et à la tranquillité publique, que pour s'occuper du bonheur général et de la sûreté de tous. » Adam Smith [2] écrira : « Il est rare que les gens du même métier se trouvent réunis, fût-ce pour quelque partie de plaisir ou pour se distraire, sans que la conversation finisse par quelque conspiration contre le public ou par quelque machination pour faire hausser les prix. » Ces paroles significatives s'appliquaient assurément, pour une bonne part, aux associations d'ouvriers dont l'ancien régime considère surtout les dangers. Ces associations, elles aussi, seront surtout envisagées à la fin de l'ancien régime au point de vue des abus et des excès qui ont frappé l'opinion publique, abus et excès qui devaient s'aggraver au début de la période révolutionnaire.

Il existait aussi des associations religieuses illégales. Sans parler des confréries qui furent à certaines époques proscrites, tantôt par le pouvoir royal qui tendait à n'envisager comme institutions régulières que les seules corporations, tantôt par le pouvoir religieux dont la méfiance se manifestait vis-à-vis de certaines confréries d'artisans [3], on devait considérer comme illégales les associations qui tendaient à briser l'unité religieuse. Sous l'ancien régime en effet, l'union intime de l'Eglise et de l'Etat excluait toute liberté de culte.

Aussi les associations religieuses dissidentes étaient, en principe, sévèrement interdites, l'autorisation préalable n'étant applicable qu'à celles qui se formaient au sein de la religion catholique [4].

Les Juifs, jusqu'aux réformes exécutées ou préparées par Louis XVI, avaient été l'objet de mesures qui variè-

1. Germain Martin, p. 39.
2. Germain Martin, p. 182.
3. Cette méfiance s'expliquait par le secret dont s'entouraient certaines confréries et des parodies des mystères de la religion auxquelles elles se livraient (Hubert-Valleroux, p. 71 ; Martin Saint-Léon, p. 359).
4. Weil, p. 5. — L'édit de 1559 interdit sous peine de mort les assemblées illicites qui se font sous prétexte de religion ou autrement (Germain Martin, p. 38.)

rent à l'infini, mais qui, d'une manière générale, en leur permettant de sauvegarder le plus souvent la liberté de leur culte dans les lieux qui leur étaient réservés, les tenaient à l'écart de la nation en les traitant comme des étrangers[1]. La tolérance dont étaient l'objet dans certaines provinces les communautés juives, tolérance soumise à de nombreuses restrictions, était loin de conférer aux israélites, d'une façon générale, le droit de s'associer.

Les protestants, depuis la révocation de l'édit de Nantes, ne pouvaient se réunir. Les édits de 1685, de 1686, de 1689, de 1724 portent défense de s'assembler pour aucun exercice de la religion réformée[2], et on sait quelle fut, à cet égard, la rigueur des sanctions prises sous Louis XIV.

Le jansénisme peut être considéré comme une association religieuse dont le pouvoir royal poursuivit la destruction en vertu du principe par lequel il se proclamait le gardien et le défenseur de l'orthodoxie religieuse. C'est en vertu de ce droit, et en s'appuyant sur les bulles des Papes, que furent prises par l'autorité royale les mesures de rigueur qui aboutirent à la destruction de Port-Royal.

Mais pour le roi, le jansénisme fut aussi un parti politique, un parti d'opposition prenant son origine dans une hérésie. C'est l'association janséniste que visait Louis XVI quand il déclarait qu'il ne voulait pas de « pelotons contre l'Etat ; » c'est « le bien de l'État, » qu'il invoquait quand il se montrait résolu à exterminer entièrement le jansénisme[3].

1. H. Lucien Brun, *La condition des Juifs en France depuis 1789*, p. 10,19.
2. Weil, p. 5.
3. Paroles de M. de Harlay, archevêque de Paris, à la supérieure de Port Royal : « Le roi n'aime pas ce qui fait du bruit. Il a fait dire depuis peu à M. Arnauld qu'il ne trouvait pas bon qu'on fît chez lui des assemblées... à quoi bon que certaines gens se rencontrent toujours chez lui et qu'il y ait tant de liaison entre ces messieurs ?... Le roi ne veut pas de ralliement... Un corps sans tête est toujours dangereux dans l'Etat... Les amis de cette maison faisaient ensemble des pelotons contre l'Etat. Le roi n'a pas agréé cela : il croit que ces réunions sont dangereuses dans un Etat. » (Sainte-Beuve. *Port-Royal*, t. V, p. 25, 35.)
Le roi s'adressant aux présidents de l'assemblée du clergé, le 13 décembre 1660, déclare que son intention est « d'exterminer entièrement le jansénisme et de mettre fin à cette affaire ; que trois raisons l'y obligeaient : la première, sa conscience ; la seconde, son honneur ; et la troisième, le bien de l'Etat. » (Allier. *La cabale des dévôts*, 1902, p. 191.)
Déjà Richelieu avait vu dans Saint-Cyran « le chef d'une force mysté-

Et de fait, comment expliquer l'agitation créée au
XVII° siècle par la querelle religieuse soulevée autour de
Palais-Royal? Est-ce seulement par l'importance que pouvaient revêtir alors au point de vue religieux des discussions de doctrine et de controverses qui nous apparaissent
comme remplies de tant d'équivoques et de subtilités ? Ne
faut-il pas, tout en faisant la part de l'importance qu'occupaient dans les préoccupations des hommes de cette
époque ces controverses religieuses, considérer qu'elles
étaient pour eux, bien qu'ils s'en défendissent et que certains d'entre eux n'en eûssent pas conscience, un moyen
de se grouper contre l'absolutisme du pouvoir royal ? Le
jansénisme, si on veut aller au fond des choses, est bien
un groupement, une coterie d'opposition politique [1], opposition qui se perpétuera en s'accentuant jusque chez les
parlementaires du XVIII° siècle [2]. C'est là ce qui attire en
réalité tant d'esprits d'élite et les porte vers une coterie
qui les rassemble dans un sentiment d'indépendance vis-
à-vis du pouvoir absolu. En apparence ils se proposent de
se soutenir par un appui mutuel des discussions stériles
où se dépensa, sans profit réel pour la défense de la vérité
religieuse, tant d'esprit, de talent, et même de génie.

Il faut ajouter que l'opposition janséniste, avec ses
allures de mystère et les combinaisons secrètes qu'elle
opposait aux mesures de rigueur, présentait cet attrait des
organisations occultes qui ont toujours eu tant de prise
sur certains esprits. Par ce côté, le groupement janséniste,
en même temps qu'il peut être considéré comme une association religieuse et politique, rentre dans la catégorie des
sociétés secrètes.

rieuse qui s'élevait en dehors de l'Etat ». (Sainte-Beuve. *Port-Royal*, t. I,
p. 486.)

Mazarin ne pardonna jamais aux jansénistes leurs sympathies pour les
personnages de la Fronde. (M. Guiraud d'après M. Lavisse. *Histoire partiale, histoire vraie*, 1917, t. IV, p. 83.)

1. Voir M. Guiraud (t. IV, p. 83, 84) qui conclut après M. Lavisse que
le jansénisme fut une secte « doublée d'une coterie politique ».

2. L'esprit de Port-Royal, dit Sainte-Beuve, se retrouve amoindri dans
le jansénisme qui a suivi la destruction de Port-Royal. « Il se retrouve
encore moins chez le jansénisme *tout politique* qui fut ou qui parut si considérable à un moment du XVIII° siècle et qui permettait à bien des gens
d'être *du parti* sans être du dogme ni même de la religion. » (*Port-Royal*,
t. V, p. 593.)

Les associations secrètes sont toujours nées de l'absolutisme du pouvoir ; et, si elles sont un besoin pour certains hommes à toutes les époques de l'histoire, elles ont surtout leur raison d'être et leur explication quand le droit d'association que nous avons qualifié d'incompressible n'est pas reconnu par la législation et ne peut être exercé. L'association secrète est l'association qui ne peut vivre au grand jour, soit parce que son but n'est pas avouable, soit parce qu'elle manque de moyens légaux pour le réaliser. Dans un cas comme dans l'autre, le secret est un instrument pour une action commune. Rarement l'association secrète peut dissimuler son existence elle-même ; ce sont les procédés dont elle se sert ou le but qu'elle poursuit qu'elle cache autant qu'elle le peut. Ce secret, contraire au caractère même de la véritable association qui suppose la publicité, inspire la méfiance de l'opinion publique et la suspicion du pouvoir.

A plus forte raison en était-il ainsi sous l'ancien régime où l'association n'est comprise qu'avec l'approbation de l'autorité royale. Cependant on peut relever dans cette période plusieurs exemples d'associations secrètes. Ce furent les compagnonnages, organisations souvent occultes, nous l'avons dit, et dont les rites et les cérémonies d'initiations peuvent être rapprochés des rites et des initiations maçonniques [1] au point qu'une communauté d'origine a pu être attribuée aux deux organisations [2].

Ce fut, au xviie siècle, la fameuse compagnie du Saint-Sacrement mieux connue aujourd'hui et dont on a pu relever l'action incontestable entre 1627 et 1666 [3], action qui se prolonge peut-être au delà [4]. Tout en faisant des réser-

---

1. Martin Saint-Léon. *Histoire des corporations*, p. 558 ; Allier. *La cabale des dévôts*, p. 196.

2. Martin Saint-Léon. *Histoire des corporations*, p. 559. *Le compagnonnage*, p. 27, 221. Les légendes de Salomon et d'Hiram sont communes aux deux organisations.

3. Allier. *La cabale des dévôts*, 1902 ; Rébelliau. *Revue des Deux-Mondes*, 1er juillet, 1er août, 1er septembre 1903 ; de la Brière. *Ce que fut la cabale des dévôts* (avec bibliographie) ; de Grandmaison. *La compagnie du Saint-Sacrement (Le correspondant*, 25 mars 1911) ; Souriaux. *Deux mystiques normands au XVe siècle*, 1913 ; d'Argenson. *Annales de la compagnie du Saint-Sacrement* (publié par Dom Beauchet-Filleau), 1900.

4. Allier, p. 426.

ves sur les manifestations exagérées du zèle ardent des membres de cette organisation et sur des procédés qui semblent excessifs à nos mœurs [1], il faut reconnaître qu'elle comprit dans son sein les personnages les plus recommandables [2], et admettre, si l'on ne veut pas tomber dans un dénigrement systématique, que les membres de la société se proposèrent sincèrement de lutter contre les tendances irreligieuses et d'exercer une action charitable commune [3]. Ces hommes furent assurément animés des intentions les meilleures, et le secret dont ils s'entourèrent ne leur fut pas seulement suggéré par l'humilité chrétienne ; ils y virent un moyen d'exercer, par une influence en quelque sorte impersonnelle, une action plus considérable que si la compagnie avait agi « de son chef et comme corps [4]. » Il faut ajouter aussi que, tout en se servant en fait de la force de l'association, ils n'auraient pas pu recourir au procédé d'une association existant au grand jour sans une autorisation régulière qui ne leur fut jamais donnée et qu'ils ne voulaient pas solliciter [5].

Il n'en est pas moins vrai que ce caractère secret de la compagnie du Saint-Sacrement, non seulement excitait contre elle de vives oppositions [6], mais éveillait la méfiance du pouvoir qui n'ignorait pas le fait de son existence. Le 3 décembre 1660 le Parlement de Paris faisait défense « à toutes personnes de faire aucunes assemblées, ni confréries, congrégations et communautés, sans l'expresse permission du roi [7] ». En 1666, la compagnie qui devait se survivre dans un certain nombre de réunions isolées, décidait, après diverses tentatives pour se maintenir, de se dissoudre et détruisait ses registres [8].

1. Faits cités par Allier, p. 123, 258 et s. ; de la Brière, p. 61.
2. Allier, p. 34, 39.
3. Allier, p. 19 et s.
4. Allier, p. 24.
5. La compagnie du Saint-Sacrement avait été connue de Louis XIII qui l'avait approuvée. Mais, disaient ses membres, elle ne voulut pas solliciter des lettres-patentes car « cela aurait rendu public ce qu'on voulait absolument renfermer dans le secret ». (*Annales*, p. 22, 23.)
6. Allier, p. 322 et s., 347 et s. — Molière a-t-il visé la compagnie du Saint-Sacrement dans le *Tartuffe* ? voir sur cette question : Allier ; Karl Mantzius. *Molière* (traduit du danois par Pellisson).
7. Allier, p. 19, 364.
8. Allier, p. 426.

Moins avouable était le but poursuivi, au moyen aussi d'une organisation secrète, par les loges maçonniques [1]. Leur origine s'enveloppe d'une obscurité qu'il est difficile de percer, et leurs pratiques secrètes paraissent n'avoir pas été sans influence sur les cérémonies mystérieuses qui firent surtout prohiber les compagnonnages [2]. Peut-être, nous l'avons dit, faut-il voir dans l'analogie des rites observés par les deux institutions la preuve d'une origine commune remontant à certaines corporations d'ouvriers du moyen âge [3].

Ce fut vers 1717 que les loges s'organisèrent en France, et si, à l'origine, les réunions maçonniques, considérées surtout comme réunions de plaisir, se recrutent dans la petite bourgeoisie et le petit commerce [4], on finit par y voir surtout des officiers, des grandes dames, des philosophes, des gens de cour, des membres de la haute noblesse et des familles princières que rassemblait au fond le désir de fronder le pouvoir royal [5]. La Franc-maçonnerie affiche un but philanthropique et humanitaire ; en réalité elle propage des idées égalitaires, une doctrine humanitaire internationale, un idéal de religion naturelle [6] qui la conduira à la lutte pour la destruction des religions révélées. En fait elle préparera les secousses violentes qui, à l'époque révolutionnaire, transformeront le mouvement réformateur dirigé contre les abus de l'ancien régime en un mouvement destructeur de l'ordre social et religieux [7]. La

---

1. Barruel. *Mémoires pour servir à l'histoire du jacobinisme*, 5 vol., 1799 (Réimprimé en 1911) ; Deschamps. *Les sociétés secrètes et la société*, 3 vol., 1874 ; Claudio Jannet. *La Franc-maçonnerie et la Révolution*, 1884 ; G. Bord. *La Franc-maçonnerie en France*, t. I, 1908 ; Hello. *L'action maçonnique au XVIII⁰ siècle*, 2 vol., 1905.

2. Germain Martin, p. 100.

3. Martin Saint-Léon (*Histoire des corporations*) p. 557 ; Clunet. *Les associations*, t. I, p. 493 notes 2 et 3 ; Bord, p. 47.

4. Bord, p. 154, 291.

5. Bord, p. xxiii, xxiv.

6. Le Dieu de la Franc-maçonnerie est au fond la force qui régit la matière (Bord, p. xi).

7. Bord, p. xv ; Claudio Jannet, p. 190 et s. ; Nourrisson. *L'ancienne France et la Révolution*, 1873, p. 180 s. — Voir aussi Barruel sur l'influence des illuminés dans les loges, influence niée par Mounier (*De l'influence attribuée aux philosophes et aux francs-maçons sur la Révolution française*, 1828).

Franc-maçonnerie exerce donc une action politique et antireligieuse, et cette action, dirigée par un certain nombre de personnages conscients de la véritable doctrine qu'ils propagent, entraîne le plus grand nombre des Maçons inconscients vers des catastrophes dont ils furent les premières victimes. « Dans les tableaux des loges, dit M. Bord [1], nous voyons figurer les représentants de toutes les branches de la société française ; le bataillon sacré s'avance, maillets battants, à la conquête de l'autorité pour la supprimer. » L'explosion de violences qui détourna de sa voie la Révolution française en la jetant dans une voie de destruction systématique et absolue ne fut donc pas, comme l'a proclamé Taine, « une anarchie spontanée [2] » : ce fut une anarchie organisée et qui conduisit ses auteurs beaucoup plus loin qu'ils ne l'avaient prévu eux-mêmes.

La Papauté avait signalé le péril. Dès 1738 Clément XII lançait une bulle dont les prohibitions furent renouvelées en 1751 par Benoit XIV lequel formulait cette déclaration éclatante de vérité : « Les choses honnêtes se plaisent au grand jour [3]. » Les Parlements refusèrent d'enregistrer ces bulles [4], et la royauté, sans prendre au sérieux les conciliabules maçonniques, se borna à édicter contre eux des mesures anodines quand des réunions trop tumultueuses attirèrent l'attention. C'est ainsi qu'une ordonnance de police de 1737 [5] défendit aux cabaretiers de recevoir les associations de Francs-Maçons sous peine d'amende, que ces défenses furent renouvelées en 1744, et que des poursuites furent exercées en 1755. La plupart du temps ces défenses restaient lettre morte [6]. On surveille les assemblées maçonniques, mais on traque surtout les gens de petite condition ; les loges semblent protégées par les grands personnages dont elles se composent de plus en plus [7], et bénéficier de la tolérance accordée

1. Bord, p. xv.
2. Claudio Jannet, p. 197.
3. Bord, p. 194.
4. Bord, p. 196.
5. Weil, p. 4 ; Bord, p. 173 ; Boubée. *Souvenirs maçonniques*, 1866, p. 26, 29.
6. Voir les faits cités par Bord, p. 233-234.
7. Bord, p. 151 ; Germain Martin, p. 101 et s. Le duc d'Orléans est nommé grand maître en 1775.

aux associations et aux réunions politiques, en apparence mondaines, qui se multiplient à la fin de l'ancien régime.

Quel est en effet, au xviii° siècle, l'état des mœurs et de l'opinion publique à l'égard des associations ? Si, en 1743, d'Aguesseau pouvait écrire au procureur général Joly de Fleury [1] que « toute association, de quelque genre qu'elle soit, est toujours dangereuse dans un Etat », il n'en est pas moins vrai que des associations ou plutôt des réunions nombreuses étaient en fait tolérées. Il suffirait, pour s'en convaincre, de jeter un coup d'œil sur les clubs et les salons dans la période qui précéda la Révolution [2]. Sous l'influence des idées anglaises s'établirent des réunions dans lesquelles on se livrait à la discussion des spéculations économiques, philosophiques et sociales, et dont la plus célèbre fut le club de l'entresol fondé par l'abbé Alary [3]. Le club de l'entresol fut fermé par le cardinal de Fleury en 1731. D'autres réunions du même genre, dégénérant en réunions politiques, se multiplièrent à la veille de la Révolution et furent l'objet de mesures de police plus ou moins strictement exécutées [4]. Comment aurait-on pu s'opposer à ce mouvement qui emportait les esprits vers les discussions provoquées par l'esprit critique de l'époque, alors que chez Mme de Pompadour elle-même son médecin Quesnay [5] organisait un cercle où s'agitaient les questions économiques : alors que de nombreux salons étaient devenus des centres de conversations hardies et licencieuses sur les affaires publiques, mettant en question toutes choses et en premier lieu le christianisme et la royauté ? Assurément on n'entrevoit pas la notion de l'association au sens véritable du mot, et l'idée de réclamer la liberté d'association ne se dégage nulle part ; mais les groupements plus ou moins périodiques, plus ou moins durables, s'organisent qui prouvent que sur le terrain

----

1. Bord, p. 233.

2. Nourrisson. *L'ancienne France et la Révolution*, p. 147, 172 ; Clunet, *Les Associations*, p. 8 et s.

3. De Lavergne. *Les économistes français au XVIII° siècle*, p. 45. — Parmi les membres du club de l'entresol : Montesquieu, le marquis d'Argenson, l'abbé de Saint-Pierre (Nourrisson, p. 148 ; Clunet, p. 10).

4. Clunet. p. 13.

5. Nourrisson, p. 149.

politique et dans les milieux mondains les mœurs ne permettent plus l'application complète du principe de prohibition de toute « assemblée » qui avait été celui de l'ancienne monarchie.

Tous ces groupements ont des tendances communes. La société du XVIII° siècle est de plus en plus portée vers les idées d'opposition contre l'ordre de choses établi, vers les idées de liberté ou plutôt d'égalité qui conduisent à la méconnaissance de toutes les traditions [1], vers les idées de réforme qui finirent par se confondre avec les idées de destruction. Ces tendances de l'opinion publique expliquent les tendances des écrivains qui, à la fois dirigent cette opinion publique et en reçoivent à leur tour l'impulsion.

Comment les écrivains, en dehors des jurisconsultes, ont-ils, à la fin de l'ancien régime, envisagé l'association ? ont-ils compris, ont-ils même entrevu la liberté d'association ?

D'une manière générale les idées qu'ils propagent sont celles que nous venons d'indiquer : idées d'égalité, idées d'examen et de réforme, idées d'opposition. Mais pour les propager ils sont bien loin de se placer sur le terrain de la liberté. Les écrivains du XVIII° siècle ne sont pas des libéraux au sens où nous entendons ce mot aujourd'hui. Ils réclament la liberté, surtout pour une élite [2], et en réalité pour eux-mêmes, car ce qu'ils revendiquent, c'est avant tout la liberté de croire ou plutôt de ne pas croire [3]. Quant aux réformes qu'ils préconisent, ils les attendent de l'Etat ; ils sont, comme on l'a dit, les théoriciens du despotisme éclairé [4]. On rencontrera constamment chez eux cette notion que le Prince doit mettre sa toute-puissance au service du bien public [5]. On n'y trouvera pas cette idée que les citoyens doivent se grouper librement pour garantir leur liberté contre le despotisme de l'Etat. Les droits de l'individu sont exaltés, on préconise son

1. Taine, t. II, p. 21.
2. Michel, *L'idée de l'Etat*, 1898, p. 28-29.
3. Michel, p. 29.
4. Michel, p. 26.
5. *Catéchisme universel* de Saint-Lambert (cité par Michel, p. 27).

émancipation à l'égard de certaines contraintes ; personne ne s'élève jusqu'à la notion de la liberté d'association, à peine conçoit-on l'idée de l'initiative individuelle s'exerçant au moyen de l'association. Bien au contraire, l'association apparaît comme un obstacle apporté au libre exercice des droits individuels ; on l'envisage seulement sous la forme qu'elle revêt alors [1], c'est-à-dire sous la forme d'un groupement dont on ne voit que les abus [2] et dont les privilèges ne sont plus justifiés par les services rendus.

Les philosophes « s'appliquèrent uniquement à renverser un établissement social dont ils n'apercevaient que les vices [3] »; ils firent avant tout œuvre de destruction contre les idées traditionnelles et religieuses. Que pouvaient représenter pour eux les communautés religieuses et les corporations, c'est-à-dire les deux formes sous lesquelles se manifestait alors l'association, si ce n'est un ensemble d'institutions surannées indignes d'un peuple moderne [4] ? C'est au fond un appui qu'apporte à cette thèse Montesquieu, dans l'*Esprit des lois*, quand il n'envisage la mainmorte que pour en redouter les abus [5] ; c'est la thèse elle-même qu'il soutient en se livrant à la satire des congrégations religieuses dans les *Lettres persanes* [6]. C'est aussi l'esprit de dénigrement contre la tradition et d'hostilité contre le christianisme qui guide Voltaire et Diderot dans leurs attaques sarcastiques ou véhémentes contre les ordres religieux.

D'autre part, les philosophes sont au fond partisans de la puissance de l'Etat. Voltaire, a-t-on dit, est une manière de conservateur qui prétend s'attaquer aux abus des lois et des coutumes pour en conserver les usages tolérables [7]. Il ne réclame ni le renversement de l'ordre social, ni le nivellement des conditions [8]. Il se fait le champion de la

---

1. Hubert-Valleroux, p. 108.
2. « La raison classique cesse de voir les racines antiques et vivantes des institutions contemporaines. » (Taine, t. II, p. 17.)
3. Nourrisson. *L'ancienne France et la Révolution*, p. 162.
4. Taine, t. II, p. 19.
5. Livre XXV, ch. v. Voir cependant Taine, t. IX, p. 193.
6. *Lettres persanes*. Lettre LVII. Voir aussi Diderot cité *infra*.
7. Voltaire cité par Taine, t. II, p. 20.
8. Michel, p. 12.

tolérance, mais ce qu'il a surtout en vue c'est que le philosophe puisse écrire et parler en toute indépendance [1]. Il plaide la cause de l'humanité et de la liberté, mais il est loin d'être un adversaire de l'autorité qu'il veut faire servir à l'accomplissement des réformes qu'il réclame [2]. Il est, lui surtout, partisan du despotisme éclairé qui doit donner à l'humanité la jouissance de ses droits, mais ces droits qui restent à l'état de revendications humanitaires et philosophiques ne sont pas ce que nous appelons des droits politiques [3]. Des droits politiques, pour lui, il n'est pas question ; à plus forte raison n'a-t-il pas eu la notion de l'association comme garantie ou comme moyen de revendication d'une liberté [4]. Aussi Voltaire approuve vivement la suppression des jurandes [5].

Condorcet veut assurer aux membres de la société leurs droits naturels et pour y arriver, il préconise l'action de l'Etat [6]. Turgot fait appel à l'exercice rigoureux des droits de l'Etat [7]. D'Holbach réclame un gouvernement fort, dirigé par l'opinion, et conduisant au bonheur un peuple docile [8]. Parmi les philosophes étrangers qui ont eu en France la plus grande influence, Hume est favorable à un pouvoir absolu qui serve les grands intérêts de l'humanité [9] ; Kant [10], après n'avoir paru assigner à l'Etat qu'un droit de protection de l'individu, arrive à proclamer son intervention pour diminuer les inégalités de la fortune entre les citoyens. On l'a fait remarquer avec raison [11], l'idée d'opposition entre l'individu et l'Etat n'existe pas d'une façon formelle chez les philosophes du xviii° siècle : leur individualisme consiste à exalter les droits de l'indi-

1. Michel, p. 12.
2. Michel, p. 13.
3. Michel, p. 22.
4. *Le Dictionnaire philosophique* ne contient pas les mots : assemblées, communautés, corporations.
5. « Je suis enchanté des édits sur les corvées et les maîtrises. On a eu bien raison de nommer le lit de justice le lit de bienfaisance. » (Foncin, p. 507.)
6. Michel, p. 87.
7. Michel, p. 27.
8. Michel, p. 16.
9. Michel, p. 23, 24.
10. Michel, p. 87.
11. Michel, p. 89.

vidu en faisant appel à l'Etat pour lui permettre de les revendiquer, sans du reste arriver à préciser clairement ce rôle de l'Etat. Au fond, leurs tendances pourraient aboutir à cette déclaration d'André Chénier [1] : « Imprudent et malheureux l'Etat où il se fait différentes associations, différents corps dont les membres, en y entrant, prennent un esprit et des intérêts différents de l'esprit et de l'intérêt général. Heureux le pays où il n'y a d'autre association que l'Etat, d'autre corps que la patrie, d'autre intérêt que le bien commun. »

Plus violents encore que les philosophes sont les encyclopédistes : dans leurs attaques contre la tradition et les idées religieuses ils visent à ne rien laisser debout ; ils sont unanimes à considérer que « la tradition est l'ennemi [2] ». Constituant à la fois un parti politique [3] et une secte, ils portent leurs efforts contre l'ordre de choses établi, et la vaste entreprise de l'encyclopédie dirigée par Diderot a beaucoup moins pour objet de passer en revue les connaissances humaines et de remonter à l'origine des idées, que de soumettre ces idées à l'examen et de discuter les croyances et les opinions reçues jusque-là [4].

Pour eux aussi, la souveraineté théorique du peuple une fois proclamée, tout le système politique se ramène en fait à préconiser un pouvoir fort qui aura pour objet de faire régner la tolérance, le progrès des lumières, le bien-être général nécessaires au bonheur de l'humanité [5].

Dès lors ils sont ouvertement ou implicitement les adversaires des corps indépendants de l'Etat, des groupements traditionnels, fondations, congrégations, corporations [6], dont ils ne voient que les abus, qu'ils n'envisagent que comme destinés à perpétuer des privilèges et à sou-

1. *Notes de l'Hermès* d'André Chénier (Edition Lemerre, II, p. 42).
2. Taine, t. II, p. 21.
3. Nourrisson. *L'ancienne France et la Révolution*, p. 166.
4. Sur Diderot et l'Encyclopédie voir l'article de M. Fonsegrive dans la *Revue hebdomadaire* du 4 octobre 1913.
5. Michel, p. 14.
6. Diderot. *Lettre sur le commerce de la librairie* : « Que m'importe qu'il y ait une communauté de plus ou de moins à moi qui ai de tout temps été convaincu que les corporations étaient injustes et funestes. » (*Œuvres complètes*. Ed. de 1876, t. XVIII, p. 7.)

tenir un ordre de choses condamné par la raison. La notion d'association leur est donc étrangère ou même hostile. L'encyclopédie ne contient pas le mot association. L'article « maîtrises » y est inspiré par les principes de la liberté économique [1]. L'article « économie politique » dû à Rousseau, exprime la crainte que les associations ne fassent prévaloir l'intérêt personnel de leurs membres au préjudice de la volonté générale [2]. L'article « fondations » dû à Turgot est, nous l'avons vu [3], dominé par l'idée des abus de la mainmorte sans que Turgot ait considéré l'avantage de la perpétuité des biens pour assurer la stabilité d'une œuvre bienfaisante. Il reconnaît les droits des citoyens « qui existent indépendamment de la société » ; quant aux « corps particuliers », ils « n'existent point par eux-mêmes » et n'ont aucun droit « vis-à-vis de l'Etat [4] ». Aussi Turgot ne voit-il dans les corporations que leurs abus et l'esprit d'exclusivisme dont elles sont les instruments. Il est dominé par la crainte des dangers de l'association exclusive [5], il n'envisage dans les associations de son époque que le privilège sur lequel elles sont fondées. S'il entrevoit, comme nous le dirons, une certaine application du principe d'association, il n'en comprend. pas l'importance [6]. S'il admet l'union de capitaux en vue d'une œuvre commune [7], il regarde l'association des ouvriers entre eux comme un mal pour la liberté du travail et du commerce [8]. C'est que Turgot est dominé par les idées des

1. Fagniez, p. 55 ; Martin Saint-Léon, p. 528.
2. « Tous les particuliers qu'un intérêt commun réunit composent autant d'autres sociétés, permanentes ou passagères, dont la force n'est pas moins réelle pour être moins apparente... Ce sont toutes ces associations tacites ou formelles qui modifient de tant de manières les apparences de la volonté publique par l'influence de la leur. » (Rousseau. Œuvres. Edition Musset-Pathay, t. V, p. 1, 9.)
3. Voir à l'introduction.
4. Turgot. Œuvres, t. III, p. 255.
5. Turgot. *Mémoire sur les projets d'édits proposés au roi.* Œuvres, t. VIII, p. 174.,
6. « Il détestait l'esprit de secte et tout esprit de corps..... il trouvait dans cet esprit d'association l'inconvénient grave de prévenir et d'animer la société générale contre les petites sociétés particulières qui s'élèvent dans son sein. » (Œuvres de Turgot, t. I, p. 47. *Mémoires sur la vie de Turgot.*
7. Foncin, p. 549. Voir le projet d'organisation d'une caisse d'escompte.
8. Foncin, p. 548-549.

physiocrates [1] qui veulent avant tout supprimer les obstacles au travail libre de l'individu : « Ce que l'Etat doit à chacun de ses membres, dit-il dans son article sur les fondations [2], c'est la destruction des obstacles qui les gênerait dans leur industrie. »

Tel est en effet le principe posé par les économistes pour lesquels la liberté du travail et du commerce est la base de toutes les réformes. Cette idée les domine exclusivement. Ils s'en réfèrent aux droits naturels de l'homme [3], car le droit au travail appartient à l'homme isolé et reconnaître ce droit à un groupement professionnel est empiéter sur son activité [4]. Dès lors ils réclament la suppression de toutes les entraves à cette liberté, douanes, impôts abusifs, réglementations de toute sorte. Dès lors aussi les corporations leur apparaissent comme des entraves à supprimer, comme des privilèges à détruire, comme des obstacles en un mot à la liberté du travail et qu'il faut renverser.

Les physiocrates, Quesnay, Gournay et leurs disciples, qui font appel pour faire triompher leurs doctrines à la puissance de l'État [5], résument leurs principes dans la fameuse doctrine : laissez faire, laissez passer [6]. La richesse s'acquiert par la liberté naturelle ; la source de cette richesse réside exclusivement dans la terre d'après Quesnay, dans l'industrie d'après Gournay. Adam Smith plaçant dans le travail cette seule source de la richesse des nations réclamait la liberté du commerce. Il suffit que la liberté naturelle s'exerce sans contrainte. De cette doctrine naissent les attaques les plus redoutables contre les corporations [7]; et c'est elle qui inspire Turgot dans le

1. « Le ministère de Turgot fut la mise en pratique des théories préconisées par les physiocrates. » (Nourrisson. *Trois révolutionnaires*, p. 174.)
2. *Œuvres*, t. III, p. 248.
3. Hubert-Valleroux, p. 106.
4. Germain Martin, p. 181-182. — Dallarde en 1791 invoquera le droit au travail : « La faculté de travailler est un des premiers droits de l'homme. »
5. De Lavergne, p. 70 ; Michel, p. 21.
6. De Lavergne, p. 74.
7. Clicquot de Blervache, sous le pseudonyme de Delisle, dans son *Mémoire sur les corps de métiers* déclarait que « la loi doit porter dé-

préambule de l'édit 1776 [1]. On préconise la liberté du travail, mais en envisageant uniquement les entraves que lui imposent les corporations, on place toute l'activité économique dans l'intérêt individuel [2], on méconnaît le principe de la liberté d'association et la notion elle-même de l'association comme protectrice du travail.

Est-ce à dire que la notion d'association n'apparaisse pas chez quelques-uns des écrivains du xviiiᵉ siècle comme un germe destiné à se développer dans l'avenir ? Déjà sous le régime absolutiste de l'ancien régime on peut relever quelques protestations contre l'interdiction de « s'assembler ». C'est ainsi que l'un des auteurs de l'*Encyclopédie méthodique* [3], citant l'exemple de l'Angleterre, déclarait que « partout où la justice et la modération sont les bases de l'autorité on ne craint ni les délibérations ni les assemblées, parce qu'elle n'y craint rien de l'examen de ses droits. » Si les hommes qui se rassemblent commettent quelque délit, « il faut punir les cas particuliers et ne point porter d'interdiction générale », car « le droit de s'assembler tient à celui de citoyen. »

Parmi les écrivains qui font appel à l'intervention de l'État, Condorcet demande que les inégalités économiques soient conjurées par un système d'assurances mutuelles qui pourraient être établies par la puissance publique mais aussi par des « associations particulières [4] ». Adam Smith, tout en considérant que les associations de gens de métier ne devaient pas être encouragées, déclarait que la loi ne pouvait les proscrire [5]. Turgot, lui-même, nous

fense générale et expresse à tous les membres d'une même agrégation de s'assembler entre eux ni d'élire des jurés. » (Martin Saint-Léon, p. 528.) — Bigot de Sainte-Croix soutient la même doctrine dans son *Essai sur la liberté du commerce et de l'industrie*, 1775. (Martin Saint-Léon, p. 573-574.) — Il y fut répondu par le mémoire de Delacroix qui se résumait en cette remarque pleine de bon sens : « Réformer n'est pas détruire. »

1. Turgot. *Œuvres*, t. III, p. 328. Eloge de Gournay ; Martin Saint-Léon, p. 575.

2. Béchaux. *L'école individualiste et le socialisme d'État*, p. 109.

3. Germain Martin, p. 39 et s.

4. Condorcet. *Esquisse d'un tableau des progrès de l'esprit humain*, p. 344.

5. Adam Smith. *Richesse des Nations*, l. IV, ch. ix ; *Réforme sociale*, 1ᵉʳ novembre 1915, p. 393.

l'avons constaté, qui devait condamner les corporations, tout en ne comprenant pas la notion de la liberté d'association elle-même, admet jusqu'à un certain point et par exception l'emploi de l'association. Dans son article de l'*Encyclopédie* sur les fondations[1] il distingue les fondations qui répondent aux besoins généraux de la société : à ces besoins il sera pourvu par les efforts individuels que l'État doit préserver de toute entrave. Mais quand il s'agit de remédier à une disette, à une épidémie, de pourvoir à quelque œuvre spéciale de bienfaisance, il préfère aux fondations « des associations libres et des souscriptions volontaires ». Ces associations se rapprochent par la surveillance qu'exercent leurs membres des sociétés commerciales et elles ne retirent aucun fonds de la circulation des biens. Il cite l'exemple de l'Angleterre dont les habitants « n'ont pas le droit exclusif d'être citoyens » ; il cite même en France des exemples de ces associations, exemples « qui en prouvent la possibilité ».

Mais plus considérable que l'influence exercée par les philosophes, les encyclopédistes et les économistes du xviii° siècle, fut l'influence exercée dans la question qui nous occupe par ceux que Taine[2] appelle avec raison les socialistes, et avant tout par Rousseau. Il ne s'agit plus de préparer les réformes que réclament les abus de l'ancien régime, il s'agit de détruire l'ordre social lui-même. Le retour à l'état de nature détruit par la société, l'homme envisagé isolément et en quelque sorte à l'état abstrait, l'égalité des hommes rétablie par le pouvoir absolu conféré à l'État qui n'est plus que la collectivité des citoyens s'imposant par le nombre, telle est la doctrine qui va triompher avec la Révolution et rendre inutile les plus généreux projets de réforme en faisant table rase de toutes les institutions sociales. C'est en étudiant la période révolutionnaire qu'il conviendra d'exposer cette doctrine de Rousseau car elle a exercé sur la Révolution une dominante influence. Notons seulement que, par l'exaltation des droits individuels, cette doctrine tendait à la destruction de tous les groupements traditionnels ou

1. Turgot, t. III, p. 247, 251.
2. *Id.*, t. II, p. 29, 44.

naturels pour laisser, par la ruine de toute association, l'individu isolé en face de l'Etat tout puissant.

Nous pouvons donc résumer ce que nous avons dit de l'influence des écrivains du xviii° siècle en constatant, que sauf en de rares circonstances, ils ont ignoré l'association ou propagé des doctrines qui contribuaient à la discréditer.

Si maintenant, après ce coup d'œil jeté sur le passé, nous voulons caractériser la situation à la fin de l'ancien régime, nous pouvons constater que la notion de la liberté d'association, envisagée en elle-même, n'existe pas [1]. Elle ne saurait exister tout d'abord en présence de la centralisation excessive et de l'exclusivisme de l'Etat dont l'omnipotence, se personnifiant de plus en plus dans le roi, est arrivée à son apogée avec la monarchie absolue. Cette opposition de la puissance de l'Etat à la force indépendante de l'association se fortifie de la méfiance particulière qu'inspirent surtout trois catégories d'associations sous l'ancien régime : les associations d'ouvriers qui sont sévèrement proscrites [2] ; les communautés religieuses, inspirant la crainte de la mainmorte, qui sent asservies par le pouvoir royal et détournées de leur véritable but : les groupements politiques ou simplement indépendants qui sont considérés en principes comme des conspirations contre l'ordre de choses légalement établi.

Dans la pratique, l'association, dont l'usage a été la la caractéristique de la France au moyen âge, a été peu à peu réduite par la monarchie à n'être plus considérée que comme une concession du pouvoir royal. Elle n'existe plus que comme personne morale [3], et la personne morale ne tient son être et sa légalité que de l'autorisa-

1. Sous l'ancien régime il y a des associations, mais la liberté d'association ne se conçoit pas. (Dareste. *Revue des Deux-Mondes*, 15 octobre 1891, p. ^23.)

2. M. Fagniez (p. 134) fait observer que les corporations étaient favorisées par la royauté en partie parce qu'elles avaient pour but de contenir les ouvriers.

3. « On a séparé l'idée de corporation et celle de personne morale. Pour l'ancien droit c'était tout un. La corporation était de création légale, mais là où elle existait, elle emportait forcément la personnalité. » (Saleilles, cité par *Les études sur le droit d'association* par le Conseil d'Etat, p. 158.)

tion de l'État. Les communautés ainsi autorisées n'existent plus guère que sous deux formes : les corporations et les communautés religieuses. Les assemblées ou réunions sont proscrites sans une permission expresse, et si dans la réalité, cette règle n'est plus appliquée, elle demeure le principe fondamental en la matière.

Pour le pouvoir royal, l'association est une faculté qu'il concède ou un moyen de révolte qu'il combat. Pour l'opposition qui grandit contre les traditions de l'ancien régime, l'association est un corps privilégié. « Par une protection aussi malencontreuse que son agression, dit M. Taine [1], la puissance publique avait conféré au corps des privilèges oppressifs, ce qui le rendait blessant et nuisible, ou elle le pétrifiait dans une forme surannée, ce qui paralysait son jeu et corrompait son service... Ainsi privés et détournés de leur emploi, les corps étaient devenus méconnaissables sous la croûte d'abus qui les défigurait... on ne sentait que leur incommodité présente... on imputait à leur essence les inconvénients de leur dégénérescence ; on les jugeait malsains par nature et on les condamnait en principe, au nom des déviations et des arrêts que la puissance publique avait imposés à leur développement. » Ce mouvement qui devient irrésistible, ce soulèvement de l'opinion contre les abus et les privilèges des corps liés intimement à ce pouvoir central qui n'a cessé de les absorber, devra forcément entraîner les associations dans la destruction totale qui se prépare. De plus, nous l'avons déjà indiqué, en même temps qu'un assaut furieux s'organise contre les institutions traditionnelles et religieuses de l'ancienne monarchie, on exalte les droits des individus. L'idée individualiste se propage ; semée par Rousseau qui en est l'apôtre, elle va éclater sous la Révolution [2] et porter un coup mortel au principe d'association lui-même. L'association politique sera la seule forme de l'association qui subsistera parce que les partis y verront un instrument de lutte.

1. Taine, t. IX, p. 192.
2. Stourm. Préface des *Cahiers des États généraux*, par Vialay.

CHAPITRE II

La période révolutionnaire.

Prépondérance de la doctrine individualiste de Rousseau à l'époque révolutionnaire. — Conséquences de cette doctrine. — Vœux du pays en 1789 : la question de la liberté d'association n'est pas envisagée. — Tendances des assemblées législatives de l'époque révolutionnaire et principes admis relativement aux associations. — Application de ces principes aboutissant à l'omnipotence de l'État. — L'œuvre de la Constituante et de la Législative : destruction des corps, méconnaissance du droit d'association, destruction des associations existantes, mainmise sur les biens des corporations et associations. — L'œuvre de la Convention.
Diverses catégories d'associations pendant la période révolutionnaire :

§ 1. — *Les corporations de métiers et les corps indépendants.*

Causes de la destruction des corporations. — Crainte des groupements d'ouvriers. — Législation sur les corporations et les associations professionnelles. — Conséquences de cette législation : destruction des corporations ; interdiction pour l'avenir de l'organisation professionnelle : isolement de l'ouvrier : négation du droit d'association sur le terrain professionnel. — Les corps indépendants. — Les associations charitables.

§ 2. — *Les associations religieuses.*

Les ordres religieux. — Législation sur les ordres religieux. — Loi des 13 et 19 février 1790 et ses conséquences. — Loi du 18 août 1792 et ses conséquences. — Les groupements ayant pour objet l'exercice d'un culte. — Régime de la constitution civile du clergé. — Régime de la séparation.

§ 3. — *Les associations politiques.*

Elles apparaissent non comme l'exercice d'un droit. mais comme une nécessité de fait résultant des circonstances politiques. — Influence des associations politiques sous la Révolution. — Les loges maçonniques — Les clubs et les associations populaires. — Caractère de la législation sur le droit d'association confondu d'abord avec le droit de réunion et qui ne profite qu'aux associations politiques. — Domination des associations populaires et du club des Jacobins. — Variations de la législation suivant que les associations politiques sont favorisées ou redoutées. — Conséquences des abus des associations politiques sous la Révolution.
Résultat de la période révolutionnaire.

Le principe qui va dominer la période révolutionnaire est, avons-nous dit, le principe individualiste [1] ; prati-

---

1. De Faget de Casteljau. *Histoire du droit d'association*, p. 484.

quement il aboutit à une formule qui résulte de l'exaltation jusqu'à l'extrême des droits de l'individu : chacun pour soi ; aucun trait d'union entre les citoyens, si ce n'est l'État seul groupement légal. Tel est le résultat de la doctrine de Rousseau dont l'influence va être prépondérante sur le législateur et se perpétuer même de nos jours[1]. Cette doctrine sera tirée du *Contrat social* dont on exagérera encore la portée, sans vouloir remarquer que Rousseau, étranger à la France et à ses traditions nationales, avait surtout en vue le régime démocratique d'un État peu étendu tel que l'était celui de Genève[2].

On sait quelle est la théorie de Rousseau envisageant, par une fiction singulière, l'homme isolé et en quelque sorte à l'état abstrait. L'homme est naturellement bon[3] et il est heureux à l'état de nature ; cet état de nature est détruit par la société qui établit l'inégalité entre les hommes[4], par la société qui ne saurait être considérée comme un groupement naturel[5]. Le rétablissement dans la mesure du possible de l'état de nature, ou tout au moins le rétablissement de l'égalité entre les hommes, doit s'opérer par le contrat social, c'est-à-dire par une convention[6].

Qu'est-ce en effet que le contrat social ? C'est un pacte par lequel « chaque membre de la communauté se donne à elle au moment qu'elle se forme, tel qu'il se trouve actuellement, lui et toutes ses forces, dont les biens qu'il possède font partie[7] ». Ce pacte comporte « l'aliénation totale de chaque associé, avec tous ses droits, à la communauté », car « s'il restait quelques droits aux particuliers... l'état de nature subsisterait et l'association devien-

---

1. Nourrisson. *J.-J. Rousseau et le rousseanisme*, 1903, p. 299 et s.
2. Nourrisson. p. 323, 345, 348, 491.
3. *Emile. Œuvres. Edition Musset Pathay*, t. III, p. 7.
4. Rousseau est ainsi l'auteur du socialisme. (Weill. *Histoire du mouvement social en France*, 1911, p. 179.)
5. « La seule société naturelle est celle de la famille et encore les enfants ne restent-ils liés au père qu'aussi longtemps qu'ils ont besoin de lui pour se conserver. » (*Contrat social*, L. I, ch. ii. *Œuvres*, t. V, p. 64.)
6. « Restent les conventions pour base de toute autorité légitime parmi les hommes. » (*Contrat social*, L. I, ch. iv. *Œuvres*, t. V, p. 60.) — « L'ordre social ne vient pas de la nature, il est donc fondé sur les conventions. » (*Contrat social*, L. I, ch. i. *Œuvres*, t. V, p. 64.)
7. *Contrat social*, L. I, ch. ix. *Œuvres*, t. V, p. 85.

drait nécessairement tyrannique et vaine [1] ». Le contrat
social n'est pas un retour à la tyrannie de la société qu'il
s'agissait d'empêcher, car, par un raisonnement qui est
un sophisme, Rousseau considère que « chacun se donnant tout entier, la condition est égale pour tous [2] ». Les
particuliers « n'ont fait qu'un échange avantageux d'une
manière d'être incertaine et précaire contre une autre
meilleure et plus sûre, de l'indépendance naturelle contre
la liberté ».

Il n'en est pas moins vrai que le contrat social, qui devait restituer à l'homme sa liberté, ce bien inaliénable
qu'il a toujours le droit de reprendre [3], va être la source
de la plus intolérable tyrannie. L'Etat en effet, c'est-à-dire
le gouvernement, n'est qu'une délégation de la souveraineté, et la souveraineté n'est plus que la collectivité des
individus. Cette collectivité s'impose par le nombre [4], car
« plus les avis approchent de l'unanimité, plus aussi la
volonté générale est dominante [5] ». Or cette volonté générale, à laquelle chacun a fait l'aliénation de tous ses droits,
est toujours juste. Bien plus, elle est « pour tous les membres de l'Etat, la règle du juste et de l'injuste [6] ». La volonté générale, « toujours droite [7] », « rétablit dans le droit
l'égalité naturelle entre les hommes [8] ». En même temps
elle doit toujours être obéie, car le pacte social « renferme tacitement cet engagement que quiconque refusera
d'obéir à la volonté générale y sera contraint par tout le
corps, ce qui ne signifie autre chose sinon qu'on le for-
cera d'être libre [9] ». La société n'est donc plus considérée
comme un groupement naturel. Il n'y a plus pour l'homme
de droits primordiaux et inaliénables, droits que l'Etat

1. L. I, ch. ix, t. V, p. 78.
2. *Eod. loco.*
3. L. II. ch. iv, t. V, p. 100.
4. L. I, ch. i, t. V, p. 64.
5. Nourrisson. *Jean-Jacques Rousseau*, p. 487.
6. *Contrat social*, L. IV, ch. ii, t. V, p. 193. — « A l'instant que le peuple est légitimement assemblé en corps souverain, toute juridiction de
gouvernement cesse. » (L. III, ch. xiv, t. V, p. 177.)
7. *Discours sur l'économie politique*, t. V, p. 8, 10.
8. *Contrat social*, L. II, ch. iv, ch. vi, t. V, p. 97, 107.
9. *Discours sur l'économie politique*, t. V, p. 13.
10. *Contrat social*, L. I, ch. vii, t. V, p. 83.

lui-même doive respecter. Par la fiction du contrat social, l'Etat, qu'on suppose issu d'une convention, est investi sur chacun de ses membres d'un pouvoir absolu qui s'étend même sur les manifestations des croyances religieuses [1].

On aperçoit les conséquences qui découlent logiquement d'une telle doctrine. Elle entraîne d'abord, pour qui veut rigoureusement l'appliquer, la destruction complète de l'ordre établi et de toutes les traditions nationales [2]; c'est le but vers lequel ne cesseront de tendre les législateurs imbus des idées de Rousseau et convaincus que, pour tout réformer, le nombre peut tout détruire. Elle tend à la reconnaissance du pouvoir absolu de l'Etat personnifié dans le législateur [3]. Elle est enfin, sous prétexte d'assurer les droits individuels, l'exaltation de la volonté générale devant laquelle doit s'effacer toute volonté particulière.

Il en résulte notamment que tout groupement spontané doit être proscrit car, « pour avoir bien l'énoncé de la volonté générale, il importe qu'il n'y ait pas de société partielle dans l'Etat et que chaque citoyen n'opine que d'après lui [4] ». Toutes les « sociétés particulières » doivent être suspectes [5], les « associations partielles » ne peuvent en effet exister « qu'aux dépens de la grande [6] ». Une seule association est possible, celle d'où résulte le pacte social [7]. Un seul groupement est légitime, c'est l'Etat

---

1. « Le pacte social donne au corps politique un pouvoir absolu sur tous ses membres. » *Contrat social*, L. II, ch. iv, t. V, p. 96. — « Il y a une profession de foi purement civile dont il appartient au souverain de fixer les articles... Il peut bannir de l'Etat quiconque ne les croit pas... Si quelqu'un, après avoir reconnu publiquement ces mêmes dogmes, se conduit comme ne les croyant pas, qu'il soit puni de mort. » *Contrat social*, L. IV, ch. viii, p. 237.

2. La Révolution « jette bas l'Etat ancien, mais elle ne bâtit pas l'Etat moderne ». (M. Charles Benoist, *Congrès de 1899*, p. 89.)

3. On a pu dire avec vérité que Rousseau a légué à la Révolution sa notion de l'Etat. (Taine, t. IX, p. 201-204.)

4. *Contrat social*, L. II, ch. iii, t. V, p. 95. — Rousseau ajoute il est vrai que « s'il y a des sociétés partielles il en faut multiplier le nombre et en prévenir l'inégalité ».

5. *Discours sur l'économie politique*, t. V, p. 9.

". *Contrat social*, L. II, ch. iii, t. V, p. 94.

6. « Il n'y a qu'un contrat dans l'Etat, c'est celui de l'association : celui-là seul en exclut tout autre. » *Contrat social*, L. III, ch. xvi, t. V, p. 185.

constitué par la collectivité ou plutôt par la majorité des citoyens et qui ne possède d'autres droits que ceux qu'il tient de cette majorité. Ainsi le système de Rousseau exalte une association qui repose sur une hypothèse purement imaginaire, sur une fiction, et prétend lui soumettre toutes les volontés, en même temps qu'il nie et proscrit l'association libre laquelle est cependant seule conforme au droit naturel et à la réalité.

Dans ce système il n'y a donc plus de place pour les corps spontanés, pour l'association librement constituée et autonome. Il n'existe plus en présence que l'individu et l'Etat : l'individu a tous les droits, mais l'Etat seul les gère ; l'individu isolé et privé de ses appuis naturels reste sans défense en présence de l'Etat investi de tous les droits par la souveraineté qui résulte du nombre. Entre l'individu et l'Etat tout puissant aucun intermédiaire ne saurait exister [1]. La liberté d'association ne peut donc se concevoir [2] ; la nation même de l'association est totalement méconnue. Telle est la doctrine dont les hommes de l'époque révolutionnaire, qu'ils soient ou non les disciples avoués de Rousseau, vont poursuivre l'application, telles sont les conséquences auxquelles ils seront conduits.

Quels étaient en 1789 les vœux du pays en ce qui concerne la question qui nous occupe ? C'est ce qu'il est assez difficile de préciser ? Les cahiers des trois ordres soumis aux Etats généraux s'occupèrent surtout de la réforme des impôts, de la réorganisation de la justice, des questions financières et économiques, mais, en ce qui concerne les associations, ils n'eurent à envisager que les corporations et les ordres religieux [3].

En ce qui touche les corporations, les cahiers du Tiers

---

1. Dans la société on ne connaît que deux forces : d'une part l'Etat, et de l'autre l'individu. (Germain Martin, p. 241.)

2. Un disciple de Rousseau jugeant la Franc-maçonnerie « à la lumière du contrat social », arrive à formuler ce principe : « Les réunions donnent toujours lieu à quelques actes de bienfaisance, mais cet avantage ne compense pas le mal qui résulte pour la grande société de l'établissement des petites ; elles lui nuisent toujours et ne peuvent jamais la servir. » Martin-Decaen. *Le marquis de Girardin*, 1912, p.182.

3. Voir dans les *Archives parlementaires* (1875), t. VII, la table des cahiers des Etats généraux.

État [1] ne révèlent pas, de la part de ceux qui s'en sont occupé, la manifestation d'une opinion unanime et formelle [2]. Les communautés d'arts et métiers, appelées dans les assemblées primaires à formuler des vœux, demandent naturellement en général le maintien de leurs privilèges [3]. Dans les campagnes, où les artisans n'ont jamais été groupés en communautés, les cahiers des paroisses ne font pas mention des corps de métiers ou en demandent la suppression [4]. Dans les villes, l'opinion est flottante et incertaine [5] : un certain nombre de cahiers réclament l'abolition des corporations : un petit nombre demandent leur maintien pur et simple ; d'autres, en grand nombre, se prononcent implicitement dans le même sens en réclamant des réformes qui supposent l'existence de l'institution. Au fond, ce n'est pas tant l'abolition des corps de métiers qui est réclamée que leur réforme et la cessation de leurs abus, on s'en prend aux maîtrises et aux jurandes, organes de surveillance et de réglementation, on réclame la suppression de leurs privilèges et de leur monopole. En fin de compte on s'en rapporte pour les réformes nécessaires à l'assemblée future à laquelle il appartient de guérir tous les maux [6]. L'opinion qui domine paraît favorable à la liberté du travail et du commerce, mais d'une façon générale aussi il n'apparaît pas qu'on se montre hostile au principe de l'association professionnelle.

A l'égard des ordres religieux, les vœux présentent une diversité analogue : la moitié des vœux révèle une hostilité évidente, l'autre moitié réclame le maintien des congrégations religieuses [7]. Les uns ne voient dans les con-

1. Dans la grande majorité des assemblées le clergé et la noblesse se désintéressèrent de la question. (Martin Saint-Léon, p. 607.)

2. Hubert Valleroux, p. 121 ; Martin Saint-Léon, p. 608 ; de Faget de Casteljau, p. 34.

3. Martin Saint-Léon, p. 612.

4. Martin Saint-Léon, p. 610.

5. M. Martin Saint-Léon considère, en tenant compte de l'importance des villes représentées, que les deux partis, en faveur du maintien des corporations ou en faveur de leur suppression, paraissent se partager également l'opinion des provinces (p. 611).

6. Du Faget de Casteljau, p. 42.

7. *Eod. loco.*, p. 25.

grégations que des institutions à supprimer, les autres, en
général ceux du clergé, envisagent les services rendus
par les communautés religieuses dont ils réclament souvent la réforme.

Ce qu'il faut retenir c'est que, ni à propos des corporations d'arts et métiers, ni à propos des ordres religieux,
pas plus qu'à propos des questions économiques, ne se
pose la question de la liberté d'association envisagée en
elle-même. « On ne devine ni un commencement de théorie, ni un énoncé de principe [1]. » La liberté d'association
n'est réclamée d'une façon générale par personne, parce
qu'en réalité la notion de l'association en elle-même n'est
pas envisagée. Certaines associations existent légalement
et de fait ; elles ont donné lieu à des abus et consacré des
privilèges qui pour les uns appellent des réformes, pour
les autres justifient une entière destruction. L'opinion
hostile à ces associations se fortifiera des doctrines individualistes qui vont prévaloir dans les assemblées législatives et qui la feront triompher. Nulle part n'est soulevée la question du droit d'association considéré comme un
droit primordial et comme une garantie de cette liberté
réclamée de toutes parts.

Quelles vont être dès lors, en ce qui concerne les associations, les tendances des assemblées législatives de
l'époque révolutionnaire et les principes qu'elles vont consacrer ? Ces assemblées, sans se contenter de réaliser les
vœux du pays en tant qu'ils réclament la réforme des abus
et la fin des privilèges, vont opérer une œuvre de destruction sous l'influence des doctrines que nous avons indiquées et des idées alors dominantes.

Ces idées sont tout d'abord celles qui inspirent les hommes du début de la période révolutionnaire, idées dont le
triomphe est pour eux la condition nécessaire des réformes si ardemment préconisées : idées d'égalité [2], et de
fraternité, idée de liberté individuelle. L'égalité suppose
l'abolition de tout privilège, la fraternité et la liberté exigent la suppression de toutes les barrières qui séparent les
hommes et de tous les obstacles au libre exercice de leur

1. *Eod. loco.*, p. 41.
2. Taine. *Les origines de la France contemporaine*, t. III, p. 289.

action [1]. Les associations, telles qu'elles se présentent aux contemporains de l'ancien régime à son déclin, sont par là même suspectes. De plus elles sont condamnées par les doctrines des économistes qui ont érigé en principe la liberté absolue du travail et du commerce, par les attaques véhémentes des philosophes et des encyclopédistes contre l'ancien régime et les traditions du passé. Sous prétexte de déraciner les abus, on tend à la destruction des institutions qu'ils défigurent sans chercher à utiliser ces institutions par une sage réforme [2]. Aussi dans les associations on ne voit plus que le privilège et le monopole; elles représentent le legs d'un régime définitivement condamné [3]. Enfin la doctrine individualiste qui règne grâce à l'engouement pour les théories de Rousseau conduit, ainsi que nous l'avons montré, à la négation du droit d'association lui-même.

La législation qui va apparaître sera le résultat logique de ces tendances. Pour assurer les droits de l'individu, elle brisera tous les liens qui peuvent unir les citoyens [4]; sous prétexte d'établir la liberté et de détruire les abus; elle renversera les institutions séculaires [5]. Le courant d'individualisme entraînera toutes les associations. Une seule association subsistera : l'Etat tout puissant et qui doit suffire à tout. Le pouvoir central seul organisme visible prendra ombrage de la constitution de tout autre groupement. Le pouvoir central, par une ingérence plus grande que sous l'ancien régime [6], interviendra, non pour réformer, mais pour édicter la suppression complète de tous les corps spontanés et la prohibition de les rétablir dans l'avenir. Ajoutons, pour le législateur, la tentation plus ou moins ouvertement avouée, vis-à-vis de ces corps, de s'emparer de leurs biens. Telle va être, dans ses grandes lignes, la législation de l'époque révolutionnaire

1. On croit sacrifier à l'idée de fraternité en se libérant des entraves corporatives. (Delom de Mézerac. *Revue des Deux-Mondes*, 1er août 1893, p. 579.)

2. *Le droit d'association*. Congrès de 1899, p. 89. — Taine, t. III, p. 289.

3. Congrès de 1899, p. 89, 90.

4. Hubert Brice. *Le droit d'association et l'Etat*, 1892.

5. Taine, t. IX, p. 194, 195.

6. Taine, t. IX, p. 194, 204.

qui aboutit au principe jacobin de l'omnipotence exclusive de l'Etat.

Sans doute ce principe n'est consacré et appliqué dans toute sa rigueur que la Convention, mais l'œuvre de la Constituante en prépare le triomphe. Inconsciemment la Constituante, violemment la Convention, mettent en pratique le Contrat social ; l'individualisme de la Constituante prépare l'étatisme de la Convention. L'Etat tout puissant règne souverainement sur les individus parce que les individus ont été tout d'abord isolés et privés ainsi de leurs droits naturels, et en premier lieu du droit d'association [1].

Comment, d'une façon générale, vont se manifester dans les assemblées révolutionnaires les tendances qui conduisent à la suppression des associations, à la négation pour les citoyens de se réunir dans des groupements spontanés ?

Ce qui caractérise l'assemblée nationale qui prit ensuite le nom de Constituante, c'est la méconnaissance des traditions et l'idée qu'on lui donne de son omnipotence [2]. Elle se considère comme destinée à refaire la société de fond en comble, et cela d'un seul coup, sans tenir compte du passé, sans vouloir s'arrêter aux réformes limitées et aux transformations graduelles. Elle légifère sous l'influence des entraînements ou même des menaces populaires [3], en vue de l'application de théories toutes faites pour les hommes abstraits qu'a imaginés le Contrat social. Pour opérer cette œuvre elle se donne tout d'abord le droit de tout détruire sans que nulle considération d'utilité pratique ou même d'équité puisse limiter son pouvoir.

Cette prétention à l'omnipotence apparaissait en particulier dans la discussion du décret des 2-4 novembre 1789 mettant les biens ecclésiastiques à la disposition de la nation. Thouret, dans la séance du 23 octobre 1789 [4] posait ce principe : « En ce moment de régénération, les personnes, les choses, *tout est soumis dans l'Etat à la Nation*

---

1. Taine, t. III, p. 268.
2. Taine, t. III, p. 217.
3. « Pour bâtir comme pour détruire elle a eu deux mauvaises conseillères, d'une part la peur, d'autre part la théorie. » (Taine, t. III, p. 211.)
4. Le discours imprimé à part auquel nous nous référons présente des variantes avec le texte du *Moniteur* (23 octobre 1789, p. 314.)

exerçant le plus grand de ses pouvoirs. Aucune institution
vicieuse ne doit survivre, aucun moyen de prospérité publique ne doit échapper au mouvement général qui reconstitue toutes les parties de l'Empire. » Et Thouret tirait
immédiatement la conséquence de cet axiome de Rousseau : « Tout ce qu'ont fait les hommes, les hommes peuvent le détruire, il n'y a de caractères ineffaçables que ceux
qu'imprime la nature [1]. » Distinguant des individus, lesquels « ont des droits résultant de leur nature », les corps
qui « n'existent que par la loi », il proclamait que « la loi
a sur tout ce qui les concerne une autorité illimitée. Les
corps n'ont aucuns droits réels par leur nature... ils ne
sont qu'une fiction, qu'une conception de la loi qui peut
les faire comme il lui plaît, et qui, après les avoir faits,
peut les modifier à son gré [2]. L'État a sur tous les corps
« une puissance absolue, non seulement sur leur mode
d'exister, mais encore sur leur existence ».

Aussi les législateurs, pénétrés de cette idée que leur
pouvoir est illimité, et en particulier en ce qui concerne
les corps, appliquent à cette matière les principes du Contrat social. Conformément aux théories de Rousseau, « ils
établissent cette maxime que dans l'État il ne faut pas de
corps ; rien que l'État, dépositaire de tous les pouvoirs
publics, et une poussière d'individus désagrégés [3] ». Les
corps mêmes qui reposaient sur une longue et ancienne
tradition, ils n'ont pas l'idée de les utiliser en les réfor-
mant ; ils ne songent qu'à les abolir « au nom de l'égalité
abstraite et de la souveraineté nationale [4] ». Nous avons
vu Thouret proclamer que les corps n'ont pas de droits
réels et qu'ils ne constituent qu'une fiction dépendant du
bon plaisir du législateur [5]. Le législateur peut donc les
détruire et il n'aura garde de s'abstenir de l'exercice de

1. *Émile.* Œuvres, t. III, p. 348.
2. Thouret ajoute que la loi peut prononcer que les corps ne peuvent
rester propriétaires de fonds de terre.
3. Taine, t. III, p. 263.
4 *Eod. loco.* p. 211, 289.
5. « La décladation des droits formulera le principe suivant : « Le principe de toute souveraineté réside essentiellement dans la Nation ; nul
corps, nul individu ne peut exercer d'autorité qui n'en émane expressément. » (Préambule de la Constitution de 1791, article 3.)

ce pouvoir. L'Assemblée Législative complètera l'œuvre de la Constituante en abolissant définitivement toute corporation.

Les mêmes principes conduisent à une méconnaissance complète du droit d'association dont la notion n'apparaît que comme une notion contraire à l'ordre public. L'idée fondamentale c'est qu'on ne doit tolérer « nulle société particulière, nul groupement partiel, nulle corporation collatérale, même pour remplir un office que l'état ne remplit pas [1] ». Dupont de Nemours fait observer que « dès qu'on entre dans une corporation, il faut l'aimer comme une famille » et cela est attentatoire au monopole de l'Etat [2]. Mirabeau reproche « aux sociétés particulières, placées dans la société générale », de « rompre l'unité de ses principes et l'équilibre de ses forces [3] ». Le décret du 4 août 1789 portant abolition du régime féodal, des justices seigneuriales, des dîmes, voté subitement dans un élan d'enthousiasme irréfléchi, encourage et annonce toutes les destructions [4]. La Déclaration des droits de l'homme du 20 août 1789, reproduite en tête de la Constitution du 3 septembre 1891 [5], méconnaît le droit d'association qu'elle aurait dû logiquement consacrer.

C'est en effet sur le principe de l'inaliénabilité des droits de l'individu que repose la Déclaration des droits : « l'ignorance, l'oubli ou le mépris des droits de l'homme sont les seules causes des malheurs publics et de la corruption des gouvernements », dit le préambule. Il faut en conséquence exposer « dans une déclaration solennelle les droits naturels, sacrés, et inaliénables de l'homme ». L'article 2 déclare que « le but de toute association politique [6] est la conservation des droits naturels et impres-

1. Taine, t. III, p. 263.
2. *Moniteur*. Séance du 24 octobre 1789. — Taine, t. III, p. 263.
3. *Moniteur*. Séance du 2 novembre 1789, — Taine, t. III, p. 264.
4. « Il est déclaré que tous les privilèges des provinces... villes et communautés sont abolis sans retour et demeurent confondus dans le droit commun de tous les Français. » — Dans la nuit du 4 août la réforme des corporations d'arts et métiers avait été proposée (de Faget de Casteljau, p. 92).
5. Duvergier, t. III, p. 239.
6. L'association politique envisagée ici est en réalité celle qui est constituée par le Contrat social, c'est-à-dire l'Etat.

criptibles de l'homme. » Il y a donc pour le citoyen des droits naturels que doit reconnaître la loi, et c'est là, pour le faire observer en passant, une contradiction avec les doctrines de Rousseau. Mais, d'une part, ces droits sont des droits individuels [1], car, dit l'article 2, « ces droits sont la liberté, la propriété, la sûreté et la résistance à l'oppression [2] ». D'autre part, l'exercice de ces droits est déterminé par la loi, car l'article 4 déclare : « La liberté consiste à pouvoir faire tout ce qui ne nuit pas à autrui. Ainsi l'exercice des droits naturels de chaque homme n'a de bornes que celles qui assurent aux autres membres de la société la jouissances de ces même droits ; ces bornes ne peuvent être déterminées que par la loi. » Le droit d'association qui est, au fond, en germe dans ce même article 4 [3], et qui devra logiquement en sortir, le droit d'association, droit naturel et nécessaire aux citoyens, même pour la garantie de leurs droits individuels et politiques, est totalement méconnu et passé sous silence par la déclaration. On n'envisage que l'homme isolé qui va se trouver en face de l'Etat.

Bien plus, l'association, dans ses formes alors reconnues est formellement prohibée par la Constitution des 3-14 septembre 1791 : « L'Assemblée nationale voulant établir la constitution française sur les principes qu'elle vient de reconnaître et de déclarer, abolit irrévocablement les institutions qui blesseraient la liberté et l'égalité des droits. » En conséquence elle abolit la noblesse, l'hérédité des offices, les privilèges, et elle déclare : « Il n'y a plus ni jurandes, ni corporations de professions, arts et métiers, la loi ne reconnaîtra plus ni vœux religieux, ni aucun autre engagement qui serait contraire aux droits naturels et à la Constitution. » C'est consacrer en principe l'abolition des corporations et des ordres religieux au moins commes personnes morales.

Les droits naturels et civils que la Constitution garantit

---

1. « L'égalité de tous les droits naturels et civils est elle-même un droit dont le régime social ne peut priver aucun *individu*. » (Thouret. *Analyse des idées principales sur la reconnaissance des droits de l'homme*, 1789.) On n'envisage aucun droit collectif pour un ensemble de citoyens.

2. Il faut y ajouter l'égalité civile entre les citoyens (article 6).

3. Hauriou. *Précis de droit administratif*, 1892, p. 117.

par les « dispositions fondamentales » de son titre premier sont : la liberté individuelle, la liberté d'exprimer sa pensée, la liberté du culte, et la liberté « de s'assembler paisiblement et sans armes en satisfaisant aux lois de police. » Elle ajoute que le pouvoir législatif ne pourra faire aucune loi « qui mette obstacle à l'exercice des droits naturels et civils garantis par la Constitution ». La liberté de réunion, confondue en réalité avec l'association est proclamée d'une façon vague et générale, mais rien ne garantit formellement la liberté d'association proprement dite, c'est-à-dire le droit d'existence de la véritable association, et, comme nous le verrons, les associations politiques seront seules à profiter du droit reconnu par la loi [1].

Le législateur ne se borne pas à supprimer les corps et à interdire les associations jusque-là légalement reconnues ; de ce pouvoir absolu qu'il se confère à leur égard il tire le droit de disposer de leurs biens, et l'exemple de spoliation qu'il donne sera suivi à un siècle de distance par le législateur de 1901 qui s'autorisera des principes posés par les lois de la Révolution.

En équité, comme Taine l'a fait remarquer [2], si l'Etat exproprie les corps, ce n'est pas lui qui peut revendiquer leur dépouille. Une succession s'ouvre dont l'Etat n'est pas héritier ; le seul rôle qu'il puisse jouer c'est celui d'exécuteur testamentaire ayant le devoir de veiller à l'accomplissement d'une intention primitive qui doit être respectée. C'est ainsi que l'ancien régime supprimant une institution en attribuait les revenus à une institution correspondante. Un nouveau principe est posé : Thouret, dans son discours du 23 octobre 1789 avait déclaré que la loi « peut prononcer qu'aucun corps ne peut rester propriétaire de fonds de terre ». Il conclut en proposant de décréter que les corps ou établissements de mainmorte « seront perpétuellement incapables d'avoir la propriété d'aucun bien-fonds », et que tous les biens de cette nature

____

1. La loi des 13-19 novembre 1790 avait déjà reconnu aux citoyens « la liberté de s'assembler paisiblement » et de « former entre eux des sociétés libres ».

2. T. III, p. 261 et s.

« sont, dès ce moment, à la disposition de la Nation ».
C'est ce qui est décidé par le décret du 24 novembre 1789
pour les biens ecclésiastiques qui sont mis « à la disposition de la Nation [1] ». Il est vrai que le législateur s'engage à pourvoir aux besoins des établissements supprimés,
au moins en ce qui concerne le culte et le soulagement
des pauvres [2]. Mais on sait comment cette promesse fut
tenue [3]. L'Etat qui s'est donné le droit de supprimer les
corps, se proclame leur héritier, et c'est à son profit, par
une confiscation qui finit par devenir pure et simple, que
les biens des établissements supprimés seront attribués
sans qu'il sache les utiliser au profit de leur véritable
destination. L'Assemblée Législative mettra la dernière
main à cette œuvre quand elle prononcera, le 18 août 1792,
l'abolition de toutes les corporations et congrégations
religieuses et disposera de leurs biens [4].

Sous la Convention le système de la Constituante et de
la Législative est porté à ses dernières conséquences. C'est
le triomphe de la doctrine jacobine tirée des principes du
Contrat social [5] : l'assemblée qui représente la volonté générale infaillible et omnipotente est souveraine ; l'Etat peut
tout et doit suffire à tout. Il lui faut poursuivre la destruction de toute initiative individuelle qui serait un obstacle à son règne. Le citoyen doit rester isolé de peur qu'il
ne préfère à la communauté le groupe dont il ferait partie [6].

Aussi la Convention supprime les sociétés d'enseigne-

1. La Constitution de 1791 déclare aussi que « les biens destinés aux
dépenses du culte et à tous services d'utilité publique appartiennent à la
Nation ».

2. « La nation est chargée de pourvoir à l'acquit du service et aux charges des établissements suivant la nature des différents corps et les degrés
de leur utilité publique. » (Thouret. Discours, p. 10.)

3. La loi du 3 ventôse an III décide que la République ne salarie aucun
culte.

4. Loi des 28 octobre-5 novembre 1790 sur la vente et l'administration
des biens nationaux. — Loi des 26 septembre-17 octobre 1791 sur les
biens provenant des fondations des corporations supprimées qui sont
déclarés nationaux. — Loi des 4-17 août 1792 ordonnant l'évacuation et la
vente des maisons occupées par les religieux et les religieuses. — Loi du
18 août supprimant les congrégations séculières et ordonnant la vente de
leurs biens.

5. Taine, t. VII. p. 87.

6. Eod. loco, p. 130.

ment et de bienfaisance [1], les compagnies littéraires et scientifiques, et jusqu'aux compagnies financières [2]. De toutes ces sociétés les biens sont attribués à la Nation. Quant aux associations elles sont naturellement proscrites si ce n'est quand il s'agit d'associations politiques, et encore quand il s'agit de celles qui sont favorables au parti qui détient le pouvoir. La notion de la liberté d'association n'existe pas ; le droit d'association, d'une façon générale, n'est pas reconnu. La Déclaration des droits de l'homme du 24 juin 1793 proclame que « le gouvernement est institué pour garantir à l'homme la jouissance de ses droits naturels et imprescriptibles. Ces droits sont l'égalité, la liberté, la sûreté, la propriété [3] ». Mais la garantie de ces droits se trouve dans le droit de présenter des pétitions, et dans le droit à l'insurrection qui est « le plus indispensable des devoirs [4] ». Le droit de « s'assembler paisiblement ne peut être interdit [5] ». L'acte constitutionnel de la même date garantit « la liberté indéfinie de la presse, le droit de pétition, le droit de se réunir en sociétés populaires [6] ». C'est consacrer seulement le droit de réunion, ou tout au plus le droit d'association en matière politique.

La Constitution du 5 fructidor an III (22 août 1795) s'inquiète surtout des associations politiques [7]. Dans la déclaration des droits qui lui sert de préambule il faut noter l'article 4 qui déclare que « la sûreté résulte du concours de tous pour assurer les droits de chacun. » Mais cette déclaration qui aurait dû conduire à la reconnaissance du droit primordial d'association nécessaire pour la défense

---

1. « Toutes les corporations tendent à l'aristocratie. » (Bancal. *Discours sur l'éducation nationale* à la Convention le 24 décembre 1792). — Décret du 19 mars 1793 (art. 5). « L'assistance du pauvre est une dette nationale. Les biens des hôpitaux, fondations et donations en faveur des pauvres seront vendus. »

2. Décret du 24 août 1793 (Stourm, t. II, p. 389.)

3. Articles 1 et 2.

4. Articles 32, 35. — Le droit à l'insurrection constitue, comme on l'a fait observer, le comble de l'individualisme.

5. Article 7. — L'article 17 interdit implicitement le rétablissement des corporations : « Nul genre de travail, de culture, de commerce, ne peut être interdit à l'industrie des citoyens. »

6. Article 122.

7. Articles 360, 361, 362, 364. La Constitution de 1795 succéda à celle de 1793 qui ne fut jamais appliquée.

de la liberté [1], reste sans portée. Le législateur se préoccupe surtout de resteindre l'action des associations politiques et d'interdire les associations professionnelles dans lesquelles il poursuit le spectre des corporations [2]. Dans l'article 300 il dispose que les citoyens ont le droit de former « des établissements particuliers d'éducation et d'instruction, ainsi que *des sociétés libres* pour concourir aux progrès des sciences, des lettres et des arts ». Mais dans l'article 355 il se hâte de proclamer qu'il n'y a ni privilège, *ni maîtrise, ni jurande*, ni limitation à la liberté de la presse, du commerce et à l'exercice de l'industrie et des arts de toute espèce. Sauf en matière d'instruction, le droit d'association est donc méconnu ; l'association en matière politique est interdite ou admise avec des restrictions. Elle ne sera même pas mentionnée dans la Constitution du 22 frimaire an VIII qui se bornera à reconnaître aux citoyens le droit de « pétitions individuelles [3] ».

Méconnaissance du droit d'association ou même prohibition des associations ; reconnaissance, au moins à l'origine, du droit de réunion qui sera en pratique confondu avec le droit d'association en matière politique ; telles sont les principes admis par les assemblées révolutionnaires. Il nous faut maintenant examiner comment l'application en fut faite aux principales catégories d'associations.

DIVERSES CATÉGORIES D'ASSOCIATIONS

§ 1. — *Les corporations de métiers et les corps indépendants.*

En ce qui concerne les corporations et les corps indépendants, le résultat de la législation de la période révolutionnaire fut la destruction ; ce fut aussi l'interdiction pour l'avenir des associations professionnelles, et comme conséquence, la négation, sur ce terrain, du droit d'association.

Trois ordres de causes vont concourir à la destruction

1. *Le droit d'association.* Congrès de 1899, p. 89.
2. *Eod. loco.* M. Charles Benoist, p. 90.
3. Article 83.

des corporations. En premier lieu, ainsi que nous l'avons dit, la tendance des idées nouvelles est hostile à la tradition et aux institutions de l'ancien régime. Ces idées emportent l'opinion par un courant irrésistible vers la liberté du travail et du commerce, elles sont hostiles à tout ce qui ressemble à une atteinte à la liberté individuelle.

En second lieu les abus des corporations, leurs tendances au privilège et au monopole ont fait oublier les services qu'elles avaient rendu dans le passé ; on ne voit plus que la tyrannie exercée par la corporation dans son dernier état et cette crainte de la corporation, qui rendra sa suppression si facile, entraîne sa méfiance invincible contre toute association représentée comme une corporation ressuscitée [1]. Ajoutons que la tentation se présente pour le législateur de mettre la main sur les biens des corporations dont on réclame la suppression.

Enfin cette suppression va être l'occasion et le moyen d'interdire toute association professionnelle, car, ce qui caractérise la période révolutionnaire, c'est la crainte des groupements d'ouvriers, nous pourrions dire de l'ouvrier lui-même [2].

Il importe de bien marquer cette disposition des esprits à l'égard des groupements et des coalitions d'ouvriers. Nous les avons vus redoutés sous l'ancien régime et sévèrement prohibés. Dès le début de la Révolution et au moment où commence à se produire, avec la dissolution de l'ancien ordre social, ce que Taine appelle l'anarchie spontanée, alors aussi se multiplient les désordres et les violences déjà si fréquents dans les dernières années de la monarchie. Ce sont des attroupements de garçons, tailleurs, perruquiers, même de domestiques [3]. L'effervescence des ouvriers du faubourg Saint-Antoine se traduit par la fameuse affaire du pillage de la maison Réveillon le 27 avril 1789 [4]. Les mêmes ouvriers, le

---

1. Charles Benoist. Congrès de 1889, p. 90. — On cherche la garantie de la liberté dans l'isolement complet de l'individu (Germain Martin. *Les associations ouvrières au XVIII* siècle*, 1900, p. 246).

2. Charles Benoist. *La crise de l'État moderne.*

3. Taine, t. III, p. 136 ; Hubert-Valleroux, p. 122.

4. *Causes célèbres* de Des Essarts, 1789, t. CLXXVI, p. 126 ; M⁽ᵐᵉ⁾ de la Tour du Pin. *Mémoires d'une femme de cinquante ans*, t. I, p. 177.

11 juillet suivant, prennent à la destruction de la Bastille une part incontestable [1]. On s'efforce d'exhorter les ouvriers au calme [2], mais, devant les désordres croissants [3], on arrive à prendre des mesures de rigueur dirigées en grande partie contre eux : tel est le projet de loi du 11 octobre 1789 préparé par Mirabeau et destiné, comme sous l'ancien régime, à réprimer les « assemblées illicites [4] » : telle est la loi martiale du 21 octobre et du 21 novembre 1789 [5] ; telles sont les lettres-patentes du 31 août 1790 [6] réglementant les ateliers de secours à Paris, et le décret du 16 juin 1791 [7] les licenciant, dispositions qui manifestent la crainte des agglomérations ouvrières.

Mais ce n'est point seulement au point de vue de l'ordre public que les réunions d'ouvriers sont redoutées, c'est aussi au point de vue politique. La Révolution est l'œuvre de la bourgeoisie, et, si la bourgeoisie poursuit la lutte contre les privilégiés, c'est elle, il faut bien le reconnaître, qui profitera de leurs dépouilles. De ce monde ouvrier où se trouve en germe la puissance qui doit dominer l'Etat moderne, la bourgeoisie semble ne pas vouloir, au point de vue politique et social, reconnaître l'existence.

Le Tiers-Etat proclame qu'il est tout [8], mais, dans le Tiers, il entend bien ne pas comprendre l'ouvrier ; il se garde de l'admettre à la participation du pouvoir politique [9] ; il ne songe nullement à le faire profiter, par une

1. Germain Martin, p. 200 et s.
2. Germain Martin, p. 204.
3. Sur les désordres en province voir : Germain Martin, p. 192 et s. ; Martin Saint-Léon, p. 261, note 2.
4. Germain Martin, p. 205.
5. Germain Martin, p. 206, 237. — « L'assemblée nationale considérant qu'il peut survenir des époques difficiles où les peuples deviennent l'instrument d'intrigues qu'ils ignorent. » (Carette. *Lois*, 1re série, p. 5.)
6. Germain Martin, p. 218.
7. Germain Martin, p. 222.
8. Sieyès. *Qu'est-ce que le Tiers Etats ?* 1789.
9. Au point de vue électoral, la Constitution de 1791 écarte l'ouvrier des fonctions d'électeur qui exigent un certain revenu. Si le décret des 11-12 août 1792 supprime la distinction entre les citoyens non-actifs et les citoyens actifs, la Constitution de l'an III enlève en réalité aux ouvriers le droit électoral en établissant le vote à deux degrés et en exigeant le paiement d'une contribution pour être électeur. La Constitution de 1793

organisation nouvelle du travail, des bienfaits d'un nouvel ordre de choses. Ceux qui poussent de toutes leurs forces à la démolition de l'ancien régime voient dans les masses ouvrières un instrument dont ils ne se font pas scrupule, dès le début, de se servir.

On a dit [1] que les masses ouvrières ne furent pour rien dans les mouvements révolutionnaires ; on a fait remarquer [2] que, dans toute révolution, il faut distinguer, au sein de l'élément public, le petit nombre subversif et criminel qui opère par la violence le bouleversement politique, et la masse des travailleurs qui l'acceptent ou le supportent comme un fait accompli. Rien n'est plus exact assurément que de voir dans les excès des principales journées révolutionnaire surtout l'action d'une tourbe recrutée et soldée pour accomplir une œuvre de désordre [3], mais nous croyons aussi que le concours des véritables ouvriers mal conseillés par le chômage en cédant aux excitations des meneurs et des politiciens fut un appoint considérable pour les fauteurs de désordre dans ces actes de violence [4]. A ce titre l'ouvrier fut, pour la bourgeoisie révolutionnaire, un instrument, mais il devint aussi pour elle un sujet de crainte. Les coalitions ou même les réunions d'ouvriers inspirèrent la terreur à qui les avait utilisées [5], et ce sentiment pesa sur le législateur qui, redoutant une action des masses ouvrières, s'efforça d'en interdire l'organisation : empêcher les ouvriers de se grouper, et pour ce faire, prohiber rigoureusement toute association professionnelle, telle fut certainement la préoccupation qui domina l'Assemblée Constituante [6].

Ajoutons que les premières mesures prises en vue de la

qui donne le droit de suffrage à l'universalité des citoyens ne fut jamais appliquée. La Convention fut une assemblée bourgeoise. (Du Cellier. *Les classes ouvrières en France depuis 1789*. 1857, p. 12 et s. p. 23, 25.)

1. M. Germain Martin (p. 183) cite cette affirmation de M. Jaurès dans son *Histoire socialiste*.

2. Le Bon. *Revue hebdomadaire*, 20 avril 1912, p. 296.

3. Taine, t. III, p. 200.

4. M. Germain Martin (p. 200) le démontre pour la journée du 14 juillet 1789 dite de la « prise de la Bastille ».

5. « On commençait à redouter l'émeute qu'on avait d'abord favorisée. » (Germain Martin, p. 208, 228.)

6. Leroy-Beaulieu. *Revue de Deux-Mondes*, 1er août 1908, p. 484.

suppression des corporations eurent pour effet immédiat d'exciter les convoitises des ouvriers et de les pousser dans la voie des revendications tumultueuses [1]. Ces manifestations ouvrières devaient, comme nous allons le voir, être en réalité la cause principale de la loi Le Chapelier qu'on a pu justement qualifier de loi de circonstance [2].

Telles sont les causes qui devaient entraîner le législateur à prononcer la suppression des corporations dont on avait seulement, dans la nuit du 4 août, réclamé la réforme. Cette suppression fut réalisée par le décret des 2-17 mars 1791 [3]. Si le législateur subit alors d'une façon incontestable l'influence des doctrines des physiocrates et des théories individualistes de Rousseau [4], il faut reconnaître qu'il aborda la question sous l'empire de préoccupations budgétaires au moment où il cherchait à créer des ressources nouvelles pour l'établissement de nouveaux droits fiscaux.

Ce fut dans la séance du 15 février [5] que M. Dallarde, au nom du Comité des contributions directes, proposa d'établir l'impôt des patentes, ajoutant « qu'il fallait lier l'existence de cet impôt à un grand bienfait pour l'industrie et le commerce, à la suppression des jurandes et maîtrises que votre sagesse, dit-il, doit anéantir par cela seul qu'elles sont des privilèges exclusifs ». Ces privilèges, le rapporteur en montrait les abus et déplorait l'esprit de fiscalité et l'exclusivisme des corporations. Mais il invoquait surtout la liberté du travail par des considérations qui sont une reproduction du préambule de l'édit de Turgot : « La faculté de travailler est un des premiers droits de l'homme. Ce droit est sans doute, suivant l'expression de ce ministre philosophe qui avait deviné quelques-unes de nos pensées, la première propriété, la plus imprescriptible. » Turgot avait voulu faire cesser les

1. Martin Saint-Léon, p. 621.
2. Germain Martin, p. 242.
3. Duvergier, 1791, p. 230 : « Décret portant suppression de tous les droits d'aide, de toutes les maîtrises et jurandes, et établissement des patentes. »
4. Des Cilleuls. *Les associations professionnelles et les physiocrates*, p. 9.
5. *Moniteur* du 17 février 1791, p. 191.

abus « couverts de la poussière des siècles » qui y portaient atteinte, mais ces abus reparurent par le rétablissement des communautés d'arts et métiers. Il faut « effacer ces derniers vestiges de la servitude ».

Le principe qu'on propose de consacrer c'est donc « que tout homme sera libre d'exercer telle profession, tel commerce, tel métier, telle cumulation de métiers et de commerce qui lui paraîtront conformes à ses talents et utiles à ses affaires ». Mais par une inconséquence qui trahit la véritable préoccupation du législateur, quiconque voudra exercer un métier devra « se faire connaître à la municipalité et payer une redevance annuelle proportionnelle à l'étendue et au succès de ses spéculations ». C'était, disait-on, remplacer le droit très lourd et exigé en une fois pour la maîtrise par un impôt annuel et modéré au profit de l'État. Un seul député, M. Begouen, éleva une objection contre un impôt frappant les citoyens qui avaient besoin de se livrer à un travail manuel pour gagner leur vie, et l'Assemblée adopta le principe du droit de patente.

Le décret des 2-17 mars 1791 est intitulé : « Décret portant suppression de tous les droits d'aides, de toutes les maîtrises et jurandes et établissement des patentes. » L'article 2 porte [1] : « A compter du premier avril prochain, les offices de perruquiers, barbiers, baigneurs étuvistes, ceux des agents de change et tous autres offices pour l'inspection et les travaux des arts et du commerce, les brevets et les lettres de maîtrise, les droits perçus pour la réception des maîtrises et jurandes, ceux des collèges de pharmacie et tous privilèges de profession, sous quelque dénomination que ce soit, sont aussi supprimés. » L'article 6 dispose : « Les fonds existant dans les caisses des différentes corporations, après l'apurement des comptes... seront versés dans la caisse du district qui en tiendra compte à celle de l'extraordinaire. Les propriétés soit mobilières, soit immobilières, desdites communautés, seront vendues dans la forme prescrite pour l'aliénation des biens nationaux, et le produit desdites ventes sera pa-

---

1. Dallarde dans son discours proposait des règlements particuliers pour les pharmaciens et les orfèvres.

reillement versé dans la caisse de l'extraordinaire. » C'est seulement l'article 7 qui proclame la liberté du travail sous la restriction du paiement de la patente : « A compter du premier avril prochain, il sera libre à toute personne de faire tel négoce, ou d'exercer telle profession art ou métier qu'elle trouvera bon, mais elle sera tenue de se pourvoir auparavant d'une patente, d'en acquitter le prix [1]. »

Ce n'était donc pas le souci d'organiser la matière si importante des associations professionnelles qui guidait l'Assemblée ; elle cherchait au fond un moyen de battre monnaie [2], et c'est accessoirement en quelque sorte et comme pour faire accepter le nouvel impôt qu'elle consacrait la liberté du travail et supprimait les corporations. La nouvelle législation aboutissait à la création d'un droit fiscal au profit de l'Etat : on rendait les métiers accessibles à tous, mais à condition de payer à l'Etat des droits qui étaient jusqu'alors payés à la corporation [3]. C'était, a-t-on dit avec justesse [4], « une novation par changement de créancier, avec accroissement possible du nombre des débiteurs ».

Les corporations étaient en même temps supprimées, d'abord par la suppression des offices, en second lieu comme personnes morales par suite de l'admission du principe de la liberté du travail professionnel accessible à tous moyennant le paiement de la patente. Par cette suppression encore l'intérêt fiscal apparaissait. Sans doute, par une disposition équitable, la loi dans son article 4, décidait que les maîtrises achetées postérieurement au 4 août 1789 reraient remboursées en entier et que, pour les réceptions antérieures, il serait payé à chaque maître ce qu'il avait déboursé déduction faite d'un trentième par

---

1. L'article ajoute : « Seront exemptés de l'obligation de se pourvoir de patentes : les fonctionnaires publics, cultivateurs, personnes non comprises à la contribution mobilière pour trois journées de travail, les apprentis, compagnons et ouvriers travaillant dans les ateliers de patentés. »

2. Du Faget de Casteljau, p. 95.

3. Dallarde faisait observer du reste que l'impôt annuel établi serait moins lourd que le droit jadis payé en une seule fois au moment de la réception.

4. Du Faget de Casteljau, p. 95.

année de jouissance [1]. Il est vrai que le paiement de cette indemnité subit de nombreux retards et n'était point achevé quand arriva la période des assignats [2]. Ce qu'il faut surtout noter c'est que l'Etat s'emparait du patrimoine des corporations supprimées, le législateur consacrant ainsi le procédé séduisant qui consiste à supprimer un propriétaire pour s'emparer de ses biens transformés subitement en *res nullius* [3].

Ce qu'il est important aussi de constater, c'est que la loi ne parlait pas du droit d'association. A condition que les intérêts du Trésor fussent sauvegardés aux termes de la législation nouvelle, rien, dans cette législation, n'interdisait de s'associer, pour des intérêts professionels, en dehors des formes des anciennes corporations [4].

C'est ce que comprirent les artisans et même certaines municipalités ; tout un mouvement se produisit dans ce sens, mouvement qui devait entraîner de violences dangereuses pour la liberté du travail et pour l'ordre social. Ce n'était pas en vain en effet qu'on avait brusquement supprimé toute réglementation professionnelle et proclamé l'émancipation complète de l'artisan. « La loi nouvelle, observe M. Martin Saint-Léon [5], avait allumé de subites convoitises chez les ouvriers dont beaucoup espéraient que la dépossession des communautés n'était que le prélude de la dépossession des patrons [6]. » Des associations d'ouvriers se formèrent que nous allons voir dénoncées par Le Chapelier comme une reconstitution des

1. Cette déduction ne pouvait s'étendre au delà des deux tiers du prix total.

2. Hubert-Valleroux, p. 123 ; Martin Saint-Léon, p. 617.

3. « Tous les contrats et tous les immeubles productifs tombent dans le grand creuset national pour s'y convertir en assignats. » (Taine, t. III, p. 270.)

4. Il a même été jugé, à une époque postérieure au Code pénal, que les membres des anciennes corporations peuvent être rassemblés avec l'approbation de l'autorité administrative pour délibérer sur les intérêts qui remontent à l'époque de l'existence de la corporation (Cassation, 7 septembre 1814 ; Sirey, 1815, I, p. 47).

5. P. 621.

6. Le 12 juin, Marat publie dans l'*Ami du peuple* une lettre des ouvriers maçons dénonçant les patrons qui se montrent « rapaces ». (Buchez et Roux. *Histoire parlementaire de la Révolution française*, 1834, t. X, p. 107.)

corporations [1], et en même temps se produisirent des désordres et des séditions ouvrières qui allaient prédisposer le législateur aux mesures extrêmes.

Les groupements ouvriers avaient surtout pour objectif d'améliorer les conditions du travail en forçant les patrons à augmenter les salaires ; les charpentiers et les imprimeurs surtout se montrèrent à cet égard les plus turbulents. Contre ces prétentions les patrons protestèrent et firent adresser à l'Assemblée des pétitions par les ouvriers qui ne faisaient pas partie des compagnonnages. Ces pétitions, formulées en 1790 et renouvelées en 1791, réclamaient la suppression des associations de ce genre auxquelles elles reprochaient des violences et des vexations contre les ouvriers qui refusaient de s'y enrôler [2]. L'effervescence des ouvriers inspirait les craintes les plus vives : des désordres étaient excités par les compagnonnages : les compagnons charpentiers formaient une « union fraternelle [3] » et faisaient redouter en avril 1791 une véritable émeute [4]. Les patrons charpentiers et maréchaux dénonçaient à l'Assemblée une coalition de 80.000 ouvriers de la capitale.

Les documents contemporains nous montrent quelle fermentation agitait les esprits et quelles craintes inspiraient les coalitions d'ouvriers. Dans son numéro du 7 mai 1791 [5], par exemple, le journal de Prudhomme rend compte des assemblées de l'union fraternelle des ouvriers charpentiers qui, par une délibération du 18 avril, avaient fixé un minimum pour le prix de leurs journées. Les « ci-devant maîtres » avaient de leur côté dénoncé cette assemblée des ouvriers « comme inconstitutionnelle et contraire à l'ordre public ». En même temps ils protestaient contre les actes de violence destinés à empêcher

1. *Moniteur* du 15 juin 1791, p. 688.
2. Germain Martin, p. 225.
3. *Révolutions de Paris*, 8ᵉ trimestre, 7 mai 1791, p. 250 : « Les ouvriers charpentiers se sont, depuis plusieurs mois, réunis en société sous le titre d'union fraternelle des ouvriers de l'art de la charpente et s'assemblent chaque semaine dans une salle de l'évêché. »
4. Germain Martin, p. 231, 232. — En province de graves désordres s'étaient aussi produits. (Germain Martin, p. 192 ; Martin Saint-Léon, p. 623, note.)
5. *Révolutions de Paris*, eod. loco.

les ouvriers de travailler à un salaire inférieur au taux
fixé. Le 5 mai les ouvriers ripostent, montrant dans leur
société une institution bienfaisante, et réclament la médiation de la municipalité. Sur quoi le journaliste se livre à
de curieuses réflexions : Si la société des ouvriers n'a
qu'un but de bienfaisance, cet objet pourrait légitimer
leur association « si quelque chose peut rendre légitime
ce qui est contraire à l'ordre public ». « Une assemblée
où ne peuvent être admis que des hommes qui exercent
la même profession blesse le nouvel ordre de choses, en
isolant les citoyens elle les rend étrangers à la patrie, en
leur apprenant à s'occuper d'eux-mêmes elle leur fait
oublier la chose commune ; en un mot, elle tend à perpétuer cet égoïsme, cet esprit de corporation dont on a
voulu anéantir jusqu'au nom parce qu'il est l'ennemi
mortel de tout esprit public. » Le danger serait plus
grand encore si cette assemblée formait des coalitions et
excitait à des violences. Quant aux « ci-devant maîtres »,
ils doivent se défaire promptement « des vieilles habi-
tudes qu'ils ont contractées sous l'ancien régime ». Et,
après avoir remarqué que personne n'a le droit de fixer
les salaires qui doivent être réglés à l'amiable, l'auteur
de l'article envisage, pour arriver à cette entente, la
médiation de la municipalité.

Celle-ci se montra fort peu disposée à intervenir autrement que par des conseils et des mesures insuffisantes.
Le 26 avril 1791 [1], elle adressait aux ouvriers un avis
signé du maire Bailly. Elle constatait que « des ouvriers
de quelques professions se réunissent journellement en
très grand nombre, se coalisent au lieu d'employer leur
temps au travail, délibèrent et font des arrêtés par lesquels ils taxent arbitrairement le prix de leurs journées ;
que plusieurs d'entre eux se répandent dans les divers
ateliers, y communiquent leurs prétendus arrêtés à ceux
qui n'y ont pas encouru, et emploient les menaces et la
violence pour les entraîner dans leur parti et leur faire
quitter leur travail ». Après avoir reconnu qu'il serait
injuste de diminuer le salaire des ouvriers en raison de

____
1. *Moniteur* du 29 avril 1791.

la suppression des droits d'entrée[1], la municipalité déclare
qu'une coalition d'ouvriers pour porter le salaire à des
prix uniformes serait une violation de la loi ; elle espère
que les ouvriers ne la réduiront pas « à la nécessité
d'employer contre eux les moyens qui lui ont été donnés
pour assurer l'ordre public et maintenir l'exécution des
lois ».

Cet appel à l'apaisement ne fut pas entendu, et le
4 mai[1] la municipalité de Paris prenait une nouvelle
délibération : constatant que des actes de violence avaient
été commis dans plusieurs ateliers et que les ouvriers
avaient pris des arrêtés pour interdire « à tous autres
ouvriers de travailler à d'autres prix que ceux qu'ils ont
arrêtés », elle déclarait ces arrêtés « nuls, inconstitution-
nels et non obligatoires » et faisait défense d'en rédiger
de semblables à l'avenir. Elle dénonçait les scènes de
violence qui éloignaient de Paris « les propriétaires
riches ». Elle allait même jusqu'à interdire aux personnes
de même profession de se réunir autour d'un drapeau et
de se faire précéder par des tambours, car ce serait rétablir les anciennes corporations[2]. Se sentant enfin désar-
mée la municipalité demanda à la Constituante une loi
qui fut celle des 14-17 juin 1791.

Cette loi n'était donc pas inspirée uniquement par les
idées de l'école physiocratique ; elle répondait au besoin de
maintenir l'ordre social en réprimant des désordres que
la suppression de toute réglementation professionnelle
avait imprudemment provoqués[4]. Disons mieux : elle était
le résultat de la crainte que les groupements d'ouvriers

1. Les droits d'entrée sur les denrées alimentaires ayant été supprimés, les patrons avaient voulu diminuer les salaires. (M. Ribot à la
Chambre le 21 mai 1883.)

2. Germain Martin, p. 240. — Voir les procès-verbaux de la commune
dans Buchez et Roux (*Histoire parlementaire de la Révolution française*,
1835, t. X, p. 102).

3. *Moniteur* du 23 mai 1791. — *Le Moniteur* ajoute cependant que c'est
peut-être là « confondre jusqu'à un certain point les corporations détruites
avec celles que la commodité a établies et qui n'ont d'existence que celle
de la volonté des divers artisans et des rapports de commerce entre
eux. »

4. Martin saint-Léon, p. 622 ; de Lamarzelle. *Le Correspondant*, 25 janvier 1901, p. 260 ; Leroy-Beaulieu. *Revue des Deux-Mondes*, 1er août 1908,
p. 484.

inspiraient aux patrons, aux municipalités, et au gouvernement lui-même. On a donc pu, nous l'avons déjà fait remarquer, la qualifier de loi de circonstance.

Dans la séance de l'Assemblée Constituante du 14 juin[1], Le Chapelier, au nom du comité de constitution déclara qu'il venait dénoncer « une contravention aux principes constitutionnels qui suppriment les corporations ». « Plusieurs personnes, dit-il faisant allusion aux associations ouvrières qui s'étaient formées, ont cherché à recréer les corporations anéanties, en formant des assemblées d'arts et métiers, dans lesquelles il a été nommé des présidents, des secrétaires, des syndics et autres officiers. Le but de ces assemblées qui se propagent dans le royaume et qui ont déjà établi entre elles des correspondances est de forcer les entrepreneurs de travaux, les ci-devant maîtres, à augmenter le prix de la journée de travail, d'empêcher les ouvriers et les particuliers qui les occupent dans leurs ateliers de faire entre eux des conventions à l'amiable, de leur faire signer sur des registres l'obligation de se soumettre au taux de la journée de travail fixé par ces assemblées et autres règlements qu'elle se permettent de faire. » Ayant ainsi dénoncé les associations d'ouvriers comme une reconstitution des corporations afin de les englober dans la réprobation qui s'attachait à une institution maintenant détruite, il leur reprochait les violences commises et faisait appel au sentiment de la crainte : « Déjà plusieurs ateliers se sont soulevés et différents désordres ont été commis[2]. » Il rejette la faute sur la municipalité de Paris qui a permis les premières assemblées d'ouvriers.

Mais, sans se borner à demander des mesures destinées à réprimer les violences et à protéger l'ordre public, Le Chapelier posa des principes qui vont être consacrés par la loi et dont l'énoncé est significatif : « Il doit sans doute être permis à tous les citoyens de s'assembler, mais il ne doit pas être permis aux citoyens de certaines professions

1. *Moniteur* du 15 juin 1791, p. 688.
2. Plus loin Le Chapelier vise particulièrement l'union des charpentiers qui auraient succédé, selon lui, aux sociétés *des devoirs*, et accuse les assemblées d'ouvriers d'avoir moins pour but de faire augmenter les salaires que de fomenter des troubles.

de s'assembler *pour leurs prétendus intérêts communs* [1]. Il n'y a plus de corporation dans l'Etat ; *il n'y a plus que l'intérêt particulier de chaque individu et l'intérêt général.* Il n'est permis à personne d'inspirer aux citoyens un intérêt intermédiaire, de les séparer de la chose publique par un esprit de corporation. »

Ainsi ce n'est pas seulement le principe de la liberté du travail qu'on entend maintenir en interdisant les abus et les excès du groupement professionnel, c'est l'idée même de l'association professionnelle qui est proscrite par la négation hautaine de « prétendus intérêts communs. » C'est la proclamation du principe plus général encore qu'entre l'individu et l'Etat il ne doit exister aucun intermédiaire [1].

Un autre principe est encore posé. Les associations dénoncées ont fait valoir qu'elles étaient destinées à procurer des secours aux ouvriers de la même profession malades ou sans travail. Mais « ces distributions particulières de secours » exigent « la réunion fréquente d'individus d'une même profession, » la formation de règlements ; elles tendent « à faire renaître les corporations ». Il y a plus: « Ces caisses de secours ont paru utiles ; mais qu'on ne se méprenne pas sur cette assertion. C'est à la Nation, c'est aux officiers publics en son nom, à fournir des travaux à ceux qui en ont besoin pour leur existence, et des secours aux infirmes. » C'est donc, tout en persistant à confondre les résultants bienfaisants des groupements professionnels avec les abus des anciennes corporations, affirmer le principe du monopole de l'Etat en matière de bienfaisance [3].

Quant à la question du salaire, Le Chapelier la résout par l'affirmation d'un autre principe : « C'est aux conventions libres d'individu à individu à fixer la journée pour chaque ouvrier. » On impose donc au patron et à l'ouvrier, ainsi qu'on l'a fait remarquer justement [4], non seu-

---

1. Ces idées sont celles déjà exprimées par Turgot dans le préambule de l'édit de 1776 cité plus haut.

2. La négation du principe même de l'association entraîne l'affirmation de la domination de l'Etat. C'est ce que fera remarquer Emile Ollivier en 1864. (Dalloz, 1864, IV, p. 62.)

3. Principe qui sera définitivement posé par le décret du 19 mars 1793.

4. Germain Martin, p. 245.

lement la liberté du travail, mais la liberté du contrat,
tant on redoute une entente et des groupements qui pourraient tirer l'individu de son isolement. Le décret proposé
aura pour objet « de .prévenir, tant les coalitions que
formeraient les ouvriers pour faire augmenter le prix de la
journée de travail, que celles que formeraient les entrepreneurs pour les faire diminuer. »

Le décret des 14-17 juin 1791 intitulé « Décret relatif
aux assemblées d'ouvriers et artisans de même état et
profession [1] », consacra ces propositions du rapporteur.

L'article premier dispose : « L'anéantissement de toutes
les espèces de corporations de citoyens de même état et
profession étant l'une des bases fondamentales de la constitution française, il est défendu de les rétablir de fait,
sous quelque prétexte que ce soit. »

L'article 2 est aussi à citer textuellement : « Les citoyens
de même état ou profession, les entrepreneurs, ceux qui
ont boutique ouverte, les ouvriers et compagnons [2] d'un
art quelconque, ne pourront, lorsqu'ils se trouveront
ensemble, se nommer de président, ni de secrétaire-syn-
dic, tenir des registres, prendre des arrêtés en délibérations, former des règlements sur *leurs prétendus intérêts
communs* [3]. »

L'article 3 défend aux corps administratifs et municipaux de recevoir aucune pétition de personnes se présentant comme faisant partie d'une même profession ; les
délibérations ainsi prises en commun devront être déclarées nulles. L'article 4 déclare attentatoires à la liberté
et à la déclaration des droits de l'homme les délibérations prises par les citoyens de la même profession et
tendant à refuser de concert ou à n'accorder qu'à un prix
déterminé le concours de leur industrie ou de leurs tra-

1. Duvergier, 1791, p. 22.
2. La loi vise ici les compagnonnages.
3. A noter cependant le maintien des prudhommes pêcheurs qui avaient
été reconnus par le décret du 8 décembre 1790. — La société des portefaix
de Marseille est aussi au nombre des corporations qui ont survécu à la
législation de 1791. (*Le Correspondant*, 10 juin 1918, p. 899.) — On a fait
remarquer que la loi n'interdit pas aux ouvriers de se réunir, mais de
s'organiser, c'est-à-dire de s'associer. (Martin Saint-Léon. *Le compagnonnage*, p. 85.)

vaux [1]. Ces délibérations doivent être déclarées nulles comme contraires « aux principes de la liberté et de la Constitution ». Leurs auteurs seront cités devant le tribunal de police, condamnés à 500 livres d'amende et suspendus pendant un an de l'exercice de tous leurs droits de citoyens actifs et de l'entrée dans les assemblées primaires. Une autre sanction est encore édictée par l'article 5, c'est la défense faite aux corps administratifs et municipaux « d'admettre aux ouvrages de leur profession dans aucuns travaux publics » les ouvriers ou patrons qui se seraient ainsi coalisés.

Signalons enfin les dispositions [2] qui répriment les menaces contre la liberté du travail par les délibérations, affiches, ou circulaires, ainsi que les menaces et les violences de la part des coalitions. De même les attroupements composés d'artisans, ouvriers, compagnons, journaliers, ou excités par eux contre le libre exercice de l'industrie et du travail, seront tenus pour attroupements séditieux et dissipés par la force publique. Ces dernières dispositions étaient plus justifiées.

Malgré quelques objections présentées, notamment par Biozat qui ne comprenait point comment on pouvait interdire le droit de s'assembler aux personnes de la même profession alors que ce droit venait d'être reconnu à tous les citoyens [3], la loi fut adoptée.

Notons qu'un des membres de l'Assemblée signalait les attroupements qui se font au moment de la moisson. Le Code rural des 28 septembre-6 octobre 1791 devait lui donner satisfaction en prohibant les coalitions de proprié-

1. On a remarqué que si l'article 2 interdit les associations, une sanction *pénale* n'est édictée que contre le fait de former des conventions pour fixer les prix (Germain Martin, p. 347). La coalition ainsi visée est la coalition formée contre le public tant par les patrons que par les ouvriers (Fragniez, p. 65). Le simple accord est puni, même s'il n'y a pas eu cessation du travail. (Rapport de M. Emile Ollivier en 1864. Dalloz, 1864, IV, p. 62.)

2. Articles 6, 7, 8.

3. Le droit de s'assembler avait été reconnu aux citoyens par la loi du 13 novembre 1790 et la Constitution de 1791. C'est l'inverse de ce qui se passera en 1884 où les ouvriers recevront seuls le droit de s'associer qui est refusé aux autres citoyens à cette époque.

taires ou fermiers et celles des ouvriers agricoles formées
en vue de déterminer le prix des salaires [1].

Telle fut la législation d'où résulte, non seulement la
destruction définitive des corporations, mais l'interdiction
des associations professionnelles. Nous avons vu qu'elle
fut maintenue par les diverses Constitutions de la période
révolutionnaire. Ces dispositions, comme on l'a fait remarquer très justement [2], n'avaient pas tant pour objet de
réprimer les délits que pourraient commettre les associations ouvrières, que de prohiber ces associations elles-
mêmes ; le fait de s'associer, entre gens de même métier,
étant considéré comme un délit ou tout au moins comme
tombant sous le coup d'une prohibition légale [3].

Cette législation devait, dès l'origine, se heurter à des
difficultés qui en faisaient ressortir le caractère excessif,
même à l'époque où elle était rendue. La suppression des
corporations elles-mêmes rencontra peu d'adversaires ;
elle fut notamment combattue par Marat [4]. Elle suscita,
comme nous venons de le voir, une vive agitation parmi
les ouvriers et provoqua des protestations dans le haut
commerce. Mais ces protestations venaient des intérêts
lésés, tout au plus elles se fondaient sur l'utilité des corporations pour la bonne exécution du travail. En réalité
les corporations étaient impopulaires et l'exécution de la
loi ne rencontra aucune résistance.

1. Articles 19 et 20.
2. Germain Martin, p. 256.
3. La coalition seule est punie, mais même sans violence, et même sans
qu'elle ait été suivie de la cessation du travail. (Emile Ollivier. Rapport
sur la loi de 1864; Dalloz, 1864, IV. p. 62.)
4. Martin Saint-Léon, p. 621. — Marat, dans *l'Ami du peuple* critiqua la
législation des patentes : Il dit « que les institutions ayant pour but les
professions, les arts et métiers, doivent être la meilleure forme possible
de la garantie dont la société a besoin vis-à-vis de ses membres ; qu'il
faut une constatation de la probité et de la capacité, et de plus un moyen
d'entretenir et d'accroître ces éléments essentiels à toute association
humaine. Marat établit ainsi la garantie sociale, devoir antérieur à l'exercice quel qu'il soit de la liberté individuelle. » Il ajoute : « Rien de mieux
sans doute que d'affranchir les citoyens des entraves qui s'opposent au
développement des talents et qui retiennent les infortunés dans l'indigence, mais je ne sais si cette liberté plénière, cette dispense de tout
apprentissage est bien vue politiquement... l'ordre de la société exige que
le législateur prenne des mesures pour prévenir la fraude. » (Buchez et
Roux. *Histoire parlementaire de la Révolution française*, 1834, t. X, p. 107.)

Plus sérieuses furent les protestations des ouvriers contre l'interdiction qui leur fut faite de se réunir. Non pas qu'on envisageât la notion de la liberté d'association telle que nous la comprenons aujourd'hui, mais parce que la défense de s'assembler imposée aux artisans de la même profession paraissait souverainement injuste à une époque où les réunions et même les associations politiques se formaient sous les prétextes les plus divers. Le besoin de groupements professionnels, qui devait se manifester si vivement de nos jours, se faisait impérieusement sentir surtout depuis que l'ancienne organisation du travail avait disparu. Nous avons vu que ces groupements et la peur qu'ils inspiraient avaient en réalité suscité la nouvelle législation. Cette nouvelle législation ne fut pas plus efficace que les dispositions prises sous l'ancien régime pour faire disparaître les groupements ouvriers. Sous la Révolution les compagnonnages subsistèrent. *Le Moniteur* du 8 août 1791 [1] en constatait l'existence pour ainsi dire officielle : « L'association des compagnons du devoir a pour objet d'établir une sorte de fraternité entre les charpentiers qui la composent et de se procurer mutuellement des secours et des lumières. » Les compagnonnages devaient traverser toute la période révolutionnaire [2] et se retrouver sous l'Empire.

En même temps, les désordres ouvriers se multipliaient. Les ateliers de charité suscitaient de graves appréhensions. Déjà, en avril 1791, le journal de Prudhomme [3] déclarait : « Il est de la dernière importance de détruire ces ateliers de charité dans lesquels un amas de malheureux attroupés, sous le prétexte du travail, sont livrés à tous les vices qu'entraîne nécessairement l'oisiveté. » En juillet 1791 [4], il signalait de la part des ouvriers de ces ateliers des désordres graves « dans un moment de crise où la moindre agitation peut devenir dangereuse ». En août 1791 de véritables émeutes sont redoutées et entraî-

---

1. A propos d'un article nécrologique.
2. Leurs éléments turbulents seront recueillis par les sociétés politiques et les clubs (Martin Saint-Léon, p. 625).
3. *Révolutions de Paris*, p. 85.
4. P. 663.

nent des mesures sévères pour assurer le respect de la loi Le Chapelier [1]. Le Code pénal du 25 septembre 1791 [2] maintient contre les attroupements les rigueurs de la loi pénale. On peut ainsi apercevoir les conséquences des mesures imprévoyantes qui ont jeté le trouble dans les milieux ouvriers en détruisant l'ancienne organisation professionnelle sans la remplacer par une organisation nouvelle.

Tels sont les résultats immédiats de la législation de 1791. Ses conséquences pour l'avenir sont plus graves encore.

Si nous cherchons en effet à caractériser l'œuvre accomplie par cette législation, nous voyons qu'elle aboutit en premier lieu, en ce qui concerne les corporations, à la destruction. C'est un résultat qu'il est permis de déplorer. Sans doute, ainsi que nous l'avons constaté, les corporations ne constituaient pas, à la fin de la monarchie, une organisation complète et satisfaisante du monde du travail. Elles n'embrassaient pas toutes les professions manuelles sur l'étendue entière du territoire ; elles ne constituaient plus des organismes communs aux patrons et aux ouvriers, puisqu'en réalité elles étaient devenues des associations comprenant exclusivement les maîtres : ces associations, là où elles existaient, étaient investies d'un monopole et dominées par l'idée de privilège. Les corporations étaient réprouvées par l'opinion publique en tant que corps fermés. Mais, telles qu'elles existaient, elles constituaient cependant une organisation professionnelle et opéraient un certain rapprochement entre le patron et l'ouvrier [3]. Elles pouvaient être modifiées. On y aurait trouvé la base d'une réforme qui aurait fourni des cadres pour une organisation nouvelle conciliable avec la liberté [4]. Ce fut uniquement la liberté du travail qui fut

1. Germain Martin, p. 253 et s.
2. Section IV, article 5.
3. Martin Saint-Léon, p. 594.
4. Hubert-Valleroux, p. 126. — La Révolution n'envisagea la corporation que comme une association fermée, elle ne conçut pas que « la corporation puisse s'ouvrir, et en s'ouvrant se féconder, et en se fécondant servir, et en servant se légitimer ». (M. Charles Benoist. Congrès de 1899, p. 89.)

envisagée, et encore ce principe de la liberté ne fut proclamé qu'accessoirement en quelque sorte et pour servir de prétexte à l'établissement de droits fiscaux au profit de l'Etat. On ne se contenta pas d'abolir les privilèges, on abolit l'institution elle-même. Au lieu de réformer, on voulut détruire, et, par haine du passé, on décréta la rupture violente avec la tradition, sans se préoccuper des conséquences de sa disparition pour l'avenir [1].

De l'avenir on s'inquiétait peu, ou plutôt on ne l'envisageait que pour poser un principe, celui de l'interdiction de toute association professionnelle. Cette interdiction est la seconde conséquence de la législation de 1791 et non la moins désastreuse. Après la loi qui supprimait les corporations, groupements privilégiés, la loi du 17 juin vint interdire les groupements professionnels même libres et spontanés. Cette loi qui fût, comme nous l'avons remarqué, une loi de circonstance inspirée par la crainte des réunions et des coalitions d'ouvriers, n'avait pas seulement pour objet de maintenir l'ordre public et de réprimer les actes de violence commis par les associations d'artisans, mais de prohiber ces associations elles-mêmes. Elle était surtout dirigée contre les ouvriers, contre lesquels, au mépris de la déclaration des droits de l'homme, elle faisait revivre la législation de l'ancien régime [2], mais elle était applicable aux patrons eux-mêmes. Niant « les prétendus intérêts communs » qui unissent entre eux les membres d'une même profession [3], elle proclamait le principe individualiste pour le monde du travail en ne reconnaissant le droit au travail si solennellement affirmé qu'à l'homme isolé. D'une part, l'organisation professionnelle unissant les patrons et les ouvriers n'existait plus depuis longtemps en 1791 [4], mais sa libre reconstitution était interdite pour l'avenir. D'autre part, l'ouvrier lui-même qu'il aurait fallu sagement préparer à l'usage de la liberté d'association se voyait refuser tout

1. On a détruit ainsi « des traditions et des forces dont nous sentirons longtemps la perte ». (Hubert-Valleroux, p. 127.)

2. Germain Martin p. 261.

3. Le législateur s'opposait par là-même aux associations entre patrons et ouvriers.

4. Hubert-Valleroux, p. 127.

moyen de se grouper avec ses compagnons de travail. On s'efforçait de briser les tentatives de groupement professionnel par une interdiction systématique dont les suites fâcheuses se manifesteront pendant le siècle suivant et plus longtemps encore. La privation d'une liberté nécessaire au point de vue économique se fait longtemps sentir [1]. Ce sera seulement la loi de 1884 qui, réagissant contre les principes révolutionnaires, consacrera un droit méconnu et dont les classes ouvrières n'auront pas appris le légitime usage. Les syndicats, si longtemps illégaux, auront une tendance à rester des instruments de lutte.

Désastreuse aussi, à un point de vue général, sera l'influence de la législation de 1791 sur la législation du travail dans les périodes suivantes. Au fond elle a son point de départ dans la crainte qu'inspirent les classes ouvrières [2], et cette crainte l'emporte sur les idées de liberté et d'égalité si en faveur à cette époque. Le législateur ne s'occupe pas de fournir à l'ouvrier le moyen d'améliorer son sort, encore bien moins de faciliter la création d'organismes constitués dans ce but. Il cherche avant tout à empêcher toute entente possible entre les travailleurs manuels. La législation sera désormais dirigée contre l'ouvrier, la rejetant ainsi dans une attitude violente, le poussant aux idées de révolte, le préparant à recevoir les excitations socialistes [3]. Non seulement en effet l'ouvrier est envisagé comme un domestique [4], placé dans une situation inférieure qui tend à développer l'antagonisme entre le salarié et le patron, mais surtout on lui interdit la coalition. La crainte des groupements ouvriers ira jusqu'à la prohibition, non seulement des associations professionnelles, mais des ententes passagères en vue de l'élévation des salaires [5]. L'entente isolée avec le patron doit suffire

1. Germain Martin, p. 248.
2. Benoist. *La crise de l'Etat moderne.*
3. Gautherot. *L'Assemblée Constituante*, 1912 ; Fagniez. *Corporations et syndicats*, p. 64.
4. Germain Martin, p, 255, 256, 260.
5. De même les lois postérieures se préoccupent d'empêcher les attroupements ou les coalitions d'ouvriers : Loi des 19-22 juillet sur la police municipale (article 26). Code pénal du 25 juillet 1791. (Section IV, article 5). Loi du 23 nivôse, an II. (Dalloz, 1861, IV, p. 54). Loi du 22 germinal, an XI.

pour déterminer les conditions du contrat de travail. Or
cet isolement placera de plus en plus l'ouvrier dans une
condition d'infériorité manifeste à mesure que se développera la grande industrie qui, sur certains points, mo-
nopolisera le travail [1]. L'isolement dans lequel sera maintenu l'ouvrier, comme conséquence des principes posés
en 1791, constituera dans l'avenir une source de conflits.
L'individualisme illimité a été consacré par le législateur ; le monde du travail en ressentira longtemps les
funestes effets.

Enfin et surtout, la législation de 1791 a posé un principe funeste entre tous : elle a nié le principe de la liberté
d'association en refusant à une catégorie de citoyens le
droit qui consacre l'exercice de cette liberté. Sans doute,
avant 1791, ainsi que nous l'avons indiqué, le principe de
la liberté d'association n'était pas admis, mais des associations professionnelles existaient légalement. Le législateur ne se contenta pas de les supprimer ; il les interdit pour l'avenir. Sans formuler de disposition générale
sur le droit d'association, il refusa implicitement mais
clairement de garantir l'exercice de ce droit sur le terrain professionnel, il alla jusqu'à le nier en refusant de
reconnaître aux citoyens de même profession « des intérêts communs ». C'était, comme on l'a dit [2], l'expression
de la conception chimérique que les législateurs de la
Constituante se faisaient de la société « en n'y voyant, au
lieu d'un ensemble de groupes naturels et contractuels,
qu'une agglomération d'individus en face de l'Etat ». A
ce point de vue surtout l'œuvre de la Révolution a été
néfaste. Sa législation doit être blâmée, non pas tant pour
ce qu'elle a détruit, mais surtout pour l'obstacle qu'elle
a apporté dans l'avenir au développement de l'association
sur le terrain professionnel ; cet obstacle résultait de la
négation, sur ce terrain, du droit d'association lui-même.
La législation révolutionnaire a méconnu, en proscrivant
l'association professionnelle, une nécessité sociale ; de
plus, par sa conception individualiste, elle a fait préva-

---

1. Germain Martin, p. 248.
2. Fagniez. *Corporations et syndicats*, p. 64.

loir des idées absolument opposées à l'extension dans
notre pays du droit d'association et qui devaient en retar-
der pour longtemps la reconnaissance.

Pour les corps indépendants [1], la législation s'inspira
des mêmes idées pour aboutir au même résultat. Les idées
qui dominèrent le législateur furent encore à ce point de
vue les idées d'égalité et de liberté, la préoccupation
d'assurer l'indépendance de l'individu. Cette indépendance
est violée par l'existence de tout corps qui détache l'individu de l'Etat lequel doit sauvegarder les intérêts de
tous. Tels sont les principes admis. Dès lors il n'est pas
question de réformer et d'utiliser les corps : « Au nom
de l'égalité abstraite et de la souveraineté nationale »,
le législateur ne songe qu'à les abolir [2]. L'aboutissement
de ces principes, c'est la destruction des corps et l'isolement de l'individu en face d'un corps unique, l'Etat, qui
doit tout absorber [3]. Le résultat pratique, nous l'avons
noté, c'est aussi la confiscation des biens des corps supprimés au profit de l'Etat qui va se substituer à eux sans
toujours pouvoir aux charges qu'ils remplissaient [4].

Ce torrent d'individualisme, accru par la haine du passé
et la méconnaissance de la tradition, emporte tout.

Les corps judiciaires sont détruits. Les parlements sont
supprimés et remplacés par des juges électifs [5]. La ruine
de l'ancienne organisation judiciaire entraine celle des
compagnies qui s'y rattachaient.

La suppression la plus significative est celle de l'Ordre
des avocats. De tout temps cet ordre répond à une nécessité publique car il garantit la défense des intérêts et de
la liberté des citoyens en leur assurant cette défense par
des hommes soumis à des règles et à une discipline professionnelle. Mais l'Ordre des avocats est à la fois un
corps et une corporation. En tant que corps rattaché à

---

1. Nous entendons par corps indépendants les corps distincts de l'organisme de l'Etat, mais qui lui doivent leur existence et vivent sous son
contrôle. Ils ne constituent pas des associations proprement dites mais
ont pour base le principe d'association.
2. Taine, t. III, p. 197, 289.
3. *Eod loco.*, p. 268 et s.
4. *Eod loco*, p. 268 et s.
5. Décrets du 15 mai, du 16 août 1790 (titre II, art. 3).

l'organisation judiciaire, laquelle doit être détruite, l'Ordre des avocats est victime de la réprobation qui s'attache aux abus du passé et du préjugé violent qui soulève les esprits contre la tradition [1]. En tant que corporation représentant des intérêts professionnels, il est entraîné par le courant irrésistible qui emporte toutes les corporations [2]. Cette double constatation explique la suppression de l'Ordre des avocats par une assemblée qui en comptait un grand nombre parmi ses membres [3]. Cette suppression se fit sans protestation. Bien mieux, elle se fit avec l'approbation, au moins tacite, des intéressés.

Faut-il croire que les avocats qui siégeaient à l'Assemblée Constituante demandèrent eux-mêmes l'abolition de leur Ordre pour éviter l'humiliation d'être traités sur le même pied que les hommes de loi admis comme défenseurs devant les tribunaux de district [4]? Nous pensons que si les représentants du barreau au sein de l'Assemblée se résignèrent à la destruction de leur Ordre dont l'indépendance n'était plus assurée, beaucoup furent entraînés par les idées de liberté et d'égalité qui emportaient tous les esprits [5] : ils crurent, à l'imitation de la noblesse dans la nuit du 4 août, faire à la chose publique le sacrifice d'un privilège.

Le décret du 2 septembre 1790 sur l'organisation judiciaire, dans son article 5, déclarait que la qualité d'homme de loi nécessaire pour être élu comme juge ne s'entendait provisoirement que des gradués en droit admis au serment d'avocat et ayant exercé cette fonction devant des sièges de justice royale ou seigneuriale. Mais, après avoir tenu compte de la qualité d'avocat dans le passé, le législateur la supprimait pour l'avenir : « Les hommes de loi, ci-devant appelés avocats, disposait l'article 10,

1 Delom de Mézerac. *Revue des Deux-Mondes*, 1er août 1893 ; Sabatier, *Le Correspondant*, 10 décembre 1910.

2. Chenu. *Revue hebdomadaire*, 10 décembre 1910. — Rapport de Bergasse, 27 août 1789 (cité par Sabatier).

3. Delom de Mézerac ; Mollot. *Règles de la profession d'avocat*, t. 1, p. 244.

4. Mollot, t. 1, p. 215 ; Fournel. *Histoire des avocats*, t. II, p. 538 et 540.

5. « Comment auraient-ils résisté au mouvement universel avec quelque chance de succès ? » (Mollot, p. 245.)

ne devront former ni ordre ni corporation, n'auront aucun costume particulier de leur fonction [1]. » La loi, présentée sur le rapport de Thouret, fut adoptée sans discussion. C'était la suppression complète de l'Ordre des avocats. Quelques-uns des anciens avocats, connus sous le nom d'avocats du Marais, formèrent cependant une société libre où ils ne reçurent que des confrères choisis par eux et tinrent à honneur d'observer comme par le passé leurs règles professionnelles [2]. Ils se distinguèrent ainsi de la tourbe des agents d'affaires qui plaidaient sous le nom d'hommes de loi ou défenseurs officieux et dont les agissements contribuèrent à faire désirer, dans l'intérêt des justiciables eux-mêmes, le rétablissement du barreau avec ses règles professionnelles et sa discipline intérieure [3].

Quant aux procureurs ils furent remplacés par les avoués créés par le décret du 29 janvier 1791 qui abolissait la vénalité et l'hérédité des offices ministériels auprès des tribunaux [4]. Dans la discussion de la loi du 17 juin 1791 on signala que les anciens procureurs avaient formé une entente pour exclure les avoués qui n'avaient pas fait partie de leur corporation. Le Chapelier déclara que « le décret comprenant les corporations de toute profession, il s'étend aux ci-devant procureurs comme aux autres corporations [5] ». Les fonctions d'avoués furent du reste supprimées elles-mêmes par la loi du 3 brumaire an II [6] qui autorisa les parties à se faire représenter par de simples fondés de pouvoir.

Les corps littéraires et scientifiques avaient été épargnés par la Constituante. La Convention supprima, le 11 août 1793, « toutes les académies et sociétés littéraires patentées ou dotées par la Nation », et, le 6 thermidor

---

1. Carette (*Lois annotées.* 1ʳᵉ série, p. 60) mentionne que ce paragraphe ne se trouve pas dans le décret reproduit par le *Moniteur* à la séance du 2 septembre 1790.
2. Mollot, t. I, p. 246. Le fait de la formation spontanée de cette association est en lui-même à noter.
3. Delom de Mézerac, p. 581.
4. Carette. *Lois annotées.* 1ʳᵉ série, p. 90.
5. *Moniteur* du 15 juin 1791.
6. Carette, 1ʳᵉ série, p. 270.

an II, elle confisquait leurs biens [1]. Toutefois, avant de se séparer, elle créait l'Institut [2] dont l'organisation avait été annoncée par la Constitution du 5 fructidor [3].

Les Chambres de commerce avaient été exceptées des dispositions du décret du 17 juin 1791 [4], mais, le 27 septembre suivant, elles furent supprimées, les municipalités devant les remplacer. Les compagnies financières étaient interdites par le décret du 26 germinal an II.

Les associations charitables et d'enseignement sont détruites par le décret du 18 août 1792 que nous mentionnerons à propos des congrégations religieuses. Ce décret, dans son article premier, vise « toutes les associations de piété ou de charité », et par conséquent même les associations qu'on appellerait aujourd'hui laïques. Le décret rappelle en effet « qu'un Etat vraiment libre ne doit souffrir dans son sein aucune corporation, pas même celles qui, vouées à l'enseignement, ont bien mérité de la patrie [5] ». En même temps l'œuvre de spoliation se poursuit : le décret de 1792 prononce la confiscation des biens des congrégations et associations supprimées. L'actif des fondations est confisqué par la loi du 13 brumaire an II ; les biens des hospices et établissements de bienfaisance sont déclarés propriété nationale par la loi du 23 messidor an II [6]. De plus en plus en effet s'affirme le principe que nous avons déjà vu apparaître : c'est à l'Etat qu'il appartient de soulager toutes les infortunes. Aussi l'Etat doit être investi en matière de bienfaisance d'un monopole qui rende inutile toute association charitable, toute fondation ayant pour objet une œuvre de bienfaisance.

De cette mission l'Etat s'acquitte fort mal, et tous les biens confisqués « sont allés s'engloutir dans le Trésor public qui est un trou sans fond, et s'y sont perdus [7] ».

---

1. Carette. *Lois annotées*, 1re série, p. 249 ; Boissier. *Revue des Deux-Mondes*, 15 août 1907.
2. Décret du 3 brumaire an IV (25 octobre 1795).
3. Article 298.
4. Duvergier, 1791, p. 22 (note).
5. Article premier.
6. Les décrets de brumaire an IV et du 16 vendémiaire an V restituèrent à chacun de ces établissements leurs biens.
7. Taine, t. X, p. 25.

Mais en même temps l'Etat s'oppose à ce que d'autres accomplissent une œuvre sociale pour laquelle il se montre impuissant [1]. Pendant la période révolutionnaire l'initiative privée restera paralysée. Aucun mouvement ne se manifeste pour susciter des associations sur le terrain économique, social ou charitable. Seules quelques rares associations philanthropiques subsistent péniblement et finissent par périr au moment du régime de la Terreur [2].

Ainsi la destruction des corps indépendants compléta la destruction des associations que le préjugé dominant confondait avec les corporations dont on ne voulait plus envisager que les abus. Par cette destruction aussi triomphait le principe individualiste réalisé par l'isolement du citoyen dans toutes les situations sociales.

L'œuvre législative de la Révolution fut donc, en ce qui concerne la première catégorie d'associations que nous venons d'envisager, les corporations et les corps indépendants, une œuvre de destruction. L'isolement de l'individu apparaît comme une garantie nécessaire de sa liberté. On n'eut pas la pensée que l'association lui donnerait un moyen efficace de défendre ses intérêts et ses droits. On ne considéra dans les associations qui existaient alors que les abus du passé, on les détruisit sans voir qu'elles représentaient un principe d'union. On posa de plus, à propos de leur suppression, un principe néfaste pour l'avenir. L'ancien régime n'avait pas eu la notion de la liberté d'association, mais il avait reconnu l'existence légale de certaines catégories importantes d'associations; la Révolution détruisit les associations existantes et nia

1. Voir en 1794 le rapport de Ducos au sujet d'une demande de subvention faite par la Société philanthropique : « Vous avez déclaré par le décret du 13 pluviôse qu'il ne pouvait plus y avoir qu'une manière de secourir l'indigence, et par celui du 19 mars que toutes les générosités individuelles, tous les dons des amis de l'humanité devaient se confondre en une masse commune. » Sur ce rapport, la Convention « considérant que la Nation a contracté l'engagement de secourir l'indigence... déclare qu'il n'y a lieu de délibérer ». (M⁽ˡˡᵉ⁾ Chaptal. *Revue hebdomadaire*, 28 février 1914, p. 512.)

2. Ainsi la Société philanthropique, la Société de Charité maternelle, l'orphelinat des enfants délaissés. (M⁽ˡˡᵉ⁾ Chaptal, p. 509 et sources citées ; *Annuaire de la Société philanthropique* pour 1917, p. 23.)

le droit d'association sur le terrain professionnel et charitable. Elle allait aussi proscrire la liberté d'association sur le terrain religieux.

§ 2. — *Les associations religieuses.*

LES ORDRES RELIGIEUX

Nous avons indiqué quelle était la situation des ordres religieux à la fin de l'ancien régime. Ils constituaient les associations religieuses légalement reconnues, associations placées sous un régime qui est à la fois un régime de faveur et un régime d'autorité [1]. Le pouvoir royal confère aux ordres religieux la personnalité, il fait respecter leurs constitutions jusqu'à sanctionner les vœux de leurs membres et de ces vœux il assure les effets civils [2]. Mais en même temps il met la main sur la nomination de leurs chefs et s'attribue dans bien des cas la disposition de leurs biens. Les ordres religieux sont ainsi souvent détournés de leur but et de leur véritable destination sociale. Ils apparaissent comme des corps privilégiés et trop souvent comme des corps inutiles. Au moment où éclate la Révolution beaucoup de couvents contiennent un nombre infime de religieux et n'ont plus visiblement de raison de subsister [3]. D'autres au contraire, en particulier ceux dont les membres sont voués à des œuvres hospitalières et d'enseignement, rendent encore d'éminents services [4] et les vœux des populations en demandent le maintien.

Une réforme s'imposait certainement, et comme cette réforme touchait aux plus délicates questions et aux droits même de la conscience, l'État ne devait l'entreprendre que par un accord avec l'autorité religieuse [5]. Le législa-

---

1. De Lamarzelle. *Le Correspondant*, 10 janvier 1901, p. 70.

2. Sous l'ancien régime les religieux sont, afin de prévenir l'accumulation de la mainmorte, déclarés incapables de succéder. (Carette. Note sous le décret du 20 février-26 mars 1790.)

3. Taine, t. III, p. 252.

4. *Eod. loco.*, p. 256-259.

5. Voir le discours de l'évêque de Clermont dans la discussion de la loi du 13 février 1790. (De Faget de Casteljau p. 51.)

teur préféra ignorer cette autorité et reconnaître à l'Etat
le droit d'agir dans sa toute-puissance. De plus il ne voulut pas se contenter de réformer, il aima mieux détruire
et ne considérer que les privilèges sans tenir compte des
services rendus et de ceux qu'il devait espérer pour l'avenir. Ce n'est pas tout : les ordres religieux supprimés, on
pouvait s'en tenir au régime de liberté ; c'était la solution la plus équitable pour une législation qui aurait
ainsi tenu le milieu entre le privilège et la proscription.
On voulut, en cette matière, au moins dans la pratique,
aller jusqu'à la négation du droit d'association.

Ce fut donc à l'égard des ordres religieux une œuvre
de destruction qui fut entreprise. Plusieurs causes devaient
la provoquer.

En premier lieu les ordres religieux sont considérés
comme se trouvant en contradiction avec les nouveaux
principes proclamés : les corps indépendants, les sociétés
particulières, ne sauraient subsister en présence de l'Etat,
aussi les congrégations sont « contraires à l'esprit public [1] » ; de plus les vœux monastiques sont contraires au
principe de liberté individuelle consacré par les droits
de l'homme [2]. Ici encore doivent triompher les doctrines
individualistes qui ont amené la ruine des corporations.

En second lieu se manifeste la haine du passé, le mouvement de l'opinion contre les privilèges, le souvenir des
abus qu'on ne veut pas distinguer de l'institution elle-même. Ajoutons-y la passion antireligieuse que les philosophes et les loges maçonniques ont surexcitée au cours
du xviiⁱ siècle en rappelant les abus et en entretenant
les préjugés qui pouvaient discréditer les ordres religieux.

Enfin, comme pour les autres corps, le principe que
l'Etat a le droit de supprimer les ordres religieux conduit
à lui reconnaître la faculté, une fois la destruction opérée, de s'emparer de leurs biens. Ceux des congrégations
étaient souvent de nature à exciter les convoitises du
législateur qui va, en consacrant la confiscation, jeter les
bases d'un système destiné à être repris par ses succes-

____

1. Taine, t. III, p. 265.
2. Rousse. *Consultation sur les décrets de 1880*, p. 65, note.

seurs. Il ne s'agit pas en effet d'empêcher l'accroissement exagéré de la mainmorte ou de la resteindre à des emplois véritablement bienfaisants pour l'intérêt public [1]. Pour les biens des ordres religieux, comme pour ceux du clergé, c'est la spoliation qui est envisagée et qui est en réalité une des causes premières de l'œuvre·de destruction.

Ce fut même sur ce terrain que furent dirigées les premières menaces contre les ordres religieux. Déjà le 28 octobre 1789 l'Assemblée Nationale avait suspendu l'émission des vœux, et le décret du 24 novembre avait mis tous les biens ecclésiastiques à la disposition de la Nation. En présence des inquiétudes que causaient ces mesures et des pétitions qu'elles provoquaient en sens divers, Dom Gerle demanda le 12 décembre à l'Assemblée de rassurer les religieux qui voudraient continuer à vivre dans les monastères et de permettre aux autres la sécularisation. L'Assemblée voulut, avant de statuer, entendre le rapport du comité ecclésiastique qui fut présenté par Treilhard. Sur ce rapport, le décret du 5 février 1790 décida que les maisons religieuses d'un même ordre seraient dans chaque ville réduites à une seule et que les maisons évacuées seraient mises à la disposition de la Nation [2]. La raison financière apparaissait donc visiblement comme l'inspiratrice principale de cette mesure [3]. Dans tous les cas le principe de destruction était posé.

Pour accomplir son œuvre le législateur allait suivre une marche parallèle à celle qui devait être suivie pour les ˌcorporations : il allait commencer par détruire les personnes morales en s'attaquant d'abord aux congrégations à vœux solennels ; il en viendra à supprimer le droit d'association en matière religieuse. Pas plus que pour les corporations il ne s'inquiétera de sauvegarder le droit d'association en lui-même [4].

1. Taine, t. III, p. 255.
2. Rousse. *Consultation*, p. 22.
3. « Ainsi, disait Treilhard en parlant de la réunion des maisons du même ordre, vous acquerrez la libre disposition de bons terrains situés dans leurs capitales, ressource immense et bien précieuse dans notre position critique. » (De Faget de Casteljau. *Histoire du droit d'association*, 1905 p. 147.)
4. De Faget de Casteljau, p. 50.

La loi du 13-19 février 1790 [1] est caractérisée par ces
paroles du rapporteur Treilhard : « Qu'a voulu cette loi ?
uniquement deux choses : que les congrégations ne fûssent
plus des êtres collectifs ; et que les vœux ne formassent
plus un lien légal mais seulement un lien de conscience [2]. »
L'article premier en effet déclare que la loi ne reconnaîtra plus de vœux solennels, et qu'en conséquence les ordres réguliers *dans lesquels sont faits de pareils vœux* sont
supprimés sans qu'il puisse en être établis de semblables
dans l'avenir. « C'était, en deux mots, dit M. Rousse [3],
l'abolition de la vie civile pour la communauté et l'abolition de la mort civile pour les religieux. » La loi s'appliquait donc uniquement aux congrégations régulières, c'est-
à-dire à celles dans lesquelles on faisait des vœux solennels [4]. Il importe de le remarquer. Quel allait être le sort
de ces congrégations, et celui des religieux qui les compo-
saient ? Telles furent les questions soumises à l'Assemblée.

Les congrégations furent supprimées, c'est-à-dire que,
sur la proposition de Thouret [5], les communautés visées
par la loi perdirent leur caractère de personnes légales
consacrées par les pouvoirs publics. Comme conséquence
leurs biens allaient être confisqués. La loi du 26 septem-
bre-16 octobre 1791 [6] disposa en effet que « les biens
dépendant des fondations faites en faveur d'ordres, de
corps et des corporations qui n'existent plus dans la Constitution... font partie des biens nationaux, et sont, comme
tels, à la disposition de la Nation. » Ces biens devaient
être en conséquence « administrés et vendus comme les
autres biens nationaux [7] ». La loi des 4-17 août 1792 [8]
devait ordonner l'évacuation et la vente des maisons occupées par les religieux et religieuses.

1. Carette. *Lois*, 1ʳᵉ série, p. 13.
2. Rousse, *Consultation*, p. 23.
3. *Eod. loco*, p. 23.
4. C'est-à-dire des vœux entraînant pour le religieux la mort civile et
soumis à la sanction du pouvoir séculier. (Rousse, *Consultation*, p. 64, 83.)
5. De Faget de Casteljau, p. 59.
6. Duvergier, t. III, p. 368.
7. Les décrets des 20-22 avril 1790 (art. 12) et des 8-14 octobre 1790
(Duvergier, t. I, p. 395) prescrivirent les inventaires des biens et du mo-
bilier des religieux.
8. Duvergier, t. IV, p. 284.

Pour le moment quel était le sort des religieux appartenant à ces communautés ? La loi de 1790 leur permettait de sortir des maisons de leur ordre en raison de l'abolition de leurs vœux. Ceux qui préféraient y rester devaient se retirer dans les maisons qui leur seraient indiquées [1] ; les maisons de religieuses ainsi que les établissements hospitaliers et d'enseignement étaient exceptés de cette disposition [2]. Ces maisons devaient recevoir un traitement annuel proportionné au nombre de religieux qui y résidaient [3]. Au point de vue de la vie intérieure, le décret du 8-14 octobre 1790 prétendit fixer les détails du règlement de ces religieux et des élections auxquelles ils devaient procéder, et celui du 11 mars 1791 le port du costume.

Ces religieux demeurés dans leurs maisons pourraient-ils se recruter à l'avenir ? C'est ce qu'il est assez difficile de préciser au moyen des débats confus qui précédèrent le vote de la loi. On peut le soutenir [4], au moins pour les maisons vouées à la charité et à l'enseignement, d'après les paroles du rapporteur Treilhard déclarant qu'on ne refuserait pas à ces maisons « le moyen de se régénérer ». Le caractère des maisons religieuses conservées était au fond transitoire et mal défini. Dans tous les cas les religieux qui voulaient y rester y vivaient à titre individuel et sous la protection de la loi, mais toujours libres d'en sortir.

Quant aux religieux qui avaient profité de l'abolition des vœux solennels pour quitter les maisons de leur ordre, une pension leur fut accordée [5]. Logiquement ils devaient être assimilés aux autres citoyens puisque la loi, en cessant de reconnaître leurs vœux, les relevait de la mort civile qui les frappait jusque-là [6]. Cependant une disposition rigoureuse inspirée par la crainte du trouble que pourrait causer la rentrée des religieux dans leurs

1. Le décret du 8-14 octobre 1790 supprima les maisons contenant moins de douze religieux pour les réunir à d'autres.
2. Loi de 1790, art. 2.
3. Décrets des 19-26 mars 1790 et des 8-14 octobre 1790.
4. Rousse. *Consultation*, p. 64.
5. De Faget de Casteljau, p. 62 et s.
6. Rousse. *Consultation*, p. 62.

familles [1], les déclara incapables de recevoir par donations ou testaments autre chose que des pensions ou rentes
viagères [2]. Ils étaient même privés du droit de venir en
concours avec le fisc [3] ; disposition exorbitante qui fut
rapportée par un décret subséquent [4].

Si nous envisageons l'ensemble des dispositions qui se
rattachent à la loi de 1790, deux constatations sont à faire
au point de vue du droit d'association en ce qui concerne
les ordres religieux.

En premier lieu, et ceci nous paraît résulter tant des
dispositions de la loi de 1790 que des mesures subséquen-
tes, les congrégations et associations religieuses, autres
que les ordres réguliers où se faisaient des vœux solennels, subsistaient encore comme personnes morales.

En second lieu les vœux cessaient d'être reconnus par
la loi dans leurs effets civils, mais ils subsistaient comme
engagements de conscience que la loi ne pouvait prohiber,
et ces vœux demeuraient licites : « Faites des vœux an-
nuels ou perpétuels, disait Grégoire [5], cet engagement
que vous pratiquez avec Dieu est hors de la compétence
de l'Assemblée qui ne s'y oppose pas, qui n'a pas droit
d'y mettre obstacle et qui ne se prononce que sur le
civil. » Si la clôture forcée est abolie, la vie religieuse
n'est donc pas prohibée [6], les vœux ne sont pas une cause
de déchéance entraînant la prohibition de la vie commune ; la liberté d'association religieuse devait exister en
droit sous l'empire de la législation de 1790 juridiquement interprétée. C'est donc à tort qu'en 1880 on s'ap-
puiera sur cette législation [7] pour soutenir que la congrégation non reconnue comme personne morale est
illicite. C'est contrairement aux principes posés en 1790
que la loi de 1901 n'admettra comme congrégations licites
que les congrégations autorisées. C'est contrairement
aussi à ces principes que la jurisprudence actuelle en

1. Carette. *Lois*, 1re série, p. 14, note 3.
2. Décret des 20 février-26 mars 1790. (Carette, p. 14.)
3. C'est-à-dire de recueillir des successions *ab intestat*.
4. Décret des 19-26 mars. (Carette, p. 18.)
5. Rousse. *Consultation*, p. 65, note 2.
6. Rousse, p. 84.
7. Texte des décrets de 1880. Rousse, 5, 65.

arrivera à rechercher les éléments de fait d'où on peut inférer l'existence des vœux. Ces vœux n'existent plus que devant la conscience, et cependant, pour arriver à l'application de la loi de 1901, on les constatera pour les prohiber.

Cette remarque est d'autant plus exacte que deux lois vont être rendues qui paraissent garantir la liberté d'association ou au moins de réunion à tous les citoyens. C'est d'abord le décret des 13-19 novembre 1790 qui reconnaît aux citoyens « le droit de s'assembler paisiblement et de former entre eux des sociétés libres à la charge d'observer les lois qui régissent tous les citoyens ». C'est la Constitution du 14 septembre 1791 qui déclare que la loi ne reconnaîtra plus les vœux religieux, mais dans son titre I garantit comme un droit naturel « la liberté aux citoyens de s'assembler paisiblement et sans armes en satisfaisant aux lois de police ».

Mais contre les religieux s'accumulent des haines qui aboutiront à l'œuvre de destruction complète du droit d'association en matière religieuse. Contrairement à l'espoir de ceux qui avaient envisagé dans la nouvelle législation la ruine complète des couvents, des religieux en nombre trop restreint avaient profité de la liberté qui leur était offerte. Les autres protestaient de leur attachement à leur ordre et refusaient d'en sortir [1]. La constitution civile du clergé, condamnée par Rome, et à laquelle un grand nombre de religieuses firent opposition en repoussant le ministère des prêtres insermentés, fut le prétexte d'abominables attentats. On allait entrer dans la voie de la destruction violente.

Les congrégations séculières se distinguaient par un double caractère : la soumission à l'ordinaire et l'absence de vœux solennels [2]. Elles aussi soulevaient les préjugés inspirés par les théories de Rousseau [3], elles excitaient surtout les haines antireligieuses, elles inspiraient enfin des convoitises par la perspective de la confiscation de

1. Taine, t. III, p. 257.
2. De Faget de Casteljau, p. 77.
3. Voir le discours de Torné, *infra*.

leurs biens. Déjà un rapport de Massieu à la Constituante [1]
avait dénoncé chez elles « l'esprit de corporation » comme
dangereux. La question fut engagée à la Législative à propos de plusieurs professeurs du collège de Juilly qui
ayant prêté le serment constitutionnel avaient été relevés
de leurs fonctions par leurs supérieurs. Une proposition
fut déposée pour l'abolition pure et simple des congrégations. Le rapport fut présenté par Gaudin le 10 février
1792 au nom du comité d'instruction publique [2]. Accusant
les congrégations de fanatisme, leur reprochant leur soumission à l'épiscopat et leur résistance à la constitution
civile du clergé, dénonçant leurs revenus « qui excèdent
prodigieusement leurs besoins », il concluait à la suppression des congrégations séculières et enseignantes, en conservant provisoirement les ordres voués au soulagement
des pauvres et des malades. On devait aller bien plus loin.

La discussion qui s'ouvrit le 6 avril [3] fut d'une violence
extrême. Un membre ayant pris la défense des congrégations vouées à l'enseignement, on déclara que discuter le
premier article serait violer la Constitution qui supprime
toutes les corporations. Les plus basses injures furent
proférées : les congrégations furent traitées de « vermi-
nes » et leurs membres de « pestiférés ». Torné, tout en
protestant contre les insultes et tout en proclamant les
congrégations séculières dignes de reconnaissance, proposa un projet plus destructeur que celui de la commission, puisqu'il visait même les ordres hospitaliers, et dont
les considérations furent votés, dit le compte rendu [4], « à
la presque unanimité et au milieu des plus vifs applau-
dissements ». Il est curieux de noter quelques-uns de ses
arguments : « Je conviens, dit-il [5], que la saine politique
vous demande la suppression des congrégations séculières,
comme elle a depuis longtemps prononcé celle des congrégations monastiques. *Toutes les corporations en général
sont dangereuses;* leurs membres vivent dans une secrète

1. De Faget de Casteljau.
2. *Moniteur* du 12 février 1792.
3. *Moniteur* du 7 avril.
4. *Eod. loco.*
5. *Eod. loco.*

communion de pensées, d'opinions et d'intérêts ; c'est ce qu'on appelle esprit de corps, et l'on sait que *cet intérêt particulier est une diversion à l'intérêt général*. Ils sont d'autant moins sujets de la loi publique qu'ils sont plus sujets de leur loi particulière ; et toutes les fois surtout que le régime isolé d'une association religieuse est contraire à la loi générale, il est bien difficile que l'attachement religieux ne l'emporte pas sur le contrat social. » Quant au costume, « l'effet de cette distinction est *de former au milieu de la société générale des sociétés particulières qui en sont le démembrement* ». Et il conclut : « Anéantissons tout ce qui reste de corporations dans l'empire : chaque esprit de corps, en s'éteignant, allume l'esprit public et *l'anéantissement de chaque société particulière est une conquête pour la société générale*. » C'est, on le voit, l'idée individualiste dans toute son exagération.

Le décret du 18 août est intitulé : « Décret relatif à la suppression des congrégations séculières et des confréries [1]. » Il est précédé d'un préambule qui, tout en rendant, par une singulière contradiction, hommage aux services rendus par les congrégations enseignantes, notamment par les Frères des écoles chrétiennes [2], contient une déclaration de principes significative : « L'Assemblée Nationale, considérant *qu'un État vraiment libre ne doit souffrir dans son sein aucune corporation*, pas même celles qui, vouées à l'enseignement public, ont bien mérité de la patrie, et que le moment où le corps législatif achève d'anéantir des corporations religieuses est aussi celui où il doit faire disparaître à jamais tous les costumes qui leur étaient propres, et dont l'effet nécessaire serait d'en rappeler le souvenir, d'en retracer l'image, ou de faire penser qu'elles subsistent encore. »

L'article premier dispose : « Les corporations connues en France sous le nom de congrégations séculières ecclésiastiques, telles que celles des prêtres de l'Oratoire de

1. Duvergier, t. IV, p. 324.
2. L'Assemblée législative déclarait que « les congrégations vouées à l'enseignement avaient bien mérité de la patrie », ainsi que le rappelait le frère Justinus déposant devant la cour d'assises de la Seine dans l'affaire Duez le 17 juin 1911.

Jésus, etc., les sociétés de Sorbonne et de Navarre, les congrégations laïques [1], telles que celle des Frères de l'école chrétienne, etc., les congrégations de filles, telles que celle de la Sagesse, etc., et, généralement toutes les corporations religieuses et congrégations séculières d'hommes et de femmes, ecclésiastiques et laïques, même celles uniquement vouées au service des hôpitaux et au soulagement des malades sous quelque dénomination qu'elles existent en France, soit qu'elles ne comprennent qu'une seule maison, soit qu'elles en comprennent plusieurs ; ensemble les familiarités, confréries, les pénitents de toute couleur, les pèlerins, *et toutes autres associations de piété ou de charité*, sont éteintes et supprimées à dater du jour de la publication du présent décret. » Les articles suivants décident que dans les hôpitaux et maisons de charité les mêmes personnes continueraient le service des pauvres et des malades à titre individuel, et que de même les membres de l'enseignement employés dans l'enseignement public en continueraient l'exercice à titre individuel jusqu'à l'organisation définitive des secours et de l'enseignement.

L'article 9, le seul, comme on l'a fait remarquer [1], qui comporte une sanction, défend le costume religieux :

Le titre II décrète la vente comme biens nationaux des biens des congrégations séculières ecclésiastiques et laïques, et le titre III assure une pension aux individus des congrégations des deux sexes ainsi supprimées.

Telle est la loi de 1792. Comme on l'a dit, c'est la table rase sur laquelle rien ne reste debout [3]. Dans ses dispositions et ses conséquences elle dépasse en effet de beaucoup son titre. C'est le droit d'association en matière religieuse qui est ruiné totalement. A cet égard les considérations préliminaires et les expressions réitérées de l'article premier ne paraissent laisser aucun doute. Cette loi pourrat-elle être encore invoquée sous l'empire de la législation postérieure et notamment du Code pénal ? c'est là ce qui

1. Il est à peine besoin de faire remarquer que le mot « laïque » est pris ici dans son véritable sens (non-ecclésiastique) et non dans le sens détourné qu'on lui a donné de nos jours (étranger à la religion ou même hostile à la religion).
2. Rouse. *Consultation*, p. 25.
3. De Faget de Casteljau, p. 88.

pourra être discuté [1]. Mais, au moment où le législateur
la vote, il est certain qu'il veut détruire toute association
religieuse en lui interdisant toute existence légale, et cela
sans même laisser place à une autorisation quelconque
concédée pour l'avenir [2].

Faut-il penser que le législateur révolutionnaire a entendu prohiber la vie religieuse en commun à titre privé ?
Il faut bien reconnaître que la loi de 1792, qui ne porte
aucune sanction, ne dit rien à .cet égard [3]. Les lois sur
l'exercice des cultes ne contiennent pas non plus de dispositions prohibitives [4]. La Constitution de 1791 se borne,
nous l'avons vu, à rappeler l'inexistence légale des vœux.
La Constitution du 5 fructidor an III déclare qu' « il ne
peut être formé de corporations ni d'associations contraires à l'ordre public [5] » ; que « la loi ne reconnaît ni vœux
religieux, ni aucun engagement contraire aux droits naturels de l'homme [6] ». C'est le maintien de la législation précédente. La question doit être considérée surtout en fait [7].
Or, en fait, même sous la Terreur il y eut toujours des
religieuses vivant en commun [8]. En fait, les sœurs hospitalières ayant quitté leur costume restèrent dans certains
hôpitaux. Mais, en fait aussi, la tolérance fut l'exception :
la violence révolutionnaire se signala par de nombreux
attentats contre les couvents et les personnes des religieux
eux-mêmes, par les massacres de l'Abbaye et des Carmes
par les mesures qui furent prises à la suite du refus du
serment civique [10]. Une persécution sanguinaire compléta

1. Un arret de la Cour d'Aix du 29 juin 1830 a jugé que la loi de 1792
était tombée en désuétude. — On a fait observer aussi que le décret de messidor an XII ne s'expliquerait pas si la loi de 1792 était toujours en vigueur.
(Rousse. *Consultation*, p. 25 et 66 note.)

2. Ce qui est une aggravation à la législation de l'ancien régime.

3. Weil. *Le droit d'association*, 1893, p 30. — L'interdiction de se réunir
formulée contre les patrons et ouvriers n'est pas formulée à l'égard des
religieux.

4. Rousse, p. 87.

5. Article 360. — L'article 12 dispose que l'exercice des droits de citoyen
se perd par l'affiliation à toute corporation religieuse qui exigerait des
vœux de religion.

6. Article 352.

7. Rousse, p 85.

8. Rousse, p. 85.

9. Rousse, p. 25, 87.

10. Rousse, p. 25, 87.

l'anéantissement de la liberté d'association en matière religieuse.

Tel est donc le résultat auquel aboutit la législation révolutionnaire en ce qui concerne les ordres religieux. Ce fut une œuvre de destruction. Les congrégations furent supprimées non sans inconséquence de la part du législateur qui dut reconnaître les services rendus dans le passé et faire appel au concours individuel des membres des congrégations hospitalières et d'enseignement. En ce qui concerne les congrégations à vœux solennels, le législateur portait atteinte aux droits de la conscience en brisant de sa seule autorité de liens qui n'avaient été formés qu'avec le concours de l'autorité religieuse et qui étaient considérés comme incompatibles avec les principes nouveaux. Sous l'empire de ces principes hostiles à tout groupement au sein de l'Etat, il étendait ses dispositions prohibitives aux congrégations séculières et à toutes les associations religieuses même laïques, mêmes formées dans un but de piété ou de charité[1]. En interdisant les associations religieuses sous toutes les formes légales jusque-là reconnues, il aboutissait à la négation du droit d'association sur ce terrain. Quant au droit pour les citoyens de se réunir et d'habiter en commun pour la vie religieuse en dehors de toute personnalité morale, il ne le reconnaissait en aucune manière pour l'avenir ; la notion de la liberté d'association n'était pas plus comprise alors à ce point de vue qu'au point de vue professionnel. Il n'y avait plus pour les individus qui persistaient à mener en commun la vie religieuse qu'une situation de fait non définie et sans sécurité. C'était donc bien, en matière religieuse, la ruine de la liberté d'association[2]. Restait cependant une catégorie d'associations religieuses à envisager, c'étaient les associations ayant pour objet, non plus la vie religieuse en commun, mais l'exercice du culte. La législation nouvelle relative

---

1. Article premier de la loi.
2. En présence de la situation de fait créée aux religieux qui persistaient à vivre en commun, nous ne saurions adopter l'appréciation de M. Weil qui considère qu'en l'absence de toute disposition prohibitive à cet égard dans la loi de 1792, « la liberté d'association ne recevait pas d'atteinte à *proprement parler* ».

au culte allait conduire les particuliers à se réunir dans ce but. Quelle situation devait être faite à ces groupements, et la liberté d'association leur serait-elle reconnue ?

LES GROUPEMENTS AYANT POUR OBJET L'EXERCICE DU CULTE [1]

La liberté des cultes avait été proclamée par la Constitution de 1791. La Déclaration des droits de l'homme, déjà votée depuis le 20 août 1789, déclarait que « nul ne pouvait être inquiété pour ses opinions, même religieuses ». La Constitution, dans son titre I, garantissait comme « droit naturel et civil » la liberté « à tout homme d'exercer le culte religieux auquel il est attaché ». Mais le culte catholique devait être seul subventionné [2]. Les autres cultes jouiront seulement de la liberté générale qui est proclamée. Les protestants sont admis aux emplois publics et reçoivent la jouissance d'un certain nombre d'édifices religieux enlevés aux couvents [3]. Les Juifs sont admis, non sans résistance et hésitations, aux droits de citoyens [4]. Une organisation du culte protestant n'aura lieu que par les articles organiques du 18 germinal an X, et le culte israélite ne sera organisé légalement que dans la période de l'Empire [5].

La religion catholique, malgré les propositions qui en furent faites, n'est pas proclamée « la religion de la Nation [6] ».

1. Il s'agit en effet, la plupart du temps, plutôt de groupements que d'associations proprement dites organisées d'une façon permanente. Il y eut cependant des réunions périodiques et dans certains cas sans doute des cotisations. — Voir sur cette période : De la Gorce. *Histoire religieuse de la Révolution française.* (Plon.)

2. « Ce culte seul va être mis à la première place des dépenses publiques. » (Décret du 13 avril 1790.)

3. Sur la faveur manifestée aux protestants par les partisans de la constitution civile du clergé voir *le journal de Prudhomme* : « Quel contraste frappant dans la conduite du peuple envers les réfractaires et celle qu'il tient à l'égard des protestants. On le voit assister avec respect à leurs cérémonies religieuses ; au lieu de les troubler, il les protège. » (Avril-juillet 1791, p 378.)

4. Décrets des 28-31 janvier 1790, des 27 septembre-3 novembe 1791. (Carette, 1re série. p. 13, 169 et les notes.)

5. Lucien Brun. *La condition des Juifs en France depuis 1789.*

6. Proposition de Dom Gerle. (Carette, p. 22, note.)

Le 13 avril 1790 [1] l'Assemblée refuse de délibérer sur
cette motion : « Considérant que l'attachement de l'Assemblée Nationale du culte apostolique, catholique et ro-
main ne saurait être mis en doute, au moment où ce culte
seul va être mis par elle à la première place des dépenses publiques. » C'est donc, malgré la consécration du
principe de la liberté des cultes, reconnaître à la religion
catholique, la place prépondérante qu'elle occupe dans
le pays.

Quel va être le sort du clergé séculier destiné à subsister seul après la destruction qui se poursuit des ordres
religieux ? Le clergé, sous l'ancien régime, nous l'avons
dit, était un ordre, c'est-à-dire un corps constitué dans
l'Etat. Il subira le sort des autres corps que la Révolution
veut non réformer, mais détruire [2] : en tant que corps,
il disparaît. Mais en même temps le législateur, imbu de
l'idée de son omnipotence entend organiser l'exercice du
culte catholique, et l'organiser à lui seul, sans tenir compte
de l'existence de la société ecclésiastique et des principes
de sa hiérarchie [3]. Il blesse ainsi les consciences et plus
gravement encore que quand il s'agit des ordres religieux,
en n'envisageant aucun accord avec l'autorité religieuse.
Cette autorité religieuse il en constate l'existence, car
dans la constitution civile du clergé [4] il reconnaît « le
pape comme chef de l'Eglise universelle » auquel le nouvel évêque devra écrire « en témoignage de l'unité de foi
et de la communion qu'il doit entretenir avec lui ». Ce
n'est donc pas le système qui sera adopté par le législateur de 1905 lequel affectera d'ignorer le chef de l'Eglise
et sa hiérarchie pour considérer seulement les catholiques
auxquels il offrira une existence légale sous la forme d'associations cultuelles organisées par lui. Le législateur de
1790 reconnaît l'existence de l'Eglise catholique et celle
de son chef, mais il n'hésite pas à usurper sur leur autorité en réorganisant à son gré la hiérarchie. Il entend
faire de l'Eglise en France une administration publique,

1. *Eod. loco.*
2. Taine, t. III, p. 255, 289 ; t. IX, p. 194, 201.
3. Taine, t. III, p. 273.
4. 12 juillet-24 août 1790. Titre II, art. 19.

et des ministres du culte des fonctionnaires ne dépendant que de l'Etat [1].

Ces idées furent nettement accusées dans les rapports et la discussion qui précédèrent le vote de la constitution civile du clergé [2]. Ce fut en vain que l'archevêque d'Aix montra que la loi civile ne pouvait modifier la juridiction ecclésiastique, ce fut en vain aussi que le clergé demanda la réunion d'un concile national, le rapporteur déclara qu'il s'agissait uniquement de régler la discipline extérieure de l'Eglise : « Le plan de régénération que votre comité aura l'honneur de vous proposer consistera uniquement à revenir à la discipline de l'Eglise primitive... Plusieurs conciles ont tenté de nous y ramener, et ils l'ont tenté inutilement. Il fallait toute la force de la Révolution, toute la puissance dont vous êtes revêtus pour entreprendre et consommer un si grand ouvrage. » Louis XVI n'accepta la constitution qu'avec répugnance après avoir été avisé des protestations du Pape avec lequel on avait refusé de négocier. Le législateur se proclamait tout puissant pour organiser en France l'Eglise catholique [3].

Comment allait-il y procéder ? La loi des 12-21 août 1790 [4] établissait les circonscriptions ecclésiastiques dans les mêmes limites que les départements, et, de ce chef, supprimait quarante-huit sièges épiscopaux. Elle créait dix arrondissements métropolitains. Les évêques et les curés étaient nommés par le corps électoral composé même des non catholiques [5]. Les évêques, institués canoniquement par le métropolitain ou le plus ancien évêque de l'arrondissement, ne pouvaient demander au Pape aucune confirmation. Les curés recevaient l'institution de l'évêque, sauf, en cas de refus, recours à la puissance publique [6]. Enfin, aux évêques comme aux curés est imposé le serment à la Constitution, serment qui comprend expres-

---

1. Taine, t. III, p. 279.
2. Carette, p. 38, note.
3. Taine, t. III, p. 279.
4. Carette, 1ʳ série, p. 38.
5. Taine, p. 280.
6. Titre II, art. 36. — Voir : les lois des 15-24 novembre 1790, des 13-19 janvier 1791, et l'instruction des 21-26 juin 1791.

sément la constitution civile du clergé [1], faute de quoi ils
sont déclarés réfractaires, c'est-à-dire, par une série de
mesures postérieures, placés hors la loi [2].

Les biens du clergé avaient mis à la disposition de la
Nation, formule équivoque qui annonçait la spoliation
future [3]. Le législateur de 1790 ne consacra cependant pas
le principe d'une spoliation pure et simple [4]. Dans le
titre III de la loi du 12 juillet 1790, il décida que les ministres de la religion seraient « défrayés par la Nation [5] ».
Dans la Constitution du 3 septembre 1791 [6], il déclara
que « les traitements des ministres du culte catholique
pensionnés, conserv s, élus ou nommés en vertu des décrets de l'Assemblée Nationale Constituante fait partie de
la dette nationale ». Ce fut seulement en l'an II [7] qu'il fut
déclaré que la République ne payait plus les frais d'aucun
culte. Du reste les traitements n'étaient attribués qu'aux
ministres du culte qui par la prestation de serment avaient
accepté la constitution civile du clergé.

Cette organisation du culte catholique faite par l'Etat
et par l'Etat seul, méconnaissant la hiérarchie ecclésiastique, refusant toute autorité au Pape qui, à son tour, la
désavouait, constituait, malgré la prétention de ses auteurs
de n'avoir voulu régler que la discipline extérieure de
l'Eglise, une véritable église schismatique [8] dont les fidèles
réellement attachés à l'église catholique ne pouvaient
reconnaître l'autorité. Aussi la majorité des catholiques
pratiquants se groupa-t-elle autour des prêtres insermentés laissant aux curés constitutionnels pour auditeurs « les
sceptiques, les déistes, les indifférents », ceux qui vont à
l'église « comme à l'hôtel de ville ou à la société popu-

1. Voir les lois citées par Taine, t. III, p. 281.
2. Taine, p. 283.
3. La Constitution du 3 septembre 1791 décida que « les biens destinés
aux dépenses du culte appartiennent à la Nation ». La vente des biens
nationaux comprenant les biens du clergé avait été décidée par le décret
des 28 octobre-5 novembre 1790. (Carette, p. 71.)
4. Comme le fera le législateur de 1904 en supprimant le budget des cultes qui représentait les biens du clergé mis à la disposition de la Nation.
5. Titre III, art. 1.
6. Titre V.
7. Décret du 2e sans-culottide an II. (Carette, p. 77 note.)
8. Taine, t. III, p. 281.

laire, par zèle politique [1] ». Le plus grand nombre des catholiques se rassemblaient pour exercer leur culte dans les maisons et les oratoires particuliers, dans les chapelles des couvents non encore évacuées ou louées pour cet objet [2]. Ils pouvaient se croire légalement fondés à se réunir ainsi et à pourvoir par des groupements au maintien de leur culte religieux. Non seulement en effet ils s'autorisaient des récentes déclarations assurant la liberté des cultes, mais ils pouvaient invoquer les dispositions de la loi du 13 novembre 1790 et plus tard de la Constitution de 1791 elle-même reconnaissant aux citoyens le droit « de former entre eux des sociétés libres » et dans tous les cas « de s'assembler paisiblement [3] ».

Ces droits incontestables ne furent pas respectés. La haine antireligieuse se manifesta comme à l'occasion de toute mesure législative qui touchait aux ordres religieux et au clergé. Elle s'efforça d'assurer par la violence le triomphe de l'église constitutionnelle qui, sous un véritable régime de liberté pour les autres cultes, aurait sombré devant l'indifférence générale. La violence s'exerça contre le clergé resté fidèle à sa foi à mesure que se multiplièrent les pénalités portées contre les prêtres insermentés [4], pénalités qui allèrent jusqu'à la déportation et jusqu'à la mort et ne furent abrogées que le 7 fructidor an V [5]. Pour les ennemis de ce clergé insermenté « tout moyen est bon, non seulement la loi, mais encore l'émeute » [6], et les pires excitations propagent dans toute la France les actes les plus abominables [7].

Quant aux fidèles, ils ne peuvent, malgré la garantie que devrait leur assurer la loi, se réunir sans être exposés à des menaces ou à des actes de brutalité qui se propagent aussi dans nombre de régions à l'imitation de ce qui se passe à Paris.

1. Taine, t. III, p. 285.
2. Voir à titre d'exemples les indications données dans : Cornudet. *Histoire de la paroisse Saint-Thomas d'Aquin*, 1913, p. 70, note 2.
3. De même la Constitution du 24 juin 1793 (article 7) : « Le droit de s'assembler librement ne peut être interdit. »
4. Voir ces dispositions successives dans Carette, p. 41, note 1.
5. *Eod. loco.*
6. Taine, t. III, p. 286 et s.
7. *Eod. loco.*, p. 285, 286.

Les scènes d'avril 1791 sont, à cet égard, caractéristiques. Le 11 avril[1] le Directoire du département, faisant allusion à des désordres publics qui s'étaient déjà produits, et voulant assurer « la pleine liberté religieuse reconnue et garantie par la Constitution », tout en réservant les églises propriétés nationales au clergé constitutionnel, permettait aux particuliers se réunissant en grand nombre de destiner tout édifice qu'ils voudraient à leur culte. On imposait comme seule condition qu'une inscription serait placée sur la porte d'entrée pour distinguer l'édifice des églises publiques ; l'inscription devait être soumise au Directoire. C'est dans ces conditions que M. de Pancemont, curé de Saint-Sulpice, chassé de son église par le curé constitutionnel, avait loué à la municipalité l'église des Théatins et avait été autorisé à y apposer l'inscription suivante : « Édifice consacré au culte religieux par une société particulière. Paix et liberté. » Sur la dénonciation du curé constitutionnel de la nouvelle paroisse Saint-Thomas d'Aquin, le club des Jacobins envoya le lendemain, jour où devait être ouverte l'église, une bande furieuse qui insulta les fidèles et fit subir à une jeune fille d'ignobles outrages[2]. Bailly, maire de Paris, intervint avec la garde nationale et fut bafoué[3]. Le Directoire répondit par une affiche qui fut lacérée. A l'Assemblée Nationale on protesta contre l'arrêté du Directoire qui lui fut déféré comme inconstitutionnel[4] ; cependant l'Assemblée rendit le 7 mai un décret par lequel elle maintenait le droit des sociétés particulières de faire célé-

---

1. *Moniteur* du 15 avril 1791.

2. Taine, t. III, p. 287 ; Cornudet, p. 68 ; C. Hamel. *Histoire de l'église Saint-Sulpice.*

Déjà le ministre de l'Intérieur s'était plaint de faits semblables par une lettre au Directoire du département de Paris du 9 avril : « Le roi n'a pu apprendre sans une peine extrême les mauvais traitements exercés sur des personnes à qui leur sexe et leur état auraient dû servir de défense. Les mœurs et la loi sont également blessés par des violences de cette nature. » (*Moniteur*, 12 avril 1791.)

3. « M. Bailly, d'accord avec le Directoire, protégeait sans le savoir l'aristocratie sous prétexte de défendre la liberté du culte. » (*Journal de Prudhomme*, avril-juillet 1791, p. 59.)

4. L'abbé Maury y fut censuré pour avoir protesté contre les violences dont avaient été victimes les sœurs de Saint-Vincent de Paul. (*Moniteur* du 20 avril.)

brer le culte dans les édifices religieux si aucun discours n'y était proféré contre la constitution civile du clergé. Les catholiques se crurent en droit de compter sur la protection légale et résolurent de célébrer dans la même église dont ils étaient locataires la fête de l'Ascension qui tombait le 2 juin. Des perturbateurs envahirent l'église à la fin de la messe et la saccagèrent [1]. La Fayette et Bailly intervinrent et firent relever l'autel et célébrer le soir les vêpres en leur présence. Après leur départ les mêmes scènes recommencèrent. Elles se propagèrent, comme nous l'avons dit, en province et, par un mot d'ordre vraisemblablement donné, les mêmes violences se répétèrent, les mêmes attentats à la pudeur se multiplièrent surtout contre les religieuses accusées de recueillir les prêtres insermentés [2]. Ne trouvant plus dans la loi la sécurité promise, les catholiques renoncèrent à exercer le culte public. Ils arrivèrent même à exercer leur culte en cachette pendant la période de la Terreur.

Cette période fut une période de persécution violente contre le clergé catholique orthodoxe et les fidèles qui lui étaient attachés. Si en effet la Constitution du 24 juin garantissait la liberté des cultes [3]; si le décret du 20 brumaire an II [4] établissant dans l'église métropolitaine le culte de la Raison, et le décret du 18 floréal [5] instituant les fêtes décadaires et le culte de l'Etre suprême, ne portaient pas de dispositions contre la liberté religieuse, des mesures attentatoires à l'exercice du culte catholique se multipliaient. Les églises étaient fermées [6]. Les abjurations de prêtres constitutionnels étaient encouragées par la Convention [7]. Les prêtres insermentés étaient l'objet des me-

1. Prudhomme, p. 37.
2. Prudhomme dans son journal (avril-juillet 1791) y applaudit avec une joie grossière : « Ne vous y fiez pas trop mes chères sœurs... le bras forcené de quelques femmes pourrait vous faire repentir de votre zèle pour la maison du seigneur et de votre attachement à ses ministres proscrits et dépouillés. »
3. Déclaration des droits, article 7.
4. Duvergier, t. VI, p. 28.
5. Duvergier, t. VII, p. 159.
6. Jules Simon. *La liberté de conscience*, p. 214.
7. Carotte. p. 273, note 8.

sures les plus barbares [1]. Quant aux catholiques soupçon-
nés de leur être fidèles, ils trouvaient dans les exécutions
du tribunal révolutionnaire le châtiment de leur indépendance. « C'était, a dit Taine [2], la déportation, l'emprisonnement, la guillotine ou la noyade pour les deux tiers du
clergé de France et pour ses myriades de fidèles, labou-
reurs, artisans, journaliers, couturières, servantes, et les
plus humbles entre les gens du peuple. »

Avec la loi du 3 ventôse an III [3] fut inauguré le régime
de la séparation. L'exercice d'aucun culte ne peut être
troublé, mais la République n'en salarie aucun. Tout signe
public du culte est interdit, les communes ne peuvent louer
un local pour l'exercice du culte. Tout rassemblement de
citoyens pour l'exercice d'un culte quelconque est soumis
à la surveillance des autorités constituées. La loi du 11 prairial an III [4] accorda provisoirement aux citoyens le libre
usage des édifices non aliénés dont ils pourront se servir
sous la surveillance des autorités. Les municipalités fixe-
ront les jours et heures pour l'exercice des cultes quand
l'usage des édifices seront réclamés pour des cultes différents. Les ministres des cultes devront faire acte de soumission aux lois. La loi du 30 prairial an III rendit au
culte quinze églises dans Paris.

La loi du 7 vendémiaire an IV [5] garantit le libre exercice du culte mais sous des conditions strictement limitées : tout rassemblement de citoyens pour l'exercice d'un
culte est soumis à la surveillance des autorités (article 1).
Une déclaration doit être faite par le ministre du culte
(article 5). Les communes ne peuvent acquérir ni louer de
local pour l'exercice du culte (article 9), les cérémonies
ne peuvent s'exercer hors de l'enceinte de l'édifice (article 16). La loi spécifiait que cette dernière prohibition ne
s'appliquait pas aux cérémonies qui avaient lieu dans l'enceinte des maisons particulières pourvu qu'entre les per-

1. Carette, p, 41, note.
2. T. III, p. 289.
3. Carette, p. 318. Cette loi enlevait sa raison d'être au clergé constitutionnel qui allait disparaître.
4. Carette, p. 327.
5. Carette, p. 351.

sonnes domiciliées il n'y ait pas un rassemblement de plus de dix personnes.

Telles étaient les restrictions apportées par la loi. L'exécution des mesures contre les prêtres insermentés se poursuivit du reste jusqu'à la loi de fructidor an V. Quant à l'exercice des cultes, ce fut seulement la loi du 7 nivôse an VIII qui mit fin aux mesures arbitraires des administrations locales en déclarant formellement que les lois sur la liberté des cultes devraient être exécutées. Jusque-là, sous le régime de la séparation, on a pu dire que l'État se déclarait neutre et demeurait hostile [1].« Les cultes, dit le répertoire de Dalloz [2], étaient soumis à un régime de tolérance ou d'indifférence universelle, au moins de la part de l'État qui ne faisait pas de distinction entre eux et les associait dans les mêmes temples où se célébraient aussi les fêtes décadaires, leur défendant de se troubler les uns les autres et leur enjoignant de vivre en paix. » « La tolérance accordée à tous les cultes était une indifférence dédaigneuse [3]. »

On comprend quels pouvaient être dans une pareille législation, et malgré les adoucissements apportés par les mesures nouvelles, la situation des groupements ayant pour objet l'exercice du culte. Le seul qui fut légalement reconnu fût celui des Théophilanthropes qui dura jusqu'en 1799 [4]. Les catholiques qui avaient conservé en fait l'exercice de leur culte dans un certain nombre de chapelles particulières [5] ou qui le pratiquaient dans les églises non aliénées malgré mille difficultés, se réunissaient cependant de plus en plus nombreux à mesure que la situation le leur permettait. Partout les églises se rouvraient, et ce rétablissement général du culte catholique devait imposer à un gouvernement réparateur la nécessité du Concordat.

On voit donc quelle fut, pendant la période révolutionnaire, la situation des groupements qui se constituèrent

1. Vandal. *L'avènement de Bonaparte*, t. I, p. 28.
2. V° Culte, n° 46.
3. Rapport de Boissy d'Anglas. (Weil. *Le droit d'association*, p. 31.)
4. Cornudet, p. 79.
5. Cornudet, p. 77, 83 pour les exemples cités. — Voir cette monographie et celle de M. Hamel citée plus haut pour la situation des catholiques et les difficultés de l'exercice du culte pendant la Révolution.

pour l'exercice du culte. Malgré les déclarations qui proclamaient la liberté du culte, le droit d'association qui devait être la garantie de cette liberté et qui paraissait en principe reconnu par la loi, ne put en fait être exercé librement. Les groupements qui se formaient étaient dissous par la violence, prohibés par des mesures de rigueur, ou entravés par une surveillance tracassière. Le mouvement qui s'accentuait en faveur du rétablissement du culte catholique était un mouvement spontané et ne s'appuyait sur la constitution d'aucun organisme légalement reconnu. Les déclarations de principe contenues dans le décret de 1790 et dans la Constitution de 1791, déclarations qui visaient plutôt le droit de réunion, allaient profiter aux associations politiques, les seules que consacra en réalité la législation révolutionnaire.

§ 3. — *Les associations politiques.*

L'association politique qui va être, en fait, la seule formellement reconnue, apparaît comme une modalité entièrement nouvelle de l'association. Sous l'ancien régime, nous l'avons vu, elle ne pouvait prétendre à l'existence parce qu'elle était considérée comme une révolte contre le pouvoir royal. Sous la Révolution elle s'impose par la force des choses et naît du mouvement irrésistible qui emporte les esprits.

Si elle prend tout à coup une place aussi large dans la vie publique ce n'est pas que, pour les hommes épris des idées nouvelles, elle représente un principe qui résulte des doctrines dominantes. Bien au contraire, rien n'est plus opposé que l'association politique à l'invidualisme de Rousseau lequel proscrit toute « société particulière » et toute « association partielle » en dehors de l'Etat. On a même fait remarquer combien la toute-puissance des clubs va être en contradiction avec l'omnipotence que Rousseau entend réserver à la volonté générale [1]. L'association politique, corps libre et indépendant, est en oppo-

---

1. Champion. *Jean-Jacques Rousseau et la Révolution française*, 1909, p. 146.

sition avec les principes dogmatiques du *Contrat social*. Et cependant, malgré ces principes mêmes, le *Contrat social* conduit à l'association politique. La seule liberté en effet que Rousseau laisse au citoyen c'est la participation à la souveraineté : pour exercer cette souveraineté, qui elle-même a son origine dans un contrat [1], le citoyen va-t-il se contenter de la fiction du pacte primitif par lequel il abandonne à l'Etat toutes ses facultés ? L'Etat n'étant plus que la volonté générale qui s'impose par le nombre, le citoyen devra forcément chercher à se grouper avec d'autres citoyens pour conquérir cette puissance du nombre. A côté de la grande association politique créée par le contrat social qui s'appelle l'Etat, d'autres associations vont naturellement se faire jour.

C'est donc spontanément, ou plutôt par suite des nécessités de la vie publique, que l'association va sortir de l'effervescence politique du début de la Révolution. Ce n'est pas un droit naturel, une liberté primordiale qu'on revendique, c'est un instrument qu'on exige pour la conquête du pouvoir politique [2]. C'est un besoin auquel il faut donner satisfaction ; c'est une arme qu'on réclame et dont la puissance va s'affirmer par les excès mêmes qui résulteront de son emploi.

De plus, avant de lutter entre eux pour la domination politique, les hommes de la Révolution sont unis pour une œuvre de destruction ; pour cette œuvre les associations vont naturellement surgir. Autant rencontra d'hostilité l'association professionnelle qui rappelait la corporation et le souvenir de l'ancien régime, autant rencontra d'indulgence ou même de faveur l'association politique par laquelle devait être en partie faite la Révolution [3].

Les associations politiques avaient même devancé la Révolution et l'avaient préparée. Nous avons constaté cette action au xviii° siècle de la part des clubs et des réunions mondaines et surtout de la part des loges maçonniques.

L'influence des loges fut considérable et mériterait

---

1. Rousseau voit dans le contrat l'origine de l'association politique entendue au sens général. (Michel. *L'idée de l'Etat*, p. 38, 40.)

2. Taine, t. V, p. 46.

3. Charles Benoist. Congrès de 1899, p. 90.

d'être spécialement signalée. Elles contribuèrent certainement à pousser le mouvement révolutionnaire dans la voie des violences qui devaient le dénaturer [1], et transformèrent un mouvement de réforme en une œuvre de destruction. Ce qui serait particulièrement curieux à signaler dans une étude de l'action maçonnique à cette époque c'est que, l'œuvre révolutionnaire une fois commencée, la Révolution se retourna contre ceux qui en avaient été les principaux artisans [2]. Sous la Terreur, les loges françaises cessèrent de se réunir, et lorsqu'en février 1793 le duc d'Orléans eut donné sa démission de Grand-Maître, l'ordre entra en sommeil [3]. La plupart des maçons furent les victimes de la tempête qu'ils avaient déchaînée [4]

Comment s'expliquer cette disparition momentanée des loges? Faut-il considérer que les loges subirent le sort de toutes les associations qui n'étaient pas purement révolutionnaires et furent emportées par la tourmente? Faut-il croire que les clubs se méfièrent des éléments aristocratiques qui dominaient dans la maçonnerie? Faut-il penser que les doctrines maçonniques tendant à l'égalité absolue, au renversement des institutions monarchiques et religieuses, ayant définitivement prévalu, le symbolisme des loges était désormais considéré comme inutile et leur secret comme suspect [5] ? Ce qui est certain, c'est que l'action maçonnique est désormais, si l'on peut s'exprimer ainsi,

1. Voir pour l'influence des loges sur la Révolution : Barruel. *Mémoires pour servir à l'histoire du jacobinisme*, 1799 ; Deschamps. *Les sociétés secrètes et la société*, 1876 ; Claudio Jannet. *La Franc-Maçonnerie et la Révolution* (en particulier sur la loge *les amis réunis*) p. 196 et s. ; Augustin Cochin. *Comment furent élus les députés aux États généraux?* (Bulletin de la société d'histoire contemporaine, 1913); Hello. *L'action maçonnique au XVIII° siècle*, t. II, 1905, p. 32; Henri Martin (*Histoire de France*, t. XVI, p. 535) définit la franc-maçonnerie : « le laboratoire de la Révolution » (cité par Saint-Albin. *La Franc-Maçonnerie et les sociétés secrètes*, 1867, p. 346).
2. Bord. *La Franc-Maçonnerie en France*, t. I, p. xxiii.
3. Claudio Jannet, p. 218 ; Bord, p. 269 ; Jouault (*Histoire du grand Orient de France*, 1865, p. 249, 250) rapporte que le duc d'Orléans donna sa démission en ces termes: « Je pense qu'il ne doit y avoir aucun mystère ni aucune assemblée secrète dans une République. » Le 3 mai 1793, dans la dernière assemblée du grand Orient, la grande-maîtrise fut déclarée vacante.
4. Bord, p. xv, xvi, xxiii.
5. Claudio Jannet, p. 218, 219.

extériorisée dans les clubs dont l'influence n'avait cessé
de s'accroître depuis le début de la Révolution [1]. « Les
frères, dit l'abbé Gyr, se répandirent dans les hôtels de
ville, dans les sections et dans les comités révolutionnaires [2]. »

Les clubs durent leur éclosion, ou plutôt leur développement à la convocation des États généraux [3]. Les électeurs se réunirent pour s'entendre sur la désignation des
candidats et l'élection des députés ; ceux-ci furent conduits
ensuite à organiser des réunions régulières. De là naqui-
rent les clubs exclusivement politiques [4] dont le plus célèbre fut le club breton composé d'abord des députés de la
Bretagne [5], puis d'une foule de politiciens qui en firent la
Société des amis de la Constitution et ensuite le club des
Jacobins [6]. A côté de lui surgirent les clubs révolutionnaires et contre-révolutionnaires qui devaient, les premiers
surtout, exercer une influence politique si considérable [7].
A côté des clubs enfin on voit éclore, après la prise de la
Bastille, une foule d'associations politiques suscitées par
les événements qui se succèdent et qui finissent, grâce à
l'inertie et à la lassitude des hommes d'ordre, par tomber
sous la domination des violents et des faiseurs d'émeute [8].
« A la fin de juillet 1791, remarque Taine, les hommes
modérés par qui les clubs étaient contenus s'en retirent
et les abandonnent à l'exagération ou à la trivialité des
motionnaires ; aussitôt la politique s'y ravale au ton du
cabaret et du corps de garde ; par suite une association
politique peut naître partout où il se trouve un corps de
garde et un cabaret [9]. »

1. Il est à noter que, dans son ouvrage sur les *Origines de la France
contemporaine*, Taine n'a même pas mentionné les loges maçonniques alors
qu'il a analysé avec tant de vigueur l'organisation jacobine visiblement
inspirée par l'organisation maçonnique. Nous constatons cette anomalie
sans chercher à l'expliquer.
2. Gyr. *La Franc-Maçonnerie en elle-même*, 1859, p. 307.
3. De Faget de Casteljau, p. 99.
4. Clunet. *Les associations*, p. 37 et s.
5. Gyr, p. 307.
6. Taine, t. V. p. 66.
7. Pour les sources de l'histoire des clubs voir : Clunet. *Les associations*,
1909, t. I, p. 37 et s.
8. Taine, t. V, p. 46 et s.
9. *Eod loco*, p. 51.

En présence de ce développement extraordinaire des associations politiques devra se produire une intervention du législateur. Au fond, ce qu'il va réglementer ce n'est pas le droit d'association car jusqu'alors la pratique de l'association n'existe pas et l'association n'est pas connue en dehors de ses formes traditionnelles qui en font un corps privilégié. En réalité, les dispositions législatives nouvelles viseront tout d'abord le droit de réunion qui n'est pas encore distingué nettement du droit d'association. En pratique cette législation aura pour objet les associations politiques et profitera à ces associations seulement [1].

Imbu d'un profond sentiment de méfiance envers le passé, dominé par la crainte des groupements d'ouvriers, et, de plus en plus, par le préjugé antireligieux, le législateur ne considère ni les groupements professionnels auxquels les dispositions nouvelles ne sont pas applicables, ni les groupements en vue de la vie religieuse ou de l'exercice du culte qui ne pourront en profiter. Il ne songe nullement à reconnaître la liberté d'association ; il réglemente, sous l'empire d'une nécessité pratique, les groupements formés dans un but politique.

En fait aussi la législation, dans ses premières dispositions générales, profitera surtout, parmi les associations politiques, aux sociétés populaires dont le nombre augmente rapidement et dont l'activité se multiplie en vue des deux objets que nous avons indiqués : la conquête du pouvoir politique et la destruction des institutions du passé. Bientôt il ne restera plus comme associations politiques que les associations populaires. Bientôt aussi, grâce aux mesures de proscription [2], les associations populaires seront exclusivement celles qui soutiennent les partis violents au pouvoir et se concentreront autour des grands clubs, le club des Cordeliers et surtout le club des Jacobins. Ces associations célèbres, grâce à la multitude des sociétés populaires créées auprès de chaque section et sur lesquelles elles ont une influence comparable à l'influence

1. M. Louis André, Congrès de 1899, p. 72.
2. Sur les clubs contre-révolutionnaires voir : Taine, t. V, p. 97 et s.; Clunet, p. 40.

actuelle du grand Orient sur les loges, vont exercer une
véritable domination politique.

Les sociétés populaires couvrent la France d'un réseau,
mais à Paris surtout elles exercent leur action par leurs
réunions, leurs motions, leurs pétitions qu'elles portent
jusqu'au sein de l'Assemblée, intimidant les députés modérés et pesant sur leurs votes, organisant les émeutes[1].
Elles se ramifient autour du club des Jacobins auquel se
rattachent 152 sociétés en 1790, 406 en 1791, pour dépas-
ser le nombre de mille[2].

Taine a, dans une page célèbre[3], décrit la formation de
cette organisation : « Selon la vieille habitude implantée
par la centralisation, on prend la société de Paris pour
guide parce qu'elle siège dans la capitale. On lui emprunte
ses statuts, son règlement, son esprit ; elle devient la
société-mère... Chaque club affilié obéit au mot d'ordre
qui lui est expédié de Paris, et du centre aux extrémités,
comme des extrémités au centre, une correspondance continue entretient le concert établi. Cela fait un vaste engin
politique, une machine aux milliers de bras qui opèrent
tous à la fois sous une impulsion unique, et la poignée qui
les met en branle est rue Saint-Honoré aux mains de
quelques meneurs[4]. »

Et de fait, grâce à ce travail qui prépare l'opinion et
qui la fausse, grâce à la discipline et à l'audace de ses
membres, le club des Jacobins devient de plus en plus le
maître de l'Assemblée et le véritable législateur.

Ce développement des associations politiques, cette prépondérance des sociétés populaires, expliquent les variations de la législation à l'époque révolutionnaire. Tantôt
l'association politique est au pouvoir, elle constitue le véritable législateur, elle ne saurait se frapper elle-même,
et les hommes qui en profitent la favorisent ; tantôt on la
redoute et on s'efforce de se prémunir contre des excès

1. Taine, t. V, p. 570.
2. De Faget de Casteljau. p. 102.
3. Taine, t. V, p. 67.
4. Voir dans Taine (t. V, p. 68-69), outre les actes de violence, les
procédés employés par les Jacobins pour former une opinion artificielle,
procédés qui se retrouvent aujourd'hui dans ceux employés par les loges
maçonniques.

qui finissent par la discréditer. Tels sont les deux courants
qui dominent tour à tour dans une législation qui part de
la liberté reconnue aux associations politiques et, en fait,
aux associations révolutionnaires, pour aboutir à la prohibition absolue de l'association politique. Indiquons dans
ses grandes lignes cette législation à travers ses vicissitudes.

Le premier texte qui mentionne l'association politique
est l'article 2 de la Déclaration des droits du 20 août 1789 :
« Le but de toute association politique [1] est la conservation des droits naturels et imprescriptibles de l'homme. »
Mais cette proclamation de principe ne trouve d'application que dans le décret sur la constitution des municipa-
tés. Le comité de constitution avait proposé cette formule :
« Pourront les citoyens se former paisiblement jusqu'au
nombre de trente [2]. » Mais sur la protestation de Mirabeau on vote l'article 62 du décret du 14 décembre 1789
reconnaissant que « les citoyens actifs ont le droit de se
réunir paisiblement et sans armes en assemblées particulières », mais limitant ce droit à la rédaction « des
adresses et pétitions sous la condition de donner avis aux
officiers municipaux du temps et du lieu de ces assemblées. »

S'agit-il de réunions passagères plutôt que d'associations
permanentes ? On pourrait croire qu'il n'est question que
de la liberté de réunion, car le législateur paraît redouter les assemblées politiques permanentes en interdisant
aux assemblées primaires et aux assemblées d'élection de
continuer leurs séances et de les reprendre après les élections finies [3]. Cependant le décret du 29 avril 1790 permet
aux officiers et soldats d'assister sans armes aux réunions
des sociétés populaires, ce qui suppose l'existence légale
de ces sociétés [4]. Les clubs du reste se multiplient, et la

1. Ici, comme nous l'avons remarqué plus haut, il s'agit surtout de l'Etat.
2. Clunet, p. 45.
3. Décret du 22 décembre 1789-janvier 1790 (article 35) (Carette. *Lois*.
1" série, p. 9).
4. Voir les lois interdisant la constitution d'associations délibérantes
dans les régiments et la correspondance des associations avec les régiments (de Faget de Casteljau, p. 105-106). Mais *Le Moniteur* du 15 avril
1791 contient une lettre du comité militaire permettant aux militaires d'as-

Société des amis de la Constitution envoie une adresse à l'Assemblée pour qu'elle prenne sous sa sauvegarde les citoyens réunis en société [1].

Un incident allait permettre de trancher la question. La municipalité de Dax ayant prononcé la dispersion de la Société des amis de la Constitution établie dans cette ville, ce club fit appel à l'Assemblée en invoquant l'article 62 du décret sur la constitution des municipalités. Le rapporteur plaida la cause des sociétés populaires et déclara que les municipalités ne peuvent les dissoudre que dans le cas où elles formeraient des complots contre l'exécution des lois. La Constitution blâma la municipalité de Dax et, par le décret des 13-19 novembre 1790 déclara que « les citoyens ont le droit de s'assembler paisiblement et de former entre eux des sociétés libres à la charge d'observer les lois qui régissent tous les citoyens ». C'était, à propos d'une mesure de circonstance, établir pour les associations, sans autorisation préventive et sans formalité préalable [1], le régime de liberté qui n'allait profiter qu'en fait aux associations politiques.

Les sociétés populaires puisèrent en effet dans ce régime une force nouvelle et un accroissement considérable, mais en même temps se multiplièrent les abus. N'étaient-ils pas en effet inévitables pour une nation où les mœurs n'étaient pas habituées à l'usage de cette liberté? La liberté des associations politiques servait surtout aux fauteurs de troubles [2]. Aussi les protestations se faisaient jour. Le 28 février 1791 Le Chapelier proposait un décret proclamant que la souveraineté ne pouvait être légitimement exercée que par les représentants de la Nation. Un député, M. Foucauld, réclamait la suppression des clubs. De nouvelles discussions s'élevèrent à propos de la pré-

---

sister aux séances des amis de la Constitution. Le décret des 1er-8 mai 1791, leur permet d'assister aux séances des sociétés populaires (eod. loco, p. 113).

1. *Eod. loco*, p. 107.

2. Le décret des 16-24 août 1790 sur l'organisation judiciaire confiait aux municipalités le maintien du bon ordre « dans les endroits où il se fait de grands rassemblements d'hommes, tels que foires, marchés, etc. ». C'était viser le droit de réunion.

3. Congrès de 1899, p. 72.

sence des militaires aux séances des sociétés populaires [1].
Au mois de mai Le Chapelier obtenait un décret qui interdisait les pétitions collectives par les sociétés [2]. Dans la discussion de la loi du 17 juin 1791 sur les assemblées d'ouvriers un interrupteur avait demandé que les clubs fussent prohibés au même titre que les rassemblements d'ouvriers [3]. Il ne fut pas suivi, mais, par le décret des 19-22 juillet 1791 sur l'organisation de la police municipale et correctionnelle, on exigea une déclaration préalable des lieux et jours de réunion pour la formation des associations politiques.

Les protestations continuaient cependant contre les excès des clubs. Le 21 août 1791, le ministre de l'Intérieur et le ministre de la Justice dénonçaient « des sociétés qui ont été utiles, qui peuvent l'être encore » mais qui ne doivent pas « s'ériger en corps politiques et constitués qui s'établissent non seulement les surveillants et les censeurs des juges, des administrations, mais encore leurs supérieurs et leurs maîtres ». C'est en vain que Brissot, le 28 septembre, proclamait que les journaux et les clubs étaient « les deux plus fermes colonnes de la liberté [4] », le 29 septembre Le Chapelier répliquait en déposant son rapport sur les sociétés populaires [5].

Ce rapport révèle l'embarras dans lequel se trouvaient vis-à-vis de ces sociétés les hommes qui avaient profité de leur action. On loue ces sociétés pour les services qu'elles ont rendus dans le passé, « ces sociétés que l'enthousiasme pour la liberté a formées, auxquelles elle doit son prompt rétablissement ». « Quand une nation change la forme de son gouvernement... tout ce qui presse, tout ce qui accélère une révolution doit être mis en usage... mais lorsque la révolution est terminée... il faut que tout rentre dans l'ordre le plus parfait, que rien n'entrave l'action des pouvoirs constitués, que la délibération et la puissance ne soient plus que là où la Constitution les a placées. »

1. De Faget de Casteljau, p. 111 et s.
2. Eod. loco, p. 116.
3. De Faget de Casteljau, p. 117.
4. Weil, p. 12.
5. Weil, p. 15; de Faget de Casteljau, p. 119.

Mais « le temps des destructions est passé, il ne reste plus d'abus à renverser, de préjugés à combattre ». Les sociétés populaires « se sont écartées de leur but... elles ont pris une espèce d'existence politique qu'elles ne doivent pas avoir ». On rejette leurs abus sur « les hommes qui ne les cultivent que pour les agiter... pour usurper une supériorité scandaleuse et pour favoriser leurs projets ». La Révolution n'a donc vu dans les associations politiques que les instruments d'un parti et non la représentation d'un droit ou l'exercice d'une liberté [1]. On n'ose proscrire la liberté d'association ou de réunion en matière politique [2], mais le rapporteur explique que les sociétés ne doivent pas « sortir de la situation privée où les place la Constitution », qu'elles « ne peuvent avoir des affiliations, des espèces de métropoles », ni de « correspondances politiques », qu' « aucun caractère public, aucune démarche collective ne doivent les signaler ».

Robespierre objecta que l'aveu des services rendus rendait incompréhensibles des mesures rigoureuses contre des institutions reconnues utiles. L'affiliation n'était que « la relation d'une société légitime avec une autre société légitime ». Dandré répondit qu'il ne s'agissait pas de détruire les clubs, mais de les empêcher « de subjuguer la nation ».

Le décret des 30 septembre-9 octobre 1791 [3] sur les sociétés populaires déclara que « nulle société, club, association de citoyens ne peuvent avoir sous aucune forme, une existence politique, ni exercer une action sur les actes des pouvoirs constitués et des autorités légales ; que sous aucun prétexte ils ne peuvent paraître sous un nom collectif [4] ». Ce décret, le dernier de la Constituante, caractérisait, comme on l'a fait justement remarquer [5], l'erreur de cette assemblée laquelle soucieuse avant tout d'opérer rapidement les réformes, avait cru pouvoir accepter les

---

1. Weil, p. 12.
2. Weil, p. 13; de Faget de Casteljau, p. 119.
3. Duvergier, 1791, p. 457.
4. Comme sanction les coupables sont rayés de six mois à deux ans du tableau civique et déclarés incapables d'exercer aucune fonction publique.
5. De Faget de Casteljau, p. 124.

concours les plus dangereux et revenir à l'ordre aussitôt
l'évolution accomplie.

Dans l'intervalle, la Constitution du 14 septembre 1791 [1]
n'avait fait que reproduire le principe du décret du 19 novembre 1790 en reconnaissant « la liberté aux citoyens
de s'assembler paisiblement et sans armes, en satisfaisant
aux lois de police. » C'était, d'une façon plus vague encore [2] consacrer le droit de réunion et d'association en
matière politique. Nous venons de voir comment on avait
cherché à remédier aux abus qui pouvaient en résulter.

Bien vaines étaient les mesures prises par la Constituante au moment de sa disparition, car la Législative,
composée, grâce à l'influence des Jacobins, d'hommes nouveaux [3], laissa faire et se garda d'appliquer la loi. S'il se
produisit dans son sein quelques protestations [4], on a pu
constater que les clubs, « agitateurs sous la Constituante,
devinrent dominateurs sous la Législative [5] ».

Sous la Convention, et avec la Terreur, cette domination
atteignit son apogée. A cette époque en effet tombent les
fragiles barrières qui avaient été dressées contre les excès
des associations politiques. Le décret du 13 juin 1793,
rendu à propos de l'arrestation des membres de la société
populaire de Toulouse « fait défense aux autorités constituées de troubler les citoyens dans le droit qu'ils ont de
se réunir en société populaire [6] ». La Déclaration des
droits de l'homme placée en tête de la Constitution du
24 juin 1793 donne comme garantie aux citoyens le droit
de présenter des pétitions et le droit à l'insurrection [7] qu'il
paraît sans doute plus utile d'affirmer que le droit de
s'associer [8]. Ce droit « de s'assembler paisiblement » est
cependant reconnu par la Constitution dans son article 7,
et le droit « de se réunir en sociétés populaires » par son

1. Duvergier, t. III, p. 239.
2. La Constitution ne parle pas, comme la loi de 1790, de « sociétés ».
3. Le décret du 17 mai 1791 décidait qu'aucun des membres de la Constituante ne serait rééligible à la Législative.
4. De Faget de Casteljau, p. 126.
5. Thiers. *Histoire de la Révolution française*, t. II, p. 12.
6. De Faget de Casteljau, p. 127.
7. Article 35.
8. Charles Benoist. Congrès de 1899, p. 90.

article 122. Enfin le décret du 25 juillet 1793 interdit, sous les peines les plus sévères, à « toute autorité et à tout individu » d'empêcher les sociétés populaires de se réunir ou de tenter de les dissoudre [1]. C'est donc proclamer la liberté absolue des associations populaires avec impossibilité de tout contrôle de la part des autorités.

De fait les sociétés populaires et notamment le club des Jacobins deviennent de véritables corps de l'État et jouent un rôle officiel [2]. Il faut les excès des tricoteuses pour que, le 9 brumaire an II, Amar au nom du comité de sûreté générale, propose l'interdiction des clubs de femmes [3]. Cette proposition est adoptée et on y joint une disposition établissant la publicité de « toutes les séances des sociétés populaires et de celles des sociétés libres des arts ». Mais on proclame qu'il ne faut à aucun prix abandonner à la police la surveillance de ces sociétés populaires qui ont pour but « de dévoiler les manœuvres des ennemis de la chose publique, surveiller les citoyens comme individus, et les fonctionnaires publics, même le corps législatif [4] ». La Convention protège en somme et flatte les associations politiques qui sont ses auxiliaires.

Avec la réaction de thermidor un mouvement inverse se produit à l'égard des associations et des réunions politiques. Contre les sociétés populaires et les Jacobins les dénonciations et les plaintes se multiplient devant l'Assemblée qui, le 18 vendémiaire an III [5], vote une adresse aux Français et déclare qu' « aucune autorité particulière, aucune réunion n'est peuple ». C'est en vain que les Jacobins protestent, que les clubs multiplient les manifestations et les députations [6], les comités de sûreté générale, de salut public et de législation, présentent deux projets de décret sur les sociétés populaires. Malgré de violentes protestations en faveur des institutions « qui servent à

----

1. De Faget de Casteljau, p. 127, 128.
2. De Faget de Casteljau, p. 129 ; Aulard. *Histoire du club des Jacobins* (introduction).
3. Carette. *Lois*, 1re série, p. 271.
4. De Faget de Casteljau, p. 129.
5. *Eod. loco*, p. 133.
6. *Eod. loco*, p. 134.

propager les vertus sociales et la haine de la tyrannie[1] »,
des paroles se font entendre qui sont l'expression du
mouvement de protestation qui se faisait jour. Rewbell
rappelle « qu'on avait mal à propos donné aux sociétés
populaires une part de gouvernement, car au lieu de s'en
contenter elles avaient tout pris ». Bourdon de l'Oise
ajoute : Ce sont ces sociétés elles-mêmes qui se sont donné
le nom de populaires. Pour moi je ne vois le peuple que
dans les assemblées primaires[2]. » Il est vrai que les orateurs ne négligent pas de faire appel à la méfiance contre
les formes anciennes de l'association : « Peuple, dit Rewbell, c'est l'abus des corporations qui a fait tous tes malheurs. » « .Les clubs, dit Bourdon, sont une collection
d'hommes semblables aux moines[3]. »

Le 25 vendémiaire an III était rendu le décret qui
interdisait « comme subversives du gouvernement et contraires à l'unité de la République toutes affiliations, agrégations, fédérations, ainsi que toutes correspondances en
nom collectif entre sociétés sous quelque dénomination
qu'elles existent », et obligeant chaque société à dresser
le tableau de tous les membres qui la composent[4]. Le
19 brumaire avait lieu la fermeture du club des Jacobins
qui était approuvée par la Convention prononçant la dissolution de toute assemblée « connue sous le nom de
club ou société populaire[5] ».

Dans l'intervalle avait été votée la Constitution du
5 fructidor an III[6]. Elle disposait « qu'il ne peut être
formé de corporations ni d'associations contraires à
l'ordre public[7] ». « Aucune assemblée de citoyens ne peut
se qualifier de société populaire[8]. » « Aucune société
particulière s'occupant de questions politiques ne peut
correspondre avec une autre, ni s'affilier à elle, ni tenir
des séances publiques composées de secrétaires et d'assis-

1. De Faget de Casteljau, p. 135.
2. Weil, p. 16.
3. De Faget de Casteljau, p. 137.
4. Carette. *Lois*, 1re série, p. 310.
5. Décret du 6 fructidor an III (Carette. *Lois*, 1re série, p. 346).
6. Carette. *Lois*, 1re série, p. 338.
7. Article 360.
8. Articles 361 et s.

tants distingués les uns des autres, ni imposer des conditions d'admission et d'éligibilité, ni s'arroger le droit d'exclusion, ni faire porter à ses membres aucun signe extérieur de leur association. Les citoyens ne peuvent exercer, leurs droits politiques que dans les assemblées primaires et communales. Les pétitions doivent être individuelles ; nulle association ne peut en présenter de collective. »

C'était donc la fin des associations populaires et la restriction des associations politiques dont le gouvernement avait fini par redouter la puissance et dont il cherchait à secouer le joug.

Cette attitude fut encore celle du Directoire. Par un arrêté du 8 ventôse an IV il fermait de nombreuses associations dans lesquelles les Jacobins avaient essayé de se reconstituer. Dans le message qui suivit, il demandait une loi qui statuât « d'une manière définitive sur la nature des sociétés ou réunions politiques autorisées par la Constitution [1] ».

Les Cinq-Cents nommèrent une commission, et le rapport de Maille déposé le 8 germinal an IV conclut à un projet fort rigoureux contre les associations politiques [2]. Le projet qui fut voté, non sans résistance, le 7 thermidor an V, déclara provisoirement défendue toute société particulière s'occupant de questions politiques et sanctionna cette défense par des peines sévères contre les sociétaires et les propriétaires des lieux où ils s'assembleraient. Mais le 18 fructidor ramena en partie l'influence jacobine et, le 19 fructidor an V, la loi éphémère du 7 thermidor fut rapportée. On se bornait à prescrire « la fermeture de toute société particulière s'occupant de questions politiques dans laquelle il serait professé des principes contraires à la Constitution de l'an III acceptée par le peuple français ».

Cette loi est la dernière des lois révolutionnaires. Dès lors l'histoire des associations politiques se résume en une lutte continuelle entre les sociétés populaires et politiques qui se développent et le gouvernement qui cherche

---

1. Weil, p. 18. L'arrêté du 24 ventôse an IV interdit toute pétition présentée sous une dénomination collective. (Congrès de 1899, p. 73).

2. Weil, p. 19.

à appliquer une législation insuffisante [1]. « Les uns demandent des lois nouvelles, les Cinq-Cents nomment des commissions, les commissions font des rapports, le Directoire justifie ses rigueurs partielles par des messages au Conseil, ou des articles dans le *Moniteur*, mais au total on n'arrive à rien [2]. Le Conseil des Cinq-Cents avait décidé la mise à l'ordre du jour d'une discussion concernant l'organisation des sociétés s'occupant de questions politiques quand survint le 18 brumaire.

En somme, à la fin de la période révolutionnaire, la liberté d'association en matière politique, supprimée un moment en l'an V, subsiste en principe. Mais les excès et les abus des associations politiques, tantôt encouragées, tantôt réprimées par le gouvernement au pouvoir, suivant qu'il s'appuie sur elles ou qu'il en est menacé, ont lassé et effrayé l'opinion publique. Les associations populaires surtout ont été des instruments de violence ; elles ont provoqué les mesures sanguinaires et poussé aux attentats contre la liberté religieuse ; elles ont affaibli l'autorité, contribué à la désorganisation profonde du pays, groupé les éléments de désordre, introduit dans l'armée des germes de dissolution dont une série de glorieuses campagnes et un admirable élan patriotique ont pu seuls atténuer les funestes effets. Dans leur période de domination, elles ont semé la terreur, alarmé les intérêts et provoqué la lassitude et le dégoût. Les Jacobins ont constitué un type d'homme politique dont la tyrannie restera exécrée. Le pays sera, en grande partie par leur action néfaste, préparé à subir un coup de force dont il attendra le rétablissement de l'ordre auquel il aspire. Les associations politiques, surtout dans la forme qu'elles ont fini par revêtir, celles des associations populaires, se sont discréditées et sont même arrivées à compromettre dans l'opinion publique la notion de la liberté d'association elle-même [3].

Quel a été, en résumé, au point de vue de la législa-

1. Voir le tableau de cette période dans : Weil, p. 22 et s. ; Clunet, p. 19 et s.
2. De Fagot de Casteljau, p. 152.
3. Crouzil. *La liberté d'association*, 1907.

tion et de l'opinion publique, le résultat de l'époque révolutionnaire ?

Tout d'abord, nous l'avons fait remarquer, la liberté
d'association n'est pas revendiquée sous la Révolution
comme une liberté primordiale parce que la notion même
de cette liberté n'est pas encore comprise. Aucun principe général n'est posé dans la législation. Le droit d'association n'est admis que confondu tout d'abord avec le
droit de réunion et ne profite en fait qu'aux groupements
politiques.

La liberté d'association voit du reste se dresser contre
elle le principe individualiste et le principe étatiste.

Le principe individualiste triomphe, nous l'avons vu,
avec les doctrines de Rousseau : on proclame que l'homme
est son seul maître, on exalte l'individu, on détruit tout
ce qui peut porter atteinte à son indépendance. Dégagé
de tous les liens, mais aussi de tous les appuis traditionnels l'individu reste isolé.

C'est, par là-même aboutir à la prédominance du principe étatiste : l'Etat est le seul groupement nécessaire, et
l'Etat, resté seul groupement, domine les individus. « Il
n'y a plus en France que des individus dispersés, impuissants, éphémères : en face d'eux, un corps unique et permanent qui a dévoré tous les autres, l'Etat, véritable
colosse, seul debout au milieu de tous ces nains chétifs[1]. »
L'individu qui devait être tout n'est rien ; devant ce colosse, les particuliers deviennent une poussière. Plus que
jamais s'impose le fétichisme de l'Etat qui pèsera si lour-
dement sur l'avenir du pays. La monarchie absolue dispa-
paraît, mais, cette forme de l'Etat détruite, la puissance
de l'Etat survit[2]. Elle s'accroît même encore, car la Révolution, reprenant à son profit les principes absolutistes de
l'ancien régime[3], exagère la centralisation et fortifie l'omnipotence du pouvoir central. L'Etat n'est plus le roi seul,
ce n'est même plus le roi et le législateur, c'est le législateur seul, c'est-à-dire théoriquement le nombre et pra-

1. Taine, t. III, p. 268.
2. Viollet. *Histoire des Institutions politiques et administratives de la
France.*
3. Taine, t. IX, p. 202, 203.

tiquement le parti politique au pouvoir. De ce pouvoir
central partira l'impulsion directrice et dépendra toute
la vie du pays. Les régimes qui suivront conserveront
jalousement cette puissance de l'Etat [1], et cette puissance
sera le principal obstacle à la reconnaissance de la liberté
d'association. Personne n'aperçoit que l'association est la
seule garantie de la liberté du citoyen qui reste sans défense s'il est isolé.

Ce principe étatiste domine toute l'œuvre législative
de la Révolution laquelle est plus rigoureuse encore que
l'ancien régime à l'égard des collectivités. La Révolution en effet est prohibitive comme l'ancien régime ; elle
est de plus destructrice. Non seulement elle érige en
principe la ruine des corps indépendants, elle détruit les
associations professionnelles et religieuses et les interdit
pour l'avenir : mais, à la différence de l'ancien régime,
elle se refuse à prévoir qu'elles puissent même être autorisées par l'Etat. Si la loi de 1790 ou la Constitution
de 1791 paraissent autoriser les associations, le législateur ne se préoccupe nulle part de la possibilité de leur
conférer la véritable existence qui est la personnalité, il
ne voit en elles que des collections d'individus [2].

Nous avons distingué trois sortes d'associations à propos desquelles se pose surtout la question de liberté ou
de prohibition : les associations professionnelles, les associations religieuses et les associations politiques. A l'égard
des deux premières le législateur révolutionnaire, n'envisageant que les abus du passé, aboutit à la négation du
droit d'association.

Dans les associations professionnelles il ne voit que le
privilège des corporations et la crainte que lui inspirent
les groupements d'ouvriers [3] ; il détruit leur ancienne
organisation, il les prohibe pour l'avenir même comme
simples groupements sans personnalité juridique, il pose
le principe de l'interdiction des groupements profession-

---

1. De Tocqueville. *La démocratie en Amérique*, t. II, p. 352, 366.
2. Crouzil. *La liberté d'association*.
3. Congrès de 1889, p. 71.
4. On a peur vaguement de l'influence politique des syndicats actuels.

nels qui influencera si fâcheusement la législation ouvrière
dans l'avenir.

Dans les associations religieuses, il ne voit que les congrégations de l'ancien régime avec le caractère souvent
abusif que leur a imposé le pouvoir royal en s'arrogeant
la disposition de leurs biens. Aveuglé par les attaques
que n'a cessé de diriger contre elles la haine antireligieuse, il ne veut pas distinguer entre les congrégations
celles qui ont rendu au pays d'éminents services, ou plû-
tôt il ne leur rend qu'un inutile hommage. Avec les congrégations, il supprime toutes les associations jusque-là
reconnues. Il laisse dans l'incertitude la question de la
légalité de l'association religieuse qui ne réclame aucune
personnalité morale et cette incertitude pèsera aussi sur
la législation du siècle suivant.

Les associations politiques sont seules reconnues, car
le droit d'association, proclamé d'une façon générale sous
la pression des circonstances et confondu d'abord avec le
droit de réunion ne profite en fait qu'aux associations politiques et parmi celles-ci seulement aux associations
populaires favorables aux hommes qui sont au pouvoir.
Le droit « de s'assembler » ne peut être utilisé, ni en
droit par les associations professionnelles et par les ordres
religieux qui sont interdits, ni en fait par les associations
ayant un but cultuel ou charitable. L'association n'est pas
envisagée comme l'exercice d'un droit primordial destiné
à contrebalancer la puissance de l'Etat, mais comme un
instrument de lutte politique qui profitera aux initiateurs
du nouvel état de choses jusqu'au jour où les groupements politiques indépendants porteront ombrage à l'Etat.

Il faut donc conclure que ni en droit, ni en fait, la
liberté d'association n'a véritablement existé sans la Révolution. Seule s'est manifestée l'association politique, et,
par ses abus, elle a été aussitôt discutée. Par ses excès
l'association politique s'est discréditée et a discrédité la
notion de la liberté d'association elle-même. Par le pouvoir, l'association, nous l'avons fait remarquer, est, sous
l'ancien régime, considérée comme une révolte ; après
l'expérience de la période révolutionnaire elle va être
considérée comme un danger. Par l'opinion publique, à la

fin de l'ancien régime, elle est considérée comme un privilège ; à la fin de la période révolutionnaire, comme un instrument de désordre. C'est en réalité la crainte des associations politiques qui produira la réaction du Code pénal : à cause d'elles, et pour les anéantir, la législation qui les avait créées édictera une prohibition, et cette prohibition frappera dans la suite toutes les associations excepté en réalité celles qu'il voulait atteindre [1].

Dans l'histoire de la liberté d'association et au point de vue de la marche des idées vers cette liberté, la période révolutionnaire fut à la fois une période de progrès et de recul.

D'un côté en effet si la notion de la liberté d'association n'apparaît pas nettement, si cette liberté n'est pas encore envisagée comme une liberté primordiale, on a pu dire que cette notion était en germe dans les idées de 1789 et que cette liberté était la conséquence naturelle des principes de la Déclaration des droits qui proclamait l'égalité des droits des citoyens et la légitimité de la résistance à l'oppression. L'association doit logiquement finir par être considérée comme la garantie de la liberté individuelle et de l'exercice par les citoyens de la souveraineté nationale. De plus l'exercice du droit d'association en matière politique, malgré ses excès, aura introduit dans les mœurs la notion de l'association ; les idées égalitaires que les membres des associations populaires ont la prétention de mettre en pratique les auront habitués à ne plus considérer l'association comme un corps privilégié. Ainsi se produira dans les esprits un mouvement d'abord inconscient en faveur de la liberté ou au moins de l'usage de l'association.

Mais, d'autre part, on aura vu se produire, par haine des abus du passé, la destruction des formes traditionnelles de l'association dans le pays, et cette destruction va produire des vides qu'il sera longtemps impossible de combler. Enfin et surtout les excès des associations politiques vont amener une réaction qui se fera sentir pen-

---

[1]. En effet il faudra encore pour combattre les associations politiques la loi de 1834 et il subsistera des associations de cette nature en opposition avec la loi jusqu'en 1901.

dant une longue période de notre histoire ; longtemps encore en effet la crainte inspirée par les associations politiques entretiendra contre le droit d'association lui-même des préjugés qu'il sera difficile de vaincre.

En un mot, la période de la Révolution fut surtout, en cette matière, une période de destruction et de licence [1]. La période qui va suivre va être une période de réaction et d'un absolutisme qui trouvera son expression et son point de départ dans le Code pénal de 1810.

1. De Faget de Casteljau, p. 23.

CHAPITRE III

Le Consulat et l'Empire.
Le Code civil et le Code pénal.

Caractère de la période qui s'ouvre avec le 18 brumaire : la réaction
  contre les excès de la Révolution tend à affirmer et à accroître l'omnipotence de l'Etat. — De la centralisation résulte l'isolement de l'individu et la méfiance contre les associations. — Situation au début du
  Consulat.
Dispositions législatives générales. — La Constitution de l'an VIII. — Le
  Code civil. — Le Code pénal. Motif de ses dispositions prohibitives :
  La crainte des associations politiques et surtout des associations populaires. Les travaux préparatoires du Code pénal. Dispositions du Code
  pénal. Principe général du Code pénal.
Diverses catégories d'associations sous l'Empire et régime qui leur est
  appliqué.

§ 1. — *Les associations politiques.*

§ 2. — *Les associations personnelles et ouvrières.*

Mouvement en faveur d'un rétablissement des groupements professionnels. — Création de certains corps professionnels. — Méfiance contre
  les groupements ouvriers. — Loi du 22 germinal an XI. — Le Code
  pénal. — Son application. — Les compagnonnages et les sociétés de
  secours mutuels.

§ 3. — *Les associations religieuses et les congrégations.*

Situation de fait au début du Consulat des associations ayant pour objet
  l'exercice d'un culte et des congrégations. — Le Concordat et les articles organiques visent-ils les congrégations religieuses ? — Le décret
  du 3 messidor an XII. — Le Code pénal. — Attitude du pouvoir vis-
  à-vis des congrégations.

§ 4. — *Les autres associations.*

Les Associations de bienfaisance et économiques. — La Franc-Maçonnerie.
Situation générale à la fin de l'Empire. — Dispositions de l'opinion publi-
  que, du pouvoir impérial. — Reconstitution de corps ayant une exis-
  tence propre.
Caractéristique de la période. — Le principe prohibitif du Code pénal. —
  Recul de la cause de la liberté d'association.

La période qui s'ouvre avec le 18 brumaire est, avons-
nous dit, une période de réaction contre la licence révolutionnaire, mais cette réaction fortifie encore et exagère
la puissance de l'Etat. L'Etat va être personnifié par un
pouvoir fort et stable succédant aux partis politiques qui

avaient successivement dominé le pays. De ce pouvoir on attend le rétablissement de l'ordre et une garantie contre le retour de l'anarchie et des excès qui ont lassé l'opinion publique. Aussi, grâce à cet état des esprits, se joint, sous le Consulat et plus encore sous l'Empire, à la passion d'unité qui animait l'Assemblée Constituante et la portait à édifier cette unité sur les ruines de tous les groupements autonomes, la passion de centralisation [1].

Cette centralisation porte à son plus haut point, avec la Constitution de l'an VIII, l'omnipotence de l'Etat [2]. Or, l'Etat, nous l'avons constaté, est essentiellement l'ennemi de tous les groupements qui se forment en dehors de lui et paraissent faire échec à sa toute-puissance [3]. L'Etat, sous le nouveau régime, sera de plus « accapareur », ainsi que le qualifie Taine [4], « persuadé que ses droits sont illimités et que partout son ingérence est légitime, habitué à gouverner le plus qu'il peut et à ne laisser aux individus que la moindre part d'eux-mêmes, hostile aux corps qui pourraient s'interposer entre eux et lui, défiant et malveillant à l'endroit de tous les groupes capables d'action collective et d'initiative spontanée ».

La conséquence de cette prétention de l'Etat à l'omnipotence c'est l'émiettement des individus et leur isolement ; c'est le triomphe de l'individualisme fondé, non plus comme sous la Révolution sur l'exaltation de l'individu, mais sur la méfiance envers l'individu qui paraîtrait agir en dehors de la tutelle de l'Etat. L'isolement des citoyens, en face de cette tutelle suprême est considéré par le pouvoir central comme une condition de l'ordre [5], et l'opinion publique, au moins en thèse générale [6], est d'accord sur ce point avec le pouvoir central. Les asso-

---

1. De Laborie. *Paris sous Napoléon. Le monde des affaires*, p. 89-90.

2. Il faut y ajouter la loi du 28 pluviôse an VIII sur l'organisation administrative de la France.

3. « Point de sociétés particulières dans la société générale, point de corps d'Etat, surtout point de corps spontanés et doués d'initiative. » (Taine, t. IX, p. 204.)

4. Taine, t. XI, p. 169.

5. *Le droit d'association*. Etudes et rapports présentés au Congrès tenu en 1899 sous la présidence de M. E. Lamy, p. 10.

6. Car nous verrons plus loin un mouvement en faveur des associations professionnelles et du rétablissement des congrégations religieuses.

ciations politiques surtout, par le souvenir récent des excès
des associations populaires, apparaissent, non comme
l'exercice d'une liberté qu'il faut sauvegarder, mais comme
un danger contre lequel il faut se prémunir pour satisfaire au besoin d'ordre et de stabilité qui est ressenti de
toutes parts. C'est à propos des associations politiques que
se posera la question du droit d'association.

Confondue avec la liberté de réunion, la liberté d'association, au moment où s'établit le régime de brumaire,
n'existe, au moins d'une manière théorique, qu'en matière
politique, et, sur ce terrain, les excès des clubs l'ont fait
considérer comme un élément de désordre. Les projets
qui devaient la réglementer n'ont pas abouti dans la dernière période du Directoire. Il semble même tout d'abord
que le nouveau gouvernement compte seulement sur sa
force pour se débarrasser de tout groupement gênant sans
avoir besoin de recourir à une loi spéciale [1]. Son chef, continuant la tradition révolutionnaire [2], est, par principe,
hostile à tous les corps secondaires qui ne seraient pas
« des agents de l'Etat [3] ». « Toute indépendance, même
éventuelle et simplement possible [4] » l'offusquera de plus
en plus. A Napoléon devenu empereur il faudra « l'anéantissement de toute autorité morale autre que la sienne,
c'est-à-dire le silence de l'opinion publique et l'isolement
de chaque individu, partant l'abolition préventive et systématique de toute initiative qui, dans le présent ou dans
l'avenir, eût pu grouper les hommes contre lui ou à côté
de lui [5] ». Son œuvre comportera, avec l'établissement
de l'omnipotence de l'Etat, « la suppression de l'association volontaire et libre [6] ».

Sous le Consulat on paraît peu se préoccuper de l'exercice d'un droit dont sans doute on ne cherche guère à se
servir et dont les abus seraient vite réprimés. Il faut
noter cependant l'arrêté du 12 messidor an VIII qui donne
au Préfet de police le droit de prendre des mesures pour

1. Weil. *Le droit d'association*, p. 32.
2. Taine, t. XI, p. 250.
3. Taine, t. XI, avant-propos, p. III.
4. Taine, t. IX, p. 96.
5. Taine, t. IX, p. 207.
6. Taine, t. VIII, p. 431.

« prévenir ou dissiper les réunions tumultueuses ou menaçant la tranquillité publique ».

Le 12 vendémiaire an X le premier consul prononce la dissolution de la société des Théophilanthropes [1]. C'est à l'Empire qu'il faut arriver pour rencontrer, en matière d'association, des textes législatifs d'un ordre général.

La Constitution du 22 frimaire an VIII n'avait en effet parlé dans son article 83 que du droit de pétition, et encore spécifiait-elle qu'il s'agissait de pétition « individuelle [2] ». Du droit d'association ou même du droit de réunion il n'est pas même fait mention.

Le Code civil, promulgué de 1803 à 1804, est, comme on l'a fait remarquer, essentiellement individualiste. Sous l'influence des idées dominantes au moment de sa rédaction, idées hostiles aux corps et aux groupements, il se borne à réglementer les droits individuels [3]. Au titre des contrats il s'occupe d'une seule catégorie d'association, de la société civile, c'est-à-dire d'un groupement qui n'est en somme que la simplification des droits individuels en vue de la recherche d'un but lucratif. Ce groupement d'intérêts matériels, cette mise en commun en vue d'un bénéfice [4], peut se constituer en toute liberté en se conformant aux règles générales posées par la loi [5]. Le Code de commerce de 1807 reconnaîtra la même liberté aux citoyens qui voudront se grouper en sociétés commerciales en adoptant les formes réglementées par la loi ou celles qui seront fixées par leurs inventions particulières [6]. Mais le

1. Weil, p. 32, 33.

2. La même disposition se retrouvera dans l'acte additionnel du 22 avril 1815 (art. 63).

3. Dareste. *Revue des Deux-Mondes*, 15 octobre 1891, p. 824 ; Terrat. *De la révision du Code civil français*. Fribourg, 1906, p. 16. — *Le Code civil. Livre du centenaire*, 1904. Introduction par M. Albert Sorel, p. xLv.

4. Art. 1382 et s.

5. Il est à noter que, quand il s'agit de société universelles, le Code civil ne limite pas le nombre des associés et ne leur interdit pas de vivre en commun. (Consultation de M. Rousse, p. 77.)

6. Code de commerce, art. 18, art. 19 et s.

Le projet de Code de commerce portait : « Toute personne a le droit de faire le commerce en France. L'exercice de ce droit est réglé par des lois particulières. » Cet article fut supprimé parce que certains esprits craignirent d'y voir un encouragement à la reconstitution des corporations. (Locré, t. XVII, p. 114, 119, 369.)

Code civil omet, à dessein, le contrat d'association qui permet aux individus de se grouper pour d'autres intérêts que des intérêts lucratifs. Pas davantage il ne se préoccupe de déterminer le régime des personnes morales [1]. Bien moins encore il s'inquiète de la propriété corporative et des associations professionnelles. Le législateur, soucieux d'assurer le maintien de l'ordre social tel que l'avait fait la Révolution, de protéger la propriété telle que l'avait constituée le régime de 1789 [2], néglige de protéger les intérêts de la classe ouvrière en réglementant le contrat de travail [3]. On a même pu l'accuser d'avoir été dominé par un sentiment hostile à cette classe ouvrière [4], sentiment qui se serait traduit par le fameux article 1781 relatif à l'affirmation du maître qui doit faire preuve pour la qualité des salaires et jusqu'à un certain point pour leur paiement.

Si le Code civil ne parle pas du contrat d'association, faut-il en conclure qu'il le prohibe, au moins implicitement, quand il s'agit de l'association de personnes sans but lucratif ? On l'a soutenu, et on a dit que sous son empire le contrat d'association n'était pas reconnu par la loi française. Tout au plus devait-on en tenir compte comme d'une obligation naturelle empêchant la répétition de l'indû [5]. Cette thèse a été contestée et on a soutenu que le contrat d'association était protégé par l'article 1131 qui dispose « que les conventions légalement formées tiennent lieu de loi à ceux qui les ont faites ». Or l'article 1107 ne permet-il pas de former des contrats innomés, c'est-à-dire des contrats régis par les règles générales posées par le Code civil au titre des obligations [6] ?

Quoi qu'il en soit, si le contrat d'association était valable d'après les principes du Code civil, il fallait, pour que ce

1. Terrat, p. 17 ; Simonin. Congrès de 1899, p. 199.

2. *Le Code civil. Livre du centenaire*, 1901, t. I. (Etude de M. Tissier, p. 87.)

3. Du Célier *Les classes ouvrières en France depuis 1789*, 1857, p. 28.

4. Tissier, p. 80 et s. ; *Contra* du Célier, p. 28. — En tout cas l'ouvrier est plutôt envisagé comme un domestique.

5. Besson. *Revue catholique des Institutions*, janvier 1892, p. 9.

6. Ravier du Magny. *Revue catholique des Institutions*, septembre 1898, p. 187.

Conseil d'Etat. *Etudes sur le droit d'association*, 1899, p. 124.

contrat eût une cause licite que l'association elle-même ne fut pas considérée comme illicite par la loi pénale. Or c'est une interdiction absolue que le Code pénal va porter à l'égard de l'association de plus de vingt personnes qui n'aura pas obtenu l'approbation du pouvoir central.

Cette interdiction, que le Premier Consul n'avait pas réclamée, allait être promulguée par l'Empereur en 1810. Quels motifs déterminèrent sur ce point les dispositions du Code pénal ? Faut-il les trouver dans la méfiance qu'inspiraient certaines sectes qui se refusaient à reconnaître le Concordat[1] ? Faut-il les chercher exclusivement dans les préjugés révolutionnaires contre les congrégations religieuses[2] ? Il est certain que les associations ayant un « objet religieux » seront visées par l'article 291, et nous savons quel parti on pourra tirer de ce texte contre les congrégations. Mais la crainte des factions politiques nous paraît en avoir surtout constitué la raison d'être[3].

Qu'on se reporte en effet à la situation telle qu'elle existait à la veille des événements de brumaire : sans doute les clubs et les sociétés populaires sont légalement fermés depuis plusieurs années, mais sous le Directoire le parti jacobin n'a pas cessé de lutter pour les faire rouvrir[4]. En 1799 le club des Jacobins tente un essai de résurrection[5], des troubles en résultent où l'on voit reparaître « les figures sinistres de 93 », et le conseil des anciens s'efforce de réprimer cette tentative[6]. L'opinion publique s'en émeut, les pamphlets et les journaux s'élèvent contre les Jacobins que Mᵐᵉ de Staël accuse d'être « l'épouvantail de tous les principes de liberté[7] ». Rœderer lance une brochure dans laquelle il réclame que la loi n'autorise que les sociétés politiques « dont le nombre des membres n'excède pas cinquante[8] ». C'est formuler d'avance le principe nouveau.

---

1. Weil. *Le droit d'association*, p. 34.
2. Poidebard. *Revue catholique des Institutions*, février 1912, p. 113.
3. *Congrès de 1899*, p. 73.
4. Weil, p. 22.
5. Vandal. *L'avènement de Bonaparte*, t. I, p. 102.
6. *Eod. loco*, p. 108.
7. *Eod. loco*, p. 109.
8. *Eod. loco*, p. 110.

Ces souvenirs sont encore vivants en 1810. La législation prohibitive ne sera donc pas seulement le résultat des aspirations d'un gouvernement despotique, il faut reconnaître qu'elle répondra aux tendances de l'opinion publique encore effrayée des excès des associations politiques sous la Révolution et jusqu'à la veille de brumaire [1]. L'idée que l'association politique est un instrument de désordre pèse sur la législation et longtemps encore la dominera, car les faits, il faut bien l'avouer, ne feront sous les régimes suivants que lui donner plus de force encore.

Que la crainte des associations politiques et surtout des associations populaires ait inspiré les rédacteurs du Code pénal, c'est ce que démontrent avec évidence les travaux préparatoires [2].

Le texte proposé au Conseil d'Etat [3] devait être adopté sans modifications. A propos de l'article 291 Cambacérès avait fait observer qu'il suffirait de viser les réunions politiques et religieuses, mais qu'il était excessif de frapper les autres réunions et en particulier celles qui s'occupent de discussions littéraires. Le Conseil d'Etat avait paru lui donner raison [4]. La première rédaction, dont on signalait ainsi la portée abusive, fut cependant maintenue [5]. Dans la séance du 12 août 1809, M. Molé ayant critiqué le chiffre arbitraire de vingt personnes, M. Berlier répondit qu'il fallait déterminer le chiffre au delà duquel le nombre de sociétaires sera « assez considérable pour donner quelque inquiétude au gouvernement ». Il faisait un aveu qui est à retenir : « *L'action de se réunir* pour parler d'objets religieux, littéraires ou politiques, *est de droit naturel ;* et si l'ordre public peut y apporter quelques restrictions, elles doivent être renfermées dans de sages limites... C'est déjà beaucoup d'introduire dans notre législation une disposition restrictive qui n'y a jamais existé [6]. »

1. Congrès de 1899. Rapport de M. André, p. 73.
2. Locré, t. **XXX**. *Notice historique*, p. 1 et 2.
3. *Eod. loco.*, p. 73.
4. *Eod. loco*, p. 114, 115.
5. *Eod. loco*, p. 134.
6. *Eod. loco.*, p. 170.

Au corps législatif, M. Berlier, orateur du gouvernement, déclara que « le droit absolu et indéfini qu'aurait la multitude de se réunir pour traiter d'affaires politiques, religieuses ou autres de cette nature, serait incompatible avec l'état politique actuel ». Le gouvernement n'interviendra point dans « les petites réunions que les rapports de famille, d'amitié ou de voisinage peuvent établir, lorsqu'il ne s'y passera rien de contraire au bon ordre ». Mais l'obligation de l'autorisation « commencera là seulement où le nombre des sociétaires serait tel qu'il pût devenir un juste objet de surveillance plus particulier ».

M. de Noailles, en présentant le 16 février 1810, le vœu d'adoption émis par la commission législative, prononça à propos de l'intitulé de la section (*Des associations ou réunions illicites*) ces paroles significatives : « Ces mots rappellent de déplorables souvenirs ; quel est celui d'entre vous qui n'a été la victime ou le témoin de ces assemblées délibérantes, où l'assassinat et la révolte étaient sans cesse à l'ordre du jour ; qui, s'étant établies pour surveiller les autorités, les contrariaient dans leurs résultats les plus précieux et les plus justes, et organisaient ainsi l'anarchie dans toute la France. Le 9 thermidor vint mettre un terme à leur fureur, et la France se reposa quelque temps. Mais, après le 18 fructidor, elles renouvelèrent leurs entreprises, elles appelèrent de nouveau la terreur à leur secours ; le 18 brumaire... vint fermer ces cavernes ténébreuses, et elles ne se rouvrirent plus. Cependant le gouvernement ne veut pas gêner les associations de citoyens dont le but est de s'occuper d'objets religieux, littéraires ou politiques, ou de se livrer à quelque plaisir. Mais il est de son devoir de les surveiller, et c'est l'objet de cette section ; ainsi, toute réunion de ce genre, lorsqu'elle sera de plus de vingt personnes, ne pourra se former qu'avec son autorisation et sous les conditions préliminaires qu'il trouvera bon de lui imposer [1]. » Le texte proposé fut voté.

Il apparaît donc que le législateur avait essentiellement en vue de réprimer les excès des associations politiques

____

1. *Eod. loco*, p. 311.

dont les abus de l'époque révolutionnaire lui inspiraient une invincible méfiance. C'est la raison qu'il invoque pour porter atteinte au droit d'association dont il reconnaît la légitimité. On voit aussi que, s'il vise les groupements même non politiques, c'est dans la crainte qu'ils ne puissent dissimuler une catégorie d'associations qu'il entend spécialement interdire ; aussi juge-t-il cette interdiction plus efficace par un régime de droit commun pour toutes les associations.

Quelles sont les dispositions elles-mêmes du Code pénal ? Dans ces dispositions il faut mettre à part celles qui visent les associations dont l'objet est par lui-même dangereux pour l'ordre public. Ces dispositions fondées sur la nécessité de sauvegarder l'ordre social n'est jamais rencontré dans leur principe de contradicteurs [1].

Le législateur est bien là dans son rôle, et c'est son droit incontestable de frapper le fait d'association ou de réunion quand il constitue un acte délictueux.

C'est ainsi que l'article 89 prévoit le complot contre la sûreté de l'État, l'article 109 les attroupements destinés à empêcher l'exercice des droits civiques, l'article 123 la coalition de fonctionnaires, les articles 209 et suivants visent la rébellion avec violence et voies de fait. Les articles 265 et suivants [2] prévoient les associations de malfaiteurs, c'est-à-dire les groupements organisés avec esprit de durée et sous une direction et ayant pour but la perpétration de crimes contre les personnes et les propriétés. La mendicité en réunion est frappée par l'article 276. Les provocations à des crimes en délits faites dans des réunions ou associations sont réprimées par l'article 293. Les articles 415 et 416, sur lesquels nous aurons à revenir, frappent les coalitions en matière professionnelle et l'article 419 réprime les coalitions qui ont pour objet l'accaparement.

Mais la disposition capitale du Code pénal est celle de

1. Il faut noter cependant les critiques dirigées contre les dispositions relatives aux coalitions d'ouvriers et celles qui seront soulevées contre les mesures légales prises contre les anarchistes. (On a paru sur ce dernier point redouter la possibilité d'abus politiques.)

2. Modifiés par la loi du 18 décembre 1893.

l'article 291 qui vise les associations envisagées d'une manière générale alors même que leur objet n'est pas en lui-même contraire à l'ordre public. Cet article, qui paraît confondre la réunion et l'association [1], s'applique, contrairement à ce qui avait paru d'abord admis par le Conseil d'Etat [2], non seulement aux associations politiques et religieuses, mais aux associations littéraires « ou autres ». Il englobe donc toutes les sortes d'associations [3] sous les seules conditions du nombre des associés et de la régularité de leurs réunions [4]. Le régime qui leur est appliqué est celui de l'autorisation préalable. Pour qu'une association soit licite, il faut qu'elle se forme avec « l'agrément du Gouvernement [5] » et sous les conditions qu'il lui « plaira » de lui imposer ; ce qui paraît impliquer pour le Gouvernement le droit de retirer sans motif l'autorisation accordée. Il faut aussi, d'après l'article 294, la permission de l'autorité municipale pour qu'un local puisse être affecté aux réunions de l'association même autorisée. Les pénalités en cas de formation sans autorisation ou d'infractions aux conditions imposées, sont la dissolution et l'amende appliquée « aux chefs, directeurs, ou administrateurs de l'association ». Deux exceptions sont apportées seulement à la nécessité de l'autorisation préalable : le cas où l'association comprendrait moins de vingt personnes [6], et celui où ses membres seraient domiciliés dans la maison où l'association se réunit. Cette dernière hypothèse vise-t-elle simplement les membres de la famille et les serviteurs habitant sous le même toit [7] ? C'est ce qu'on a discuté à propos de son applicabilité aux congrégations.

1. Rubrique de la Section 7 : « des associations et *réunions* illlicites ».
2. Locré, t. XXX, p. 115.
3. Voir *infrà* les réserves à faire au sujet des congrégations religieuses.
4. M. Berlier au Conseil d'Etat : « Les caractères qui constituent l'association c'est le nombre et surtout le but de se réunir tous les jours ou à certains jours marqués. » (Locré, t. XXX, p. 112.)
5. L'autorisation était donnée par le ministre de l'Intérieur ou ses agents, à Paris le préfet de police, dans les départements les préfets et les sous-préfets.
6. Sur la situation légale de ces associations qui ne peuvent avoir qu'une capacité de fait péniblement acquise par la capacité des individus qui les composent voir Simonin. Congrès de 1899, p. 197 et s.
7. Consultation de M. de Vatimesnil (consultation de M. Rousse, p. 71).

Telles sont les conditions imposées à l'association pour être licite. Avec l'agrément du gouvernement elle existe ; mais cette autorisation n'a d'autre effet que de la mettre à l'abri de la dissolution et des poursuites. Elle n'aura la personnalité morale qui lui permettra de constituer un patrimoine, d'agir en justice, de recueillir des libéralités que si elle obtient en outre la reconnaissance d'utilité publique accordée par le chef de l'Etat après avis du Conseil d'Etat. Cette nouvelle autorisation obtenue par l'association et concédée aussi suivant le bon plaisir du Gouvernement, il lui faudra encore recourir à une autorisation spéciale pour recevoir des libéralités [1] et la plupart du temps, aux termes des statuts qui lui seront donnés, pour tous les actes de la vie civile.

Ainsi, autorisation nécessaire pour l'existence, autorisation nécessaire pour la personnalité, autorisation pour l'exercice de cette personnalité, tel est le régime imposé aux associations par le Code pénal complété par les principes du Code civil et les règles qui seront appliquées par la pratique administrative. C'est donc en apparence seulement qu'on a pu voir dans ce régime la reconnaissance du principe de liberté [2]. Ce principe a pu être proclamé dans la discussion du Code pénal [3]. En réalité il n'est reconnu que par la disposition arbitraire et dérisoire qui prévoit le groupement de moins de vingt personnes [4], et par la disposition d'une application si incertaine qui concerne les personnes domiciliés dans la même maison. Au fond c'est le principe de prohibition qui domine dans cette section du Code pénal dont le titre vise les associations « illicites ». C'est le régime préventif qui est établi dans notre

---

1. Article 910 du Code civil.

2. « L'article 291 consacre le droit d'association, mais l'entoure aussitôt de tant d'entraves que l'exercice en devient presque impossible. » (Simonin. Congrès de 1899, p. 203.) — Voir les conclusions de M. Delepouve dans le procès des assomptionistes. (*La Croix*, supplément du 26 janvier 1900.)

3. M. Berlier au Conseil d'Etat : « L'action de se réunir est de droit naturel. » (Locré, t. XXX, p. 170).

4. On voit ce que peut être une association de moins de vingt personnes : « C'est un enfant qui, dès sa vingtième année, gêné dans sa libre expansion, s'étiole et meurt. » (Simonin, *eod loco*, p. 204.)

législation et qui doit être encore aggravé par la suite. Le Code pénal, ne se bornant pas à réprimer les associations illicites par leur objet et le but qu'elles poursuivent, supprime la liberté d'association [1] en subordonnant à l'arbitraire du pouvoir l'existence de toute association ; il consacre l'individualisme et revient aux principes de l'ancien régime.

Comment, sous le gouvernement impérial, ce régime fut-il appliqué et quel fut le sort des diverses catégories d'associations que nous avons distinguées ?

Les diverses catégories d'Associations

§ 1. — *Les associations politiques.*

Les associations politiques étaient visées d'une façon incontestable par le Code pénal, et nous avons montré que ses dispositions excessives furent surtout provoquées par la crainte qu'elles inspiraient et les mauvais souvenirs qu'elles avaient laissés aux contemporains de la Révolution. En fait, il semble bien que les tribunaux n'eurent guère à leur faire l'application de prescriptions dont la menace suffisait à les interdire [1], et dont un pouvoir aussi absolu que celui de Napoléon n'aurait pas hésité à faire l'usage le plus rigoureux. Aussi a-t-on pu dire que sous l'Empire le Code pénal fonctionnait « à vide », les associations politiques ne pouvant se former [2].

Sous les Cent Jours seulement on vit se créer dans plusieurs départements des fédérations qui s'organisèrent pour la défense du territoire. Les clauses du pacte fédératif étaient du reste soigneusement visées par l'autorité publique laquelle ne manquait pas de réserves en droit de contrôle souverain.

---

1. Basseville. *Le droit d'association,* 1897, p. 95 : « L'article 291 crée le délit général d'association. »

2. Weil, p. 35.

3. Voir l'exemple de la fédération de Bretagne cité par Weil, p. 35.— Voir aussi sur la fédération lyonnaise ; Latreille. *Revue hebdomadaire,* 24 août 1898, p. 425.

§ 2. — *Les associations professionnelles et ouvrières.*

Les associations professionnelles, demeurées proscrites
en vertu de la loi de 1791, tombaient, elles aussi, sous la
prohibition du Code pénal. Ce n'est pas qu'un mouvement
ne se fût produit au lendemain de la Révolution en faveur
d'un rétablissement de groupements professionnels [1] dont
la destruction complète avait produit une désorganisation
incontestable dans le monde du commerce et de l'industrie [2]. Mais, outre que ce mouvement rencontrait une opposition fondée sur le souvenir encore vivant des abus des
anciennes corporations, il venait surtout d'un besoin d'organisation dans le monde du commerce et des affaires. Il
émanait des patrons, et surtout des patrons du petit commerce ; la grande industrie et le haut commerce bornant
leurs vœux à une législation qui aurait constitué un code
industriel [3], et réclamant des mesures qui pourraient as-
sujettir les ouvriers sans leur conférer le droit d'association [4].

Ces vœux, qui étaient inspirés par des considérations
d'utilité pratique et nullement par des aspirations vers la
liberté d'association, se manifestèrent par de nombreuses
pétitions [5]. La plus notable fut celle présentée en 1805 par
les marchands de vin de Paris qui concluait au rétablissement dans cette profession d'une corporation destinée à
assurer la loyauté du commerce et la répression des fraudes. La Chambre de commerce de Paris, chargée d'examiner ce projet [6], conclut, par l'organe de son rapporteur,
Vital Roux, au rejet d'une proposition qui portait atteinte

1. Voir notre article dans la *Réforme sociale* du 1er août 1915 : « Les
tentatives de restauration des corporations sous Napoléon Ier » d'après
les sources puisées aux Archives Nationales (tirage à part, p. 4, voir l'opinion de Henrion de Pansey).
2. *Eod. loco*, p. 1, sources citées.
3. *Eod. loco*, p. 3.
4. De Laborie. *Paris sous Napoléon. Le monde du travail et des affaires*, p. 331.
5. Voir les sources citées dans notre article de la *Réforme sociale*, p. 7 ;
Levasseur. *Histoire des classes ouvrières*, t. I, p. 251, 253.
6. *Rapport sur les jurandes et les maîtrises et sur un projet de statuts
et règlements pour MM. les marchands de vin*. Imprimé par la Chambre de
commerce, 1805. — Ce projet est cité par Locré, t. XVII, p. 371.

à la liberté du commerce dont elle considérait la concurrence comme le plus actif stimulant. Elle invoqua surtout les abus des anciennes corporations.

Déjà, lors de la préparation de la loi du 2 germinal an XI (12 avril 1803), la question d'une reconstitution des groupements professionnels s'était posée, et à la suite du rapport de Regnault de Saint-Jean-d'Angély au corps législatif, on s'était contenté de créer les Chambres consultatives des manufactures qui n'avaient aucun caractère corporatif. De même, en 1806, au moment de la préparation du Code de commerce, des craintes furent exprimées au sujet des idées de rétablissement des corporations [2].

Cependant les milieux administratifs n'étaient pas défavorables [3] à une réglementation qui par contre-coup aurait permis d'exercer une surveillance sur les masses ouvrières. Napoléon y était porté par son amour d'ordre et de régularité et sa tendance naturelle à enregimenter le monde du travail. Aussi fit-il réunir le 28 mars 1810 au ministère de l'Intérieur un conseil qui avait pour but primitif de régulariser le prix des journées des ouvriers du bâtiment et qui aboutit à la rédaction d'un projet soumis au Conseil d'Etat [4]. Ce projet qui, tout en évitant la dénomination de corporation, reconstituait sous l'autorité du préfet de police un groupement professionnel, à Paris seulement et dans l'industrie du bâtiment, fut sanctionné par Napoléon et devint le décret du 25 mars 1811. Ce décret, dont les expéditions furent retirées par ordre impérial, ne devait jamais être appliqué. L'Empereur craignait-il d'apporter ainsi, par l'institution d'un groupement permanent de patrons, une restriction au principe de prohibition de la liberté d'association posé par le Code pénal? Ne put-il se décider d'autre part à porter atteinte au principe de la liberté commerciale en paraissant établir une sorte de privilège? Ne craignit-il pas le mécontente-

---

1. *Moniteur* du 13 germinal an XI.
2. Locré, t. XVII, p. 114, 119, 369.
3. Article de la *Réforme sociale*, p. 9.
4. Pour les détails voir l'article de la *Réforme sociale*, p. 18 et s. Le rapport du ministre de l'Intérieur rappelait les bons côtés de la réglementation antérieure à la Révolution.

ment des masses ouvrières en face des dispositions du
décret qui réglaient les heures de travail et même indirectement le taux des salaires? Chacune de ces hypothè-
ses nous paraissent contenir une part de vérité. Quoi qu'il
en soit, ce qu'il faut retenir, c'est que l'idée de reconstituer les groupements professionnels n'était pas mûre et
que surtout personne ne se fut avisé pour y parvenir d'invoquer le principe de la liberté d'association dont la notion
n'existait pas dans les esprits.

Ce qu'on peut remarquer seulement c'est que la nécessité de la vie du monde des affaires faisait apparaître les
inconvénients de l'isolement et de l'émiettement qui étaient
le résultat de la législation révolutionnaire. De là les tendances et les vœux que nous venons de rappeler. Napoléon lui-même avec le sens pratique qu'il apportait aux
questions de réorganisation intérieure du pays, saisissait
la nécessité de réagir contre un individualisme néfaste et
de rétablir certains corps dans l'intérêt de la bonne administration de l'Etat. On a pu citer à cet égard ses paroles
significatives à Mollien : « Je ne crains pas, avait-il dit,
de chercher des exemples et des règles dans les temps
passés : en conservant tout ce que la Révolution a pu produire de nouveautés utiles, je ne renonce pas aux bonnes
institutions qu'elle a eu le tort de détruire... il est des
professions qu'il ne faut pas laisser accessibles à tout
caprice [1]. »

C'est ainsi qu'en 1802 furent créées les Chambres de
commerce, que les bouchers en l'an VIII et en l'an X, les
boulangers en l'an XI furent constitués en corps·d'état [2].
L'exercice des professions se rattachant à la médecine
(pharmaciens, herboristes, sages-femmes) fut réglementé
par la loi du 21 germinal an XI. C'est ainsi encore que le
préfet de police organisa de sa propre autorité [3] une surveillance des travaux du bâtiment en créant en 1803 le

---

1. Mollien. *Mémoires*, t. I, p. 261 et 266 (cité par de Laborie. *Paris sous
Napoléon. Le monde des affaires*, p. 249).

2. Chez les bouchers le nombre des patrons était limité en droit et chez
les boulangers en fait par le préfet de police. (Martin Saint-Léon. *Histoire des corporations*, p. 60 ; Fagniez. *Corporations et syndicats*, p. 68 ;
Hubert-Valleroux. *Les corporations d'arts et métiers*, p. 187 et s.)

3. Article de la *Réforme sociale*, p. 5 ; Fagniez, p. 72.

bureau des entrepreneurs de charpente, en 1809 celui des entrepreneurs de maçonnerie, en 1810 celui des entrepreneurs de pavage. Ces groupements nommaient des syndics et surveillaient les chantiers. Il faut y joindre certaines survivances du régime corporatif qui se perpétuèrent avec les associations d'ouvriers papetiers de l'Auvergne et de l'Angoumois, les prud'hommes pêcheurs de la Méditerranée, les portefaix de Marseille et de Nantes, les brouettiers du grand corps au Havre [1].

A part ces dernières exceptions, il s'agissait de groupements patronaux. Quant aux associations entre ouvriers, prohibées, aussi bien que les associations entre les patrons, par le législateur en 1791, elles demeuraient formellement interdites par la législation nouvelle, car si le Consulat avait hérité de la méfiance de la Révolution contre les associations et surtout contre les coalitions ouvrières, il devait se prémunir contre elles par des mesures rigoureuses.

La méfiance contre les ouvriers était en effet le sentiment dominant chez la bourgeoisie obsédée par le souvenir de la dictature des faubourgs pendant la Terreur. On a pu considérer la législation de cette période comme une revanche de sa part [2]. Les tentatives de rétablissement des groupements professionnels venaient des patrons qui avaient surtout en vue de discipliner les ouvriers, sans vouloir, ainsi que nous l'avons remarqué, leur reconnaître aucun droit d'association [3]. C'est ainsi que la fameuse pétition des marchands de vin en 1805 prévoyait des mesures contre les coalitions de leurs garçons [4]. La grande industrie, par l'organe du conseil général des fabriques et des manufactures, réclamait un code manufacturier qui maintint l'ordre et la subordination dans les ateliers [5].

---

1. Farniez. *Corporations et syndicats*, p. 71. Sur l'organisation des forts aux halles centrales voir la *Gazette des Tribunaux*, 27 août 1917.

2. De Brémond d'Ars (*La vertu sociale du christianisme*, 1890, p. 289), cite cette pensée de Karl Marx : la bourgeoise, qui a joué un rôle révolutionnaire, arrivée au pouvoir, détruit les liens qui existaient entre les hommes.

3. De Laborie, p. 331.

4. Article de la *Réforme sociale*, p. 8. — Rapport de Vital Roux, p. 159.

L'idée de faciliter et de régulariser les rapports entre les ouvriers était bien loin de la pensée de ceux qui préconisaient ces réformes.

Du côté du pouvoir, même hostilité. Vis-à-vis des ouvriers qui cependant, surtout dans la population parisienne, lui étaient sincèrement attachés, Napoléon éprouvait un sentiment de défiance. Il redoutait les masses ouvrières. Aussi on voit l'administration se préoccuper du nombre des ouvriers qui arrivent à Paris, elle exerce sur eux une surveillance qui se révèle par une rubrique spéciale dans les rapports quotidiens du préfet de police, elle s'inquiète de prévenir le chômage par l'organisation de chantiers ou par l'entreprise de grands travaux ; elle vise surtout à les discipliner par les dispositions que nous allons relever dans la loi de germinal, par les prescriptions, qui du reste ne furent point appliquées, sur la durée des heures de travail, par les tentatives de fixation des salaires [2]. L'éphémère décret du 25 mars 1811 avait surtout pour objet, par l'inscription des ouvriers sur des registres tenus sous le contrôle de la police, par la réglementation des salaires et des heures de travail, d'exercer une surveillance sur les ouvriers du bâtiment [3]. Le but poursuivi c'était de discipliner, disons le mot, d'enrégimenter les ouvriers. Les grèves et les coalitions préoccupaient surtout le pouvoir central ; elles avaient soulevé, en matière de travaux publics, des incidents tumultueux qui n'avaient pas été sans inquiéter l'administration [4]. Ce fut même à cette occasion et pour « empêcher à l'avenir toute espèce de cabale » de la part des ouvriers du bâtiment que l'Empereur devait saisir le Conseil d'Etat du projet de décret de 1811 [5]. La crainte des ouvriers et des groupements d'ouvriers devait donc au fond dominer les mesures d'organisation du travail [6].

La principale de ces mesures fut la loi du 22 germinal

1. Article de la *Réforme sociale*, p. 3.
2. Voir sur ses points l'article de la *Réforme sociale*.
3. *Eod. loco*, p. 11.
4. De Laborie. *Le monde des affaires*, p. 340 et s.
5. Rapport du ministre de l'Intérieur. *Archives*. F. IV, p. 195.
6. « Les grands industriels avaient seuls la parole, l'influence, le droit de voter. » (Du Célier, p. 41.)

an XI (12 avril 1803) [1] intitulée « loi relative aux manufactures, fabriques et ateliers ». Sous le titre relatif à la police de ces établissements elle visait les coalitions c'est-à-dire l'association passagère formée pour exiger un avantage déterminé. Le mot de coalition n'existait pas dans la loi de 1791 qui ne visait en somme que l'entente [2], des citoyens de même métier, patrons et ouvriers, contre le public. La Convention, par la loi du 23 nivôse an II, proclamant que l'ouvrier ne pouvait réclamer qu'individuellement, avait prohibé les « coalitions entre ouvriers » pour « provoquer la cessation du travail ». La loi de germinal subordonna la pénalité à une tentative ou à un commencement d'exécution [3], mais elle substitua à l'amende l'emprisonnement que la loi de 1791 ne prononçait qu'en cas de violence ; de plus elle établit une inégalité entre les ouvriers et les patrons.

L'article 6 en effet frappait les patrons dans le cas seulement où il y avait coalition « injuste et abusive pour faire baisser les salaires » et n'édictait pas nécessairement l'emprisonnement. L'article 7 frappait les ouvriers au cas de « toute coalition » pour « cesser le travail, suspendre, empêcher ou enchérir les travaux », et prévoyait exclusivement la peine de l'emprisonnement. L'article 8 réprimait par les peines prévues au Code correctionnel et au Code pénal les coalitions d'ouvriers accompagnées de violences, voies de fait et attroupements.

Il faut ajouter que la loi de germinal, tout en réglant le contrat d'apprentissage imposait aux ouvriers l'obligation du livret et soumettait au préfet de police et aux commissaires de police, partout où ils existaient, les ouvriers pour les règlements de leurs différends avec leurs patrons.

Le Code pénal, visant dans son article 291 toutes les

---

1. Pour le rapport de Regnault de Saint-Jean-d'Angély voir l'article de la *Réforme sociale*, p. 6.

2. L'article 2 parle de « délibérations » et de « règlements ».

3. On a soutenu que la loi de germinal permettait la délibération et l'entente quand il n'y avait pas tentative de cessation de travail. (Emile Ollivier. *Exposé des motifs de la loi de 1864* ; Sirey. *Lois*, 1864, p. 26.) Tout au moins elle ne prohibe pas expressément la simple entente qui suffisait d'après la loi de 1791 (article 2).

catégories d'associations atteignait sûrement les associations ouvrières par le fait seul de leur existence, avec cette aggravation qu'il prévoyait une peine contre leurs chefs ; la loi du 17 juin 1791, tout en interdisant l'organisation de groupements d'ouvriers, n'avait prononcé de sanction contre eux que quand ils formaient des conventions tendant à refuser leur travail ou à ne l'accorder qu'à un prix déterminé [1]. La liberté d'association elle-même était désormais proscrite.

Les coalitions devaient être l'objet de l'attention spéciale du législateur du Code pénal, surtout les coalitions d'ouvriers. Au Conseil d'Etat, dans la séance du 3 décembre 1808 [2], Cambacérès fit en effet remarquer « que les coalitions d'ouvriers, s'il y a eu un commencement d'exécution, doivent être punies avec plus de sévérité. Toute coalition constitue ceux qui la forment en état de révolte contre le bon ordre et les lois, et les conduit souvent aux excès les plus dangereux ». M. Réal dit « que le moyen le plus efficace pour détruire les coalitions, c'est de s'appesantir sur les chefs... ils devraient être punis du banissement, en sus de la prison ».

Ces principes furent appliqués par le Code pénal qui continua toutefois à maintenir pour le délit de coalition la nécessité d'une tentative ou d'un commencement d'exécution [3]. Contre les patrons, l'article 414 continuait à viser seulement la coalition tendant « à forcer injustement et abusivement l'abaissement des salaires », mais il doublait l'amende et augmentait l'emprisonnement rendu obligatoire. Contre les ouvriers, l'article 415 prévoyait toute coalition ayant pour but « de *faire cesser* en même temps le travail », « d'empêcher de s'y rendre, d'empêcher ou enchérir les travaux ». La pénalité était un emprisonnement plus grave pour les ouvriers et augmenté contre « les chefs ou

---

1. Article 2 et 4 de la loi du 17 juin 1791.
On a fait remarquer que la loi de 1791 n'interdit pas aux ouvriers de se réunir, mais de s'organiser. (Martin Saint-Léon. *Le compagnonnage*, 1901, p. 86.)
2. Locré, t. XXXI, p. 61.
3. Articles 414, 415. La violence accompagnant la coalition ne fut spécialement frappée que par la loi de 1864. — Ravier du Magny. *Revue catholique des Institutions*, août 1912, p. 110.

moteurs » ; ceux-ci pouvaient en outre être mis sous la surveillance de la haute police d'après l'article 416 lequel frappait également les ouvriers ayant prononcé des amendes ou interdictions contre les entrepreneurs ou contre les autres ouvriers [1].

Telle était la situation prohibitive faite aux associations professionnelles par le Code pénal. Mais les dispositions légales sont, comme on l'a dit, moins fortes que la nature des choses [2]. Nous avons vu que, du côté des patrons, se manifestèrent des tendances à une reconstitution des groupements professionnels dont la nécessité se faisait sentir. En fait, des ententes et des groupements se produisirent et les articles sur les coalitions et l'accaparement paraissent avoir été rarement appliqués [3].

Quant aux ouvriers, par crainte de les voir s'organiser en associations politiques sous prétexte de groupements professionnels, on leur appliqua rigoureusement les dispositions légales. Sous l'Empire cependant on peut remarquer leur indifférence pour les questions politiques, indifférence qui venait de leur désillusion de la période révolutionnaire où ils avaient servi d'instruments aux ambitions des meneurs de la classe bourgeoise [4]. Mais, s'ils ne regrettaient pas les corporations qu'ils ne considéraient dans les souvenirs de l'ancien régime que comme un privilège au profit des patrons, ils n'en éprouvaient pas moins le besoin de se grouper pour améliorer leur situation et défendre leurs intérêts. Ils devaient donc se rejeter sur des groupements clandestins, tels que les associations que le pouvoir feignait d'ignorer [5] et surtout tels que le compagnonnage.

Dans ces divers groupements, à mesure que se dévelop-

---

1. L'article 419 du Code pénal frappe « la réunion en coalition entre les principaux détenteurs d'une même marchandise ».

Notons que l'article 408, qui élève la peine de l'abus de confiance quand il est commis par un salarié, parle des « ouvriers, compagnons ou apprentis ».

2. C. Benoist. *Revue des Deux-Mondes*, 1er août 1908, p. 484.

3. Ravier du Magny, p. 105 ; du Célier, p. 41.

4. De Laborie, p. 317.

5. Il y avait, en 1800, 14 associations ouvrières à Paris. (C. Benoist, p. 485.)

pera le prolétariat avec l'extension de la grande industrie, se développera aussi l'antagonisme avec la classe patronale dont la classe ouvrière se trouvera de plus en plus séparée grâce à l'émiettement produit par une législation prohibitive du droit d'association.

Le compagnonnage, auquel les ouvriers demandèrent à la fois l'assistance et les moyens de lutte contre le patronat[1], avait survécu à l'ancien régime. Il participait de la franc-maçonnerie et du groupement syndical[2], car son double caractère était la clandestinité et l'exclusivisme. Il comportait des signes cabalistiques, des initiations, des mises à l'index ou en interdit ; il suscitait des luttes entre associations rivales, telles que les compagnons *du Devoir* et les compagnons des *Bons enfants*. Contre ces associations secrètes ouvrières qui provoquaient des rixes assez fréquentes dans les grandes villes, la police n'intervenait que d'une façon intermittente et le pouvoir agissait surtout par des mesures administratives[3].

Les sociétés de secours mutuels, auxquelles recouraient les professions exclues du compagnonnage[4], commençaient à se former entre divers groupements ouvriers[5] qui joignaient à leurs opérations de mutualité des caisses destinées à subventionner les grèves.

En un mot, si les groupements ouvriers se constituaient par la force même des choses, les pouvoirs publics restaient fidèles à la conception individualiste du contrat de travail issue de la Révolution. Cette conception sera encore longtemps celle du législateur. « Il a fallu, observe avec raison M. Fagniez[6], la lente diffusion des idées et des institutions démocratiques, le spectacle des misères de la classe ouvrière dans la grande industrie, les sympathies et les utopies auxquelles elles ont donné naissance pour

1. Martin Saint-Léon. *Le compagnonnage*, p. 79.
2. De Laborie, p. 332 ; Fagniez, p. 94.
3. Martin Saint-Léon. *Le compagnonnage*, p. 86.
4. Fagniez, p. 95.
5. Les sociétés de secours mutuels se développent sous l'Empire. En 1809 on en compte 57. (Mlle Chaptal. *Revue hebdomadaire*, 28 février 1914, p. 523 et sources citées.) Sur la tolérance du pouvoir envers les sociétés de secours mutuels, voir du Célier, p. 31.
6. Fagniez. *Corporations et syndicats*, p. 93.

faire accepter par des régimes, mal disposés pour l'association patronale elle-même, la légitimité de l'association ouvrière. »

§ 2. — *Les associations religieuses et les congrégations.*

Au moment où est promulguée la Constitution de l'an VIII, les groupements constitués pour l'exercice du culte jouissent, comme nous l'avons vu, d'une tolérance légale sous une surveillance parfois tracassière des autorités. Cette tolérance s'applique, en principe, sous le régime de la séparation, à tous les cultes ; mais, en fait, le culte catholique se rétablit partout et les populations manifestent d'une façon non équivoque de leurs vœux en faveur d'une réorganisation légale de ce culte. Le clergé constitutionnel achève de disparaître devant l'indifférence générale [1]. La secte des théophilanthropes va être dissoute le 12 vendémiaire an X [2].

Quant aux congrégations religieuses, elles sont proscrites depuis la loi de 1792 ainsi que les associations religieuses légalement reconnues jusqu'à cette époque. Il semble bien, malgré des faits nombreux de persécution religieuse, qu'aucune prohibition légale ne frappait les personnes continuant à mener la vie religieuse à titre privé. C'était là, nous l'avons dit, une situation de fait non définie et sans sécurité. Cette situation se présentait de plus en plus fréquemment, et, par la force des choses, les congrégations, surtout les congrégations hospitalières, s'étaient maintenues avec le rétablissement de l'ordre public [3]. C'est ainsi que plusieurs congrégations religieuses s'étaient reformées en secret sous la Terreur [4] ; que, sur certains points, les hôpitaux militaires n'avaient pas cessé d'être desservis par les sœurs de la Sagesse [5]. C'est ainsi que le

1. De Laborie. *Paris sous Napoléon. Le Consulat à temps*, p. 358.
2. *Eod loco*, p. 341.
3. « Sur les vieux troncs que la hache révolutionnaire avait tranchés, des bourgeons nouveaux repoussent et pullulent. » (Taine, t. XI, p. 136.)
4. Rousse. *Consultation*, p. 85. — Une congrégation se forme le 6 avril 1792. (Taine, t. XI, p. 137.)
5. *Revue catholique des Institutions*, décembre 1891, p. 496).

gouvernement consulaire lui-même avait autorisé par mesures administratives le rétablissement de plusieurs ordres religieux et notamment des sœurs de charité [1]. La renaissance des congrégations religieuses s'opérait de toutes parts [2]. Sous la Constitution de l'an VIII [3] il n'était plus question comme dans celle de l'an III des vœux religieux.

Quelles mesures législatives devaient, dans la période du Consulat et de l'Empire, être appliquées aux associations religieuses et spécialement aux congrégations ?

Le 8 avril 1802 était promulgué le concordat suivi des articles organiques. Nous ne saurions, sans sortir du cadre de ce travail, rappeler comment le premier consul, tout en apportant au pays l'inestimable bienfait de la restauration et de la liberté du culte catholique, entendait se servir de l'organisation nouvelle pour absorber l'Eglise par l'Etat, et pour faire du clergé un corps de fonctionnaires [4] ; comment dans ce but les articles organiques vinrent s'ajouter après coup à la Convention conclue avec le Souverain Pontife. Ce qu'il faut retenir c'est que le gouvernement consulaire comprenait la nécessité de ramener la pacification religieuse qui était réclamée par l'opinion publique ; pour y arriver il ne tomba point dans l'erreur qui devait être celle du législateur de 1905 et qui consista à traiter l'Eglise catholique comme un ensemble d'associations ordinaires dont l'Etat pouvait seul régler la constitution. Sans doute l'Etat s'efforcerait de se réserver la haute main sur l'organisation nouvelle du culte, mais pour en jeter des bases durables, il comprenait la nécessité d'une entente avec le chef de l'église catholique. Il recourait à la forme d'une convention diplomatique [5]. C'est ce qu'expliquait la proclamation des consuls à l'occasion de la promulgation du Concordat : « Pour éviter les dissen-

---

1. Arrêté ministériel du 1er nivôse an IX (Rousse, p. 88) et les décisions antérieures au décret de messidor citées plus loin.

2. Le 22 avril 1801 le préfet de police trouve à Paris 62 maisons religieuses. (De Faget de Casteljau. *Histoire du droit d'association*, p. 161.)

3. Article 4.

4. Taine, t. XI, p. 166.

5. Titre du Concordat : « Convention entre le gouvernement français et sa Sainteté Pie VII ».

sions religieuses, disaient-ils, il faut asseoir la religion
sur sa base, et on ne pouvait le faire que par des mesures
avouées par la religion même. C'était au souverain pontife que l'exemple des siècles et la raison commandaient
de recourir pour rapprocher les opinions et réconcilier
les cœurs [1]. »

Les cultes dissidents recevaient leur charte : les cultes
protestants par les articles organiques du 18 germinal
an X, le culte israélite par le décret du 17 mars 1808 [2].

En somme, si le gouvernement constatait par le Concordat que la religion catholique était « la religion de la
grande majorité des citoyens français », le Concordat et
les dispositions postérieures reconnaissaient légalement
trois cultes en France. C'était constituer un régime qui
paraissait le mieux adapté aux nécessités du rétablissement de l'ordre social, ce n'était pas établir la liberté des
cultes [3]. Il en résultait que l'association ayant pour objet
l'exercice d'un culte ne pouvait se constituer librement.
Cela ressort d'une façon formelle du Concordat soumettant l'exercice du culte catholique aux règlements de police
nécessaires pour la tranquillité publique, et des articles
organiques [4] déclarant que les cultes reconnus ne pourront être exercés que dans les chapelles ou les temples
autorisés, soumettant les assemblées extraordinaires des
consistoires et la réunion des synodes à l'autorisation du
gouvernement. A plus forte raison en aurait-il été de
même pour les cultes non reconnus dont l'exercice n'était
pas prévu par les articles organiques [5]. Le Code pénal,
nous allons le noter, sera plus formel encore par la généralité de ses termes.

Le Concordat et les articles organiques visaient-ils les
congrégations religieuses ? Expressément ils ne les men-
tionnaient pas. Implicitement les proscrivaient-ils ? On

1. Carette. *Lois annotées,* 2ᵉ série. Note sur la loi du 18 germinal an X.
2. Lucien Brun. *La condition des Juifs*, p. 172.
3. La charte de 1814 (art. 5) portera : « Chacun professe sa religion avec
une entière liberté. » Mais une controverse s'est élevée sur la question
de savoir si cette formule comporte la liberté des cultes non reconnus.
4. Article 44 des articles organiques. — Article 8 du décret du 22 décembre 1812. — Article 22 des articles organiques des cultes protestants.
5. Dalloz. *Répertoire*, vᵒ cultes.

l'a soutenu en se fondant sur l'article 11 des articles organiques qui, après avoir prévu l'établissement de chapitres cathédraux et de séminaires [1], ajoutait : « tous autres établissements ecclésiastiques sont supprimés ». Cette disposition sera formellement visée par les décrets du 29 mars 1880 contre les congrégations religieuses et par le rapport qui les précède [2].

Ce qui semble bien résulter des textes et de l'esprit dans lequel ils furent rédigés c'est que ni le Concordat, ni les articles organiques ne visèrent en réalité les congrégations religieuses. Le texte du Concordat est muet à leur égard et ce silence paraît avoir été volontaire. Il était question de la situation qui serait faite à la religion catholique en France, de la constitution des diocèses, de la nomination des évêques, du traitement du clergé ; la question des congrégations religieuses ne fut pas débattue [3]. Elle paraît même avoir été réservée d'après la volonté de Bonaparte [4]. Dans tous les cas il est impossible de soutenir que le Saint-Siège ait pu souscrire indirectement, et en quelque sorte par prétérition, à l'interdiction absolue, complète et perpétuelle des ordres religieux en France [5].

Quant aux articles organiques, ils ne faisaient pas davantage mention des congrégations. Les établissements ecclésiastiques visés par l'article 11 étaient des établissements dépendant des évêques et pouvant être créés par eux [6]. Il s'agissait en tous cas d'établissements devant être investis de personnalité civile, et l'interdiction d'en créer d'autres que ceux qui étaient prévus n'entraînait pas la prohibition de mener en commun la vie religieuse sans prétendre à aucune reconnaissance officielle [7]. On peut donc affirmer que les articles organiques ne contenaient

1. Déjà prévus par le Concordat.
2. Consultation de M. Rousse, 1880.
3. Crépon. *Revue des Deux-Mondes*, 15 janvier 1901, p. 398.
4. Sources citées par de Faget de Casteljau. *Histoire du droit d'association*. 1905, p. 160 ; Lortat-Jacob. *Les congrégations devant la loi de 1901* (1905, p. 15, 16).
5. Rousse, *Consultation*, p. 67, note 1.
6. Crépon, p. 399.
7. Rousse. *Consultation*, p. 67 (note 3) p. 88, 232.

aucune disposition nouvelle relativement aux congrégations. Jamais du reste le Concordat ni les articles organiques ne furent invoqués par les décisions qui à cette époque autorisèrent ou supprimèrent des congrégations religieuses [1] non plus que par le décret de messidor.

Le 3 messidor an XII (22 juin 1804) était rendu ce décret qui, cette fois, visait formellement les congrégations religieuses [2]. Il était rendu à l'occasion d'une congrégation qui s'était constituée au lendemain du Concordat, celle des Pères de la foi ou Pacanaristes et il en prononçait la dissolution. Mais en même temps il visait toutes les congrégations religieuses : « Sont pareillement dissoutes toutes autres agrégations ou associations formées sous prétexte de religion et non autorisées. » Le décret, conformément à la législation précédente, prohibait tout ordre religieux dans lequel on se lie par des vœux perpétuels [3] et posait pour l'avenir le principe de la nécessité d'une autorisation par décret pour toute « agrégation ou association » religieuse d'hommes ou de femmes [4].

Le décret de Messidor était dépourvu de sanction puisqu'il ne déterminait aucune peine. Il prévoyait seulement

1. Ainsi le 7 février 1801 en ce qui concerne les Dames Saint-Thomas de-Villeneuve ; le 27 février 1801 en ce qui concerne les Cisterciens du Mont-Cenis. — Les décrets du 28 prairial an XI pour les sœurs de la Doctrine chrétienne, du 7 prairial an XII pour la congrégation de la mission de Saint-Lazare. — Le décret du 20 prairial an X supprimant des monastères dans quatre départements.

2. On a fait observer que l'apparition du décret de Messidor supposait que la loi de 1792 n'était plus en vigueur. (Rousse, *Consultation*, p. 66, note.) Notons cependant qu'en l'an XI, le conseiller d'Etat chargé des cultes se plaignait aux évêques de l'existence d'associations d'enseignement non autorisées et composées de membres des anciens ordres monastiques. (Weil p. 38).

3. Il fait noter que l'article 1780 du Code civil (on ne peut engager ses services qu'à temps) semblait reconnaître que les vœux n'avaient plus aucun effet légal. Comment pouvait-on interdire par une prohibition ce qui ne pouvait plus exister légalement ? C'est la question que nous poserons à propos de la loi de 1901 distinguant parmi les associations religieuses les congrégations reconnaissables aux vœux de leurs membres.

4. Le décret autorise cependant cinq congrégations de femmes en conformité de décisions administratives précédentes. — Sur le décret de Messidor voir : Burnichon, *La Compagnie de Jésus en France*, 1914, (t. I, p. 16 et s.). Ouvrage important à consulter pour tout ce qui concerne l'histoire de cette compagnie de 1814 à nos jours (trois volumes parus). — La compagnie de Jésus fut rétablie en France par le Bref de Pie VII du 7 août 1814.

la poursuite « par la voie extraordinaire » c'est-à-dire par mesure administrative [1]. Il paraît bien, au point de vue répressif, avoir été l'objet d'une application restreinte. On a même soutenu qu'il était inconstitutionnel car, aux termes du sénatus-consulte du 28 floréal an XII, une mesure relative à la liberté individuelle, à la liberté de conscience et à la liberté des cultes ne pouvait être prise que par le vote du Corps législatif [2]. La jurisprudence a cependant envisagé qu'il avait eu force de loi, au moins jusqu'aux lois de 1817 et de 1825 [4]. Les décrets de 1880 l'invoqueront également contre les congrégations religieuses.

Quoi qu'il en soit, à l'époque où le décret de Messidor fut en vigueur, il constitua une modification importante de la législation de 1790 et de 1792 [5]. Il reconnut en effet au pouvoir exécutif le droit d'autoriser des congrégations d'hommes ou de femmes et par suite de les dissoudre en rapportant l'autorisation. Au régime de la prohibition absolue il substituait celui de l'autorisation facultative, et il semble bien que cette autorisation devait conférer aux congrégations qui en seraient l'objet, non pas seulement une existence de fait comme celle dont jouissaient les congrégations qui avaient obtenu jusqu'alors une autorisation de police, mais une véritable existence légale accompagnée de la personnalité juridique. C'est en conséquence de cette législation nouvelle que plusieurs congrégations visées par le décret lui-même [6] devaient présenter leurs statuts au Conseil d'Etat ; que, de 1804 à 1813, on a compté 95 décrets approuvant les statuts de diverses associations religieuses de femmes [7] ; qu'en particulier les décrets du

1. Rousse. *Consultation*, p. 28 68.
2. De Faget de Casteljau, p. 170 ; le P. Burnichon (t. I, p. 19), déclare que « si le texte du décret de Messidor était rigoureux, l'exécution fut molle et intermittente ».
3. *Consultation* de M. Rousse, p. 190 (opinion de M. Demolombe).
4. Lortat-Jacob, p. 26 ; Cassation, 19 décembre 1864. (*Sirey*, 1865, I, p. 18.)
5. Lortat-Jacob, p. 21-22 ; *Contra* ; Rousse, p. 89.
6. Article 5 : « Néanmoins les congrégations (de femmes) connues sous le nom de..., continueront d'exister à la charge de présenter, sous le délai de six mois, leurs statuts et règlements pour être vus et vérifiés au Conseil d'Etat. »
7. Lortat-Jacob, p. 100 ; de Laborie, *La religion*, p. 130.

3 février 1808 et du 16 février 1809 [1] organisaient les congrégations hospitalières de femmes. C'est de même en conformité de cette législation que sont pris les décrets de révocation d'autorisation comme celui du 26 novembre 1809 sur les missions [2], du 3 janvier 1812 sur les congrégations dans certains départements [3].

Le Code pénal, nous l'avons dit, avait été surtout inspiré par la crainte des associations politiques, mais il visait certainement les associations ayant un objet religieux, et spécialement, aux termes des articles 293 et 294, les associations ayant pour objet l'exercice d'un culte. L'autorisation préventive est nécessaire, non seulement pour les cultes reconnus auxquels elle est accordée par le fait de l'affectation des édifices religieux, mais pour les cultes nouveaux ou dissidents qui voudraient s'organiser [4].

Le Code pénal s'applique-t-il spécialement aux congrégations religieuses, et vient-il, au point de vue de la légalité de leur existence [5], abroger les dispositions du décret de Messidor? on peut le soutenir avec une grande force. Si en effet les travaux préparatoires du Code pénal montrent bien, nous l'avons dit, que les préoccupations du législateur visaient surtout les associations politiques ; si l'exposé des motifs et le rapport ne disent pas un mot des congrégations religieuses [6] ; les articles 291 et suivants réglant la situation des associations qui s'occupent d'un objet religieux paraissent bien comprendre les congrégations. Mais l'article 291 excepte formellement les personnes domiciliées dans la maison « où l'association se réunit » ; ce groupement de personnes est en effet facile à surveiller et ne présente pas le danger qu'a voulu préve-

---

nir le législateur [1]. A qui peut s'appliquer cette expression ? Est-ce simplement aux membres de la famille, aux ouvriers d'un atelier, aux gens de service [2] ? N'est-ce pas logiquement à tout groupe d'individu qu'aucun lien de parenté ne rattache les uns aux autres, mais qui, pour une raison quelconque, partagent la vie commune dans un même domicile [3] ? Que signifient les termes employés s'ils n'embrassent pas les membres d'une congrégation religieuse [4] ? L'article 291 comporterait donc l'abrogation du décret de Messidor, en ce sens tout au moins que la congrégation religieuse non autorisée ne serait pas investie de la personnalité civile, mais n'encourrait aucune pénalité.

On devait cependant invoquer le Code pénal contre les congrégations. Les décrets de 1880 devaient, sans du reste en rapporter le texte [5], viser l'article 291 du Code pénal et paraissaient ne pas se préoccuper de la grave exception qu'il contient. Ce qui est certain, dans tous les cas, c'est que si le Code pénal s'applique aux congrégations, aux termes de l'article 292 la dissolution ne peut être prononcée que par le tribunal correctionnel chargé de statuer sur l'application de la peine. La compétence de l'autorité judiciaire à cet égard ne peut être mise en doute [6].

Quelle fut, dans cet état de la législation, l'attitude vis-à-vis des congrégations du pouvoir impérial ? Les congrégations religieuses paraissent, en elles-mêmes, suspectes à Napoléon. Il y voit des corps spontanés s'organisant eux-mêmes en face de l'Etat [7] dont la doctrine révolutionnaire toujours vivante entend maintenir l'omnipotence par la

---

1. M. Demolombe a même fait remarquer que cette disposition est superflue puisque pour se réunir « tous les jours ou à des jours marqués » les membres d'une association devaient avoir des domiciles séparés (Rousse, p. 184).

2. Rousse, p. 71.

3. Rousse, p. 184.

4. Comment ces termes : personnes domiciliées dans la maison *où l'association se réunit*, viseraient-ils les domestiques ou les parents ?

5. Le rapport du garde des Sceaux qui précède les décrets ne vise même pas l'article 291 de Code pénal.

6. M. Demolombe (Rousse. *Consultation*, p. 191).

7. Taine, t. XI, p. 31.

destruction de tout organisme autonome [1]. Le clergé séculier lui suffit, car il entend l'incorporer dans les roua-
ges de l'Etat qu'il organise. Il est loin d'envisager la vie
religieuse comme une aspiration légitime qu'il doit être
permis de satisfaire. Les congrégations lui apparaissent
comme des institutions arbitraires qui ne tiennent pas à
l'essence de la religion et viennent défigurer le plan suivant lequel il a décidé de la rétablir [2]. De là les mesures
qu'il prend contre elles et notamment le décret de Messidor. Mais comme il a le sentiment des nécessités pratiques.
par une contradiction qu'expliquent ces nécessités dont il
se rend compte, il fait fléchir ses idées devant le sentiment des besoins administratifs, hospitaliers, ou éducatifs.
Les ordres voués à la prière et à la méditation lui apparaissent comme n'apportant aucun concours à la société [3],
mais il autorise les communautés dont il pourra tirer
parti pour la réorganisation du pays, étant donné qu'elles
resteront soumises à l'autorité et au contrôle du pouvoir
central. Dans ce but il aura même le projet, en 1805, de
réunir en une seule toutes les congrégations des femmes
existantes [4].

C'est ainsi que, pour la bonne administration des hôpitaux, il reconstitue les congrégations hospitalières [5]; que,
pour replacer l'enseignement primaire sur des bases soli-
des, il incorpore à l'Université les Frères des écoles chrétiennes [6]; qu'il rétablit légalement les religieux du Mont-
Cenis, ceux du Mont-Saint-Bernard et du Simplon [7]; qu'il
approuve les statuts d'un grand nombre de communautés
de femmes [8]. L'arbitraire laisse même place à une large
tolérance, car jusqu'en 1814 on voit se fonder sans autorisation jusqu'à cinquante-quatre communautés nouvelles,

---

1. Taine, t. IX, p. 204.
2. Taine, t. XI, p. 30, 31, 32 ; Lortat-Jacob, p. 18 ; de Laborie. *La religion*, p. 117. — Note de Napoléon à Portalis (Burnichon, t. I, p. 16).
3. Lortat-Jacob, p. 18.
4. De Laborie. *La religion*, p. 128.
5. Décret du 18 février 1809.
6. Décret du 17 mars 1808, article 1909.
7. Décrets du 20 janvier 1811, du 3 janvier 1812, du 23 juin 1813, rendus
en exécution d'un décret du 16 octobre 1810 (Sirey. *Lois*, sous la loi du
13 février 1790).
8. Lortat-Jacob, p. 100 ; Taine, t. XI, p. 33 (note 1).

dont sept en 1804, l'année même du décret de Messidor [1].

Tel est donc le résultat de la législation depuis le 18 brumaire en ce qui concerne cette troisième catégorie d'associations. Les associations ayant pour objet l'exercice d'un culte paraissent interdites quand elles ne rentrent pas dans les prescriptions du Concordat et des articles organiques. Elles tombent dans tous les cas, ainsi que les associations religieuses en général, sous le régime de l'autorisation préventive établie par le Code pénal. Sous l'influence des préjugés révolutionnaires qui continuent à les poursuivre, les congrégations religieuses ont une existence précaire. Elles peuvent être autorisées par le pouvoir exécutif et cette autorisation leur confère la personnalité, mais le pouvoir exécutif peut les dissoudre en rapportant le décret d'autorisation. C'est le régime de l'arbitraire. Pour celles qui existent sans autorisation il semble bien qu'elles n'encourent aucune pénalité et qu'elles échappent à la dissolution puisque le Code pénal paraît les avoir exceptées de ses dispositions prohibitives, abrogeant ainsi implicitement sur ce point, par la généralité de ses termes, le décret de Messidor. Mais il faut reconnaître que leur situation reste mal définie en l'absence de dispositions légales formelles et sous un régime où la vie commune avec une règle religieuse semble subordonnée en pratique à la tolérance du pouvoir. Cette situation, qui, sur le terrain légal, est loin de se présenter avec clarté, pèsera désormais sur les congrégations religieuses auxquelles leurs adversaieres continueront à dénier la liberté d'association en persistant à les comprendre dans les dispositions prohibitives du Code pénal.

§ 4. — *Les autres associations.*

Quelle était la situation des associations qui n'étaient pas comprises dans les trois catégories que nous venons d'indiquer ? Ces autres associations tombaient évidemment sous les dispositions du Code pénal et se trouvaient soumises à l'autorisation du gouvernement.

1. Rousse, *consultation*, p. 32, 205 ; de Faget de Casteljau, p. 164, 173 (note) ; de Laborie. *La religion*, p. 132 et s.

Les associations de bienfaisance et économiques sont peu développées sous l'Empire. Les premières comprennent quelques sociétés charitables qui ont traversé la période révolutionnaire ou qui renaissent après l'an VIII, ainsi la société de charité maternelle et la société philanthropique [1]. Il faut noter cependant que la société de charité maternelle, reconstituée en 1801, fut l'objet de l'attention spéciale de Napoléon qui s'efforça de la transformer en une institution officielle. En 1810 il la plaçait sous la présidence de Marie-Louise et, par une véritable pression administrative, provoquait les souscriptions [2]. En dehors de ces deux grandes sociétés les associations charitables s'enveloppent d'une soigneuse discrétion [3], ou se plaçent sous la protection d'une organisatian quasi-officielle. Dans cette dernière catégorie on peut ranger le comité central des soupes économiques qui eut pour souscripteur le Premier Consul lui-même [4].

Comme associations économiques on peut citer les sociétés de secours mutuels dont nous avons indiqué la formation dans les classes ouvrières ; la première d'entre elles paraît remonter à 1806 [5]. Sous la législation du Code pénal l'autorisation gouvernementale leur était nécessaire.

Les sociétés secrètes ne pouvaient, sous le regard jaloux et attentif de la police impériale, prendre à cette époque une grande extension [6]. Cependant la Franc-Maçonnerie s'était peu à peu réorganisée depuis 1797. Sous la présidence de Roettiers de Montaleau, le Grand Orient se reconstitua en 1800 et inaugura solennellement son nouveau local en 1802. En 1803 Joseph Bonaparte fut proclamé grand maître. En 1804 les loges écossaises se réunissaient [7].

1. De Laborie. *Paris sous Napoléon, assistance et bienfaisance*, p. 134. — Article de M¹¹ᵉ Chaptal dans la *Revue heddomadaire* du 28 février 1914, p. 523. — Annuaire de la Société philanthropique pour 1917, p. 24, 25.
2. Voir les détails donnés par M. de Laborie, p. 149 et s.
3. De Laborie, p. 135.
4. De Laborie, p. 139.
5. Fagniez, p. 95.
6. Sur la méfiance suscitée par la Franc-Maçonnerie sous le Consulat voir : de Laborie. *Le Consulat*, p. 337. *La Religion*, p. 378.
7. Bord. ʿLa Franc-Maçonnerie en France, 1908, p. 269 et s.

La Franc-Maçonnerie tombait assurément sous les prohibitions du Code pénal [1], mais Napoléon, qui n'avait pas été sans tirer parti de l'influence maçonnique au cours de sa carrière militaire [2], Napoléon qui peut-être avait été lui-même affilié [3], pratiqua envers la maçonnerie une tolérance qui équivalait à une sorte de reconnaissance officielle. Il exerçait ainsi sur les loges une surveillance conforme à ses vues de domination. Cambacerès réunit sur sa tête la dignité suprême de tous les rites [4]. « Ce fut, dit un historien du Grand Orient [5], l'époque la plus brillante de la maçonnerie : près de. 1.200 loges existaient dans l'empire français. » Il faut noter surtout le développement des loges militaires composées exclusivement d'officiers et qui permettaient au pouvoir impérial de réaliser une mainmise sur les loges [6]. Celles-ci devaient, tout en manifestant envers le souverain la plus obséquieuse déférence [7], préparer les cadres des sociétés secrètes et

1. D'après l'abbé Gyr (*La Franc-Maçonnerie en elle-même*, 1859) on avait tenté dans la discussion du Code pénal d'obtenir par la Franc-Maçonnerie une exception à la prohibition de l'article 291.

2. Claudio Jannet. *La Franc-Maçonnerie et la Révolution*, 1884, p. 224, 242.

3. *Eod. loco*, p. 229. — *Contra* Eckert. *La Franc-Maçonnerie*, Liége, 1854, p. 160.

4. On peut cependant relever la fermeture de plusieurs loges en 1814. (Jonaust. *Histoire du Grand Orient*, p. 347.)

5. Bazot cité par Claudio Jannet, *eod loco*.

6. Jonaust. *Histoire du Grand Orient*, p. 337. — « Le vrai moyen d'empêcher les loges de dégénérer en assemblées illicites et funestes a été de leur accorder une protection tacite en les laissant présider par les premiers dignitaires de l'Etat. » (Rapport de Portalis cité par M. de Laborie. *La Religion*, p. 377.) — Sur les dignitaires de la Franc-Maçonnerie appartenant à l'élite du monde militaire et gouvernemental : *eod loco*, p. 381. — Sur la vogue mondaine des loges : *eod loco*, p. 383.

7. Dans un exemplaire que nous possédons du compte rendu de « la Fête de l'Ordre présidée par le Sér.·. grand maître archichancelier de l'Empire prince Cambacerès » en 1812, on voit que l'orateur s'écrie : « Qu'êtes-vous venus faire ici? célébrer le héros du siècle? mais sa gloire qui fatigue la Renommée et défie l'adulation, n'est-elle pas trop à l'étroit dans cette modeste enceinte ? »
On chante l'invocation suivante :

> « Du monde architecte suprême
> Veille sur l'être bienfaisant
> Qui sous l'éclat du diadème
> Nous peint ton pouvoir imposant. »

Nous pourrions multiplier les exemples de ces plates adulations.

devenir sous la Restauration un centre important d'opposition politique [1].

Quel était en résumé, à la fin de la période impériale,
la situation au point de vue de la reconnaissance et de
l'exercice du droit d'association ?

L'opinion publique ne se manifestait en aucune façon
en faveur de la liberté d'association dont la notion n'était
nullement dégagée. Le droit d'association n'apparaissait
pas comme un droit primordial, et pour en établir l'exercice aucun mouvement ne se manifestait dans les idées.
Les souvenirs des associations politiques sous la Révolution, la crainte des groupements ouvriers, inspiraient une
méfiance qui se traduisait par le désir du maintien de
l'ordre et l'approbation donnée aux mesures de répression.
Mais, dans la pratique, le besoin de groupement des individus, plus fort que la législation, se faisait sentir. De
là un mouvement que nous avons constaté en faveur d'un
rétablissement des groupements professionnels, de là la
reconstitution, en fait, de certaines associations patronales,
et la tendance des ouvriers à se réunir dans les campa-
gnonnages. De là aussi la résurrection sur tous les points
du pays des congrégations religieuses malgré l'hostilité
et les incertitudes des dispositions légales.

Le pouvoir impérial, en raison de sa centralisation
extrême et par le fait de la prépondérance absolue de la
puissance de l'Etat, était, par principe, foncièrement hostile à l'association. Mais sa tendance fléchissait devant les
nécessités pratiques de l'organisation nouvelle du pays.
De là l'existence reconnue et la personnalité conférée sous
son contrôle et sous son autorité absolue à certaines associations, notamment à un grand nombre de congrégations
religieuses. De là aussi, par une réaction entre l'individualisme révolutionnaire et malgré la répugnance du régime impérial pour les corps distincts de l'Etat, la reconstitution de certains corps qui sous son autorité reçoivent
cependant une existence propre.

1. Les loges ont été accusées d'avoir préparé les Cent Jours. (Claudio
Jannet, p. 243.) — Il faut ajouter à la Franc-Maçonnerie quelques sociétés telles que celle des Philadelphes dont la charbonnerie fut l'héritière.
(Ranc. *Le roman d'une conspiration*, 1880 ; Frédéric Masson. *Revue
des Deux-Mondes*, 1er septembre 1919.)

C'est ainsi que nous avons vu organiser certains corps d'état qui se rapprochent des corporations ; que nous avons vu certains groupements professionnels constitués par l'autorité de la police.

En ce qui concerne les corps qui sans être des associations, ont une existence propre, les Chambre de commerce sont créées en 1802, les agents de change reçoivent un monopole en l'an IX. Il faut surtout noter la reconstitution des corps judiciaires dont la destruction avait accompagné celle des Parlements et dont la nécessité s'impose pour la bonne administration de la justice : le 27 ventôse an VIII sont établis les avoués, les notaires, les huissiers ; en 1809 les agréés ; le 13 mars 1804 était rétabli le tableau des avocats, et le 14 décembre 1910 Napoléon, malgré son antipathie pour le barreau, reconstituait l'ordre des avocats lui-même [1]. En 1806 étaient créés les avocats au Conseil d'Etat qui étaient réunis en 1817 aux avocats à la Cour de Cassation. Ajoutons enfin le décret du 17 mars 1808 qui instituait l'Université.

Malgré ces exceptions imposées par des nécessités pratiques et si nombreuses qu'elles fussent, l'Etat napoléonien restait plus que jamais hostile au principe d'association et favorable à la conception individualiste qui ne laissait place vis-à-vis de lui à aucun corps indépendant et à aucune initiative. Le système sur lequel il était fondé et qui trouvait son excuse et sa raison d'être dans le besoin du rétablissement de l'ordre qui avait donné naissance au gouvernement de brumaire, ce système, en exagérant son caractère despotique, dépassait le but qui était la reconstitution d'un pouvoir stable et régulier. « Napoléon, dit Taine [2], bâtit en homme pratique, à sable et à chaux, un édifice solide, habitable, bien approprié à son objet. Toutes les masses du gros œuvre, Code civil, Université, Concordat, Administration préfectorale et centra-

____

1. Mollot. *Règlements de la profession d'avocat*, 1866, t. I, p. 252, 270 ; Delom de Mézerac. *Revue des Deux-Mondes*, 1er août 1893. — Cette reconstitution fut provoquée par le legs de Férey « à l'ordre des avocats sous quelque nom qu'il plaise à Sa Majesté de le rétablir. » (Eloge de Férey par Bellart, 1810.)

2. Taine, t. IX, p. 431.

lisée, tous les détails de l'aménagement et de la distribution, concourent à un effet d'ensemble qui est l'omnipotence
de l'Etat, l'omniprésence du Gouvernement, l'abolition de
l'initiative locale et privée, la suppression de l'association
volontaire et libre... On n'a jamais fait une plus belle
caserne... Dans cette caserne philosophique nous vivons
depuis quatre-vingts ans. »

En effet, nous l'avons dit, tous les gouvernements qui
vont se succéder conserveront jalousement cette centralisation et cette omnipotence de l'Etat, ils resteront hostiles à la liberté d'association qui leur sera pour ainsi
dire arrachée par fragments au cours du xix° siècle. Ils
resteront surtout imbus des préjugés qui se perpétueront
contre les trois principales catégories d'associations en
faveur desquelles on a surtout redouté la reconnaissance
de la liberté : les associations politiques, les associations
religieuses, les associations professionnelles et surtout
ouvrières.

Sous l'Empire ce système de centralisation excessive et
d'omnipotence de l'Etat se synthétise dans le Code pénal.
Au lieu de préparer les citoyens à l'usage de la liberté
d'association qui doit s'imposer tôt ou tard mais dont on
ne prévoit pas encore la nécessité, on pose en principe
la négation de cette liberté, on fait du droit d'association
une concession arbitraire du pouvoir exécutif. A ce principe prohibitif on n'apporte que deux exceptions : la première, qui concerne les personnes habitant sous le même
toit, sera par des interprétations restrictives envisagée
par la suite dans un sens qui la rendra illusoire ; la seconde, qui excepte des dispositions légales les groupements
de moins de vingt personnes, permettra de tourner la
prohibition du Code pénal. La cour de Rennes, invitée
comme les autres tribunaux d'appel à présenter ses observations sur le projet de Code pénal [1], faisait parfaitement
ressortir l'injustice et les inconvénients de l'article 291 :
« Il résultera de cet article que vingt personnes pourront
se réunir sans autorisation du Gouvernement et faire beaucoup de mal pourvu qu'elles aient l'adresse de le cacher,

_____

[1]. Weil, p. 34.

tandis que vingt personnes ne pourront former une société libre pour faire le bien sans être enchaînées par des conditions qui répugnent aux droits naturels du citoyen. On peut dire que ces dispositions sont extraites des lois de circonstance rendues depuis la Révolution dans des temps de troubles, et qu'elles sont indignes de figurer dans le Code permanent d'une nation libre. »

Le Code pénal était donc à la fois tyrannique, puisqu'il soumettait l'exercice du droit d'association, même dans le but le plus bienfaisant ou le plus inoffensif [1], au bon plaisir du Gouvernement ; insuffisant puisqu'il n'interdisait pas sûrement les associations dangereuses pour l'ordre public qu'il aurait dû se proposer uniquement d'atteindre. A ce dernier point de vue il devra être complété par la loi de 1834, et encore les associations dangereuses persisteront-elles à se former. Celles-ci prendront de plus en plus la forme de sociétés secrètes et l'article 291, édicté principalement contre les sociétés populaires et les associations formées dans un but d'opposition anti-gouvernemental, gênera et frappera toutes les associations excepté celles justement dont il voulait empêcher la formation [2].

La prohibition du Code pénal subsistera cependant près d'un siècle encore malgré son impopularité, malgré les discussions dont elle sera l'objet, malgré la réaction qui s'accentuera contre l'individualisme, parce qu'elle sera pour le gouvernement au pouvoir un instrument de domination [3] et qu'ainsi chaque gouvernement tiendra à la conserver [4].

En somme, malgré les tendances qui se manifestent sur certains points contre l'isolement imposé aux individus, malgré les tentatives de groupement qui présageaient une réaction future, l'époque impériale se caractérise, sur le terrain de l'association, par un absolutisme qui succède à la destruction et à la licence de l'époque révolutionnaire. Fondé sur l'intention de réprimer cette licence et

[1] Congrès de 1899, p. 151.
[2] De Faget de Casteljau, p. 485.
[3] Eod. loco., p. 178.
[4] Même le Gouvernement du 4 septembre 1870 composé d'hommes qui avaient réclamé son abrogation.

de rétablir l'ordre, le régime législatif qui va se perpétuer
pendant longtemps, est comme on l'a dit, un régime prohibitif tempéré en pratique par l'arbitraire. Cet arbitraire
se transmettra aux âges suivants [1]. C'est une période qui
marque un recul pour la cause de la liberté d'association.

1. De Faget de Casteljau, p. 178. — Congrès de 1899, p. 151.

CHAPITRE IV

La Restauration.

sociation. — Situation des diverses catégories d'association. — Attitude du gouvernement. — Caractère de la période de la Restauration : tolérance et faiblesse vis-à-vis de l'association.

La période qui s'ouvre avec le gouvernement de la Restauration mérite, malgré les fautes commises et les erreurs qui en ont marqué le terme, un jugement favorable de l'histoire impartiale. Ce fut, a-t-on observé justement, une « période honorable et bienfaisante entre toutes, de liberté réglée, de paix et de dignité extérieure, de fécondité intellectuelle et de prospérité économique, où la royauté a rapidement réparé les effroyables ruines que lui avait léguées le passé, et largement accumulé les forces dont l'avenir devait user et abuser [1] »: Ce fut aussi, pour les associations, une période de tolérance [2].

Sans doute l'opinion publique n'envisage pas dans l'association une liberté primordiale dont l'exercice doit être garanti par un droit formellement reconnu. D'une part, sous l'influence du régime impérial, le pays voit surtout dans l'association une force d'opposition et de résistance au pouvoir établi, dans son libre exercice une infraction à la loi pénale, infraction sévèrement réprimée par les dispositions légales [3]; d'autre part, la génération qui arrive à la vie publique est pleine d'inexpérience à l'égard d'une liberté qu'elle ne saurait revendiquer, ne l'ayant jamais pratiquée. Cependant, comme nous pourrons le constater, une sorte de renouveau se produit qui manifeste l'existence des germes prêts à éclore.

Le Gouvernement, de son côté, s'il est favorable à une réaction contre le despotisme impérial, maintient la puissance de l'Etat que lui ont léguée les régimes précédents. Tout en introduisant dans le pays la vie politique, il con-

---

1. Thureau-Dangin. *Histoire de la monarchie de juillet*, t. I. Préface, p. II.

2. Ce fut sous cet aspect que s'annonça la Restauration à ses débuts : « Le trait caractéristique et la qualité de la première Restauration fut d'être exceptionnellement, étonnamment débonnaire. » (De Laborie. *Revue hebdomadaire*, 8 novembre 1913, p. 713.)

3. Merlin, dans son *Répertoire de jurisprudence* (1830) (v° assemblée) donne cette définition des assemblées illicites : « Celles qui se font en contradiction des ordres du souverain et sont attentatoires à son autorité. »

serve malgré tout, avec la centralisation, une organisation
sociale fondée sur les principes de la Révolution et régie
par l'administration de l'Empire soigneusement maintenue [1]. Aussi se gardera-t-il bien d'abroger la législation
qui entretient, en face de l'Etat, l'émiettement des individus : l'article 291 du Code pénal subsiste et constitue le
droit commun. Sur ce point la Restauration continue
l'Empire [2]. Dans le régime nouveau où les citoyens parti-
cipent aux affaires publiques par le droit de vote et la
liberté de la presse, on a fait remarquer justement [3] que le
droit d'association aurait dû constituer la garantie indispensable de ce contrôle qui leur était reconnu. Cependant
la charte de 1814 reste muette sur ce point. Le droit
d'association, pas plus que le droit de réunion, n'est consacré par aucune disposition nouvelle, et la législation
prohibitive, sous réserve du droit d'autorisation du gouvernement, demeure entière.

Toutefois, dans la pratique, on peut dire que le gouvernement de la Restauration n'usa pas des armes légales
dont il disposait. Les associations politiques furent pour-
suivies en vertu de la loi sur la presse ; on leur reprochait
l'excitation à la haine et au mépris du ministère et de la
royauté [4]. Ces poursuites n'avaient, à proprement parler,
aucun fondement dans la violation des dispositions légales
relatives aux associations [5].

Une seule fois, dans l'espace de quinze années, l'article 291 fut invoqué ; ce fut dans le procès de la société
des *Amis de la presse* en 1819, et, si l'association fut dissoute, les poursuites aboutirent à une condamnation à
l'amende qui fut couverte par une souscription [6]. On vit
même le gouvernement refuser, sous le ministère Polignac, de tenter des poursuites, en vertu de l'article 291,
contre les comités électoraux organisés par la fameuse

---

1 Levasseur. *Histoire des classes ouvrières en France*, 2ᵉ série, t. I,
1867, p. 404.

2. De Faget de Casteljau, p. 181. — Voir les faits cités par Weil (*Le
droit d'association*), p. 52 et s.

3. De Faget de Casteljau, p. 180.

4. Loi du 25 mars 1822.

5. Weil, p. 44.

6. Weil, p. 46-49.

société *Aide-toi le ciel t'aidera*[1]. On peut donc dire qu'en fait aucun obstacle ne fut apporté sous la Restauration à l'exercice du droit d'association.

Dans l'ordre législatif, à part les lois que nous allons indiquer relativement aux congrégations religieuses, aucune disposition d'ordre général ne fut formulée au sujet des associations. Une seule mesure peut être relevée, c'est l'ordonnance du 5 juillet 1820, sur les Facultés de droit et de médecine, qui interdit aux étudiants « de former entre eux aucune association sans en avoir obtenu la permission des autorités locales et sans en avoir donné connaissance au recteur de l'Académie ». L'ordonnance leur défendait aussi d'agir ou d'écrire en nom collectif comme s'ils formaient une corporation ou association légalement reconnue[2]. Cette défense, motivée par la participation de la jeunesse des écoles aux troubles de la rue en 1820, était sanctionnée par des peines disciplinaires. Elle n'aurait pas évidemment exclu l'application des dispositions du Code pénal. Sous le régime dont nous venons d'indiquer le caractère, régime qui, tout en conservant la législation prohibitive, renonçait à peu près à l'appliquer, les associations prennent en fait une grande extension. Ce n'est pas l'exercice d'une liberté qu'on peut constater, c'est l'usage d'une tolérance ; mais sous le règne de cette tolérance, si précaire soit-elle, apparaissent de tous côtés des germes qui révèlent la vitalité du principe d'association. Les associations de toute sorte se créent et se multiplient, depuis les sociétés scientifiques littéraires ou de bienfaisance jusqu'aux associations politiques, en passant par « ces innombrables sociétés anacréontiques dont le siège était un café[3] », réunions d'hommes de plaisir ou de mécontents heureux de médire du régime au pouvoir.

Passons en revue les principales catégories d'associations dont on peut constater l'existence sous la période de la monarchie de la Restauration.

---

1. Weil, p. 56, 65, 68. « C'est l'honneur du gouvernement de la Restauration, libéral à sa manière et par certains côtés, de n'avoir pas tenté contre cette société des poursuites qui pouvaient au moins être engagées. » (p. 56.)

2. Morin. *Répertoire du droit criminel*, 1851 ; v° association, p. 426.

3. Du Faget de Casteljau, p. 207.

DIVERSES CATÉGORIES D'ASSOCIATIONS

§ 1. — *Les associations de bienfaisance et économiques.*

En même temps que, sous l'influence organisatrice émanée de l'Empire, l'assistance officielle continuait à se reconstituer, la bienfaisance privée commençait à s'épanouir et préludait à la magnifique expansion qu'elle devait réaliser au cours du siècle [1]. Des sociétés déjà anciennes, après leur renaissance au sortir de la période révolutionnaire, se développaient avec la protection du pouvoir. La société philanthropique voyait ses recettes, tombées après les événements de 1814, se relever et son prestige s'accroître par la protection des membres de la famille royale [2]. La société de charité maternelle pouvait se recommander de la présidence de la duchesse d'Angoulème [3]. De nouvelles sociétés bienfaisantes se constituaient, ainsi la société pour l'encouragement de l'enseignement élémentaire en France fondée par Gérando [4], la société pour le placement des jeunes apprentis fondée en 1821, la société des amis de l'enfance en 1828 [5]. On peut dire que de cette époque date, sur le terrain de la bienfaisance privée, le mouvement qui n'a cessé de progresser depuis lors [6].

Les sociétés de secours mutuels, organisées par les classes ouvrières, traversaient une période de tâtonnements et d'échecs [7]. Cependant leur développement commençait à se manifester sérieusement [8] et trouvait un appui dans les encouragements et les subventions de la

1. Mlle Chaptal. *Revue hebdomadaire,* 28 février 1914, p. 526.
2. Sur la Société philanthropique : Mlle Chaptal, *eod loco.* — De Laborie. *Paris sous Napoléon. La bienfaisance,* p. 146 (et sources citées). — *Annuaire de la société philanthropique,* 1917, p. 24, 25.
3. *Moniteur* du 13 mars 1821.
4. Du Célier, p. 49.
5. Levasseur. *Histoire des classes ouvrières,* t. 1, p. 463, 468.
6. Voir sur les autres sociétés charitables fondées à cette époque : de Grandmaison. *La congrégation,* 1890, p. 208, 209.
7. Levasseur, p. 463.
8. En 1820, il y a à Paris 184 sociétés de secours mutuels. (Martin Saint-Léon. *Le Compagnonnage* p. 100.)

société philanthropique elle-même [1]. De toutes parts s'atté-
nuaient les préjugés individualistes en même temps que
la nécessité et la puissance du libre groupement se faisaient de plus en plus sentir.

§ 2. — *Les associations religieuses.*

A la catégorie des associations religieuses on peut
d'abord rattacher des associations qui ne méritent pas à
proprement parler ce titre car elles n'ont pas pour objet
la pratique de la religion, mais sa défense et sa propagande. Ces associations devaient prendre une importance
particulière à une époque où beaucoup d'esprits se préoccupaient de ramener aux idées religieuses ceux qui, en
grand nombre, en avaient été détournés par les doctrines
anti-chrétiennes de l'époque révolutionnaire et par la
destruction de toutes les anciennes institutions. Ceux qui
se proposaient de travailler ainsi à la renaissance du
pays devaient utiliser la force de l'association [2]. Telle fut
l'origine de la réunion qui avait pris naissance parmi les
jeunes gens catholique du premier Empire [3] et qui devait
exciter sous la Restauration tant d'inimitiés sous le nom
de « la congrégation. » Telle fut aussi l'origine d'autres
œuvres distinctes de celle-ci mais animées d'un même
désir de favoriser la renaissance des idées religieuses.
Ainsi l'*Association de saint Joseph* qui avait pour but de
soutenir les ouvriers chrétiens arrivant à Paris et qui
constitue le premier essai d'une œuvre ouvrière catholique depuis la destruction de l'organisation corporative [4]. Ainsi la *Société des bonnes études* qui fut, comme
la Congrégation, l'objet d'attaques politiques [5] ; la *Société*

1. De Laborie, p. 145 ; M⁰ Chaptal, p. 525.
2. Geoffroy de Grandmaison. *La Congrégation*, 1890, p. 379.
3. De Laborie. *Paris sous Napoléon. La religion*, p. 161.
4. De Grandmaison, p 212. Le mot seul d'association, fait remarquer
M. de Grandmaison, était expressif à cette époque quand il s'agissait de
grouper des ouvriers.
5. De Grandmaison, p. 216. Parmi les membres de cette société devait
prendre naissance la *Société de Saint Vincent de Paul. — De Guichen.
La France morale et religieuse à la fin de la Restauration*, 1912, p. 206,
340.

catholique des bons livres [1] *; l'Association pour la défense de la religion catholique* fondée en 1827 par l'abbé de Salinis [2].

En regard de ces sociétés il faut placer les associations qui se proposaient la propagande protestante, associations que le pouvoir devait évidemment envisager avec moins de faveur. Telle est la *Société biblique* de Paris, secondée par celle des *Traités religieux*, société qui comprenait des personnalités importantes et recueillait, surtout en Angleterre, des subventions considérables [3]. Des sociétés du même genre provoquèrent les observations de certains préfets et furent même l'objet de procès-verbaux, mais en somme le ministre de l'Intérieur autorisa la constitution de nouvelles sociétés et le gouvernement s'attira les remerciements des personnalités protestantes pour sa bienveillante tolérance [4].

En ce qui concerne les associations pour l'exercice d'un culte, la question de la liberté d'association ne se posait pas pour les cultes reconnus qui, conformément au Concordat et aux articles organiques, devaient s'exercer dans des temples ou dans des chapelles autorisés. Elle se posait pour les cultes dissidents ou pour les fidèles des cultes reconnus qui voudraient se réunir en association en dehors des édifices à eux destinés. La Charte de 1814, dans son article 6, avait déclaré la religion catholique religion de l'Etat, mais l'article 5 avait statué que « chacun professe sa religion avec une égale liberté et obtient pour elle la même protection ». Or, disait-on [5], cette protection ne se comprend guère pour le culte individuel ; la liberté du culte suppose le culte en commun lequel n'est autre chose qu'une association. On était ainsi conduit à se demander

1. De Grandmaison, p. 219.
2. D'où devait sortir en 1829 *le Correspondant.* (De Grandmaison, p. 223; De Guichen, p. 232 ; Burnichon, t. I, p. 405 ; Hamel. *Histoire du collège de Juilly*, 1868, p. 448.)
On peut y ajouter l'*Œuvre de la propagation de la foi* fondée en 1821 (de Grandmaison, p. 208) et la *Société des missions de France* (*eod. loco*, p. 238).
3. De Guichen, p. 212, 348.
4. *Eod. loco*, p. 213, 215, 346.
5. Opinion de Lanjuinais reportée par Devilleneuve sous la Charte du 4 juin 1814. (*Lois annotées*, 1789-1830.)

si l'article 291 n'avait pas été abrogé sur ce point par la
Charte. La jurisprudence de la Cour de Cassation se prononça dans le sens du maintien des articles 291 et 294 du
Code pénal en ce qui concerne les associations pour l'exercice d'un culte [1]. Il faut ajouter qu'en cette matière encore
la Restauration se montra tolérante, car, si on relève des
poursuites contre la secte des *Piétistes* en 1826 et la
Petite Eglise en 1828 [2], dans certaines circonstances le
gouvernement se montra résolu à fermer les yeux [3]. Malgré la tolérance dont le pouvoir faisait preuve en pratique, les associations religieuses continuaient d'une façon
générale à tomber sous les prohibitions du Code pénal.
Quant aux congrégations religieuses leur situation sous la
Restauration mérite d'être spécialement envisagée.

En ce qui concerne les congrégations religieuses, le
mouvement que nous avons vu se produire dans le sens
de leur développement se continuait depuis 1815. Bien
que leur accroissement fut moins grand que pendant la
période impériale, une statistique dressée en 1825 permet de constater que les communautés de femmes en
France étaient au nombre de 2.800, dont 1.533 autorisées,
soit 600 de plus qu'en 1814. Les bienfaits qu'elles répan-
daient sur le pays, en contribuant pour une large part à
la réorganisation de la bienfaisance publique, étaient incontestables. Elles secouraient près de 150.000 malades et
instruisaient gratuitement 120.000 enfants pauvres [4].

Le Gouvernement leur était, par ses tendances, assurément favorable, mais sa bienveillance était loin de
pouvoir s'exercer librement. Il avait à compter, en matière religieuse, avec deux partis extrêmes dont l'intran-
sigeance contenue par la modération et le bon sens de
Louis XVIII devait s'aviver sous le règne suivant. D'un
côté le parti religieux [5], dans une ardeur souvent exces-

1. Morin. *Répertoire de droit criminel,* v° association, n° 27. — Chambre
des Députés, 29 mars 1901, p. 1031.

2. Morin, *eod. loco* ; Blanche. *Etudes pratiques sur le droit pénal,*
t. IV, n° 447.

3. De Guichen, p. 216. Sources citées.

4. De Guichen, p. 179, note 1.

5. Qualifié par l'opposition de « parti-prêtre ». (Discours de Mgr Frayssinous cité par de Guichen, p. 237 : « on a établi au moyen d'un vocabu-
laire nouveau un moyen de dénigrement universel ».)

sive [1] voulait faire rentrer la religion dans la législation du pays [1] ; soutenu sur ce terrain par les ultra-royalistes, il allait pousser Charles X dans la voie imprudente où il devait s'engager. C'est ainsi que la fameuse loi du sacrilège, qui ne fût du reste jamais appliquée [2], souleva les passions et donna des armes dangereuses au parti des libéraux. Ceux-ci, dans leur majorité, ne souhaitaient pas plus la destruction du catholicisme que le renversement des Bourbons [4] ; mais par l'âpreté de leur opposition ils ralliaient tous ceux qu'obsédait la crainte d'un retour à l'ancien régime, en même temps que, grâce aux maladresses commises, ils avivaient les préjugés anti-religieux légués par la Révolution et s'appuyaient sur ces préjugés. De ce conflit allait sortir la campagne antireligieuse qui marqua la dernière période de la Restauration et dont nous aurons à noter la violence contre certaines associations au congrégations religieuses.

Nous avons dit quelle était, au point de vue légal, la situation des congrégations du début de la Restauration.

Elles pouvaient recevoir l'autorisation leur conférant la personnalité légale, et quatre congrégations d'hommes avaient été ainsi reconnues en 1815 et 1816 [5]. Cette reconnaissance trouvait sa base légale dans le décret de Messidor que la Charte de 1814 n'avait incontestablement abrogé que dans sa sanction de poursuites par la voie extraordinaire [6]. Quant aux congrégations qui n'avaient pas été l'objet d'une reconnaissance légale, nous avons vu que, si l'on pouvait soutenir avec force qu'elles avaient dû échapper aux dispositions prohibitives du Code pénal, leur situation était mal définie et se fondait en réalité

1. « Les doctrines de Lamennais et de son école produisirent en particulier le plus déplorable effet. » (Dareste. *Histoire de la Restauration*, t. II, p. 180, 242.)
2. Lortat-Jacob. *Les congrégations devant la loi de 1901*, 1905, p. 87.
3. Dareste, t. II, p. 192.
4. De Guichen, p. 1.
5. Les Lazaristes (ordonnance du 3 février 1816). — Les missions étrangères (2 mars 1815). — Les pères du Saint Esprit (3 février 1816). — Les prêtres de Saint-Sulpice (3 avril 1816). — Il faut y ajouter la société des missions de France (25 septembre 1816). — Les trois premières congrégations recevant à titre de secours une allocation au budget ecclésiastique.
6. Rousse, p. 29.

sur des autorisations de police et la tolérance du pouvoir [1]. Les congrégations reconnues elles-mêmes dépendaient dans leur existence du pouvoir exécutif [2] et ne pouvaient recevoir de dons et legs, ce qui rendait leur existence précaire.

Ce fut donc, dans une pensée bienveillante, la préoccupation du gouvernement d'assurer aux congrégations une situation stable sans recourir au décret de Messidor dont il n'osait se servir dans de larges proportions et dont la légalité était vivement contestée [3]. Le gouvernement voulait de plus leur permettre de se constituer un patrimoine durable leur permettant de rendre des services qui de tous côtés étaient accueillis avec faveur. Cette double considération explique les mesures qui furent prises en faveur des congrégations religieuses.

Il faut d'abord noter l'ordonnance royale du 10 juin 1814 qui assimilait aux établissements publics « les associations religieuses » autorisées et leur permettait de recueillir, avec l'autorisation du roi, des dons et legs, même d'immeubles. La légalité de cette ordonnance fût du reste combattue [4]. Puis l'ordonnance du 29 février 1916, se fondant sur le décret — loi du 17 mars 1808, étendait aux associations religieuses similaires à celle des Frères des écoles chrétiennes le droit de faire partie de l'Université et de fournir des maîtres aux communes, à condition d'avoir été autorisés en vertu d'ordonnances. Mais les dispositions capitales furent celles des lois de 1817 et de 1825..

La loi du 2 janvier 1817, suivie de l'ordonnance du 2 avril, décida que « tout établissement ecclésiastique reconnu par la loi » pourrait accepter avec l'autorisation du roi ou acquérir des biens meubles ou immeubles. La

---

1. Elles pouvaient invoquer les dispositions du Concordat et de la Charte qui proclamaient la liberté du culte catholique, en faisant valoir que la vie religieuse est la forme la plus parfaite de la vie catholique. (Burnichon, t. I, p. 68.)

2. Car elles n'avaient pas le caractère de perpétuité des établissements ecclésiastiques et le gouvernement pouvait toujours les dissoudre. (Lortat-Jacob, p. 28, 88.)

3. Lortat-Jacob, p. 88, 90, 91, 100.

4. *Eod. loco*, p. 57.

loi ne posait aucune règle en ce qui concernait le droit
d'association, elle ne visait pas spécialement les congrégations religieuses, elle réglementait seulement les établissements ecclésiastiques reconnus par la loi. On a même
soutenu [1] avec beaucoup de logique qu'en réalité elle ne
s'appliquait qu'aux établissements reconnus par le Concordat. Cependant on a pu s'appuyer sur les déclarations faites par le gouvernement lors de la discussion de
la loi de 1825 [1] pour considérer que les congrégations
d'hommes, en vertu de la loi de 1817, ne pourraient désormais être reconnues, c'est-à-dire jouir de la personnalité
civile, que par une loi. C'est ce qui fut admis par la jurisprudence [2]. Aucune congrégation d'hommes ne fût du
reste reconnue depuis lors par une loi.

Plus explicite fut la loi du 24 mai 1825 [4] qui ne visait
que les congrégations de femmes. Ces congrégations, ainsi
que nous l'avons dit, s'étaient multipliées et, par les services qu'elles rendaient en se consacrant au soin des
malades et à l'instruction des enfants, méritaient l'intérêt
que leur portait le gouvernement. Celui-ci avait eu recours
à des autorisations provisoires qui ne faisaient guère que
mettre les communautés à l'abri des mesures de police ;
il ne pouvait user en leur faveur d'une nouvelle extension
du décret de 1808 relatif à l'instruction primaire ; d'autre
part il ne pouvait songer à réclamer le vote d'une loi
spéciale pour chacune d'elles. C'est dans ces conditions
que M. Ferrand présenta en 1823 à la Chambre des Pairs [5].
une proposition qui donnait au roi la faculté d'autoriser
par simple ordonnance toutes communautés religieuses
de femmes. Vivement combattue par ceux qui craignaient
de voir établir un précédent qui profiterait aux communautés d'hommes, ce projet fut repris en 1824 par le
Gouvernement et rejeté par la Chambre des Pairs. Un
nouveau projet fut présenté en 1825 et souleva de vives

1. *Eod. loco.*
2. Lortat-Jacob, p. 105.
3. Cassation, 3 juin 1861. (Sirey, 61, I, p. 615.)
4. Suivie de l'instruction du 17 juillet 1826. — Joanvrot. *Police des cultes*,
II, p. 88.
5. Devilleneuve. *Lois annotées.* (Sur la loi du 24 mai 1825.)

discussions. Les intransigeants du parti catholique s'indignaient que tant de formalités fussent nécessaires « pour autoriser légalement quelques filles pieuses à louer Dieu et à servir les pauvres [1] ». Mais les critiques portaient surtout sur le mode d'autorisation en lui-même qui donnait au roi, après l'approbation de l'évêque diocésain et l'enregistrement des statuts par le Conseil d'Etat, le droit d'accorder l'autorisation par une ordonnance. Le rapporteur, le duc Mathieu de Montmorency, soutenait le texte du Gouvernement et l'autorité du roi en matière administrative. Les orateurs de l'opposition maintenaient que le pouvoir législatif seul pouvait accorder une autorisation établissant la perpétuité d'une congrégation et la création de biens de mainmorte. Leur résistance était accrue par la crainte de voir attribuer au roi le droit d'autoriser les congrégations : malgré les déclarations de Mgr Frayssinous affirmant que la loi visait exclusivement les communautés de femmes, n'était-il pas à redouter qu'on en vînt à étendre l'application de ce principe aux congrégations d'hommes en leur attribuant, en vertu d'ordonnances, les droits réservés par la loi aux établissements ecclésiastiques ? n'était-il point question d'autoriser un jour les établissements des Jésuites ? La question fut tranchée, au grand mécontentement de Charles X [2], par l'adoption de l'amendement du baron Pasquier lequel exigeait une loi pour les congrégations nouvelles, mais permettait d'autoriser par ordonnance les congrégations existant avant le 1er janvier 1825 ou les établissements de congrégations déjà autorisées. A la Chambre des Députés la loi fut adoptée à une grande majorité.

Ce qu'il faut retenir de la loi de 1825, en l'envisageant à un point de vue général, c'est que l'autorisation qu'elle prévoyait était considérée comme une faveur conférant la personnalité et non comme une condition d'existence [3]. D'autre part, les dispositions relatives à la capacité des congrégations autorisées limitaient les modes d'acquisi-

1. Brochure de Lamennais (citée par de Faget de Casteljau, p. 184).
2. Lortat-Jacob, p. 105 ; Dareste, t. II, p. 187.
3. *Consultation* de M. Rousse, p. 33, 236 ; Crépon. *Revue des Deux-Mondes*, 15 janvier 1901, p. 382. (M. Dufaure au Sénat, 28 février 1880.)

tion [1] mais non le chiffre des biens meubles ou immeubles qu'elles pourraient posséder. Enfin, en cas d'extinction ou de dissolution, laquelle ne pouvait être prononcée que par une loi [2], la dévolution des biens était réglée au profit des donateurs ou testateurs ou des établissements ecclésiastiques et des hospices. Toute idée de spoliation par l'Etat était ainsi écartée.

Ainsi se trouvait réglée la situation des congrégations pourvues de la personnalité civile. Cette personnalité leur était désormais conférée par le pouvoir législatif. Le décret de Messidor, dont la légalité avait été considérée comme douteuse [3] et dont le pouvoir royal n'avait pas osé se servir depuis la loi de 1817 [4], paraissait bien avoir été abrogé par cette loi de 1817 et par celle de 1825. C'est ce que devait décider la jurisprudence [5], et depuis lors le gouvernement ne devait plus y recourir pour autoriser les congrégations religieuses. A l'avenir, d'après l'interprétation de la loi de 1817, les congrégations d'hommes ne devaient plus être autorisées qu'en vertu d'une loi. En fait, le gouvernement de la Restauration se servit de l'ordonnance de 1816 étendant le décret de 1808 pour rendre des ordonnances d'autorisation en faveur de nombreuses associations religieuses vouées à l'enseignement qui se trouvaient ainsi rattachées à l'université [6]. La légalité de ces ordonnances fut reconnue par la jurisprudence, au moins jusqu'à la loi de 1850 sur la liberté de l'enseignement [6]. Quant aux congrégations de femmes elles devaient aussi être autorisées dans l'avenir par une loi, mais un grand nombre d'entre elles, antérieures à la loi de 1825,

1. Au sujet de la limitation du droit de tester pour les religieuses membres des communautés autorisées, de Bonald et Lamennais firent entendre de vives protestations (de Guichen, p. 39 et s).

2. La loi de 1901 ne devait pas conserver cette disposition.

3. En 1827 le ministre déclarait à la Chambre des Pairs que le décret de Messidor était tombé en désuétude (Rousse, p. 70, note 1).

4. Lortat-Jacob, p. 92, 97.

5. Cassation, 19 décembre 1864 (Sirey, 1865, I, p. 18). — Sic : Crépon. Revue des Deux-Mondes, 15 janvier 1901, p. 400. — Cependant la thèse contraire a été soutenue et le gouvernement a invoqué en 1880 ce décret contre les congrégations.

6. Lortat-Jacob, p. 95.

7. Conclusions du procureur général Dupin (Sirey, 1861, I, p. 616).

furent autorisées par des ordonnances. Sous la Restauration 643 congrégations furent autorisées et les subventions accordées à un certain nombre d'entre elles augmentées [1].

Quelle était la situation des congrégations dépourvues de la personnalité civile ? Cette situation était-elle régulière au point de vue de la loi pénale, et le droit de vivre en commun existait-il pour les religieux ? Assurément un certain nombre d'autorisations antérieures à la loi de 1825 avaient eu pour but de donner aux communautés qui en étaient l'objet la sécurité à l'égard de la loi pénale [2], mais ces autorisations étaient-elles nécessaires ? A supposer, contrairement une opinion dont nous avons montré la force, que le décret de Messidor n'eût pas été abrogé par les dispositions générales du Code pénal, et que le Code pénal lui-même n'eût pas exclu des probitions de l'article 291 les membres des associations religieuses vivant en commun, ne pouvait-on soutenir que cette législation antérieure avait été considérée comme abrogée par les lois de 1817 et de 1825 [3] ? On a fait remarquer avec raison que la loi de 1817, en fixant les règles qui permettaient aux congrégations d'hommes de recevoir la personnalité, avait supposé l'existence de fait de ces congrégations et n'avait visé aucune mesure prohibitoire à l'égard de ces associations de fait [4]. Bien plus, la loi de 1825, en permettant de reconnaître par une ordonnance les congrégations de femmes qui existaient avant 1825, indiquait clairement que ces congrégations n'étaient pas considérées comme illicites [5]. L'autorisation par le gouvernement était une faveur [6] et non une condition d'existence. Depuis que ces deux lois avaient été promulguées deux catégories de congrégations religieuses existaient : les unes autorisées, jouissant de la

---

1. Jourdain. *Le budget des cultes*, p, 168 ; Sauvestre. *Les Congrégations religieuses*, 1867, p. 49, 55 ; Jeanvrot, t. II, p. 83, note 2.
2. Sirey, 1861, I, p. 616.
3. Rousse, p. 236.
4. De Faget de Casteljau, p. 183.
5. Rousse, p. 91 ; Crépon, p. 40. — L'instruction du 17 juillet 1825 le déclarait formellement : « Parmi les congrégations il en est qui existaient de fait avant le 1ᵉʳ janvier 1825 et qui, *sans être autorisées*, ont pu librement se former et se propager » (Devilleneuve. *Lois*, p. 1143). — Sénat, 19 juin 1901, p. 935.
6. Rousse, p. 173 (note) et p. 187 (avis de M. Demolombe).

personnalité civile, capables de recevoir des donations et des legs ; les autres, non autorisées, ne pouvant agir comme collectivité et composées d'individus jouissant comme tels de leurs droits civils.

La congrégation non autorisée était donc dépourvue de la personnalité civile, mais nullement illicite [1]. Telle était bien la pensée du gouvernement qui vit, de 1815 à 1830, se former 20 congrégations qui se fondèrent sans demander l'autorisation et dont aucune ne fut inquiétée [2]. Le gouvernement de la Restauration ne se reconnut pas du reste le droit de dissoudre les congrégations non autorisées, et, si un cas de dissolution peut être relevé en 1826, il faut noter qu'il s'agissait d'une congrégation composée en grande partie d'étrangers [4]. L'opposition elle-même, en s'élevant contre les congrégations, ne contestait pas sérieusement le droit des religieux de vivre en commun [5]. Ceux-ci invoquaient à cet égard « ce qu'ils considéraient comme le droit commun de tous les Français [6] ».

Il faut reconnaître cependant que la situation des congrégations non autorisées était loin d'être encore complètement et clairement définie [7]. Si le droit pour les religieux de vivre en commun paraît résulter d'une saine interprétation des textes législatifs, s'il paraît reconnu par le gouvernement lui-même, aucune disposition claire et précise ne vient encore le consacrer. L'incertitude qui résulte de cet état de choses pésera sur l'avenir et permettra de créer une confusion entre la congrégation non autorisée et la

1. Rousse, p. 33, 34. — Dans son réquisitoire, lors du procès de *l'Etoile* où les Jésuites avaient été mis en cause à propos des attaques dirigées contre la mémoire de la Chalotais, le procureur général Bellart avait dit : « Si la loi ne reconnaît pas les vœux perpétuels, elle ne dénie pourtant à qui que ce soit le droit de s'habiller comme il lui plaît, de prier Dieu où il veut et de se joindre à ses voisins ou à ses amis pour le prier dans une maison commune. » (Burnichon, t. 1, p. 339.)
2. Rousse, p. 36.
3. Rousse, p. 36 note 3.
4. Weil, p. 93.
5. Weil, p. 84, 88.
6. Burnichon, t. 1, p. 68.
7. « Ce régime mal défini allait se perpétuer pourtant près d'un siècle ; il ne cessera que le jour où une loi de la troisième République, organisant enfin la liberté d'association, on assimilera les religieux à des malfaiteurs en les mettant hors du droit commun. » (Burnichon, t. I, p. 69.)

congrégation illicite et de soutenir, comme on le fera au cours du XIX⁰ siècle, que l'autorisation législative ou tout au moins gouvernementale est nécessaire, non seulement pour donner la personnalité à la congrégation religieuse, mais pour la soustraire aux dispositions de la loi pénale [1]. De plus les préjugés légués par la Révolution sous la forme de dispositions législatives que le gouvernement de la Restauration n'a pas formellement abrogées ont maintenu l'idée de la nécessité d'une législation spéciale sur les congrégations religieuses. Alors même qu'est conservé le principe de la non-reconnaissance des vœux [2] et que, par suite, les religieux jouissent des mêmes droits civils que les autres citoyens, on est bien loin de cette idée que la congrégation doit être soumise aux mêmes règles que les autres associations.

Le principe qui domine c'est qu'il faut pour les congrégations une législation particulière [3], et la crainte de les voir bénéficier du droit commun se joindra à la crainte qu'inspirent les associations politiques pour obscurcir long-temps encore dans les esprits la notion de la liberté d'association.

Le mouvement antireligieux sous la Restauration.

Les dispositions bienveillantes du gouvernement de la Restauration étaient du reste, nous l'avons dit, entravées par le mouvement antireligieux lequel devait se manifester sous sa forme la plus agressive contre certaines catégories d'associations religieuses.

Ce mouvement antireligieux qui trouvait son point d'ap-

---

1. M. Demolombe (*Consultation* de M. Rousse, p. 192.

2. Cependant, d'après le décret de 1809 et l'instruction ministérielle du 17 juillet 1825 la loi reconnaît les vœux pour une durée de cinq ans, mais c'est là une disposition exceptionnelle relative aux congrégations de femmes autorisées.

3. Comme nous le verrons plus loin, dans la discussion de 1827 à la Chambre des Pairs M. de Barante déclarait : « Nous voudrions qu'un jour, sous des conditions légales, les citoyens eussent le droit de se réunir pour mener une vie commune. Cette liberté... est dans l'esprit de la Charte. Pour le présent, nous n'en jouissons nullement. » Mais il ajoutait : « Puisqu'il n'existe pas de droit commun, la législation spéciale a dû conserver toute sa force. » (Weil, p. 88.)

pui dans les associations secrètes et surtout dans la presse
libérale et révolutionnaire [1], s'accentua en effet de plus
en plus dans les dernières années du régime. Il fut surtout un moyen d'opposition politique. La question religieuse passant au premier plan devenait pour les libéraux
une arme de combat. Sous prétexte de lutter contre la
prétendue domination du clergé [2] et du parti religieux,
de réagir contre les maladresses et les exagérations, les
libéraux apportaient ainsi à l'œuvre obstinément antireligieuse des éléments révolutionnaires dissimulés sous
les étiquettes de constitutionnels et d'indépendants [3], un
concours que les honnêtes gens de leur parti devaient
plus tard regretter : n'est-ce pas M. de Barante qui finira
par avouer que la question religieuse n'avait été « qu'un
cheval de bataille » pour arriver au renversement de Villèle et de Polignac [4].

Ce parti pris de l'opposition dans sa lutte constante
sur le terrain religieux venait entraver l'élan de renaissance religieuse qui s'était montré depuis la Révolution ;
il allait se traduire par des attaques véhémentes contre
certaines associations, retardant ainsi, par les préjugés
qu'il allait contribuer à répandre et à fortifier, le mouvement en faveur de la liberté d'association.

La campagne politique qui se poursuivait ainsi sous
l'étiquette libérale s'était manifestée à l'occasion de la reconstitution des congrégations ainsi que nous l'avons signalé
à propos de la discussion de la loi de 1825. Elle se révéla
surtout par les attaques violentes dirigées contre les Jésuites et la Congrégation, deux spectres que l'opposition
ne cessait d'agiter [5].

Les Jésuites étaient rentrés en France et y avaient rou-
vert plusieurs maisons, ils s'occupaient d'œuvres et de missions ; plusieurs évêques leur avaient confié la direction
de leurs petits séminaires [6]. Contre eux s'accumulèrent les

---

1. De Guichen, p. 12 ; de Grandmaison, *La congrégation*, p. 294.
2. Sur cette prétendue domination du clergé voir : Dareste, I, p. 179 ;
de Guichen, p. 349.
3. De Guichen, I, 2.
4. C'est ce que rapporte M. de Guichen, p. 353.
5. De Grandmaison, p. 192 ; de Faget de Casteljau, p. 189.
6. Considérés avec bienveillance par Louis XVIII les Jésuites se bor-

attaques qui, d'une façon générale, étaient dirigées contre
le parti religieux et le clergé. « Le nom de Jésuite, on l'a
fait remarquer [1], était habilement choisi pour réveiller de
vieilles rancunes ou fomenter des passions nouvelles. On
citait les vivacités de certains polémistes catholiques, et
l'on en demandait raison à qui ne les avait ni écrites, ni
pensées, ni approuvées. D'autre part on jetait à la face
du clergé paroissial l'épithète générique de Jésuite... Cette
double manœuvre eut son plein succès. » C'étaient les Jésuites que des journaux tels que le *Courrier* et le *Constitutionnel* dénonçaient chaque jour comme les ennemis
cachés qui armaient la contre-révolution contre l'esprit
moderne ; contre eux étaient dirigés des articles virulents
qui servaient à exciter la défiance publique et à rendre le
roi et le ministère impopulaires [2]. Les Jésuites, entre les
mains de l'opposition, étaient devenus un épouvantail [3].

Un autre spectre était la Congrégation ; sous ce nom on
affectait de désigner le parti religieux et de dénoncer une
organisation occulte et politique [4]. Qu'était-ce en réalité [5] ?
Fondée sous l'Empire en 1801, la Congrégation, composée
surtout de laïques, était une association de jeunes gens
qui se proposaient d'exercer une action religieuse et charitable. En province des associations analogues lui étaient
affiliées [6]. Elle donna naissance à la *Société des bonnes
œuvres* [7] et à plusieurs groupements se proposant un but

naient à invoquer le droit commun des citoyens et la liberté religieuse
garantie par la Charte. (Burnichon, t. I, p. 68.) — Les Jésuites en 1817 comp-
tent en France 144 membres de la Compagnie (*eod. loco*, p. 138).

1. De Grandmaison, p. 366.

2. Dareste. *Histoire de la Restauration*, t. II, p. 228. — Il faut remarquer
que la pensée d'une contre-révolution effrayait à la fois ceux qui redou-
taient le retour des abus de l'ancien régime et ceux qui avaient profité de
son renversement, en particulier les acquéreurs de biens nationaux.

3. On pourra écrire encore en 1846 : « A la réapparition des Jésuites un
mouvement de colère et d'effroi se fit sentir dans la société française. »
(Dutilleul, avocat à la Cour de Paris. *Les congrégations religieuses en
France*.)

4. Dareste, t. II, p. 180, « on eût dit le club des Jacobins ». (Lacretelle
cité par de Grandmaison, p. 14.)

5. Sur la Congrégation voir : de Grandmaison. *La Congrégation*, 1890 ;
et les sources citées par de Faget de Casteljau, p. 189.

6. De Grandmaison, p. 235.

7. *Eod. loco*, p. 195, 223.

religieux que nous avons déjà mentionnés. Dissoute à la suite de la publication en 1808 de la bulle d'excommunication lancée contre l'Empereur et des colères provoquées par cet incident [1], reconstituée en 1814, violemment attaquée sous la Restauration, elle se dispersa au moment de la Révolution de 1830. Les hommes, qui pour la défense et la propagation de leurs idées religieuses, utilisaient et développaient ainsi l'idée d'association, comptaient parmi les plus honorables et les plus distingués de leur temps. Il suffit, pour s'en convaincre, de se reporter à l'historique si complet qui a été fait de leur œuvre par M. de Grandmaison. Cette œuvre elle-même fut avant tout une œuvre religieuse et charitable inspirée par le plus pur dévouement [2]. « Nous pensons pouvoir affirmer, conclut son historien [3], qu'elle demeura toujours une association de piété et une société de bonnes œuvres ; rien de plus, rien de moins... A aucun moment, la congrégation, modeste réunion de chrétiens, n'eut d'influence soit publique, soit occulte, sur la marche des affaires ; le bon sens l'indique et l'histoire le prouve. »

Ce qui prêta le flanc aux attaques passionnées dont la congrégation était l'objet ce fut la réputation qui devait lui être perfidement donnée de constituer une coterie politique et un moyen de favoritisme.

L'accusation se formula surtout sous le ministère de Villèle [4]. Qu'il n'y eût, sous le couvert de la congrégation, aucun groupement politique semblable à celui dont on s'était plu à affirmer l'influence, c'est ce qui paraît aujourd'hui certain pour les historiens les mieux informés [5]. Que sous le ministère de Villèle en particulier, le Gouvernement trouvât naturel d'appeler à certains emplois les hommes qui représentaient ses idées, c'est un grief qu'on ne saurait lui faire si l'on considère que le mérite d'un grand nombre de membres de la Congrégation justi-

---

1. *Eod. loco*, p. 107.
2. Voir le chapitre X de l'ouvrage de M. de Grandmaison : Œuvres de zèle et de charité (p. 193 et 223).
3. *Eod. loco*, p. 276.
4. *Eod loco*, p. 275.
5. *Eod loco*, p. 362; de Guichen, p. 152, 153.

fiait largement les emplois qui leur furent confiés[1]. Ce qu'on peut dire, c'est que certaines influences s'exercèrent (sous quel régime ne peut-on en noter ?), c'est que certaines recommandations furent signalées dont l'effet exagéré et amplifié donna naissance à l'accusation facile de favoritisme[2].

Un autre grief fut aussi exploité contre cette association, ce fut la discrétion dont elle s'entoura. Jamais assurément elle ne mérita le nom de société secrète [3] car le but honorable et avouable qu'elle poursuivait se traduisait par des œuvres pieuses et charitables parfaitement connues. Ses réunions n'étaient pas non plus ignorées. Il est certain cependant qu'elle évita d'attirer sur elle l'attention d'un pouvoir ombrageux sous l'Empire [4], d'un public incrédule et d'une opposition injuste et passionnée sous le régime suivant. Les noms de ses membres n'étaient pas livrés à une publicité dont elle se gardait. Faut-il s'en étonner quand on considère l'humilité chrétienne de ses adhérents, les préjugés qui ne pouvaient manquer d'assaillir une société de ce genre alors que toute association excitait encore chez les pouvoirs publics tant de méfiance[5]? Une fois de plus se manifestait l'inconvénient de l'absence dans notre législation de la liberté d'association. Il n'en est pas moins vrai que cette discrétion soulevait dans l'opinion publique une défiance analogue à celle que nous avons vu se manifester à l'égard de la compagnie du Saint Sacrement. L'idée d'association secrète produit toujours en France un sentiment d'invincible défaveur.

Cette attitude, imposée par les circonstances à la Congrégation, les reproches de favoritisme injustifiés ou exagérés qui lui furent adressés, devinrent des armes entre

---

1. Voir dans M. de Grandmaison (p. 275) le chapitre intitulé : le favoritisme et la congrégation.

2. De Grandmaison, p. 158 ; de Guichen, p. 153 (note 1) ; Discours de Mgr Frayssinous (Montlosier. *Dénonciation aux cours royales*, p. 296) ; Mémoires d'Apponyi : « le zèle de la Congrégation poussé trop loin fit du mal ». (*Revue hebdomadaire*, 25 janvier 1913, p. 472.)

3. Voir les exagérations manifestes de M. de Viel-Castel citées par M. de Grandmaison, p. 250.

4. De Grandmaison, p. 65, 132.

5. Ravier du Magny. *Revue catholique des Institutions*, 1er août 1912, p. 104.

les mains de l'opposition qui fit d'une société respectable
un bouc émissaire [1]. Le mot de congrégation devint, avec
celui de jésuite [2], un mot de passe pour l'opposition [3] ; il
devint surtout une sorte de cri de guerre pour le parti
antireligieux dont la tactique, à toute époque, a toujours
été de dissimuler la guerre faite au catholicisme sous un
vocable moins intelligible et partant plus acceptable pour
les masses populaires [4].

Ce fut le spectre de la Congrégation et des Jésuistes
qu'évoqua, dans sa fameuse campagne, M. de Montlosier.
Caractère aigri, esprit bizarre, et personnage brouillon [5],
M. de Montlosier, qui pouvait se prévaloir de sa notoriété
de vieux champion de la monarchie et même du clergé
en 1790, avait commencé à dénoncer dès 1825 dans les
journaux la Congrégation et les Jésuites. En 1826 il faisait
paraître le *mémoire à consulter sur un système religieux
et politique tendant à renverser la religion, la société et le
trône* qui eut dix éditions successives et passionna l'opinion d'une façon que nous avons peine à comprendre aujourd'hui. La boursouflure du style en parait insupportable et les violences du langage ne pourraient se retrouver
de nos jours que dans une certaine presse.

Le *mémoire* dénonçait « une vaste conspiration contre
la religion, contre le roi, contre la société [6] ». Quatre

1. Weil, p. 95.
2. Il faut dire que la Congrégation eut la plupart du temps pour directeurs des jésuites (le P. Delpuits, le P. Ronsin) qui s'étaient inspirés de
réunions analogues en usage dans leurs collèges (de Grandmaison,
p. 18, 379).
3. Dareste, t. II, p. 180, 223. — « Ces mots produisaient d'autant plus
d'effet qu'on ne savait pas précisément ce que c'était que la Congrégation. » (M. de Viel-Castel cité par de Grandmaison, p. 317.) — « Sûrement les jésuites ne sont pas tout ce qu'on craint, tout ce qu'on déteste,
mais leur nom est devenu une sorte de symbole qui enveloppe confusé-
ment toutes les antipathies du temps actuel. » (M. de Barante cité par
de Guichen, p. 161.) — Voir l'aveu d'Armand Carrel cité par Burnichon
(t. I, p. 318) et celui de M. Beugnot en 1844 : « Vous savez bien ce que
nous poursuivions en ayant l'air de poursuivre les jésuites. » (Burnichon,
t. II, p. 599.)
4. Ainsi en est-il de nos jours du mot « cléricalisme ». (Thureau-Dangin cité par de Grandmaison, p. 365.)
5. Voir le portrait de M. de Montlosier dans Thureau-Dangin (*Le parti
libéral sous la Restauration*, p. 386).
6. *Mémoire* (7ᵉ édition), p. 1.

« fléaux [1] » étaient la source du danger : « la Congrégation, les Jésuites, l'ultramontanisme, l'esprit d'envahissement des prêtres [2]. Les deux premiers points rentrent
seuls dans notre sujet. Mais, à un point de vue général,
on doit noter une déclaration préliminaire qui mettait
en cause la liberté d'association elle-même : « Il faut examiner si, dans un Etat régulier, il est permis à une collection particulière de citoyens de s'incorporer, de s'enrégimenter, de se combiner et de composer entre eux, sans
l'autorisation de l'Etat, des règles, des signes de reconnaissance, des points de ralliement pour une cause pieuse
quelle qu'elle puisse être. Les jurisconsultes, après avoir
décidé cette question en principe, auront à rechercher
« d'après les lois naturelles de l'Etat, ce qui est ou ce
qui n'est pas licite en ce genre [3] ».

Ces prémisses posées, l'auteur, rappelant la création de
la Congrégation, déclare que « la puissance mystérieuse »
de la Congrégation lui paraissait « aussi confuse dans sa
composition que dans son objet ». Il lui est difficile « de
dire avec précision ce qu'elle est » et de montrer comment elle s'est formée [4]. Il s'y essaie cependant longue-
ment. Au début de la Restauration « la malveillance l'a
appelée « gouvernement occulte, dénomination fausse en
tout point, car, dans ce qu'on a appelé ainsi, il n'y eut
rien d'occulte, il n'y eut pas surtout de gouvernement [5] ».
Mais la Congrégation ne tarda pas à prendre une influence
qui imposa le ministère de Villèle ; ce fut alors qu'elle
s'empara des postes, dans deux polices, et « soumit en quelque sorte le ministère, organisant dans tout le royaume
un vaste système d'espionnage [6] ». « Ce n'est pas dans ses
principes que l'association appelée Congrégation doit être
regardée comme vicieuse ; elle a été au contraire bienfaisante. C'est dans sa permanence, c'est par son obstina-
tion à vouloir s'étendre et se conserver, lorsque les causes
qui lui ont donné naissance ont disparu, qu'elle devient

1. *Eod. loco,* p. 299.
2. P. 6.
3. P. 3.
4. P. 18.
5. P. 27.
6. P. 30 et s.

un objet d'aninadversion [1]. » Avec une association de ce
genre, « la sûreté intérieure serait continuellement menacée, la sûreté même du monarque et celle de la dynas-
tie troublée [2] ». Elle renferme, en France, 48.000 individus [3]. Mais qu'était-ce enfin que la Congrégation ? « Son
objet n'est pas moins difficile à déterminer que sa nature ;
ce sera, quand il le faudra, de simples réunions pieuses :
vous aurez là des anges. Ce sera aussi quand on voudra
un sénat, une assemblée délibérante : vous aurez des sages ;
enfin ce sera, quand les circonstances le demanderont, un
bon foyer d'intrigues, d'espionnage et de délation : vous
aurez des démons [4]. » Telles étaient les déclamations qui,
à défaut de preuves, établissaient le danger public résultant de l'existence de la Congrégation.

Quant aux Jésuites, il faut voir si cet ordre religieux
« peut être souffert parmi nous ; si, par sa nature, il peut
être toléré par aucun peuple. Il faudra voir surtout, si à
raison des anciennes lois qui l'ont abrogé, ce n'est pas un
scandale que l'audace avec laquelle il est venu se rétablir [5] ».

« Le jésuitisme » au moyen de l'enseignement des congrégations, couvre le pays « d'influences secrètes » qui
« rangent sous le joug » « les rois, les grands, les académies, les savants, les évêques, le clergé, les souverains
pontifes eux-mêmes », et enfin le monde entier car « l'Europe ne suffit pas [6] ». Et cette affirmation est appuyée
d'un exposé historique qui rend les Jésuites, sinon « plei-
nement » au moins « par leur doctrine [7] », responsables
des attentats de Châtel, de Ravaillac, et, peu s'en faut,
de celui de Damiens [8]. « La philanthropie du xviii° siècle
est sortie de leurs écoles [9] » et, si on considère « la multitude de jésuites de tous les pays qui ont été condamnés

1. P. 102.
2. P. 108.
3. P. 1118. M. de Grandmaison (p. 314) donne comme vraisemblable, à
cette époque, un millier de congréganistes.
4. P. 18.
5. P. 4.
6. P. 38, 39.
7. P. 45.
8. P. 46.
9. P. 120.

aux galères, exilés, pendus [1] », il faut convenir que « leur histoire n'est que suite d'attentats [2] ». Toutefois, après ces lignes abominables, M. de Montlosier veut bien écrire : « Je serai franc à cet égard. Je ne crois pas que ce caractère soit de la férocité. Je ne crois pas que l'intention précise des Jésuites ait jamais été de tuer les rois. Elle a été seulement de les dominer. Il fallait les tenir menacés sans cesse, afin de les tenir sans cesse subjugués [3]. » Ainsi, aux déclamations contre la Congrégation succèdent contre les Jésuites les accusations odieuses.

De tout cela résulte, d'après le *Mémoire*, l'existence d'une Congrégation qui « a fini par embrasser la France entière », d'une société monastique « fléau de la France et de l'Europe » ; et ces deux puissances, jointes à la secte ultramontaine ainsi qu'à la partie considérable du clergé qui revendique la domination, constituent une conspiration contre la religion « qui va périr », la société « qui va être bouleversée », la monarchie « qui va crouler [4] ». Comment donc faire appliquer des lois quand « le Gouvernement et les magistrats » restent « immobiles et impassibles [5] » ? Où est le remède ? Dans la dénonciation civique, devoir imposé à tous les citoyens, dans le droit que la loi du 20 avril 1810 a donné aux cours de provoquer, toutes chambres réunies, sur la dénonciation de l'un de ses membres, la poursuite des faits délictueux [6]. C'était du reste la voie qu'allait suivre M. de Montlosier.

Le *Mémoire*, qui appela des protestations telles que celles de M. de Bonald [7], n'en souleva pas moins l'enthousiasme des journaux libéraux et fut même le prétexte de violences populaires [8]. Devant l'émotion soulevée, Mgr Frayssinous, ministre des affaires ecclésiastiques,

1. M. de Montlosier ne craint pas ici de citer les victimes d'Elisabeth d'Angleterre et des persécutions de Portugal.
2. P. 121, 122.
3. P. 29.
4. P. 289 et s.
5. P. 303.
6. P. 314.
7. *Réflexions sur le Mémoire à consulter* (de Grandmaison, p. 314). Voir les autres réfutations du *Mémoire* dans Burnichon, t. I, p. 356.
8. De Grandmaison, p. 315, 316 ; De Guichen, p. 163.

crut devoir intervenir dans la discussion du budget des cultes le 25 mai 1826 avec plus de franchise que d'habileté dans la forme [1]. Il parla de l'origine de la Congrégation, la montra comme une association honorable et purement religieuse, tout en se défendant d'en avoir fait partie. Son discours fut perfidement relevé par Casimir Périer : « La voilà donc reconnue officiellement, cette Congrégation mystérieuse dont l'existence a été si souvent, si formellement niée à cette tribune... Le fait matériel existe donc... Elle a pris naissance dans des temps de troubles, elle est *donc* politique [2]. » Les journaux de l'opposition redoublèrent leurs attaques.

Au point de vue général, nons devons signaler dans le discours du ministre un passage important. Répondant aux attaques dirigées contre les associations religieuses et bienfaisantes auxquelles on reprochait « un esprit de domination et d'envahissement », l'évêque d'Hermopolis faisait une déclaration qu'il est intéressant de noter à cette époque : « L'esprit d'association, disait-il, est dans la nature humaine... L'homme sent qu'il est peu de chose quand il est seul, et qu'il est souvent très fort en s'associant avec ses semblables... Encore aujourd'hui, toutes les grandes entreprises commerciales, agricoles, scientifiques, littéraires, comment se forment-elles ? par des associations. Comment saint Vincent de Paul a-t-il pu fonder ces établissements admirables qui existent encore ? par des associations d'âmes pieuses et généreuses... Le même esprit d'association se perpétue dans cette capitale. Combien d'établissements utiles et précieux ! Combien d'œuvres véritablement chrétiennes comme celles des enfants délaissés, des petits savoyards, des prisonniers pour dettes et autres semblables ! Elles existent sans que personne ait songé jusqu'à présent à en concevoir la moindre

----

[1]. De Grandmaison, p. 317. — Le discours de Mgr Frayssinous est cité à la suite de la *Dénonciation* de M. de Montlosier (pièces justificatives). — Voir aussi le passage de Mgr Frayssinous répondant à M. Lainé à propos des Jésuites : « Ils n'ont aucune existence comme corporation... le Gouvernement croit pouvoir les tolérer. » (Burnichon, t. 1, p. 365.)

[2]. De Grandmaison, p. 320. M. de Grandmaison fait remarquer que, dans cette dernière phrase, le mot « donc » est une merveille de mauvaise foi.

inquiétude [1]. » C'était reconnaître officiellement, et le rôle bienfaisant des associations, et la tolérance dont le Gouvernement entendait faire preuve à leur égard.

Cependant M. de Montlosier poursuivait sa campagne. Le 16 juillet 1826 il adressait aux membres de la cour royale et au procureur général une dénonciation précédée d'un nouveau mémoire non moins violent que le premier [2]. Se livrant à une apologie de sa conduite politique et se plaignant amèrement de la suppression de sa pension [3], il déclarait que le caractère de la conspiration qu'il signalait était tel qu'il ne serait pas plus effrayé « pour sa religion, son roi, sa patrie », s'il voyait à Saumur cent mille hommes des bandes de Berton, autant à Colmar... toute la légion des philosophes du xviiie siècle dirigée par les Diderot, les Helvétius, les d'Holbach [4]. « J'ai vu quelquefois, ajoutait-il, à la suite d'un grand orage, les deux rues du Bac et de Saint-Honoré remplies de bord en bord d'une eau trouble et noirâtre. Vous pourrez avoir quelque jour dans ces deux rues un ruisseau semblable : il ne sera pas de cette couleur [5]. » Dans sa dénonciation il signalait, avec l'ultramontanisme et l'esprit d'envahissement des prêtres, « un nouvel ensemble de congrégations religieuses et politiques répandues dans toute la France, divers établissements de la société odieuse et prohibée des jésuites [6] ».

La dénonciation de M. de Montlosier était appuyée par une consultation signée par un certain nombre de membres du barreau et dont le rédacteur était M. Dupin [7] fort préoccupé de se défendre contre les attaques dont il avait été l'objet à l'occasion de sa visite à Saint-Acheul [8]. M. Du-

1. *Dénonciation aux cours royales*, p. 298.
2. *Dénonciation aux cours royales relativement au système religieux et politique signalé dans le Mémoire à consulter, précédée de nouvelles observations sur ce système*, 1826. Voir le rapport de M. Franchet d'Espérey au garde des Sceaux sur la *Dénonciation* (de Guichen, p. 164).
3. *Eod. loco*, p. 11.
4. P. 1.
5. P. 173.
6. P. 277. — M. de Montlosier ne négligeait pas à cet égard de rappeler le décret de Messidor (p. 265).
7. *Mémoires de Dupin*, t. I, p. 229 ; Burnichon, t. I, p. 367.
8. Dupin, p. 490 et s. ; Burnichon, t. I, p. 339, 340.

pin jugea convenable de joindre à sa consultation une tra-
duction de l'épisode des *Bacchanales* de Tite-Live. Comme
il avait soin d'appeler la réunion des Bacchanales une
« congrégation, » il considéra que les « analogies parurent frappantes [1] ». Le passage le plus saillant de la consultation était l'affirmation « que de tout temps on a exigé
l'intervention de l'autorité souveraine pour l'établissement
de toute espèce de congrégations, d'assemblées et de réunions de citoyens [2] ». La thèse était dans tous les cas peu
libérale.

L'arrêt fut rendu le 18 août 1826 par la cour de Paris [3].
Elle se déclarait incompétente. Tout en considérant que
l'état de la législation s'oppose formellement au rétablissement de la compagnie de Jésus [4] elle prononçait
qu'il n'appartient qu'à la haute police de supprimer les
congrégations [5].

M. de Montlosier adressa alors, le 26 décembre 1826,
une pétition à la Chambre des Pairs où le débat fut
ouvert le 18 janvier 1827 par un rapport de Portalis [6]. Se
plaçant sur le terrain de la nécessité d'une autorisation
pour toutes les associations, il concluait au renvoi de la
pétition au président du conseil. C'est la solution qui fut
adoptée malgré les orateurs qui établirent la distinction
entre l'existence civile d'une corporation et la présence
individuelle des membres de cette corporation [7]. M. Pasquier et M. de Barante insistaient sur ce point qu'une loi

1. *Eod loco.*, p. 505.
2. *Eod. loco.*, p. 230.
3. Voir le texte dans Dupin. *Mémoires*, t. I, p. 233, et Dalloz, 1826, II,
p. 46 ; de Grandmaison, p. 326.
4. La cour visait les édits de l'ancien régime et le décret de Messidor.
Elle ne visait pas l'article 291 du Code pénal (Rousse, p. 35).
5. Il faut noter la belle déclaration du conseiller Gossin sur la congrégation dont il faisait partie (de Grandmaison, p. 323). — En 1825, le procès du *Courrier* et du *Constitutionnel* s'était terminé par un acquittement, la Cour considérant que ce n'était pas abuser de la liberté de la
presse que de discuter l'établissement des congrégations non autorisées
par la loi (de Guichen, p. 74 et s.). Ce fut dans sa plaidoirie pour *le Constitutionnel* que M. Dupin représenta la Compagnie de Jésus comme « une
épée dont la poignée est à Rome et la pointe partout ». (Burnichon, t. I,
p. 334.) Le cliché devait souvent servir dans la suite.
6. Burnichon, t. I, p. 378, 380, et s.
7. De Faget de Casteljau, p. 198.

était nécessaire pour chaque cas particulier en présence de la prohibition de se former, sans autorisation spéciale, en communauté religieuse [1]. Le dernier fit toutefois cette déclaration significative en faveur de la liberté d'association : « Nous voudrions, disait-il, qu'un jour, sous des conditions légales, les citoyens eussent le droit de se réunir pour mener une vie commune. Cette liberté... est dans l'esprit de la Charte. Pour le présent, nous n'en jouissons nullement [2]. »

Le ministère cependant ne se pressait pas d'agir. Trois pétitions demandèrent à la Chambre des députés l'expulsion des Jésuites. Le Gouvernement crut désarmer l'opposition en faisant signer, sous le ministère Martignac, les ordonnances du 16 juin 1828 qui soumettaient au régime de l'Université les écoles secondaires ecclésiastiques « dirigées par des personnes appartenant à une congrégation religieuse non autorisée [3] ». A l'avenir pour être chargé de la direction ou de l'enseignement dans un de ces établissements il fallait affirmer par écrit qu'on n'appartenait à aucune congrégation religieuse « non légalement établie en France ». C'était, en vertu du monopole universitaire alors en vigueur, écarter les Jésuites de l'enseignement [4], mais non leur interdire de vivre en commun [5].

La discussion des pétitions eut lieu à la Chambre le 21 juin 1828 et aboutit au renvoi du garde des Sceaux [6]. Le rapporteur, M. de Sade, considérait que les ordonnances avaient donné satisfaction aux craintes manifes-

1. Weil, p. 88.
2. *Consultation* de M. Rousse, p. 36. — En même temps le nombre des élèves des petits séminaires était limité (de Guichen, p. 259). — Voir à ce sujet les déclarations de Mgr Frayssinous (de Guichen, p. 260) et la protestation de Berryer (Burnichon, t. I, p. 405).
3. Sur l'exécution des ordonnances et la fermeture de Saint-Acheul, voir Burnichon, t. I, p. 441.
4. C'était aussi, par voie détournée, poser le principe de l'incapacité d'enseigner pour les congrégations non autorisées (Burnichon, t. I, p, 432).
5. Rousse, p. 36, 92. M. Rousse fait observer que les ordonnances de 1828 sont abrogées par la loi de 1850 sur la liberté de l'enseignement. — Voir les protestations des évêques contre les ordonnances : Dareste. *Histoire de la Restauration*, t. II, p. 373.
6. Voir le discours de M. Dupin (*Mémoires*, t. II, p. 479) qui se termine par cette adjuration : « Les Jésuites ont perdu les Stuarts, empêchons les Jésuites de perdre les Bourbons. »

tées, mais il établissait la distinction entre la constitution
d'une corporation et l'existence de fait d'une congrégation.
« Rien ne s'oppose, disait-il, à ce que quelques hommes,
plus portés que d'autres à la vie dévote et contemplative,
se réunissent pour s'adonner en commun à toutes les
pratiques pieuses. On ne leur dispute que le droit de se
constituer en corporation ou de former dans l'Etat une
personne civile [1]. »

Le 7 mars 1829 un nouveau débat s'éleva à la Chambre
des députés à propos des pétitions de MM. Grand et Isambert relatives « à l'existence en France de sociétés religieuses qui se livrent à l'exercice des missions tant à l'intérieur qu'en dehors du royaume [2] ». On en profita pour
critiquer la situation légale des congrégations qui organisaient des missions, mais au fond la question du droit de
vivre en commun n'était pas directement mise en cause [3].
C'étaient les missions qui étaient surtout attaquées et
c'étaient elles que visa le vote de la Chambre renvoyant
la pétition au garde des Sceaux. Ce fut, sous la Restauration, la dernière discussion relative aux congrégations religieuses. La campagne menée contre elles n'avait pas
été sans susciter d'ardentes polémiques de presse [4] qui
devaient aviver et entretenir pour de longues années les
préjugés et les défiances qu'on s'était efforcé de soulever.

Dans cette campagne antireligieuse l'attitude du Gouvernement fut influencée par les circonstances politiques.
Favorable au fond aux congrégations, et même aux associations religieuses, disposé à la tolérance, il se montra
faible devant les attaques d'une opposition qui invoquait
l'existence d'une législation mal définie et dont les dispositions draconiennes n'étaient pas formellement abrogées.
Il cherchait ainsi à donner satisfaction par des demi-me-
sures à une opinion publique artificiellement prévenue [5].
S'il avait déterminé les conditions sous lesquelles les con-

1. Rousse, p. 36.
2. Weil, p. 92.
3. Le rapporteur critiqua seulement la régularité des ordonnances qui
avaient autorisé avant la loi de 1817 certaines congrégations.
4. On peut en trouver un exemple dans l'analyse des numéros du *Constitutionnel* pendant un mois donnée par M. de Grandmaison (p. 328).
5. De Faget de Casteljau, p. 205.

grégations pourraient être pourvues de la personnalité civile, s'il paraissait reconnaître, en dehors des congrégations reconnues, le droit pour les religieux de vivre en commun, il ne consacrait pas ce droit d'une façon positive et formelle. Bien plus, par des mesures comme les ordonnances de 1828, il allait donner une arme aux auteurs des attaques violentes dirigées contre les congrégations : un gouvernement favorable aux congrégations religieuses paraîtra lui-même avoir constaté le danger que présentait l'existence de certaines congrégations non reconnues par la loi. A la suite de la campagne antireligieuse de la Restauration, campagne mollement combattue par un gouvernement religieux, vont se développer les attaques et les préjugés qui retarderont, comme nous l'avons fait remarquer, le mouvement en faveur de la liberté d'association, car ce mouvement sera désormais entravé par la crainte qu'inspireront les congrégations religieuses.

§ 3. — *Les corps indépendants. — L'Ordre des avocats.*

En ce qui concerne les corps ayant une existence propre, il faut noter, sous la Restauration, la reconstitution de l'Ordre des avocats. Le décret de 1810 l'avait rétabli, mais avec de rigoureuses restrictions : le bâtonnier et les membres du conseil étaient nommés par le procureur général [1], et le ministre de la Justice avait le droit de suspendre et même de rayer du tableau un avocat [2]. L'Ordre des avocats ne pouvait s'assembler en dehors des cas prévus par le décret sous peine, pour les contrevenants, d'être poursuivis « conformément à l'article 293 du Code pénal sur les associations illicites [3] ». Des incidents qui se produisirent lors des élections de 1822 émurent le procureur général qui ne songea à rien moins qu'à invoquer le délit de coalition [4]. Ce fut alors qu'intervint l'ordonnance du 20 novembre 1822 dont le préambule, considérant que

1. Sur une liste double de candidats nommés par l'assemblée de l'Ordre (Mollot, t. II, p. 344).
2. Art. 40 du décret du 14 décembre 1810.
3. Art. 33.
4. Mollot, t. I, p. 300.

« l'indépendance du barreau est chère à la justice autant qu'à lui-même », déclarait qu'il y avait lieu d'assurer à l'Ordre des avocats « une organisation intérieure qui l'affranchisse du joug inutile d'une surveillance directe et immédiate ». L'organisation précédente venait d'un gouvernement que « l'instinct de sa conservation entraînait à n'accorder aux hommes unis par des intérêts communs et par des travaux analogues que des privilèges combinés avec assez d'artifice pour lui donner à lui-même plus de ressort et d'activité [1] ». L'ordonnance de 1822 [2] rendait la nomination du bâtonnier au conseil de discipline composé des anciens bâtonniers et des deux plus anciens des colonnes entre lesquelles étaient répartis les avocats inscrits au tableau. Le conseil prononçait seul les peines disciplinaires. Il statuait sur les difficultés relatives à l'admission au tableau et à l'admission au stage [3]. Cette ordonnance, qui était loin de satisfaire la majorité des membres des barreaux [4], élargissait cependant singulièrement les dispositions du décret de 1810.

C'était donc la reconstitution d'une véritable corporation, non pas en ce sens que le nombre des avocats fut limité, mais en ce sens que l'Ordre des avocats, dont les membres peuvent seuls plaider devant les cours et tribunaux, se recrutait par lui-même [5]. Est-il besoin de montrer qu'il ne s'agissait pas là de la résurrection de l'une de ces anciennes corporations auxquelles on pouvait reprocher un monopole qui ne profitait qu'à leurs membres jalousement maintenus à un nombre limité ? Il ne pouvait être question de rétablir les abus du passé [6]. Le nombre des avocats n'était restreint à aucun chiffre ; l'expérience faite

---

1. Cresson. *Usages de la profession d'avocat*, t. II, p. 351.
2. Art. 7.
3. Art. 12, 13.
4. Mollot, t. II, p. 300.
5. Ajoutons la sanction de l'appel devant la Cour des décisions du conseil de l'Ordre. Cette sanction est inscrite formellement dans les articles 24 et 25 en cas d'interdiction et de radiation ; en ce qui concerne le refus d'inscription au tableau elle a toujours été contestée par le barreau (Cresson, t. I, p. 166 et s.).
6. Etre avocat, c'est être d'une profession où ce que le passé a de meilleur est resté debout. (Discours de M. le bâtonnier Labori le 2 décembre 1911.)

sous la Révolution avait démontré qu'un Ordre des avocats, régi par des traditions et des règles que maintenait
une surveillance disciplinaire, était nécessaire à la bonne
administration de la justice et aux intérêts des justiciables
eux-mêmes [1]. En reconstituant plus complètement l'Ordre
des avocats on avait en vue cet intérêt général, mais en
aucune façon la reconnaissance de la liberté d'association
elle-même [2].

§ 4. — *Les associations professionnelles et ouvrières.*

Sur le terrain professionnel, il faut d'abord, avec certai-
taines différences de réglementation [3], constater la survi-
vance des corps organisés par l'Empire, ou des associations
patronales qui avaient continué à exister en fait. Les boulangers et les bouchers continuaient à être régis par la
même organisation. Diverses professions du bâtiment
maintenaient leur organisation syndicale avec l'autorisation de la préfecture de police [4].

Quant aux ouvriers, malgré la sévérité de la législation
toujours existante et son application par l'administration
qui avait remis en vigueur la loi du 22 germinal an XI [5],
ils n'avaient pas renoncé à se grouper. L'idée d'association
se répandait dans la petite industrie et les milieux ouvriers [6], mais les groupements ouvriers continuaient à rester suspects et la Restauration avait hérité à cet égard des
méfiances du régime impérial [7]. Des grèves importantes
avaient eu lieu [8], des émotions populaires et des rixes se

---

1. Hubert-Valleroux. *Les corporations d'arts et métiers*, p. 200.
2. C'est, comme on l'a dit, la création par anticipation d'un syndicat
professionnel, mais dans des conditions particulières et dans l'intérêt général de la bonne administration de la justice.
3. Fagniez, p. 72 ; Hubert-Valleroux, p. 196 ; Courcon. *Maires et boulan-*
gers, 1912, p. 31.
4. Levasseur, t. II, p. 392.
5. Remise en vigueur par les ordonnances de police du 21 décembre
1816 et du 25 mars 1818 (Levasseur *Histoire des classes ouvrières*, 2ᵉ série,
t. I, p. 394).
6. *Eod. loco*, p. 392.
7. Du Célier, p. 38 ; Fagniez, p. 93.
8. Notamment celle des charpentiers (Leroy-Beaulieu. *Revue des Deux-*
Mondes, 1ᵉʳ août 1908, p. 485.)

produisaient dans les milieux ouvriers [1]. Tandis que les associations patronales n'inspiraient qu'une crainte, celle de l'établissement d'un monopole, les associations ouvrières étaient réprésentées comme un danger pour l'ordre matériel [2].

Privé du droit d'association en faveur duquel il commençait à sentir se développer ses aspirations, l'ouvrier se réfugiait dans le campagnonnage, vers lequel se portait le sentiment de fraternité, l'esprit de corps, et jusqu'à l'attrait des pratiques mystérieuses qui en caractérisaient l'institution. Le compagnonnage, malgré son esprit d'exclusivisme et les désordres qu'il provoqua, fut toléré par le gouvernement de la Restauration. Non seulement son organisation était difficilement saisissable, mais son caractère religieux et traditionnel lui assurait alors de puissantes sympathies [3]. L'ouvrier y trouvait une aide professionnelle dans toutes les circonstances de la vie et l'appui dont il avait besoin. Ce fut l'époque de l'apogée du compagnonnage [4].

Mais en même temps se manifestait dans les milieux ouvriers l'idée d'antagonisme contre les patrons trop enclins à cette époque à se désintéresser du sort de ceux qu'ils employaient [5]. Si les conflits ne furent réellement notables qu'à partir de 1830 [6], il n'est pas douteux que le compagnonnage, né de l'antagonisme de la classe ouvrière et de la classe patronale [7], offrit déjà un terrain favorable à la lutte contre le patronat. A côté des compagnonnages, d'autres organisations ouvrières joignaient du reste à leurs opérations de mutualité et de placement des caisses destinées à subventionner les grèves et préludaient ainsi au rôle actuel des syndicats [8]. Le monde du travail souffrait de l'absence de toute organisation professionnelle légale-

1. Levasseur, t. I, p. 483.
2. Fagniez, p. 93.
3. Martin Saint-Léon. *Le compagnonnage*, p. 102 ; Hubert-Valleroux, p. 281.
4. Martin Saint-Léon, p. 99.
5. *Eod. loco*, p. 101.
6. Martin Saint-Léon. *Histoire des corporations*, p. 625 (note).
7. Fagniez, p. 94.
8. *Eod. loco*, p. 95.

ment impossible depuis 1791. La classe ouvrière, à laquelle
le développement de l'industrie donnait une importance
de plus en plus considérable [1], allait être jetée dans la
voie des revendications violentes et de la séparation d'avec
la classe patronale [2]. Par la même raison, les associations
politiques devaient, comme sous la Révolution [3], recueillir
en partie l'héritage des anciens groupements ouvriers
dont les éléments turbulents étaient préparés à subir leur
influence. Ces tendances se manifestèrent après 1830 ; elles
s'exerçaient déjà d'une façon latente. Tandis que le Gouvernement avait le tort de ne pas envisager suffisamment
dans leur ensemble les intérêts des classes ouvrières, le
parti libéral ne cessait d'exalter leurs droits [4].

Comme dans la période précédente un mouvement se
produisit en faveur d'une réorganisation corporatrice. Les
inconstances paraissaient du reste favorables à une époque
où le retour des Bourbons favorisait les espérances des
partisans du passé et des institutions renversées en 1789 [5].
Le Gouvernement, nous l'avons dit, voyait avec faveur le
caractère religieux et traditionnel de ce qui subsistait des
anciennes corporations ouvrières. C'est ainsi qu'il faisait
parader au baptême du duc de Bordeaux les forts de la
halle et les porteurs de charbon [6]. Aussi peut-on noter les
efforts tentés par certains groupements pour acquérir une
existence officielle. Par exemple les tonneliers de la Ra-
pée demandèrent en 1823 à être organisés en société pour
avoir le monopole de déchargement au port de Bercy
comme leurs camarades l'avaient à l'entrepôt. La Chambre
passa à l'ordre du jour [7].

Mais c'est surtout dans le moyen et le petit commerce
que le courant est sensible. En 1816 un des rapporteurs de
la Commission du budget, M. Feuillant, mentionnait
comme nécessaire le rétablissement des jurandes et des

1. Du Célier, p. 38.
2. *Eod. loco*, p. 40.
3. Martin Saint-Léon. *Histoire des corporations*, p. 625.
4. Du Célier, p. 35, 36, 43.
5. Martin Saint-Léon, p. 680 ; Hubert-Valleroux, p. 184.
6. Levasseur, t. I, p. 392.
7. *Moniteur* du 16 février 1823.

maîtrises [1]. Ce vœu n'eut pas de suite à cause de la dissolution de la Chambre.

Le 16 septembre 1817 Levacher-Duplessis présentait au roi une pétition signée par quatre notables négociants et tendant à rétablir les corporations [2]. Cette pétition, qui signalait les conséquences fâcheuses de la disparition de l'organisation professionnelle, la rupture de l'ancienne solidarité entre patrons et ouvriers, avait le tort d'identifier l'organisation professionnelle et le monopole [3]. La Chambre de commerce de Paris y répondit par une délibération qui fut insérée au *Moniteur* [4]. Après avoir constaté que rien ne justifiait la prétention des signataires de représenter les marchands et artisans de la ville de Paris, la Chambre de commerce rappelait les tentatives faites en 1805 et le rapport par lequel elle avait démontré « les funestes effets qu'on devait attendre du rétablissement des corporations et des privilèges qui en résultent ». « Le temps et la réflexion n'avaient fait que fortifier son opinion » dans laquelle elle persistait à l'unanimité. Dans la séance du 18 octobre la Chambre se prononça contre la pétition. En même temps Pillet-Vill publiait une réponse dans laquelle il s'élevait contre les accusations dirigées contre l'état du commerce et montrait dans la concurrence le meilleur stimulant pour son développement [5].

La même tentative fut renouvelée en 1821 par Levacher-Duplessis. La pétition fut distribuée aux membres des deux Chambres. Elle se heurta à la même opposition de la Chambre de commerce qui renouvela ses objections par une délibération du 14 mars [6]. Elle considérait « que les

---

1 Rapport du 9 mars 1816 (*Moniteur*, 1816, p. 271).

2. *Requéte au roi et mémoire sur la nécessité de rétablir les corps des marchands et les communautés des arts et métiers présentés à S. M. par les marchands et artisans de la ville de Paris assistés de M. Levacher-Duplessis leur conseil.* — Faut-il croire, comme l'affirme la requête, qu'elle avait été précédée d'un vaste pétitionnement dans toutes les villes de France ? (*Revue catholique des institutions*, août 1912, p. 122).

3. Martin Saint-Léon, p. 631.

4. *Moniteur* du 16 octobre 1817.

5. *Réponse au mémoire de M. Levacher-Duplessis*, 1817. — voir aussi : Costaz. *Essai sur l'administration*, 1818 (cité par Martin Saint-Léon, p. 632.)

6. *Moniteur* du 24 mars 1821.

progrès immenses de l'industrie française depuis l'époque où elle a été affranchie du monopole des maîtrises avertissent suffisamment du danger des innovations qu'on voudrait introduire dans la législation actuelle ». « Dans sa conviction, nulle cause n'a contribué au perfectionnement des manufactures françaises autant que la liberté rendue à l'exercice des professions industrielles par l'abolition des jurandes, maîtrises et corporations d'arts et métiers. » C'étaient, comme précédemment, les prétentions de la grande industrie s'opposant à celles du petit commerce. La pétition échoua comme la précédente.

La question fut cependant encore agitée dans divers écrits, les uns favorables, les autres hostiles [1]. Elle fut, en 1824, soumise à différents conseils généraux dont quelques-uns se prononcèrent en faveur du rétablissement des corporations [2].

En 1826 on pouvait même entendre M. Humbert de Sesmaisons faire, à la Chambre des Pairs, à propos des bouchers de Paris, l'éloge des corporations : les corporations, disait-il, sont utiles, « mais qui dit corporation ne dit pas monopole [3] ».

La dernière tentative eut lieu en 1829. Les diverses Chambres syndicales qui s'étaient organisées, avec l'autorisation du préfet de police, pour la surveillance des travaux du bâtiment demandèrent qu'une loi ou une ordonnance leur donnât une organisation plus étendue et plus complète [4]. Il s'agissait du reste surtout de leur conférer une juridiction professionnelle [5]. La Chambre des Pairs à laquelle était adressée cette pétition passa à l'ordre du jour [6].

Tel fut l'échec des divers essais de réorganisation corporative sous la Restauration ; ils ne furent même pas renouvelés sous le gouvernement de Juillet [7]. Il faut dire qu'ils avaient été tentés beaucoup moins dans une pensée

1. Martin Saint-Léon, p. 633.
2. Levasseur, t. 1, p. 402.
3. *Moniteur* de 1826, p. 723.
4. Hubert-Valleroux, p. 186.
5. Martin Saint-Léon, p. 633.
6 *Moniteur* du 8 avril 1829.
7. Hubert-Valleroux, p. 187.

de réforme professionnelle que dans un intérêt commercial d'un ordre moins élevé. Il faut constater surtout qu'au fond le gouvernement de la Restauration se sentait incliné à conserver à son profit la centralisation si fortement établie par les régimes antérieurs. De plus, l'opinion publique encore pénétrée du souvenir des abus des corporations, restait attachée au principe de la liberté du travail et de l'industrie [1]. Pas davantage que sous l'Empire la question de l'organisation professionnelle n'était mûre dans les esprits. Cependant le besoin de cette organisation se faisait toujours plus ou moins resssentir et l'idée, sinon de la liberté, au moins de l'utilité de l'association continuait, quoique d'une façon latente, à se développer. C'est là ce qu'il faut retenir des tentatives intéressantes que nous venons de mentionner.

Ce qui allait contribuer à discréditer l'association c'était le développement que prenaient chaque jour les sociétés secrètes et les associations politiques, non moins que le caractère de plus en plus révolutionnaire de ces divers groupements.

§ 5. — *Les sociétés secrètes.*

Les sociétés secrètes sous la Restauration, ne furent pas seulement un moyen de propagande entre les mains du parti antireligieux [1], elles furent surtout des centres d'opposition violente d'autant plus prospères que le mystère est pour les esprits un attrait plus puissant [2]. Leur développement vint démontrer une fois de plus qu'une législation prohibitive du droit d'association n'empêche pas l'existence et le développement des associations nuisibles à l'ordre public.

C'est en 1821 que trois jeunes gens, MM. Bazard, Flotard et Buchez [4] fondèrent le Carbonarisme. Quelques membres de la loge *les amis de la vérité,* forcés, à la suite du

1. Lovasseur, t. I, p. 392.
2. De Guichen, p. 12 ; Burnichon, t. I, p. 316.
3. De Grandmaison. *La congrégation,* p. 255.
4. De la Hodde. *Histoire des sociétés secrètes,* 1859, p. 19 ; Gyr. *La Franc-Maçonnerie dans ses rapports avec le carbonarisme,* 1859, p. 347.

procès intenté aux membres de cette loge, de s'expatrier en Italie, en rapportèrent l'organisation secrète connue sous le nom de carbonarisme. Le but en était défini par des considérants ainsi formulés : « Attendu que la force n'est pas le droit, et que les Bourbons ont été ramenés par l'étranger, les charbonniers s'associent pour rendre à la nation française le libre exercice du droit qu'elle a de choisir le gouvernement qui lui convient [1]. » C'était l'organisation d'une association politique, mais sous une forme secrète.

L'association centrale ou haute vente était composée de moins de vingt personnes pour échapper au Code pénal. Deux membres de cette vente recrutaient un adepte lequel s'adjoignait dix-sept recrues. Ainsi se formait une vente centrale dont les deux premiers membres gardaient la direction effective. La vente centrale créait à son tour des ventes particulières et ainsi s'étendaient « indéfiniment les mailles du réseau [2] ». Une organisation analogue sous des noms différents (cohortes, centuries, manipules) s'étendait dans l'armée. Aucun charbonnier ne devait s'affilier à une autre vente, de telle sorte que les ventes devaient se mouvoir sous une impulsion unique sans que chacun put s'apercevoir d'où elle venait. « Il s'agissait de couvrir la France d'une multitude de petits corps d'armée qui, au signal d'une direction invisible, feraient irruption de toutes parts et écraseraient les Bourbons. Afin d'être toujours en mesure d'agir, chaque membre, après avoir prêté serment d'obéissance absolue, était tenu de se munir d'un fusil et de cinquante cartouches [3]. »

Ainsi constituée, l'association prit un développement considérable et s'étendit sur toute la France [4]. Elle s'assura l'appui d'un comité parlementaire composé des chefs de l'opposition libérale, et notamment de La Fayette, lesquels pourraient « au besoin se nommer et couvrir de leur autorité les actes de l'association [5]. » Ce fut alors

1. Louis Blanc (cité par Gyr, p. 348).
2. De la Hodde, p. 21.
3. *Eod loco*, p. 22.
4. De Guichen, p. 178, 197, 208.
5. Spuller cité par Claudio Jannet. *La Franc-Maçonnerie et la Révolution*, p. 257 ; Gyr, p. 350 ; de la Hodde, p. 23.

que des délégués parcoururent la France pour organiser
l'insurrection qui se traduisit, de 1821 à 1823, par une
série d'émeutes à Belfort, Saumur, Nantes, Thouars,
Brest, Toulon. L'attentat de la Rochelle dont il fut impossible de sauver les auteurs, détermina la décadence du
carbonarisme [1]. Désormais il devait se contenter de soutenir les autres groupes et en particulier les comités électoraux. Les crimes de complot furent poursuivis [2], mais
bien que le Parquet en dénonçât plus d'une fois le carbonarisme comme l'instigateur [3], il ne poursuivit jamais
une association dont l'illégalité n'était pas douteuse, mais
dont il ne pouvait démontrer complètement l'existence [4].

La Franc-Maçonnerie, d'où était sorti le carbonarisme,
était au contraire une société dont l'existence était parfaitement connue. Ce qu'elle dissimulait c'était le nom de
ses membres et surtout le but réel qu'elle poursuivait et
qui était un but d'opposition politique et de destruction
religieuse.

Le Grand Orient, au moment de la chute de l'Empire,
avait donné « le spectacle de la plus triste palinodie [5] »,
destituant Joseph Napoléon de la grande maîtrise, pour le
réinstaller après le retour de l'île d'Elbe, et le destituer
de nouveau après les Cent-Jours. Il ne tarda pas à donner « de nouvelles preuves de son attachement au roi légitime [6] » en offrant la grande maîtrise à l'un des princes du
sang, offre qui avait été repoussée par Louis XVIII [7]. Sous
l'administration des trois grands conservateurs il ouvrit
un certain nombre de loges et son histoire intérieure se
caractérise surtout par sa lutte avec le pouvoir maçonnique rival, le Suprême Conseil dont le grand commandeur
fut le duc Decazes [8]. Sous l'influence de diverses causes,
notamment la disparition des loges militaires, et le relè-

1. De la Hodde, p. 26.
2. Dareste, t. II, p. 26, 43, 49.
3. *Eod loco*, p. 49.
4. De Faget de Casteljau, p. 214.
5. Jouaust. *Tableau historique de la Franc-Maçonnerie en France*, 1878,
p. 84.
6. *Eod loco.*, p. 85.
7. Louis XVIII, comme ses deux frères, avait fait partie de la loge des
Trois Frères. (Jouaust, p, 91-92.)
8. Jouaust, p. 94 ; Claudio Jannet, p. 254.

vement dans le pays de l'esprit religieux, le nombre des loges diminua sensiblement sous la Restauration [1], mais l'action de la Franc-Maçonnerie fut loin de décroître.

Non seulement, dans certaines loges, l'élément légitimiste dominait et on y voyait reparaître beaucoup d'émigrés qui les avaient fréquentées avant la Révolution [2], mais la Franc-Maçonnerie eut soin, pour être tolérée, « de proclamer son attachement pour le nouveau gouvernement et de prêcher la bienfaisance comme son unique but [3] ». Les hommages prodigués au roi dans les circonstances solennelles furent dithyrambiques [4]. Le Grand Orient recourut même à des mesures de rigueur contre certains actes ouvertement politiques : « Les protestations de fidélité, d'attachement au roi, à la religion et aux lois, dit un auteur maçon [5], la déclaration authentique que la Maçonnerie n'est qu'une association de bienfaisance et de philanthropie, donnent la mesure exacte de la position précaire du Grand Orient et de la crainte continuelle où il vivait sous le régime de la Restauration ». C'est là manifestement avouer que le but bienfaisant et philanthrophique n'était que secondaire ; et, de fait, si les maçons inoffensifs qui recherchaient surtout dans les loges la satisfaction et leurs goûts humanitaires et gastronomiques [6] étaient encore nombreux, ils ne constituaient pas la catégorie pénétrée du véritable but de l'association.

Le but, avons-nous dit, était de plus en plus antireligieux et politique. Malgré les protestations inspirées par la prudence que nous venons de rappeler et malgré la bonne foi qui pouvait à cet égard exister chez nombre de

---

1. Jouaust. *Histoire du Grand Orient de France*, 1865, p. 418.

2. Jouaust. *Eod loco*, p. 17; *Tableau historique*, p. 92.

3. Jouaust. *Histoire du Grand Orient*, p. 347; *Tableau historique*, p. 92. « La Maçonnerie fut obligée de se montrer humble et petite pour faire oublier qu'elle s'était traînée à deux genoux devant Napoléon. » (*Eod loco*, p. 91.)

4. Jouaust. *Histoire du Grand Orient*, p. 419. — *Procès-verbal de la fête de l'ordre du solstice d'hiver en 1828* : « La première santé d'obligation est celle de S. M. Charles X, roi de France, et de tous les membres de son auguste famille. Cette santé est portée avec respect et saluée des batteries et des acclamations régulières et les plus unanimes. » (*Procès-verbal*, p. 50.)

5. Jouaust. *Tableau historique*, p. 98.

6. De Laborie. *Paris sous Napoléon. La religion*, p. 383.

ses membres convaincus du but philanthropique de leurs réunions, ce but antireligieux de la Franc-Maçonnerie ne peut être contesté [1]. Au fond, elle poussait dès lors à la campagne dirigée dans ce sens et, sous prétexte de défendre la société contre les empiètements du parti clérical, elle apportait son concours à la fraction violente de l'opposition [2] qui suscitait les luttes sur le terrain antireligieux. Quant à l'action politique des loges, ou tout au moins de leurs membres, elle n'est pas moins évidente et se trouve constatée par les auteurs maçons eux-mêmes : « Il est certain, dit Jouaust [3], qu'une partie du personnel de la Maçonnerie était également dans le carbonarisme et dans les autres sociétés secrètes de l'époque. De plus les conspirateurs surent se servir de la Maçonnerie comme d'un voile. » « Nous ne voulons pas dire, avait-il déjà écrit [4], que les loges s'occupèrent de politique ; mais elles formèrent une série de petits centres où, dans chaque ville, l'on se tenait au courant des défaites et des victoires du parti libéral, où l'on recevait des nouvelles de Paris, où l'on échangeait ces mordants pamphlets qui ridiculisaient les hommes du pouvoir. C'est dans les loges qu'une partie des coryphées de la révolution de 1830 fit son apprentissage de la vie politique. » « Il n'est pas difficile de comprendre, dit-il encore [5], que la partie la plus jeune et la plus active des loges prit part au combat des trois journées de 1830 [6]. »

Cependant la Maçonnerie, qui tombait d'une façon incontestable sous les prohibitions du Code pénal, était l'objet d'une tolérance qui ne comporta que peu d'exceptions.

---

1. De Grandmaison. *La Congrégation*, p. xxi, 255. — Pie VII en 1821 et Léon XII en 1826 ont condamné les sociétés secrètes notamment le carbonarisme et la Franc-Maçonnerie. (Voir les textes dans : Saint-Albin. *Les Francs-Maçons*, 1867, p. 477.)

2. Nous avons dit que le carbonarisme est sorti de la Maçonnerie (Gyr., p. 336 et s.).

3. *Tableau historique*, p. 96. — Ajoutons que Jouaust proteste contre l'accusation portée contre la Franc-Maçonnerie d'avoir conspiré contre les Bourbons, mais que ses aveux mêmes démontrent la vérité de l'accusation.

4. *Histoire du Grand Orient*, p. 420.

5. *Tableau historique*, p. 103.

6. Voir aussi : Rebold. *Histoire des trois grandes loges*, p. 142 et Deschamps. *Les sociétés secrètes et la société*, t. II, ch. viii, t. III, ch. iv.

C'est ainsi qu'en 1817 plusieurs loges furent fermées dans le Midi, mais, sur une réclamation du Grand Orient dont elles dépendaient, le ministre de la police déclara qu'elles devaient être tolérées [1]. On peut aussi relever le procès des *amis de la vérité* à la suite des troubles de juin 1820 [2]. Enfin le frère Bédarride fut condamné en 1822 comme coupable de réunion illicite, « la position sociale des fondateurs de cette Maçonnerie (qu'il avait instituée) ne présentant pas, dit Jouaust [3], une garantie suffisante d'ordre et de respectabilité ». Louis XVIII, dont l'attitude devait être continuée par Charles X, pouvait mériter le titre de « tolérateur de la Maçonnerie en France » que lui décerna en 1824 le Grand Orient dans la fête funèbre célébrée en son honneur [4].

Ce fut avec le concours ou sous la forme de sociétés secrètes, dont l'agitation se propagea dans l'Europe entière [5], que se développèrent les associations politiques qui devaient miner le gouvernement de la Restauration victime de sa faiblesse [6]. Elles groupaient un grand nombre de jeunes gens prêts à susciter l'agitation et le désordre [7], elles réunissaient à la jeunesse des écoles [8] les libéraux dont les agissements devaient aboutir à la révolution de 1830 [9].

§ 6. — *Les associations politiques.*

Les associations politiques, légitimes dans leur principe, car elles étaient la conséquence du régime parlementaire qui porte les citoyens à se réunir et à s'entendre

1. Jouaust. *Histoire du Grand Orient*, p. 383.
2. De la Hodde, p. 19; Gyr., p. 347.
3. *Histoire du Grand Orient*, p. 379.
4. *Eod. loco*, p. 394.
5. De Grandmaison. *La congrégation*, p. 257.
6. Victime aussi de ses illusions : « N'existe-t-il pas sur tous les points de ce royaume des sociétés vraiment secrètes ?... Sans doute l'autorité les connaît, les surveille et tout est tranquille. » (Discours de Mgr Frayssinous en 1826. — *Dénonciation* de M. de Montlosier, p. 296.)
7. Louis Blanc cité par de Grandmaison, p. 045.
8. De Faget de Casteljau, p. 209.
9. De Saint-Albin, p. 359; Claudio Jannet, p. 257; De Guichen. *La révolution de 1830 et l'Europe*, p. 104, 105.

pour l'exercice de leurs droits, existèrent dès le début
de la Restauration. Elles s'étaient déjà formées de toutes
parts sous les Cent-Jours et leur action ne cessa de s'accroître. Il y eut dès l'origine des associations monarchistes.
Telle fut l'association distincte de la Congrégation et fondée en 1810 par Mathieu de Montmorency [1] ; elle se proposait de défendre le Pape et peut-être de préparer le
retour des Bourbons [2]. La *Société des bonnes lettres* (qu'il
ne faut pas confondre avec la *Société des bonnes études*)
créée en 1821 paraît avoir poursuivi, avec un but litté-
raire, un but de défense de la cause monarchique [3]. D'autres associations royalistes, qui eurent un but exclusivement politique, se formèrent dans un grand nombre de
localités et allèrent même, par leurs excès de zèle, jusqu'à s'attirer le blâme du Gouvernement [4].

Mais l'association politique fut surtout, avec la presse,
une arme entre les mains de l'opposition, qu'elle fût,
comme à l'origine, formée des éléments impérialistes ou
révolutionnaires, ou qu'elle réunît sous une même étiquette les éléments divers dont se composait le parti
libéral.

De ces associations qui menèrent la lutte contre le régime de 1815, certaines furent franchement révolutionnaires, ainsi des associations comme celles qui existèrent
en province [5], ainsi le carbonarisme qui jusqu'en 1823,
servit de trait d'union aux groupements partisans de la
violence. Parmi ces derniers il faut citer *l'Association de
l'indépendance nationale* dont le centre était à Paris et
qui avait créé en province de nombreuses ramifications [6].

Le caractère révolutionnaire se retrouvait aussi dans

1. De Grandmaison. p. 108, 110 (note).
2. S'il faut en croire Mgr Frayssinous (Discours de 1826. *Dénonciation
de M. de Montlosier*, pièces justificatives, p. 296).
3. De Grandmaison, p. 219. — Voir aussi la *Société des amis de la religion et du roi* fondée à Lyon en 1816 qui eut un caractère à la fois
politique et professionnel. (Weil, p. 290, note.)
4. Weil, p. 50 (sur la *Société des Francs régénérés*), et p. 51. — Une
ordonnance du 10 mai 1916 (*Moniteur* du 10 mai) révoque le procureur
général et le préfet de la Somme qui avaient fait partie d'une société secrète politique ou l'avaient tacitement autorisée.
5. Sur les troubles de Lyon en 1817 voir de Grandmaison, p. 233.
6. Du Faget de Casteljau, p. 209.

les associations pour le refus de l'impôt qui succédèrent au carbonarisme. La formation du ministère Polignac produisit un rapprochement entre les divers groupes du parti libéral qui cherchèrent les moyens de combattre les mesures d'exception qu'on s'attendait à voir prendre par le Gouvernement et en particulier la levée de l'impôt par ordonnance [1]. La presse libérale préconisa le refus de l'impôt et s'efforça de promouvoir des projets d'associations dans ce but. Un certain nombre se fondèrent dans les départements, notamment l'*Association bretonne*. Le gouvernement ordonna des poursuites, mais elles furent intentées pour provocation à la résistance aux lois, excitation à la haine et au mépris du gouvernement, et non conformément aux dispositions du Code pénal sur les associations [2].

D'autres associations se plaçaient sur le terrain d'une opposition légale, mais la violence de leur action devait aller s'accroissant jusqu'à la chute du régime. Tels furent les comités électoraux qui permirent à l'opposition libérale d'acquérir une véritable force à la Chambre et devant le pays. Leur légalité ne pouvait être contestée car on ne pouvait refuser aux électeurs le droit de se concerter pour discuter les mérites des candidats et faire prévaloir leurs opinions [3].

Certaines associations allaient plus loin encore : dans le Pas-de-Calais se constitua par exemple une association pour la rectification des listes électorales et « la répression des abus » ; elle ne fut pas directement inquiétée [4].

La campagne de presse qui se poursuivait par les journaux et les brochures et qui donna lieu aux différents projets de loi sur la presse, amena la fondation de la fameuse société des *amis de la presse*. Elle se proposait d'obtenir l'abrogation des lois d'exception sur la presse et la liberté individuelle et de venir en aide par des souscriptions aux écrivains condamnés pour délits politiques.

1. Dareste, II, p. 426.
2. Voir la jurisprudence à ce sujet : Morin, v° association, p. 210 ; Weil, p. 45.
3. Voir la circulaire de M. de Martignac en 1828 (Weil, p. 65).
4. Weil, p. 45.

Recrutée d'abord dans l'élite du parti libéral, avec le duc de Broglie, M. Laffitte et La Fayette, elle vit peu à peu s'effacer ces éléments modérés, et en 1819 devint un centre d'opposition de plus en plus militant.

En juin 1919 [1], M. Courvoisier signalait à la Chambre son comité directeur qui avait établi des comités dans les principales villes de France. Après les élections de 1819 le Gouvernement s'émut. La dissolution de la société fut prononcée et des poursuites furent exercées en vertu de l'article 291 du Code pénal contre le colonel Simon Laurière et M. de Gévaudan qui avaient prêté leur local pour les réunions. Le duc de Broglie désavoua la société dont il avait fait partie [2]. Le procès eut un retentissement énorme. Il souleva les récriminations de la presse. Les prévenus soutinrent qu'ils n'avaient tenu que des réunions amicales n'ayant aucun des caractères légaux d'une association. La condamnation très légère qui intervint fut, comme nous l'avons indiqué, la seule application de l'article 291 du Code pénal sous la Restauration.

Une association plus importante fut la société *Aide-toi le ciel t'aidera* dont l'influence amena les élections de 1828 [3] et le rappel des 221 en 1830. Elle exerça son action par la propagande et l'organisation. Avec le concours d'écrivains tels que Guizot, de Kératry, de Salvandy, Chateaubriand, Hyde de Neuville, elle inonda le pays de brochures qui parurent en grand nombre et dont la distribution était assurée par ses ramifications. Dans chaque département un comité central créait des comités d'arrondissement lesquels établissaient des correspondants dans les cantons. Dans chaque centre électoral des commissions consultatives éclairaient les électeurs sur leurs droits et provoquaient la radiation des électeurs ministériels. On allait même jusqu'à loger et nourrir pendant plusieurs jours les électeurs indécis [4]. On s'efforçait de mettre cette organisation à l'abri des poursuites légales,

1. *Eod. loco*, p. 47 ; *Moniteur*, 19 juin 1919.
2. *Eod. loco*, p. 48.
3. « Les associations menacent de devenir toutes-puissantes. Bientôt ce seront elles qui domineront la Chambre. » (Journal du comte Apponyi; *Revue hebdomadaire*, 25 janvier 1913, p. 476.)
4. Du Faget de Casteljau, p. 221 ; Weil, p. 58-59.

les comités ne se composant que de vingt personnes et les réunions plus nombreuses n'ayant pas lieu à jours fixes. [1] La presse ministérielle se déchaîna contre les comités électoraux et la société qui en était l'inspiratrice ; ils furent dénoncés à la Chambre des Députés et à la Chambre des Pairs [2]. Cependant le ministère Polignac lui-même, tout en signalant l'existence de cette association [3] ne se décida pas à la poursuivre malgré les injonctions passionnées qui lui étaient adressées.

Les réunions publiques, toujours sous l'empire de la loi de 1790, avaient lieu sous la forme de réunions électorales ; elles étaient facilement confondues avec les associations dans les polémiques qu'elles soulevaient, d'autant plus que les réunions importantes étaient organisées par la société *Aide-toi, le ciel t'aidera.* Les réclamations de la presse royaliste suscitèrent diverses mesures gouvernementales qui furent en général assez peu rigoureuses [4]. En 1828 un amendement qui visait « les réunions ou associations formées avant le jour fixé pour l'ouverture des collèges électoraux », était écarté par la question préalable [5].

En somme les associations politiques sous la Restauration ne se restreignirent pas au rôle légitime qu'elles pouvaient remplir, c'est-à-dire à l'union des citoyens pour le triomphe de leurs aspirations et la défense de leurs droits. Elles furent les instruments d'une opposition violente qui ne négligea aucune occasion de profiter des maladresses du Gouvernement et aussi de son véritable esprit de libéralisme. Par les assauts furieux donnés à ce gouvernement qui avait été réparateur, elles travaillèrent de toutes leurs forces à amener la catastrophe qui devait rouvrir l'ère des révolutions qu'on avait pu espérer définitivement close. A ce point de vue on a le droit d'être sévère pour les partis politiques et surtout pour l'opposition libérale qui ne négligea aucun moyen de faire avor-

---

1. Weil, p. 59, 60.
2. Weil, p. 62.
3. Voir le rapport au roi. (Weil, p. 66.)
4. Weil, p. 75 et s.
5. *Eod. loco,* p. 77.

ter la Restauration [1], n'hésitant pas à se faire une arme de combat des passions antireligieuses, ne reculant pas devant les alliances les moins avouables avec les éléments révolutionnaires. Ces éléments prêteront leur concours efficace à la Révolution de Juillet. Les hommes qui l'auront faite avec cet appui, et dont beaucoup n'auraient pas souhaité le renversement des Bourbons, seront embarrassés et effrayés de leur succès [2]; le nouveau régime se sentira toujours gêné par son origine révolutionnaire qui constituera pour lui une tache indélébile [3]. Les associations politiques et secrètes, qui s'étaient considérées un moment comme maîtresses de la situation [4], seront plus que jamais disposées à exercer leur action ; leurs chefs, frustrés du pouvoir qu'ils avaient cru conquérir, n'auront pour objectif que la chute du régime nouveau qui leur devait au fond son existence. Telle fut, dépassant par leur violence le rôle qui leur appartenait, l'œuvre des associations politiques sous la Restauration. Vis-à-vis d'elles, l'attitude du Gouvernement, nous l'avons dit, fut une attitude de tolérance et même de faiblesse. Ce n'était pas que le gouvernement de la Restauration ne vît avec méfiance l'extension du mouvement d'association qui se manifestait de toutes parts [5]. Nous avons vu ses préoccupations à l'égard des associations politiques et des sociétés secrètes. Il n'exerça cependant de poursuites que rarement : une seule fois en vertu de l'article 291, dans les autres circonstances en vertu de la loi sur la presse ou quand l'action des associations se traduisit par de véritables faits de complot. Mais, devant l'attitude de l'opposition, le Gouvernement, qui crut avoir « épuisé toutes les ressources de l'ordre légal [6] », se jugea assez fort pour recourir à des mesures qui sortaient de la loi.

1. De Brémond d'Ars. *La vertu morale du christianisme*, p. 243.
2. Thureau-Dangin. *Histoire de la monarchie de juillet*, t. I, p. 3 ; De Guichen, p. r.
3. Thureau-Dangin, t. I, p. iv, p. 28.
4. *Eod. loco*, p. 10.
5. Voir le rapport du préfet de police en 1824 sur la *Société des sciences morales* fondée par M. Guizot et accusée de propager des idées libérales (Weil, p. 58).
6. Préambule des ordonnances (Dareste, t. II, p. 482).

Les ordonnances de 1830 statuaient directement sur la liberté de la presse et la loi électorale, elles ne statuaient pas sur la liberté d'association, mais elles visaient cependant dans leur préambule les associations politiques et secrètes. « Nous ne sommes plus dans l'esprit du gouvernement représentatif, disait le rapport de Chantelauze [1]. Les principes dans lesquels il a été établi n'ont pu demeurer intacts au milieu des vicissitudes politiques. Une démocratie turbulente, qui a pénétré jusque dans nos lois, tend à se substituer au pouvoir légitime. Elle dispose de la majorité des élections par le moyen de ses journaux et *le concours d'affiliations nombreuses*. » Le gouvernement prenait donc prétexte de l'action violente, non seulement de la presse, mais des associations politiques, pour recourir « à des mesures qui rentraient dans l'esprit de la Charte mais qui étaient en dehors de l'ordre légal », ainsi qu'il le reconnaissait lui-même. On sait quelle fut la conséquence de ces mesures. Les événements qui suivirent ne furent pas seulement la résistance à l'illégalité ; ils furent, sous l'action des éléments revolutionnaires qu'avaient groupé depuis si longtemps les associations politiques, la destruction du principe de légitimité qui pouvait assurer une base durable à la monarchie [2] ; ils furent un coup mortel porté à la stabilité de nos institutions politiques [3].

Résumons la situation générale sous la Restauration telle qu'on peut l'envisager à la fin de cette période. L'opinion publique, hostile au début et inexpérimentée, s'est habituée à l'usage de l'association. Elle n'en réclame pas encore la liberté comme une liberté essentielle ; mais, sous l'influence de certaines de ses manifestations, l'association tend à être envisagée de plus en plus comme utile et légitime. Nous avons vu en 1817 le mouvement en faveur du rétablissement des corporations soulever des polémiques, généralement hostiles, mais où l'on voyait se produire des protestations contre les maux de l'individualisme [4]. On put même entendre regretter les corpo-

---

1. *Eod loco*, p. 461.
2. Dareste, t. II, p. 488.
3. Thureau-Dangin. *Histoire de la monarchie de juillet*, t. I, p. 2.
4. Martin Saint-Léon, p. 632.

rations au sein de certains Conseils généraux et on entendit au Parlement lui-même l'éloge des associations en 1816 [1] et en 1826.

Les écrivains commençaient à faire ressortir les avantages de l'association. Les défenseurs des congrégations affirmaient, qu'à côté des corporations qui ne peuvent naître qu'en vertu d'une loi, les associations religieuses composées de personnes habitant ensemble sont libres de se former en vertu du droit commun. Cette thèse n'était pas seulement soutenue au barreau [2], et par les magistrats du ministère public eux-mêmes [3]; elle était défendue par des écrivains comme Lamennais [4], comme Duvergier de Hauranne qui en 1828 faisait paraître dans le *Globe* de remarquables articles en faveur du droit d'association [5]. A un point de vue plus général M. de Laborde soutenait les mêmes idées [6]. Dans ses *Nouveaux principes d'économie politique* parus en 1819, de Sismondi, tout en condamnant les anciennes jurandes, reconnaissait les bons effets, à certains points de vue, de l'organisation corporative. Frappé des souffrances et de l'isolement de l'ouvrier de son temps, il en arrivait à souhaiter le rétablissement d'un régime corporatif en vue d'une sorte d'assistance obligatoire. C'était, comme on l'a fait remarquer [7], jeter dans les esprits le germe de cette idée de la corporation, non plus fermée, mais ouverte à tous et devenant un instrument de pacification sociale. Enfin, des rêves de rénovation sociale que commençait à propager Saint-Simon se dégageait l'idée d'association présentée sous la forme de l'association universelle [8]. Dans son *Système industriel*, paru en 1821, il conseillait aux travailleurs de ne pas

---

1. Le 27 décembre 1816 M. de Serre, à propos de la loi électorale, parlait des avantages de l'association : « Il faut abandonner le système dissolvant de l'isolement des individus, recourir au principe de vie de tout gouvernement durable, l'association des intérêts distincts. » (*Moniteur*, p. 454.)
2. Rousse. *Consultation*, p. 92.
3. *Eod loco*, p. 91.
4. De Guicher, p. 42.
5. Rousse, p. 92.
6. *De l'esprit d'association*, 1818.
7. Martin Saint-Léon, p. 636.
8. *Œuvres de Saint-Simon*, 1865, t. IV, p. 57.

s'allier aux partis politiques, mais de « former eux-mêmes le seul parti durable, le parti des travailleurs [1] ».

En fait, comme nous l'avons constaté, on s'habituait à l'usage de l'association sur le terrain de la bienfaisance comme sur le terrain mutualiste. Les associations religieuses se développaient de toutes parts, soit en vue de la propagande et de la défense religieuse, soit en vue de la pratique de la vie religieuse elle-même.

Les congrégations religieuses avaient pris une extension qu'expliquait la renaissance de la vie religieuse elle-même et que justifiaient les services rendus par elles pour le développement de l'instruction et la réorganisation des institutions charitables. Le gouvernement leur était favorable et il avait obtenu, non sans résistance, une législation qui leur permettait d'acquérir la personnalité civile et de constituer un patrimoine. Toutefois une législation générale n'était pas intervenue, et, si le droit de vivre en commun ne paraissait pas sérieusement contesté, le statut légal des congrégations dépourvues de la personnalité civile restait non défini. Cette incertitude devait peser sur l'avenir, en même temps que la campagne antireligieuse, qui devait exercer une influence si regrettable sur la révolution de 1830, enracinait des préjugés qui entraveront pour l'avenir le mouvement en faveur de la liberté d'association sur ce terrain.

Sur le terrain professionnel un mouvement s'était produit contre l'individualisme. Il s'était manifesté dans les classes patronales au sein du petit commerce. Dans les classes ouvrières il se traduisait par des tendances au groupement des hommes vivant de leur travail journalier en raison de l'amélioration de leur sort. Le développement de l'industrie par l'emploi toujours croissant des machines avait accru l'importance des classes ouvrières [2], qui comprenaient que la liberté du travail ne suffisait pas à garantir leurs intérêts. L'insuffisance de la législation se faisait sentir pour le monde du travail, en même temps

1. *Eod loco*, t. I, p. 93.
2. Levasseur. *Histoire des classes ouvrières*, 2ᵉ série, t. I, p. 485 ; Du Célier, p. 58 : « La France devient une nation industrielle. »

que son état de désorganisation [1] se traduisait par une démoralisation et souvent par une misère trop réelles. A cette situation le gouvernement de la Restauration tenta d'apporter certains remèdes par le développement de l'instruction et des institutions de prévoyance, il ne sut pas envisager la situation dans son ensemble et prêter une attention suffisante aux plaintes de la classe ouvrière [2]. Le parti libéral, sans travailler du reste à l'amélioration du sort des ouvriers, ne cessa d'exalter leurs droits et d'exciter leurs passions en leur représentant la monarchie, l'aristocratie, le clergé, comme lui étant nécessairement hostiles [3]. Privés de tout droit électoral [4], excités par la presse et les sociétés secrètes, les ouvriers, par suite de la tendance à supprimer toute relation sociale entre eux et les patrons [5], furent les instruments actifs du mouvement violent qui emporta la monarchie de la Restauration [6]. Par l'absence de toute organisation professionnelle le mouvement ouvrier allait être placé sous l'influence des partis politiques qui, jusqu'à nos jours, détourneront de sa voie légitime l'association ouvrière.

Sur le terrain politique l'association avait pris une extension considérable, mais elle ne s'était pas contentée de son rôle naturel et légal. Suspecte au gouvernement royal et menacée, au moins théoriquement, par les dispositions prohibitives du Code pénal toujours en vigueur, l'association politique fut trop souvent conduite à se cacher sous l'organisation de la société secrète. Trop souvent aussi elle ne se contenta pas de son rôle légitime, mais elle fut, entre les mains de l'opposition, un instrument d'action violente et elle aboutit à grouper les éléments révolutionnaires.

1. « Le niveau de la classe ouvrière est abaissé par la destruction de l'organisation professionnelle, qui introduisait dans son sein les parties démoralisées de la classe indigente. » (Du Célier, p. 39.)

2. Levasseur, p, 528 ; Du Célier, p. 43.

3. Du Célier, p. 36.

4. La Charte consacre l'égalité civile et l'abolition des privilèges mais ne donne pas les droits politiques aux ouvriers. (Du Célier, p. 35.)

5. Du Célier (p. 40) fait observer que le patron et l'ouvrier appartiennent désormais à deux classes différentes.

6. « Dans le mouvement de 1830 c'est la classe ouvrière qui avait réellement combattu. » (Du Célier, p. 51.)

Elle devait ainsi fournir au gouvernement le prétexte d'illégalités auxquelles elle répondrait elle-même par l'insurrection. L'association politique devait ainsi, à la fin de la période de la Restauration, apparaître comme un organe révolutionnaire. A ce point de vue encore, et par la crainte qu'inspireront les associations politiques, le triomphe de la liberté d'association se trouvera pour longtemps retardé.

Nous avons caractérisé l'attitude du gouvernement de la Restauration vis-à-vis des associations. S'il est porté, d'une façon générale, à les envisager avec méfiance sur le terrain politique ; s'il conserve la législation prohibitive qu'il a trouvée en vigueur et s'il continue sur ce point l'Empire ; si, à plus forte raison, il ne prend l'initiative d'aucune loi générale sur le droit d'association ; dans la pratique, il use d'une large tolérance. Mais en même temps il se trouve placé, surtout en matière religieuse, entre la double influence des deux partis extrêmes prêts à exploiter toutes ses fautes[1], influence qui ne lui permet pas de suivre ses réelles tendances ni de remplir son véritable rôle. Aussi cette tolérance se traduisit par une réelle faiblesse. Sans parler des associations professionnelles dont il ne comprit pas la nécessité, neus l'avons vu, à l'égard des associations religieuses, flottant entre le désir de leur constituer un statut durable et libéral et la crainte de donner prise aux accusations de favoritisme religieux[2]; à l'égard des associations politiques, n'osant exercer jusqu'au bout son droit de réprimer les excitations révolutionnaires et cédant à la tentation de prendre des mesures illégales. Le gouvernement de la Restauration devait périr de sa faiblesse[3].

---

1. On a pu dire que, dès 1919, le ministère « dans des intentions peut-être droites et libérales donnait chaque jour à la Révolution des armes plus puissantes. » (de Faget de Casteljau, p. 211).

2. La Restauration, gouvernement dont les tendances sont favorables aux idées religieuses se trouve en face de préjugés antireligieux venus de l'époque révolutionnaire et des craintes de retour à l'ancien régime. « La royauté, désireuse de rallier les partis par des complaisances, n'avait pas toujours fait le bien qu'elle voulait et fait souvent le mal qu'elle ne voulait pas... l'histoire religieuse de ce temps est un jeu de bascule. » (Le P. Caussette cité par de Grandmaison. *La Congrégation*, p. 359 ; voir aussi de Guichen, p 350.)

3. De Faget de Casteljau, p. 224.

En un mot la période de la Restauration se caractérise par un mouvement en faveur de l'usage de l'association et par un progrès des idées sur ce point.

De la part du pouvoir qui maintient cependant les principes de centralisation et de prédominance de l'Etat au moyen du régime prohibitif, elle est une période de tolérance. Mais de cette tolérance abusent les associations politiques qui vont apparaître de nouveau comme un danger par leur importance et leur violence croissante et provoquer dans la période suivante l'aggravation des mesures répressives. La loi de 1834 va resserrer les mailles de l'article 291.

CHAPITRE V

La monarchie de juillet.

hommes d'État et les orateurs. — Les jurisconsultes. — Les écrivains
et les économistes. — Les écrivains catholiques. — Les réformateurs
et les socialistes. — Situation des diverses catégories d'associations. —
Attitude du gouvernement. — Caractère de la période de la monarchie
de juillet : mouvement en faveur de la liberté d'association, aggravation du système législatif de prohibition et d'arbitraire.

Ainsi que nous l'avons déjà remarqué, la monarchie de
juillet avait une origine révolutionnaire dont elle ne
devait cesser de porter le poids[1]. Malgré les bienfaits
incontestables que le nouveau régime, continuant sur ce
point l'œuvre réparatrice de la Restauration, vint apporter au pays[2], on a pu dire justement que « la cause de
sa naissance était la cause de sa faiblesse[3] ». Il était né
de l'émeute, et, condamné même à en célébrer périodi-
quement l'anniversaire[4], il ne devait plus trouver un
point d'appui suffisant pour la réprimer.

Les hommes qui avaient apporté au mouvement en 1830
le concours des éléments révolutionnaires se considéraient comme frustrés de leurs efforts par l'établissement
du nouveau régime ; ils persistaient à réclamer leur part
de pouvoir[5]. Les sociétés politiques qui avaient été entre
leurs mains un instrument et un moyen d'action se sen-
taient appuyées par de puissants protecteurs[6] et n'admet-
taient pas que ceux qui avaient profité de leur concours
pûssent les combattre aussitôt arrivés au pouvoir[7]. Elles
allaient immédiatement, exploiter la fausse situation d'un
gouvernement dont la popularité était une condition
d'existence et qui se trouvait gêné pour lutter contre
ceux-là mêmes auxquels il devait son établissement[8]. Ne

1. Sur ce point voir les aveux de M. Guizot en 1831 (Thureau-Dangin.
Histoire de la monarchie de juillet, t. II, p. 85). — Au point de vue extérieur M. Claudio Jannet remarque que le gouvernement de juillet « fut
toujours placé entre une condescendance inévitable pour les mouvements
révolutionnaires analogues à celui dont il était sorti et la nécessité de
rester dans le concert européen. » (*La Franc-Maçonnerie et la Révolution*, p. 263.) Voir aussi : de Guichen. *La Révolution de 1830 et l'Europe*.
2. Thureau-Dangin. Préface.
3. De Faget de Casteljau, p. 236.
4. Thureau-Dangin, t. II, p. 217.
5. *Eod. loco*, t. I, p. 6, 10, 570.
6. *Eod. loco*, t. I, p. 20.
7. De Faget de Casteljau, p. 230.
8. Thureau-Dangin, t. II, p. 135.

pouvait-on reprocher à certains ministres d'avoir fait partie, sous la Restauration, des sociétés secrètes [1] ?

C'est là ce qui explique à la fois, et le développement des associations politiques, surtout des associations populaires, et le caractère violent de leur action au commencement de cette période. Les émeutes vont troubler les débuts de la monarchie de juillet [2], et les éléments révolutionnaires, comprimés tout d'abord par des mesures gouvernementales énergiques [3], se manifesteront par une série d'attentats qui deviendront comme le mal périodique et terrifiant du régime [4]. La presse, « enivrée de la part qu'elle a prise à la victoire de juillet et de tout ce qui a été débité à ce propos sur sa puissance, n'a plus aucun sentiment des limites de son action et de ses droits, des respects qu'elle doit garder, des répressions qui peuvent la frapper. Elle croit à son omnipotence et compte sur son impunité [5]. » Nombre de ses organes prennent ouvertement les émeutiers sous leur protection [6].

Dès le lendemain de la révolution on assiste à une véritable efflorescence de sociétés populaires : *la société de l'ordre et du progrès, l'union, les réclamants de juillet, la société gauloise, l'association des écoles, les condamnés politiques* que La Fayette présentait solennellement au roi [7]. Ces sociétés, qui se glorifient de leurs tendances révolutionnaires [8], sont composées de bourgeois, hommes de lettres, avocats, étudiants, mais les meneurs cherchent à y attirer les ouvriers [9]. Elles fonctionnent à la manière des clubs de la première révolution [10].

1. *Eod. loco*, t. II, p. 51.
2. « De mars à septembre 1831, l'insurrection ou tout au moins l'agitation et le tumulte furent à peu près permanents dans les rues de Paris. » (Thureau-Dangin, t. I, p. 565.)
3. Sur l'action énergique de Casimir Périer : Thureau-Dangin, t. II, p. 2 et s.
4. *Eod. loco*, t. II, p. 395, t. III, p. 34, 44. M. Thiers parlera de « la persévérance du crime ».
5. *Eod loco*, t. I, p. 101.
6. *Eod loco*, t. I, p. 571.
7. Thureau-Dangin, t. I, p. 99 : « L'aide de camp de service appela à haute voix : Messieurs les condamnés pour délits politiques. »
8. Les agitateurs pouvaient répondre : « Nous continuons ce que vous nous louiez d'avoir fait en juillet. » (*Eod loco*, t. I, p. 567.)
9. *Eod loco*, t. I, p. 569.
10. De la Hodde. *Histoire des sociétés secrètes*, p. 31.

La plus importante de ces associations est celle des *amis du peuple* où se rencontrent les meneurs les plus actifs et qui donne pour ainsi dire le ton aux autres sociétés. Au début elle fonctionne ouvertement et tient des séances publiques [1] : tantôt elle prend une délibération invitant la garde nationale et le peuple à dissoudre la Chambre des députés, tantôt elle décide d'assaillir un ministre, M. Dupin, traité de jésuite et de le tonsurer. En septembre 1830, elle organise une manifestation en l'honneur des sergents de la Rochelle. Les sociétés populaires défilent en bel ordre avec bannières et insignes ; à leur passage, chaque poste militaire prend les armes, s'aligne sur la chaussée, tandis que les tambours battent aux champs [2]. Après la dissolution des clubs et le procès qui fut intenté à la *Société des amis du peuple*, elle se transforma en prenant un caractère semi-mystérieux : les réunions étaient toujours nombreuses, mais les affiliés étaient seuls censés y assister. En même temps l'association étendait ses ramifications en province en prenant soin que chaque section ne parût pas être composée de plus de vingt personnes. Elle se livrait à la propagande dans les classes populaires, dans les casernes, au sein de la garde nationale [3], groupant les mécontents, excitant les haines, saisissant toutes les occasions de provoquer le désordre et de pousser à l'émeute [4].

Devant le mécontentement de la bourgeoisie, des membres de ces classes paisibles que l'opposition révolutionnaire qualifiait de « boutiquiers [5] », la question fut portée le 25 septembre à la Chambre des députés [6]. A propos d'une motion relative à l'organisation des commissaires-priseurs, mais à la suite d'un accord visible avec le ministre, un député du Nord, M. Benjamin Morel se plaignit du trouble qu'apportaient au mouvement des affaires

1. *Eod. loco*, p. 37 et s.
2. *Moniteur* du 26 septembre 1830.
3. De la Hodde, p. 43.
4. Notamment à l'occasion du procès des ministres de Charles X. — Voir le discours de M. de Lanzac de Laborie à la conférence des avocats en 1888.
5. Thureau-Dangin, t. I, p. 568.
6. *Moniteur* du 26 septembre 1830.

les agissements des sociétés populaires et surtout de celle qu'il appelait une « société désorganisatrice ». M. Guizot, ministre de l'Intérieur, tout en s'efforçant de donner satisfaction aux partisans des idées libérales et de faire la part des exagérations venant des souvenirs du passé, reconnut le danger des associations populaires et de leurs appels à la violence. Ses constatations à cet égard sont curieuses à relever car elles révélaient la faiblesse initiale du gouvernement qu'il représentait : « Nous avons fait, disait-il, une révolution, une, heureuse, une glorieuse révolution, mais nous n'avons pas prétendu mettre la France en état révolutionnaire... l'Europe approuve notre révolution, elle l'observe avec crainte, avec une sorte de méfiance... elle n'a pas plus que nous perdu le souvenir des sociétés populaires et des clubs [1]. »

Se demandant ensuite quel remède on pourrait trouver dans la législation, il faisait cette déclaration célèbre en faveur de la liberté d'association, déclaration dont on devait tirer argument au cours de la discussion de la loi de 1834 : « L'article 291 du Code pénal ? Je me hâte de dire, et du fond de ma pensée, que cet article est mauvais, qu'il ne doit pas figurer éternellement, longtemps si vous voulez, dans la législation d'un peuple libre. Sans doute les citoyens ont le droit de se réunir pour causer entre eux des affaires publiques... mais l'article 291 n'en est pas moins aujourd'hui l'état légal de la France, il n'est pas moins inscrit dans nos lois quelque vicieux qu'il soit... Il faut une abrogation expresse... Aujourd'hui le danger ne provient pas de l'application de l'article 291. Ce n'est pas la liberté qui est menacée, vous pouvez réformer cet article aussitôt que cela conviendra à l'état social et je souhaite que ce soit le plus tôt possible, mais évidemment il n'y a pas urgence... Le Gouvernement n'a pas l'intention d'interdire les sociétés légitimes... il ira au fait, et là où il trouvera un danger véritable il appliquera l'article 291. » Et, après avoir annoncé un projet qui soumettrait au jury les délits visés, il répétait :

1. Sur les craintes soulevées chez les gouvernements étrangers, par la révolution de 1830 voir de Guichen, p. 104 et s.

« Le temps viendra et j'espère qu'il ne sera plus long où l'article 291 n'étant plus motivé par l'état réel de la Société disparaîtra de notre Code. »

Les défenseurs des sociétés populaires ne se bornèrent pas à critiquer le Code pénal et à rejeter sur le gouvernement la responsabilité des craintes qui agitaient l'opinion publique [1], ils firent ressortir la solidarité qui unissait dans le passé les membres des associations incriminées et les hommes au pouvoir. « Souvenez-vous, s'écria M. Salverte, que ces hommes ont combattu avec vous... En politique il ne faut jamais avoir peur de ses amis. » Ces hommes, dit Benjamin Constant qui critiquait violemment l'article 291, « ont assuré la liberté ». Ils ont vu « qu'on promettait des institutions et ils se sont assemblés pour discuter sur les institutions établies et sur les promesses faites ». Le débat fut clos par M. Dupin, ministre sans portefeuille, qui se fit l'écho des craintes des commerçants : « Peut-on entrer dans une boutique pour acheter quand chacun est effrayé, se range en voyant des rassemblements parcourir les rues ? Le marchand craint pour ses carreaux et ferme sa boutique. » Rappelant la nécessité pour le nouveau gouvernement de maintenir l'ordre et la paix, il concluait « que ce qui est bon pour détruire un gouvernement ne vaut rien pour en fonder un ».

Tel fut le premier débat parlementaire sur les associations. Il révélait les craintes qu'inspiraient les associations populaires en même temps qu'il arrachait au Gouvernement résolu à se servir du Code pénal une critique des principes prohibitifs sur lesquels reposait la législation dont il allait être conduit à réclamer l'aggravation. Il faut reconnaître en effet que l'heure n'était pas venue se réaliser le vœu de M. Guizot car la répression allait se révéler comme insuffisante en même temps que les associations politiques allaient apparaître comme plus inquiétantes encore.

Le Gouvernement, dont les fonctionnaires avaient paru d'abord peu disposés à agir [2], ne négligea point d'user

---

1. Discours de M. Mauguin.
2. Voir dans Thureau-Dangin (t. I, p. 112) le refus du garde des Sceaux et du procureur général d'appliquer l'article 291.

des moyens de répression qu'il venait de revendiquer à la tribune et de provoquer l'application de l'article 291 du Code pénal. Au moment même où le débat que nous venons de rappeler s'élevait devant la Chambre, les tribunaux étaient saisis [1]. Deux membres de la *Société des amis du peuple* furent condamnés et la dissolution de l'association fut prononcée. C'était le commencement de nombreuses poursuites dirigées contre les membres des clubs et des sociétés populaires. Ces procès, comme les procès de presse, comme les procès qui se déroulèrent devant les Cours d'assises à la suite des émeutes, eurent un caractère commun, la violence apportée systématiquement dans les débats par les prévenus et leurs défenseurs. La liberté d'association, confondue avec le prétendu droit à la révolte, y était revendiquée avec insolence : « Quand je tirais sur le Louvre, disait un prévenu dans l'affaire des *amis du peuple*, j'entendais tirer aussi sur les articles 291 et 293 ; et, en tuant les Suisses, je croyais tuer aussi ces articles-là [2]. » Un autre s'écriait : « C'est un étrange spectacle que de voir citer devant vous, deux mois après la révolution de juillet, des hommes qui n'ont pas été étrangers au succès de nos grandes journées [3]. » Un autre répondait au président qui lui demandait sa profession : « émeutier [4] ». Le 11 juin 1831, dans une affaire de complot, le prétoire fut envahi par une foule qui insulta les juges et les jurés [5]. Les avocats se livraient à l'apologie des doctrines de leurs clients.

La répression se révéla du reste insuffisante. Les condamnations furent rares devant les Cours d'assises [6]. La *Société des amis du peuple*, cinq ou six fois poursuivie de nouveau, fut acquittée [7], et le 15 décembre 1832 le chef du jury fit une déclaration solennelle contre l'application

---

1. *Le Moniteur* du 26 septembre (p. 1160) contient l'arrêt de la chambre d'accusation de la Cour de Paris renvoyant en police correctionnelle les chefs de la Société *les amis du peuple*, et déclarant que la Charte n'avait pas abrogé l'article 291 du Code pénal.
2. Weil, p. 98.
3. Thureau-Dangin, t. I, p. 115.
4. Thureau-Dangin, t. II, p. 11.
5. *Eod. loco.*
6. Thureau-Dangin. t. II, p. 9.
7. *Eod. loco.*

de l'article 291 [1]. Quand les associations étaient dissoutes à la suite d'une condamnation, elles se fractionnaient en sections de moins de vingt personnes pour échapper à la loi [2]. La magistrature elle-même s'associa, dans certaines circonstances, à la faiblesse du jury qui prenait les allures d'une véritable complicité [3]. Dans le procès des *amis du peuple*, le président du tribunal correctionnel avait laissé passer des apostrophes violentes adressées à la magistrature [4] et, déféré disciplinairement à la Cour, ne se vit infliger aucune peine. Lors des poursuites qui suivirent les troubles soulevés en 1831 à l'occasion du procès des ministres, les magistrats laissèrent les accusés se poser en accusateurs du Gouvernement ; le président alla jusqu'à les recommander à l'indulgence du jury qui les acquitta [5].

Mentionnons une autre poursuite qui n'avait pas de caractère essentiellement politique, celle dirigée en 1832 contre les Saint-Simoniens. Ils furent cités en Cour d'assises sous l'accusation d'outrage à la morale publique et en profitèrent, suivant l'usage, pour faire l'apologie de leurs doctrines. La condamnation qui intervint visait aussi la violation de l'article 291 du Code pénal [6] et prononçait la dissolution de la société.

Cependant les associations politiques continuaient à se développer et à s'engager de plus en plus dans la voie révolutionnaire. *L'association nationale* qui avait pris naissance à Metz en 1830 s'organisait puissamment en 1831 sous prétexte de défendre la Charte et d'assurer l'exclusion perpétuelle de la branche aînée des Bourbons. Se vantant d'avoir à sa tête La Fayette, elle étendit son réseau dans les départements et afficha son hostilité contre le Gouvernement. Sous le ministère Laffitte qui feignit de

1. Weil, p. 99.
2. Thureau-Dangin, t. II, p. 230.
3. Ces défaillances du jury entraînèrent plusieurs mesures législatives notamment la loi de septembre 1835 (Thureau-Dangin, t. II, p. 320).
4. « Juges de Charles X, récusez-vous ! Le peuple vous a dépouillés de la toge et vous-mêmes avez sanctionné sa sentence en fuyant lorsqu'il se battait. » (Thureau-Dangin, t. I, p. 115.)
5. Thureau-Dangin, t. I, p. 584-585.
6. Notons que l'accusation n'incriminait pas contre les Saint-Simoniens le fait de vivre en commun. (*Consultation* de M. Rousse, p. 79)

l'ignorer elle fit une propagande active dans l'armée et reçut même l'adhésion de fonctionnaires, magistrats, conseillers d'Etat. Casimir Périer, dont le ministère inaugurait une politique d'énergie gouvernementale, interdit aux fonctionnaires toute affiliation à ces associations, et des circulaires émanées de tous les ministres se joignirent à son injonction. A cette occasion un débat s'éleva à la Chambre au cours de la discussion de la loi sur les attroupements [1]. Malgré l'apologie que tenta Lafayette et l'acharnement des membres de l'opposition, la victoire resta au ministère, et le 2 avril 1831 intervint la révocation de deux conseillers d'Etat, M. Delaborde et Odilon Barrot, et de plusieurs fonctionnaires et magistrats [2]. Les fonctionnaires se soumirent et l'*Association nationale* disparut sans qu'il eût été besoin de recourir contre elle aux dispositions du Code pénal.

Dès 1831 aussi une association légitimiste, profitant de la tolérance du pouvoir, s'organisait en sens contraire pour préparer le retour de la branche aînée des Bourbons. Sous l'inspiration de la duchesse de Berry, qui aurait eu pour agent le maréchal duc de Bellune, s'était formé un comité de douze membres. Chacun d'eux commandait un arrondissement et avait sous ses ordres quatre chefs de quartier. Le recrutement se fit à Paris et dans l'ouest, des munitions furent amassées et un coup de main préparé pour la nuit du 2 au 3 février 1832 fut déjoué par la police. De nombreuses arrestations eurent lieu ; l'affaire dite « de la rue des Prouvaires » se termina par une poursuite devant la Cour d'assises laquelle prononça plusieurs condamnations et la dissolution de l'association [3].

Après les condamnations qui suivirent l'insurrection de juin 1832 la *Société des amis du peuple* devait disparaître, mais le 29 août 1832 se constituait la *Société des droits de l'homme* qui compta bientôt à Paris plus de quarante mille membres et se vantait d'être « une société mère de plus de trois cents associations se ralliant sur tous les

---

1. Séance du 29 mars 1831.
2. Thureau-Dangin, t. I, p. 4[illegible].
3 Pour les détails voir de la Hodde, p. 79.

points de la France aux mêmes principes et à la même direction ' ». Son but était le triomphe des principes de la déclaration du 24 juin 1793. La hiérarchie habituelle des sociétés révolutionnaires aboutissait à des sections composées de vingt-membres au plus et dont les noms étaient significatifs: *Mort aux tyrans, guerre aux châteaux, abolition de la propriété*, etc. Autour d'elle et sous son influence on trouvait la *Société pour la défense de la presse*, la *Société de propagande* destinée à fomenter les coalitions d'ouvriers, la *Société du père André* pour la publication des écrits démagogiques. Une propagande inouïe répandait les doctrines et attirait les adhérents, elle s'exerçait sur les ouvriers qu'elle attirait dans les milieux révolutionnaires. A Lyon les mutuellistes, fondés en 1820 dans un but de bienfaisance, s'étaient réunis aux *Droits de l'homme*. Dissoute en 1833 à la suite de la comparution de certains de ses membres en Cour d'assises, la *Socété des droits de l'homme* se fractionna en sections suivant le procédé habituel aux groupements révolutionnaires qui cherchaient ainsi à éluder la loi.

De ses débris se formèrent la *Société des familles* fondée en 1834 par Blanqui et Barbès ' et celle des *Saisons* fondée en 1836 et dirigée par Martin Bernard '. A côté d'elles les restes du Carbonarisme s'organisaient contre le Gouvernement '. De ces divers groupements devaient sortir les auteurs des attentats répétés dirigés contre la personne du roi '. Dans le sein de ces associations, tombées sous la direction des plus violents partisans des idées révolutionnaires, se préparaient les émeutes qu'on cherchait à faire éclater sous le moindre prétexte et dont la fermeté du ministère Casimir Périer avait pu seule diminuer la fréquence. Les grèves étaient provoquées '. Les émeutes de Lyon en 1831, puis celles de Paris, avaient eu

1. Weil, p. 108.
2. De la Hodde, p. 199 ; Thureau-Dangin, t. III, p. 37.
3. De la Hodde, p. 217 ; Thureau-Dangin, t. III, p. 246-388.
4. Weil, p. 111.
5. Les complices de Fieschi appartenaient à la *Société des droits de l'homme* (Thureau-Dangin, t. II, p. 314). — Sur les « légions révolutionnaires », voir de la Hodde, p. 190.
6. Thureau-Dangin, t. II, p. 221.

un caractère d'exceptionnelle gravité et devaient être suivies de celles d'avril 1834 à Lyon [1].

De cette situation l'opinion publique s'inquiétait. « Ce
désordre permanent, ces clubs, ces émeutes, firent apparaître aux yeux de la bourgeoisie le fantôme, alors détesté,
de 1793. De là des alarmes, des colères, d'abord sourdes,
qui, dans les cercles de la classe moyenne, dans les postes de la garde nationale et surtout dans les boutiques,
succédèrent peu à peu à l'enthousiasme des premiers
jours [2]. » « Chaque soir, dira le rapporteur de la loi de
1834 à la Chambre [3], la force armée est obligée de des-
cendre dans la rue pour défendre la tranquillité publique
menacée, et la cause du mal est dans l'existence des associations dont le seul but est de faire naître des collisions. »
La population paisible demandait au Gouvernement d'agir
et commençait à agir elle-même : déjà le 25 septembre
1830, le jour où la question des associations populaires
se posait pour la première fois à la Chambre, les habitants de la rue Montmartre avaient envahi le club des
amis du peuple et l'avaient dispersé par la force.

Le Gouvernement était aussi gagné par l'inquiétude. Il
avait fait fermer les clubs en 1830. Sous l'impulsion de
Casimir Périer il s'était engagé dans une voie de résistance énergique [4]. Il avait fait voter en 1831 une loi sur
les attroupements, en janvier 1834 une loi sur les crieurs
publics ; il devait réclamer en septembre 1835 des lois
sur le jury, les actes de rébellion et la presse. Mais la
grosse question était celle des associations. Malgré lui en
quelque sorte, et alors que ses tendances du début le portaient à la tolérance, le Gouvernement de juillet avait, dès
1830, annoncé l'intention de se servir de l'arme que lui
donnait le Code pénal. Nous avons vu M. Guizot le déclarer à la Chambre à cette époque. Mais l'arme était émous-
sée. Non seulement la répression était insuffisante, mais la
loi elle-même était tournée : les associations dissoutes
reparaissaient constituées en sections de moins de vingt

1. *Eod. loco*, p. 126, 241.
2. *Eod. loco*, t. I, p. 112.
3. *Moniteur* du 7 mars 1834.
4. Thureau-Dangin, t. II, p. 2.

membres et arrivaient ainsi à échapper au texte du Code pénal [1]. Une loi était nécessaire [2], et c'est ainsi que les violences des associations politiques allaient amener l'aggravation des dispositions prohibitives du Code pénal.

La Charte de 1830 n'avait pas garanti la liberté d'association, mais, ainsi que nous venons de le rappeler, les dispositions du Gouvernement de juillet auraient été favorables à l'établissement de cette liberté [3] ; la guerre implacable que lui avaient faite les associations révolutionnaires et l'impossibilité de les atteindre l'obligeaient à réclamer une loi contre la liberté d'association. « C'était nous, devait déclarer à la Chambre M. Guizot s'adressant à l'opposition [4], qui avions conçu les plus hautes espérances du développement progressif de nos libertés et de nos institutions. C'est vous qui les avez arrêtées. » Le Gouvernement en effet avait beau jeu à placer la question sur le terrain du fait en montrant les dangers immédiats des associations révolutionnaires [5]. Dans l'exposé des motifs présenté à la Chambre par le garde des Sceaux le 28 février 1834, il rappelait que dans toutes les émeutes on avait trouvé les associations politiques organisées à « l'état de complot permanent » pour faire « la guerre aux mœurs et aux lois [6] ». En face de ce danger, le gouvernement, désarmé par les subterfuges auxquels recouraient les associations, avait besoin d'une législation nouvelle. La loi réclamée était donc avant tout une loi de circonstance [7] ; on la présentait, non comme la solution d'un problème de législation, mais comme une question de politique actuelle [8].

1. De la Hodde, p. 137.
2. M. Viennet à la Chambre : « La légalité actuelle nous tue. » (Thureau-Dangin, t. II, p. 232.)
3. M. de Sade parla dans la discussion d'un projet sur la liberté d'association envisagé par le ministère après la révolution de juillet (*Moniteur* du 15 mars, p. 589).
4. Thureau-Dangin, t. I, p. 240 (*Moniteur*, p. 573).
5. On sait que M. Thiers disait dans cette discussion : « La France quand on lui parle de République recule épouvantée. Elle sait que ce gouvernement tourne au sang ou à l'imbécillité. » (Thureau-Dangin, t. II, p. 239.)
6. Voir aussi les citations faites à la Chambre par le garde des Sceaux des manifestes de la *Société des droits de l'homme* (*Moniteur* du 12 mars).
7. C'est ainsi que la qualifie Duvergier.
8. Thureau-Dangin, t. I, p. 236, 238.

Quelles étaient les dispositions essentielles du projet ? Il faisait rentrer sous l'application de l'article 291 du Code pénal les associations non autorisées alors même qu'elles seraient partagées en sections de moins de vingt personnes [1] ; il supprimait la périodicité des réunions comme élément essentiel du délit. Il étendait la peine, non plus seulement aux chefs mais à tous les associés. Il aggravait les pénalités en élevant le chiffre de l'amende et en y ajoutant la prison ; il prévoyait la récidive qui pouvait entraîner la surveillance de la haute police. Enfin, en permettant de déférer à la Cour des Pairs les attentats contre la sûreté de l'Etat, et en laissant au jury la répression des crimes politiques, il renvoyait aux tribunaux correctionnels les infractions à la loi sur les associations.

Le rapport de M. Martin du Nord [2] invoqua la nécessité de maintenir la tranquillité publique. « Sans doute, il le reconnaissait, l'association est un besoin de l'humanité », mais c'est un droit qui, comme tous les droits, doit subir les restrictions nécessaires à l'ordre public. Or les associations politiques étaient devenues des éléments de désordre. C'est contre elles qu'avaient été prises les dispositions du Code pénal [3]. Il n'était question que de renforcer la législation existante qui n'avait jamais entravé les associations véritablement utiles. Le rapporteur se plaçait donc sur le terrain des nécessités pratiques sans discuter les questions de principe.

La discussion qui s'ouvrit le 11 mars fut longue et passionnée. L'opposition n'y épargna ni les violences [4], ni même les attaques personnelles. On fit ressortir que ceux-là même qui avaient renversé le gouvernement de la Restauration avec l'aide des associations les proclamaient aujourd'hui dangereuses [5], on rappela que la société

---

1. Même après 1834 une association de moins de vingt personnes, si elle n'est pas une section d'une association plus nombreuse, n'est pas illicite (Congrès de 1899).

2. *Moniteur* du 7 mars 1834.

3. Le rapporteur rappelait le rapport de M. de Noailles dans les travaux préparatoires du Code pénal.

4. Discours de Glais-Bizoin.

5. M. Odilon Barrot (*Moniteur* du 18 mars, p. 605) ; M. Laugier de Chartrouse, p. 632.

« aide-toi le ciel t'aidera » dont M. Guizot avait fait partie, avait permis à « la plupart des ministres de conquérir
leur portefeuille [1] ». « Il est, s'écria Berryer, quelque
chose de plus hideux que le cynisme révolutionnaire, c'est
le cynisme des apostasies [2]. » M. Guizot déclara que s'il
avait fait partie de la société « aide-toi », c'était au temps
où cette société luttait en faveur des libertés électorales,
mais qu'il en avait combattu les tendances révolutionnaires.

La discussion fut vive en ce qui concernait les pénalités
et les juridictions. On reprochait surtout au projet d'être
contraire à la loi du 8 octobre 1830 qui attribuait au jury
la connaissance des infractions à l'article 291. Il fut répondu que les délits politiques commis par les associations resteraient soumis au jury, le tribunal correctionnel
n'ayant à juger que le délit d'association illicite en lui-
même. Mais ce qu'il importe de relever surtout, c'est le
fond même du débat, c'est-à-dire la partie de la discussion relative au principe même de la liberté d'association.

Le Gouvernement et les orateurs qui le soutenaient invoquaient le danger des associations révolutionnaires et
la nécessité de maintenir l'ordre public. Le général Jac-
queminot [3] au nom de la population parisienne, M. Ful-
chiron [4] au nom de l'industrie lyonnaise, rappelaient les
troubles récents. « Il est temps, disait M. Kératry évo-
quant le souvenir de 1793, que le père de famille sache,
en rentrant chez lui chaque soir, s'il reposera en paix
sous le toit domestique, ou si le rappel du tambour lui
ordonnera de combattre l'émeute nocturne préparée par
les associations [5]. »

L'opposition, par ses représentants les plus violents,
rejetait les désordres qui s'étaient produits sur les fautes
commises par le Gouvernement. « Dès qu'on a cessé d'espérer de jouir des droits politiques sur lesquels on avait

1. M. Portalis, M. Garnier-Pagès (*Moniteur* du 12 mars) ; M. Pagès de
l'Ariège (*Moniteur* du 13 mars).
2. *Moniteur* du 13 mars, p. 575.
3. *Moniteur* du 12 mars.
4. *Moniteur* du 13 mars.
5. *Moniteur* du 12 mars.

dû compter en juillet, disait Garnier-Pagès [1], le résultat
de ce mécontentement a été que les passions se sont fait
jour. » Mais l'opposition porta surtout la lutte sur le terrain des principes et de la cause de la liberté. C'était la
première fois qu'une discussion législative sur ce sujet
prenait une pareille ampleur.

M. de Ludre déclara la liberté d'association « une
liberté nécessaire [2]. » Portalis proclama le droit d'association « primordial et insaisissable », et la liberté d'association une garantie de la liberté individuelle consacrée
par la Charte [3]. M. Salverte, voyant dans le droit d'association un droit naturel, rappelait les paroles prononcées
par M. Guizot en 1830 [4]. M. Pagès de l'Ariège saluait
dans l'association l'origine de toutes nos libertés, des communes, des corporations [5].

Le ministre de l'intérieur, M. Thiers, avait nié que les
associations fussent de droit naturel : elles ne sont pas
garanties par la constitution ; elles ne sont que la conséquence de la tolérance du Gouvernement [6]. Mais M. Guizot,
rejetant sur les excès des associations révolutionnaires la
nécessité de la loi, renouvela la déclaration de 1830 qui
venait de lui être reprochée [7] : « Je dis comme en 1830
que je ne pense pas que l'article 291 doive figurer éternellement dans mes lois ; je dis qu'il viendra, je l'espère,
le jour où la France pourra voir l'abolition, la suppression de cet article, comme un nouveau développement de
sa liberté. Mais je dis que jusque-là il est de la prudence
de la Chambre et de tous les grands pouvoirs publics de
maintenir cet article qui a été maintenu en 1830, il faut
même le modifier, selon les besoins du temps, pour qu'il
soit efficace contre les associations dangereuses aujour-
d'hui, comme il l'a été en 1830 contre les clubs. »

Trois discours surtout élevèrent le débat relatif à la

1. *Eod. loco.*
2. *Eod. loco.*
3. *Eod. loco.*
4. *Eod. loco.*
5. *Moniteur* du 12 mars.
6. *Moniteur* du 13 mars, p. 570.
7. *Eod. loco*, p. 573.

question de principe. Berryer [1] lui donna tout son développement avec l'éclat de son éloquence : « Le droit d'association, dit-il, est un droit sacré, c'est le droit primitif, c'est le droit générateur dans l'ordre social, c'est le principe sur lequel repose la société, et dans les temps de désordre, pour tout homme éclairé, le principe d'association est le principe dans lequel il se réfugie. Ce droit sacré... ne dépend pas de la loi, n'a pas besoin d'être créé, d'être constitué par elle ; sans doute il peut être dans son action, dans son exercice, l'objet d'une surveillance active dans l'intérêt public, mais l'enchaîner c'est attaquer la société par sa base. Il n'en résulte pas qu'il faille admettre le développement du droit d'association sous toutes ses formes. Je ne critique la loi actuelle que par imprudence et par l'esprit de confusion dans lequel elle a été conçue. » Il admettait l'interdiction des sociétés secrètes et des associations, telles que les clubs, dirigées contre les institutions politiques régulières, mais il ne pouvait comprendre une disposition qui permettrait d'interdire à des hommes libres de se concerter entre eux sur quelque sujet que ce fût [2]. Il rappelait que la liberté d'enseignement promise par la Charte ne pouvait s'exercer sans la liberté d'association. C'était là pénétrer l'avenir. Il ajoutait, dans la séance du 17 mars : « Ce droit sacré, nous l'exercerons toujours, et il nous est impossible de ne pas en prendre l'engagement dans la Chambre envers notre conscience, envers le pays [3] ».

Lamartine [4] faisait des déclarations semblables : « L'association est dans le principe même de liberté qui constitue ce gouvernement. Il ne faut pas la nier, il faut la régler ; les droits niés n'en existent pas moins, ils éclatent par les troubles ; ils se vengent par le désordre quand ils ne peuvent agir en face des lois, au grand jour de la publicité. » Reconnaissant la nécessité de réprimer les excès des associations politiques à condition de ne pas

---

1. *Moniteur* du 13 mars, p. 575.
2. Le projet, suivant Berryer, portait atteinte au droit de s'associer en matière électorale.
3. *Moniteur* du 18 mars, p. 608.
4. *Moniteur* du 14 mars, p. 579.

porter atteinte au droit d'association lui-même, il faisait
ces déclarations prophétiques : « Comment, dans un prochain avenir, pourriez-vous défendre les conséquences de
ce droit d'association que vous retirez aujourd'hui ? Quand
l'Eglise sera séparée de l'Etat et vivra de sa propre vie,
comment refuserez-vous le droit d'association aux besoins
religieux de quelques millions de Français ? Quand vous
reconnaîtrez la liberté d'enseignement, comment refuserez-vous le droit d'association aux familles ? Quand vous
reconnaîtrez la liberté du travail et des professions, comment refuserez-vous le droit d'association à ceux qui les
exercent ? Sans doute cette législation est difficile, c'est
une force sociale toute neuve à constituer ; de semblables
questions ne se tranchent pas en un jour, ni d'un mot...
on marchera progressivement. Mais ce qui est nécessaire
n'est pas impossible, et d'ailleurs vous n'avez qu'une
alternative : ou des droits reconnus, ou des droits envahis ;
ou des associations légales, ou des sociétés secrètes et
illicites. » Jamais la question de la liberté d'association
n'avait, croyons-nous, encore été posée d'une façon aussi
lumineuse.

Odilon Barrot [1] estimait que pour réprimer les abus on
ne peut supprimer le droit lui-même. Rappelant les attaques dirigées sous la Restauration contre l'article 291, il
affirmait que ce droit n'est pas une concession. « Le droit
d'association existe et il n'y a pas de société possible sans
que ce droit existe. » C'est une « nécessité sociale ». Il est
la garantie des libertés de la Charte, et, sous la Restauration, on en a fait usage pour défendre ces libertés. Il concluait : « Je repousse une loi qui aggrave l'article 291 de
notre Code pénal, article qui nous étouffait en quelque
sorte sous la Restauration et qui, lorsque nous serons plus
calmes, devra être examiné et remplacé par une disposition
plus libérale. Je la repousse parce qu'elle a la prétention
de faire de cet article une loi permanente du pays. »

Le principe de la liberté d'association était donc proclamé avec éclat, malheureusement il ne pouvait encore
triompher en présence des nécessités pratiques auxquelles

1. *Moniteur* du 18 mars, p. 605.

on croyait devoir le sacrifier et dans l'état de l'opinion
publique qui n'était pas encore préparée à son adoption.
C'est ce qu'exprimait avec vérité, il faut le reconnaître
M. de Rémusat[1] constatant que cette liberté n'avait pas
été inscrite dans la Charte : « La liberté des associations
a été demandée, elle a été espérée pour un avenir paisible et tranquille..... mais elle est restée une théorie
soutenue par quelques écrivains, elle n'est pas passée dans
nos mœurs, ce n'est pas une de ces croyances publiques
et générales pour lesquelles la Révolution s'est faite. » Et
se plaçant au point de vue de circonstance qui dominait
malheureusement la discussion, il ajoutait avec raison que
si l'association politique peut s'exercer dans un but d'opposition, elle n'a pas le droit de tout faire, surtout de
former un gouvernement dans le gouvernement.

Le principe de la liberté d'association ne devait donc
pas être proclamé. Des amendements s'efforcèrent d'obtenir
ces atténuations au projet. Le premier, celui de M. Bérenger[2], se proposait même d'en renverser le système.
Au système préventif il proposait de substituer le système répressif : l'association pouvait se constituer librement en déclarant son existence et son but ; l'autorité
municipale aurait le droit d'assister aux réunions, et le
Gouvernement pourrait dissoudre l'association dangereuse
pour la tranquillité publique. « Le droit d'association,
disait-il, est tellement lié à tout état social... que malgré
les entraves dont on l'a environné, toutes les fois qu'il a eu
un intérêt puissant à les écarter il y est parvenu...la nature
a été plus puissante que les lois. » La législation impériale
ne répondait plus aux nécessités publiques ; les associations
avaient des effets bienfaisants, seules les associations politiques étaient inutiles avec la liberté de la tribune et la
liberté de la presse. L'amendement fut rejeté.

On proposa alors de restreindre la prohibition aux associations contraires à la forme du gouvernement établie ou
même à toutes les associations politiques[3]. M. Isambert

1. *Moniteur* du 14 mars, p. 580.
2. *Moniteur* du 18 mars, p. 603.
3. Amendements de MM. Isambert et Taillandier (*Moniteur* du 20 mars,
p. 626, 630).

soutiut que les congrégations et les association ouvrières
vivant au grand jour atteignaient le chiffre de 30.000. Dès
lors, si on voulait poursuivre une foule d'associations inoffensives, la loi devenait inexécutable. Si le Gouvernement
entrait dans la voie des autorisations, irait-il jusqu'à rétablir les congrégations et les corporations professionnelles,
et jusqu'à revenir ainsi sur l'œuvre de la Révolution ?

D'autres amendements [1] s'efforcèrent de faire admettre
des exceptions pour les associations ayant pour objet la
célébration d'un culte, les associations de bienfaisance,
littéraires ou scientifiques. Le Gouvernement, tout en protestant de sa sympathie pour les associations inoffensives
ou utiles, répondait qu'il voulait rester armé contre les
associations politiques qui se dissimuleraient sous une
autre forme pour éluder la loi. La crainte des associations
politiques et de leurs excès entraînait la majorité [2].

En vain encore demanda-t-on que la loi, qu'on disait
exigée par les circonstances, fut limitée dans sa durée ;
on répondait que la loi ne serait efficace que si elle était
définitive. Le projet fut voté le 26 mars par 246 voix contre 145.

La discussion fut brève à la Chambre des Pairs [3]. M. Girod de l'Ain, rapporteur, déclara que « l'association n'est
pas un droit, mais une faculté qui ne reçoit que de la loi
le titre de droit ». Mais, faculté ou droit, elle doit être
soumise aux restrictions qu'exige l'intérêt public. M. Per-
sil, garde des Sceaux, insiste sur la nécessité de ne pas
laisser le Gouvernement désarmé en présence des factions,
et la loi fut votée par 122 voix contre 22.

L'arme que réclamait le ministère était donc remise
entre ses mains avec cette loi de 1834 qui fut tant reprochée au gouvernement de Louis Philippe et dont l'exécution devait soulever de si graves difficultés. Que des mesures législatives fûssent nécessaires pour lutter contre
les associations politiques dont les excès et les violences
appelaient une répression, c'est ce que nous avons cons-

1. *Moniteur* du 21 mars.
2. Thureau-Dangin, t. II, p. 236.
3. *Moniteur* des 6, 9, 10 avril.

taté ; que le Gouvernement poussé à bout par la *Société des Droits de l'homme* ait fait de la répression un usage nécessaire, c'est ce qui ne peut être contesté.

Il n'en est pas moins vrai que la loi de 1834, envisagée au point de vue de l'histoire de la liberté d'association, constituait un obstacle nouveau au développement de cette liberté.

Non seulement en effet elle aggravait, ainsi que nous l'avons indiqué, les dispositions du Code pénal, mais elle ne se bornait pas à frapper les associations politiques, pour lesquelles elle avait été faite, par des rigueurs nouvelles dont l'opposition était en somme responsable. On ne saurait reprocher à un gouvernement de se défendre contre des excès qui portaient si gravement atteinte à l'ordre public. Ce qu'on peut déplorer c'est que, pour mieux frapper ces associations politiques et surtout révolutionnaires, un gouvernement, qui reconnaissait lui-même la rigueur d'une législation prohibitive du droit d'association, ait cru devoir en maintenir le principe à l'égard de toutes les associations quel qu'en fut l'objet [1].

A l'égard des associations politiques elle-mêmes la mesure devait être insuffisante puisqu'elle devait aboutir par la force des choses au développement des sociétés secrètes [2]. A l'égard des associations en général dont le besoin se faisait de plus en plus sentir on apportait des entraves aux tendances les plus légitimes et les plus bienfaisantes [3]. On consacrait pour une longue période, en le renforçant, le principe de l'arbitraire. L'arbitraire était à craindre dans la répression puisque les tribunaux ne pouvaient statuer que sur le fait matériel de l'association non autorisée [4], fait punissable par lui-même, l'intention honnête des membres de l'association ne pouvant entraîner qu'une diminution de peine sans les faire échapper à la disso-

---

1. Congrès de 1899, p. 47.

2. C'est ce que prévoyait Berryer dans la discussion de la loi. (*Moniteur* du 13 mars).

3. On a fait remarquer que toujours les mesures restrictives de la liberté d'association gênent les honnêtes gens et n'empêchent pas les associations malfaisantes.

4. A ce point de vue l'existence d'une association non autorisée était assimilée à une contravention (de Faget de Casteljau, p. 289).

lution [1]. L'arbitraire était à craindre surtout dans le droit laissé, sans aucune garantie, au gouvernement d'accorder ou de refuser aux associations les plus inoffensives le droit d'exister, même sans aucune concession de la personnalité civile. Quelque bienveillantes que fûssent les déclarations du Gouvernement, une association n'avait le droit de naître que sous les conditions et moyennant les formalités qu'il lui plairait d'imposer. Elle pouvait cesser d'exister par son bon plaisir [2]. L'avenir devait montrer combien ces craintes étaient justifiées [3]. La loi de 1834, malgré les déclarations retentissantes faites en faveur du droit d'association, malgré les promesses pour l'avenir faites par M. Guizot lui-même, consacrait l'arbitraire et renforçait la prohibition du Code pénal; elle marquait donc un recul dans l'histoire de la liberté d'association.

Notons en passant qu'au cours de la discussion il fut formellement déclaré que la loi était étrangère au droit de réunion. C'est ce qui fut spécifié à la Chambre des députés par le rapporteur repoussant comme inutile un amendement qui exceptait de la loi les réunions accidentelles [4], et à la Chambre des Pairs par le rapport de M. Girod de l'Ain [5].

DIVERSES CATÉGORIES D'ASSOCIATIONS

L'œuvre législative de la monarchie de juillet étant ainsi caractérisée par la loi de 1834, envisageons quelle fut, sous cette période, la situation des diverses catégories d'associations et quelle application leur fut faite de cette législation.

1. L'article 5 de la loi de 1834 maintenait le Code pénal sur ce point.
2. Article 1. L'autorisation donnée par le Gouvernement est toujours révocable.
3. On pourra écrire de nos jours : « Pendant que cette loi est devenue lettre morte à l'égard des associations révolutionnaires contre lesquelles elle avait été faite, elle a été mise en œuvre contre les associations religieuses que le législateur de 1834 avait affirmé ne pas vouloir atteindre. » (Thureau-Dangin. t. II, p. 237.)
4. *Moniteur* du 22 mars, p. 667.
5. *Moniteur* du 6 avril, p. 801.

§ 1. — *Les associations religieuses.*

Le mouvement d'extension des associations devait se faire sentir sur le terrain religieux étant donné le mouvement de renaissance religieuse qui marqua la période de la monarchie de juillet.

Ce n'est pas que le début de cette période n'eût été signalé au contraire par de violentes excitations qui rendaient le catholicisme solidaire des imprudences du parti royaliste. « A la Révolution de 1830, remarque M. Thureau-Dangin [1], les circonstances avaient donné le caractère d'une victoire et d'une sorte de revanche de l'irréligion contre le clergé et le catholicisme. » Ce caractère se manifestait par les faits les plus regrettables : en même temps que l'émeute s'emparait des Tuileries, elle dévastait une première fois l'archevêché de Paris, pillait des maisons de missionnaires, réclamait la fermeture des églises, renversait les croix [2]. Le 15 février 1831 les autorités laissaient saccager l'église Saint-Germain-l'Auxerrois et une seconde fois l'archevêché, et « s'empressaient, pour ainsi dire, de sanctionner et de ratifier la dévastation [3] ».

Le Gouvernement, refusant toute protection du clergé, semblait avant tout préoccupé de manifester en matière religieuse des tendances opposées à celles de Charles X afin de ne pas être accusé de s'appuyer sur le « parti prêtre ». Un torrent de haine antireligieuse se déversait dans les brochures, les caricatures et les pièces de théâtre [4]. L'irréligion dominait surtout dans les classes dirigeantes, et la révolution de juillet paraissait à beaucoup marquer la fin de la religion catholique [5].

Le ministre Casimir Périer montra, de la part du Gou-

---

1. T. II, p. 72. — Voir aussi sur les actes de violence antireligieuse au début du régime de juillet : Lefébure. *La renaissance religieuse en France*, 1886 ; De Guichen. *La révolution de 1830 et l'Europe* ; Burnichon, t. I, p. 513, 516.

2. Thureau-Dangin, t. I, p. 247 et s.

3. *Eod. loco*, p. 254, 229 et s.

4. *Eod. loco*, p. 249.

5. *Eod. loco*, p. 255. Voir le mot de Veuillot cité p. 256 : « Je croyais très volontiers que le catholicisme était mort. »

vernement une compréhension plus nette de ses devoirs en vue de la pacification du pays [1]. L'attitude pleine de modération et de prudence des évêques et du clergé [2] favorisait ces dispositions qui n'étaient pas cependant exemptes de faiblesse [3]. Malgré de fâcheuses compromissions, on pouvait remarquer que le ministère, dans le projet sur l'enseignement primaire, maintenait l'instruction religieuse et n'hésitait pas à faire l'éloge des Frères des écoles chrétiennes [4]. Dans le débat sur le budget des cultes, en février 1832, M. de Montalivet, tout en faisant des concessions regrettables, arrivait à écarter quelques-unes des mesures les plus violentes. Ce fut dans cette discussion que M. Guizot prononça ces courageuses paroles : « Ce ne sont pas les souvenirs du passé, ce sont les intérêts et les besoins du présent qui doivent régler notre conduite... C'est la religion qui peut nous donner ce dont nous manquons [5]. »

Le mouvement se continua sous le ministère du 11 octobre 1832 [6]. Bien que les préventions anti-religieuses se fissent encore jour dans les débats parlementaires, une détente se produisait. M. de Tocqueville pouvait constater en 1835 « l'attiédissement visible » des haines antichrétiennes [7]. Les croix étaient rétablies en beaucoup d'endroits, les congrégations religieuses étaient tolérées, la loi de 1833 plaçait l'enseignement religieux dans l'école publique [8] et permettait le développement de l'enseignement libre. Enfin les idées chrétiennes, par une réaction contre les doctrines du xviiie siècle, regagnaient le terrain qu'elles avaient perdu dans les esprits [9]. Les dévouements qui

---

1. Thureau-Dangin, t. II, p. 68 et s.
2. *Eod. loco*, p. 70.
3. *Eod. loco*, p. 75 et s.
4. *Eod. loco*, p. 91.
5. *Eod. loco*, p. 94. — Voir aussi les articles de M. Guizot en 1838 dans la *Revue française* : « Il faut établir entre la religion et la politique entente et harmonie. » (Thureau-Dangin, t. III, p. 432.)
6. *Eod. loco*, t. II, p. 333.
7. *Eod. loco*, t. II, p. 338.
8. « Ce qu'il faut, disait M. Guizot en présentant le projet, c'est que l'atmosphère générale de l'école soit morale et religieuse. » (Thureau-Dangin, t. II. p. 343.)
9. Thureau-Dangin, t. II, p. 350.

s'étaient produits au moment de l'épidémie terrible du choléra avaient rapproché les diverses classes sociales [1]. Un mouvement irrésistible entraînait les esprits vers les idées religieuses, mouvement auquel contribuait largement l'activité intelligente et généreuse du clergé [2] et que favorisaient les nouvelles tendances de l'enseignement [2].

Ce mouvement était surtout notable dans la jeunesse et se manifestait par la création de la société de Saint-Vincent de Paul et l'inauguration des conférences de Notre-Dame sur l'initiative d'Ozanam et de ses amis. A Lacordaire, qui se préparait à restaurer l'ordre des dominicains, succédait dans la chaire de Notre-Dame le Père de Ravignan dont l'influence ne fut pas moins profonde. Montalembert se faisait au parlement le champion des idées de liberté religieuse. En même temps le Gouvernement se montrait plus libéral dans la question religieuse. Les catholiques et le clergé cessaient de plus en plus d'être confondus avec l'opposition royaliste [3] et prenaient part à la vie publique. Ils revendiquaient une part de droit commun et de liberté générale [4]. « Chacune des deux parties, dit M. Thureau-Dangin [5], y avait mis du sien : le pouvoir, en réagissant contre les entraînements qui semblaient la conséquence de son origine ; les catholiques en répudiant des ressentiments et des méfiances qui eussent pu paraître naturels. » Une véritable renaissance religieuse, nous l'avons dit, se manifestait : « Quelle différence entre 1834 et 1844 ! » pourra écrire Lacordaire [6].

Sous l'influence de ce mouvement on devait donc recourir de plus en plus à l'association sur le terrain religieux. Nous noterons en premier lieu les associations ayant pour but la défense de la religion et la revendication de la liberté religieuse. C'est ainsi que subsistait, sous la direc-

1. Du Célier. *Les classes ouvrières en France*, 1857, p. 67.
2. Thureau-Dangin, t. II. p. 356.
3. Du Célier. *Eod. loco.*
4. Thureau-Dangin, t. III, p. 441.
5. *Eod. loco*, t. I, p. 284.
6. *Eod. loco*, t. III, p. 450.
7. *Eod. loco*, t. V, p. 497. — Voir aussi sur la justice à rendre à la monarchie de juillet sur le terrain de la pacification religieuse, t. V, p. 579.

tion de M. Bailly, la *Société des Bonnes Etudes* d'où devait sortir la *Société de Saint-Vincent de Paul* [1].

D'autres associations devaient revêtir un caractère plus combatif. C'est ainsi que, dans le but surtout d'obtenir la liberté d'enseignement promise par la Charte, l'abbé de Salinis, directeur du collège de Juilly, voulut, avec le fondateur de l'*Avenir*, organiser une association analogue à l'association pour la défense de la religion catholique qu'il avait fondée en 1827 et qui avait préparé le mouvement religieux consécutif à la révolution de 1830 [2]. Ce fut l'*Agence générale pour la défense de la liberté religieuse* qui revendiquait pour tous les Français le droit de s'unir [3] et servait de lien entre des comités locaux établis en France. Le Conseil, présidé par Lamennais, comprenait Lacordaire, Gerbet, Montalembert et Salinis lui-même. En six mois l'agence réunit plus de 30.000 francs. Ses principaux actes furent, grâce à la fondation en province de plusieurs journaux, une campagne de pétitions adressées aux Chambres pour réclamer la liberté d'enseignement, et la résistance légale et judiciaire aux mesures oppressives. Tantôt il s'agissait d'une communauté religieuse inquiétée dans son existence comme celle des trapistes de la Meilleraye à l'occasion de laquelle elle engagea une triple instance, tantôt de citoyens poursuivis pour avoir ouvert une école. C'est ainsi qu'elle provoqua le fameux procès de l'école libre qui amena, en septembre 1831, Montalembert devant la Cour des Pairs. Lacordaire parut plusieurs fois à la barre dans ces luttes judiciaires jusqu'au jour où le droit de plaider lui fut refusé par le conseil de discipline. Le procès dans lequel Lamennais et Lacordaire furent déférés à la Cour d'assises pour deux articles de l'*Avenir* se termina le 31 janvier 1831 par un acquittement : Il faut qu'on apprenne « qu'il y a aussi une justice en France pour les catholiques », avait déclaré Lacordaire plaidant pour lui-même [4].

1. De Grandmaison. *La congrégation*, p. 369.

2. Hamel. *Histoire du collège de Juilly*, 1868, p. 148, 520.

3. Le programme de l'Agence comportait : le maintien du droit qui appartient à tous les Français de s'unir pour prier, pour étudier, etc. (Lecanuet. *Montalembert*, t. I, p. 224).

4. Thureau-Dangin, t. I, p 306.

L'*Agence* ne devait pas survivre à la dissolution de l'*Avenir* qui se produisit, avec celle de la *Congrégation de Saint-Pierre* fondée par Lamennais, à la suite de l'encyclique du 15 août 1832 [1].

La campagne pour la liberté d'enseignement à la suite du projet déposé en 1841, amena Montalembert à revendiquer de nouveau pour les catholiques le droit de s'unir pour faire triompher leurs réclamations. Il veut créer « une ligue », constituer un parti [2], reprenant ainsi, mais seulement sur le terrain de la liberté de l'enseignement, les idées de l'*Avenir* [3]. Ce fut l'origine du *Comité pour la défense religieuse* composé de laïcs et présidé par Montalembert. Ce comité qui jetait tout son éclat en 1844 [4], jouait un rôle important dans les manifestations qui se produisirent contre le projet sur l'enseignement secondaire alors en discussion [5], il exerçait enfin une influence sérieuse sur les élections de 1846 [6]. Le comité réunissait un nombre considérable de signatures en faveur de la liberté de l'enseignement et contribuait à l'avortement du nouveau projet déposé en 1847 lequel méconnaissait les aspirations des catholiques [7].

Les associations religieuses proprement dites, c'est-à-dire ayant un but religieux, continuaient à rester soumises aux dispositions du Code pénal malgré l'article 5 de la Charte qui disposait : « Chacun professe sa religion avec une égale liberté et obtient pour son culte la même protection. » Il paraissait également reconnu qu'elles tombaient sous le coup de la loi de 1834.

La question apparaissait plus délicate pour les associations ayant pour objet l'exercice d'un culte, associations en faveur desquelles on pouvait plus expressément invoquer l'article de la Charte que nous venons de rappeler.

1. Hamel, p. 520 ; Thureau-Dangin, t. I, p. 318.
2. Thureau-Dangin, t. V, p. 485. — On ne comptera avec les catholiques, devait dire Montalembert, que le jour où ils seront « ce qu'on appelle en style parlementaire un embarras sérieux. » (Burnichon, t. II, p. 487.)
3. Thureau-Dangin, t. I, p. 291.
4. Thureau-Dangin, t. V, p. 495, 496 ; Burnichon, t. II, p. 491 ; Guillemant, *Pierre-Louis Parisis*, t. II.
5. Thureau-Dangin, t. V, p. 534.
6. *Eod. loco*, t. VII, p. 35.
7. *Eod. loco*, p. 36 et s.

Elle ne se posait pas en réalité pour les cultes reconnus qui étaient régis par le Concordat et par la loi de germinal an X, mais pour les cultes dissidents qui prétendaient s'exercer au moyen d'associations en dehors des édifices destinés aux cultes reconnus et surtout pour les cultes nouveaux. La révolution de juillet en effet avait donné lieu à l'éclosion d'une foule de sectes plus ou moins fantaisistes sorties de la fermentation des esprits [1].

On revenait aux discussions qui avaient surgi sous la Restauration. Que signifie la déclaration de la Charte assurant la liberté du culte si on ne possède pas la liberté de le pratiquer, et que vaut cette liberté si elle n'est pas garantie par la liberté d'association en vue de l'exercice de ce culte [2] ? La Charte a donc abrogé les articles 291 et 294 du Code pénal, et même elle n'a pas eu besoin de les abroger car l'article 291 ne parle pas du culte et l'article 294 ne vise que la maison où s'exercerait un culte clandestin ; partout ailleurs les adhérents peuvent se réunir en faisant à l'autorité municipale la déclaration prescrite par l'article 17 de la loi du 7 vendémiaire an IV.

On répondait en invoquant le droit nécessaire à l'État de n'autoriser que les cultes religieux compatibles avec la tranquillité publique, d'autant plus que des associations politiques pouvaient se former sous l'apparence d'associations organisées en vue d'un culte. L'article 291 visant les associations religieuses n'a-t-il pas du reste une portée générale ? Dans la discussion de la loi de 1834 un amendement qui dispensait d'autorisation les associations « ayant exclusivement pour objet la célébration d'un culte religieux » fut rejeté sur les observations du garde des Sceaux appuyé par M. Dupin [3].

La jurisprudence s'était prononcée dans ce sens, notamment en 1826 où la Cour de Cassation (3 août) cassa un arrêt de Colmar acquittant les adhérents de la secte des *Piétistes*, en 1828 où la Cour de Cassation (13 septembre)

---

1. Thureau-Dangin, t. I, p. 256.
2. *La liberté religieuse et la législation actuelle*, 1860, p. 89, 229.
3. Dupin. *Mémoires*, t. III, p. 466 ; Weil, p. 154. — Le 20 novembre 1830 la Chambre avait renvoyé au garde des Sceaux une pétition s'élevant contre l'article 291 appliqué aux réunions religieuses.

maintint en droit cette doctrine à propos de l'arrêt de la
Cour de Rennes qui avait relaxé les *Louisots* ou membres
de la *petite église*. La même jurisprudence fut appliquée en
1837 dans l'affaire de l'abbé Laverdet, en 1838 dans l'affaire
Doyle et Lemaire, en 1843 dans l'affaire Roussel[1]. En 1843
un débat s'engagea devant la Chambre des Pairs à l'occasion
d'une pétition des protestants de Niort. Malgré les observations de M. de Gasparin qui invoquait les dispositions de
la Charte et de M. de Broglie qui réclamait une loi pour
la liberté des cultes comme pour la liberté d'enseignement, le garde des Sceaux, M. Barthe, fit voter l'ordre du
jour en montrant qu'il n'était pas possible de donner la
liberté à tous les cultes alors que les cultes reconnus
étaient soumis à des dispositions légales qui réglaient leur
exercice[2]. En 1844 cependant une pétition analogue fut
renvoyée au ministre sur le rapport de M. d'Haussson-
ville[3], et le 14 janvier 1845 Montalembert s'élevait à la
Chambre des Pairs contre des mesures administratives
prises contre les protestants de la Gironde[4]. Aucune disposition législative ne vint cependant modifier la doctrine
admise par le Gouvernement et consacrée par la jurisprudence.

Les congrégations religieuses restaient soumises au
régime spécial que nous avons caractérisé dans la période
précédente. La reconnaissance des congrégations était
réglée par les lois de 1817 et de 1825. Les congrégations
non autorisées, c'est-à-dire dépourvues de la personnalité
civile, restaient dans une situation non clairement définie : bien qu'on put soutenir avec force qu'elles étaient
dans une situation régulière au point de vue du droit
pénal et invoquer en leur faveur l'article 5 de la Charte[5],
bien qu'en fait le droit pour les religieux de vivre en
commun ne parût pas sérieusement contesté, on vit se
perpétuer dans les discussions législatives la confusion

----

1. Pour la jurisprudence voir : Weil, p. 156 et suiv ; Morin, *Répertoire*, v° associations, p. 214.
2. *Moniteur* du 12 mai 1843 ; Weil, p. 162 ; Morin, p. 215.
3. Weil, p. 167.
4. Weil, p. 169.
5. Consultation de M. de Vatimesnil. (Rousse, p. 93.)

entre la congrégation non autorisée et l'association illicite [1]. D'une façon générale domine l'idée qu'il faut pour les congrégations religieuses une législation spéciale.

Dans tous les cas on paraît admettre que la loi de 1834 ne les a pas particulièrement visées. Tout au moins reconnaît-on que la loi de 1834, en ajoutant des sanctions nouvelles à l'article 291 du Code pénal n'en a pas modifié la portée à leur égard [2]. On peut donc continuer à soutenir l'opinion d'après laquelle le droit de cohabitation reconnu par l'article 291 s'appliquerait aux religieux [3].

En fait, on assiste sous la monarchie de juillet à un développement continuel des congrégations. A partir de 1831 les congrégations sont respectées, des congrégations nouvelles sont reconnues comme établissements d'utilité publique au point de vue de l'enseignement, et pour les congrégations non autorisées il y a une sorte de reconnaissance implicite et de fait. En juillet 1833 dom Guéranger ressuscite à Solesmes l'ordre des Bénédictions auxquels M. Guizot attribue une allocation annuelle pour la continuation de la *Gallia christiana*. On voit s'ouvrir de nouveaux monastères de Trappistes et de Chartreux [4]. Les Jésuites reprennent leur ministère sans éclat mais sans se cacher [5]; en 1836, vu l'accroissement de leurs maisons, ils divisent leurs établissements en deux provinces [6]. Lacordaire, dont la robe de dominicain apparaît dans la chaire de Notre-Dame, restaure publiquement l'ordre des Frères Prêcheurs « ouvrant ainsi une porte par laquelle pourront passer, derrière lui, tous les ordres religieux [7] ». Le maréchal Bugeaud devait recourir en 1843 aux Trappistes pour travailler, par les défrichements de Staouëli, à la colonisation de l'Algérie [8].

---

1. Réponse de M. Dubois à M. Thiers le 18 mars 1884 (Rousse, p. 93).
2. Weil, p. 154. « Il y a, dit le garde des Sceaux dans la discussion, d'anciennes lois contre les congrégations. » — Voir les attaques de M. Thiers contre les Jésuites dans la discussion de 1834. (Burnichon. *La compagnie de Jésus en France*, 1916, t. II, p. 204.)
3. Rousse, p. 78, 79.
4. Thureau-Dangin, t. III, p. 405.
5. *Eod. loco*, t. II, p. 341.
6. De Faget de Casteljau, p. 30? ; Burnichon.
7. Thureau-Dangin, t. III. p. 406, 408.
8. *Eod. loco*, t. VI, p. 358.

On peut noter surtout l'extension prise par les congrégations enseignantes, dans les écoles privées depuis la loi
assurant la liberté de l'enseignement et dans les écoles
publiques elles-mêmes [1]. M. Guizot se faisait à la tribune
le défenseur des Frères et des Sœurs, les considérant
« comme les plus honorables concurrents et les plus sûrs
auxiliaires que, dans ses efforts pour l'éducation populaire, le pouvoir civil pût rencontrer [2] ». Les Frères des
écoles chrétiennes, dont il décorait le supérieur de la
Légion d'honneur en 1833, étaient l'objet de sa particulière bienveillance.

Les congrégations non autorisées elles-mêmes, étaient,
nous venons de le remarquer, l'objet d'une tolérance qui
équivalait à une reconnaissance de fait. Si on entendait
encore soutenir dans les débats parlementaires que leur
situation légale demeurait précaire [3], le gouvernement de
la monarchie de juillet, une fois débarrassé de la préoccupation de donner des gages aux passions révolutionnaires et antireligieuses de 1830, montra d'une façon
générale et sauf certaines circonstances exceptionnelles,
une attitude de pacification vis-à-vis des communautés
religieuses. C'est ainsi qu'en 1839, le ministre des cultes,
M. Teste, répondait au préfet du Cantal qui avait demandé
des instructions au sujet des congrégations non autorisées : « qu'il devait les laisser vivre en paix ; que c'était
l'intention du Gouvernement ; que cette tolérance était
la conséquence des lois sur la liberté individuelle et ren-
trait dans l'esprit de l'article 291 du Code pénal [4] ».

La question des congrégations religieuses se posait en
particulier à propos des projets législatifs qui avaient
pour objet l'organisation de l'enseignement dont la liberté

1. *Eod. loco.*, t. VI, p. 426.
2. *Eod. loco.*, t. II, p. 346-347.
3. La garde des Sceaux à la Chambre, le 14 juin 1843.
4. Thureau-Dangin, t. III, p. 435. — Voir aussi la lettre de M. Vivien
ministre de la Justice en 1840 : « La privation des droits conférés aux institutions reconnues doit être la seule conséquence du défaut d'autorisation. » (Rousse, p. 73 note) ; Rousse, p. 39. — Cependant le ministre
déclarait à la Chambre le 14 juin 1843 : « Toutes les fois que quelques
individus dans un but religieux se réunissent sans que l'autorisation soit
accordée, le droit du Gouvernement est de les dissoudre quand il le veut. »
(Weil, p. 175.)

avait été promise par la Charte et qui soulevèrent les débats les plus passionnés entre les partisans du monopole de l'Université et les catholiques. La loi de 1833 n'admit aucune mesure restrictive contre les congrégations ; M. Guizot avait fait écarter les mesures de ce genre [1]. Le projet sur l'enseignement secondaire déposé en 1836 avait le même caractère libéral [2]. Un amendement fut cependant voté qui obligeait tout chef d'établissement libre à jurer qu'il n'appartenait à aucune association ou corporation non autorisée [3], mais le projet ne fut même pas porté à la Chambre des Pairs à la satisfaction de M. Guizot [4]. En 1841 fut déposé un nouveau projet dont les dispositions peu libérales soulevèrent une opposition qui en amena le retrait [5]. En 1844 un nouveau projet contenait un article, visant spécialement les Jésuites, qui obligeait tous ceux qui voulaient enseigner à affirmer par une déclaration écrite et signée qu'ils n'appartenaient « à aucune association ou congrégation religieuse [6] ». Le duc de Broglie, rapporteur à la Chambre des Pairs, représentait cet article comme une concession momentanée à de fâcheuses préventions et comme l'application d'une législation préexistante [7], mais le projet fut abandonné [8]. Le projet déposé en 1847 par M. de Salvandy, quoique plus large, maintenait contre les membres des congrégations l'interdiction d'enseigner. Ce projet, aggravé par la commission, mais ardemment combattu par Montalembert,

1. Thureau-Dangin, t. II, p. 346.
2. *Eod. loco.*, p. 448. — M. Saint-Marc Girardin, rapporteur à la Chambre, disait : « Nous n'avons point affaire dans notre loi à des congrégations ; nous avons affaire à des individus... Nous ne pouvons pas savoir si ces individus font partie des congrégations, car à quel signe les reconnaître ? » (Thureau-Dangin, t. III, p. 420.)
3. Thureau-Dangin, t. III, p. 422 ; Burnichon, t. II, p. 465.
4. Thureau-Dangin, t. III, p. 425.
5. *Eod. loco.*, t. V, p. 465, 467.
6. *Eod. loco.*, p. 533.
7. *Eod. loco.*, p. 536, 542, 548. Il faut noter dans cette discussion les attaques de M. Guizot contre les corporations en général qu'il considérait comme incompatibles avec l'existence de l'Etat. (Burnichon. t. II. p. 592.)
8. On doit indiquer le rapport déposé par M. Thiers au nom de la commission de la Chambre, rapport hostile aux congrégations religieuses (Burnichon, t. II, p. 605.)

ne devait pas être discuté[1]. En résumé, aucune disposition hostile aux congrégations religieuses ne devait passer dans la législation de cette période relative à l'enseignement[2].

Si le Gouvernement était au fond sincèrement porté à une attitude pacificatrice et tolérante vis-à-vis des congrégations, est-ce à dire qu'il ne devait pas être entraîné à céder sur certains points aux attaques qu'elles continuaient à soulever ? Ces attaques s'exaspéraient encore en présence du mouvement de renaissance religieuse qui se manifestait d'une manière incontestable[3]. Les journaux les plus violents sur le terrain antireligieux affectaient une profonde indignation à la vue du retour des moines. Au sein du Parlement, M. Isambert saisissait toutes les occasions de porter à la tribune son interpellation habituelle sur les empiètements des congrégations. Les Jésuites surtout étaient en butte à la haine des feuilles antireligieuses. Certaines municipalités inauguraient un système de vexations à l'égard des communautés de sœurs.

Le Gouvernement eut la faiblesse dans plusieurs circonstances particulières de céder à certaines sollicitations par différentes mesures. Nous parlons de mesures gouvernementales et administratives, car il n'y eut jamais de poursuites devant une juridiction répressive. Ce fut, le 25 décembre 1830, l'ordonnance qui rapporta « comme contraire aux lois » l'autorisation accordée en 1816 à la *Société des missions de France*, et, la même année, la dissolution par simple arrêté préfectoral de la petite communauté des Liguoriens de Bischoffsein[4]. Ce fut, en 1839, la fermeture par le préfet du Rhône et sur l'ordre de M. de Montalivet, ministre de l'Intérieur, du couvent des capucins de Lyon. L'arrêté considérait que « ces religieux représentent des siècles passés qui, par leurs règles monastiques n'appartiennent plus à nos mœurs ni à notre état social actuel » ; il visait les lois de 1790 et de 1792, mais il ne mentionnait

1. Thureau-Dangin, t. VII, p. 36, 38.
2. Mais comme le remarque le P. Burnichon (t. II, p. 609), ce fut par peur des Jésuites que la monarchie de juillet manqua à ses promesses sur le terrain de la liberté de l'enseignement.
3. De Faget de Casteljau, p. 303 et s. ; Burnichon, t. II, p. 423.
4. Weil, p. 170.

même pas la loi de 1834. La même année était fermé le couvent des Récollets de Montbrison par ordre du garde des Sceaux qui voyait dans cette mesure le moyen « de donner à l'opinion publique une satisfaction qu'elle désire[1] ». On voit à quel ordre de considérations obéissait le ministère.

L'évènement le plus important à cet égard fut la dissolution des Trappistes de la Meilleraye par un arrêté du préfet de la Loire-Inférieure du 5 août 1831. Après une première occupation du couvent par la force armée, une résistance légale s'organisa sous l'impulsion de l'*Agence pour la défense de la liberté religieuse*. Les religieux invoquaient la Charte et la liberté pour tous sur le terrain du droit commun. Une nouvelle expédition militaire expulsa les religieux étrangers qui se trouvaient au monastère, mais il faut remarquer qu'on y laissa l'abbé propriétaire et vingt-huit religieux[2]. L'abbé de la Meilleraye intenta devant le tribunal de Nantes contre le préfet une action civile en dommages-intérêts ; le tribunal se déclara incompétent le 20 juin 1832. En même temps il demandait à la Chambre une autorisation de poursuites contre Casimir Périer ; la Chambre, le 31 décembre 1831, passa à l'ordre du jour[3]. Ces incidents, amèrement reprochés à Casimir Périer, engagèrent sans doute le ministère à laisser en paix les autres monastères malgré les dénonciations des journaux de gauche que ces violences avaient mis en goût. Ce qu'il faut remarquer, c'est que l'acte du Gouvernement avait été inspiré par des considérations politiques, la Trappe de la Meilleraye ayant été représentée comme un foyer d'agitation carliste et comme comprenant de nombreux étrangers. Ce qu'il faut remarquer surtout, c'est que l'arrêté préfectoral visait les lois de 1790 et de 1792 et le décret de Messidor, il ne visait point l'article 291 du Code pénal. Le rapporteur à la Chambre, M. Bérenger, tout en concluant à la légalité des actes du Gouvernement et au refus de l'autorisation de poursuites, exprimait le regret que « sous un gouvernement et après une révolution qui

---

1. Weil, p. 174, 175.
2. Thureau-Dangin, t. II, p. 80 et 83 (note).
3. Weil, p. 174.

consacrent cette liberté, des citoyens ne pussent, sans opposition, se vêtir et prier Dieu comme ils l'entendaient, dans leur maison, alors surtout qu'on ne demandait à la loi d'autre protection que celle qui est due à tous les citoyens [1]. »

Contre les Jésuites, nous l'avons rappelé, les attaques ne devaient pas cesser de se manifester avec violence dans une partie de la presse et de la part de certains écrivains [2]. Quelques personnalités de la magistrature, de l'enseignement, du Parlement, montraient à l'égard de leur compagnie une haine qui touchait parfois à la démence [3]. Les Jésuites, qui avaient servi de prétextes à tant de polémiques sous la Restauration, avaient cependant peu fait parler d'eux au lendemain de la révolution de juillet [4], mais ils devaient être visés dans l'élaboration des projets sur l'enseignement. En 1838 ils avaient dû, devant une campagne de presse, dissoudre leur établissement de Saint-Acheul [5]. En 1842 les attaques redoublèrent. Les pamphlets de M. Génin et de M. Libri, les discours de M. Villemain et de M. Mignet à l'Académie, des procureurs généraux Dupin à la Cour de Cassation et Borély à la Cour d'Aix, le cours de M. Lacretelle à la Sorbonne étaient suivis des diatribes scandaleuses de MM. Quinet et Michelet au collège de France [6].

Le projet sur l'enseignement déposé en 1844 contenait une disposition spécialement dirigée contre les Jésuites [7]. Après l'avortement de ce projet, la campagne reprit contre eux avec la session de 1845 et fournit à M. Thiers un terrain qui lui parut favorable pour battre en brèche le ministère [8]. Il annonça son intention d'interpeller le Gou-

---

1. Thureau-Dangin, t. II, p. 81.
2. Burnichon, t. II. p. 500; De Faget de Casteljau, p. 306.
3. Sur le cas de M. Villemain voir Thureau-Dangin, t. V, p. 546.
4. Burnichon, t. I, p. 318 (note).
5. Thureau-Dangin, t. III, p. 435.
6. *Eod loco*, t. V, p. 502 et s. ; Burnichon, t. II, p. 493 et s. — Voir la discussion de l'adresse de 1844 (Burnichon, t. II, p. 560), et la discussion à la Chambre des Pairs en 1844 (Burnichon, t. II, p. 581 et s.).
7. On a fait remarquer que les attaques contre les Jésuites étaient une diversion à la campagne contre le monopole universitaire (Burnichon, t. II, p. 492, 564).
8. A propos de l'arme commode que fournissait à l'opposition la ques-

vernement sur la situation de la compagnie de Jésus [1].
C'était le mettre dans l'alternative, ou de prendre la défense des Jésuites et de se rendre ainsi impopulaire, ou de
les abandonner et de s'aliéner ainsi les éléments religieux
du pays. La tactique pouvait être habile, mais le rôle de
l'interpellateur était peu glorieux. L'attitude du Gouvernement fut également peu digne. Il résolut de jeter les
jésuites par-dessus bord en faisant ordonner leur dissolution par le Pape; M. Rossi fut accrédité à Rome pour cet
objet [2].

L'interpellation eut lieu le 2 mai 1845 [3]. M. Thiers demanda « l'exécution des lois à l'égard des congrégations
religieuses » et se complut à énumérer les dispositions
législatives qui pouvaient être invoquées sur la matière.
Mais pourquoi viser spécialement les Jésuites ? Parce que,
dans le conflit alors existant entre les évêques et l'université, ils avaient été « probablement » les auteurs du trouble. M. Hébert et M. Dupin soutinrent M. Thiers. La cause
de la liberté fut défendue par Lamartine, M. de Carné,
et surtout par Berryer dont le discours fut une réfutation
lumineuse des arguments tirés des vieilles lois de proscription qu'on venait d'exhumer. M. Martin du Nord, ministre de la Justice, reconnut l'existence de lois contre les
congrégations [4], il évoqua au bénéfice du Gouvernement
l'affaire de la Meilleraye, et déclara que l'application de
cette législation spéciale exigeait une grande réserve ; il
faisait entrevoir qu'une mesure serait prise avec le concours de l'autorité spirituelle. M. Thiers, convaincu de
l'échec des négociations, exigea la mise aux voix d'un
ordre du jour qui fut adopté : « La Chambre, se reposant
sur le Gouvernement du soin de faire exécuter les lois de

tion des Jésuites on a rappelé le mot de Benjamin Constant : « On a vraiment bien tort de s'embarrasser pour l'opposition ; quand on a rien, il
reste les Jésuites : je les sonne comme un valet de chambre, ils arrivent
toujours. » (Thureau-Dangin, t. V, p. 500).

1. Thureau-Dangin, t. V, p. 533 et s.
2. Burnichon, t. II, p. 615 et s.
3. Dupin. *Mémoires*, t. IV, p. 280; Burnichon, t. II, p. 629. — M. Thiers
déclarait du reste que « l'interdiction absolue de toute congrégation est
exclusive. » (Rousse, *Consultation*, p. 96.)
4. « J'ai déclaré dans plusieurs circonstances que les congrégations religieuses pouvaient être dissoutes. » (*Moniteur*, p. 1168.)

l'Etat, passe à l'ordre du jour. » De ce vote de circonstance, contenant une affirmation si vague et si générale,
et du reste sans aucune portée législative [1], les ennemis
de la liberté d'association pour les congrégations religieuses devaient dans la suite tirer argument [2].

Les négociations annoncées avec Rome avaient lieu
cependant. La campagne continuait pendant ce temps. Le
10 juin à la Chambre M. Dubois demanda qu'on dressât
un tableau détaillé des congrégations et de leurs biens. Le
11 juin à la Chambre des Pairs MM. de Montalembert,
Beugnot et de Barthélemy prenaient la défense des Jésuites et faisaient remarquer que l'ordre du jour voté par
la Chambre n'ajoutait rien à la valeur que pouvait avoir
l'ancienne législation [3]. Le ministre des cultes ne sut reprocher aux Jésuites que « d'être venus hautement, à la
face du pays, déclarer ce qu'ils étaient [4]. » Enfin le *Moniteur* annonça que la négociation avait atteint son but.
que « la congrégation des Jésuites cessera d'exister et
allait se disperser d'elle-même ». En réalité, après avoir
refusé de rien ordonner, Grégoire XVI conseilla au général de la congrégation de faire quelques sacrifices [5]. Ils se
traduisirent par la fermeture ou le déplacement de plusieurs maisons et noviciats. Le 10 février 1847 M. Guizot
répondit évasivement à une question qui lui fut adressée
au sujet de la suite à donner aux fameuses négociations.
L'incident n'excitait plus d'intérêt. Il n'en reste que la
constatation de faiblesse du ministère, faiblesse rachetée
en partie par sa modération dans l'exécution. M. Guizot
devait plus tard se croire convaincu qu'il avait « bien
compris et bien servi, dans un moment très critique, la
cause de la liberté d'association et d'enseignement [6] ».

Le tableau de la situation des congrégations sous la
monarchie de juillet ne serait pas complet si, en regard
des attaques dirigées contre elles, on ne rappelait comment leur existence était défendue sur le terrain du droit

1. Consultation de M. de Vatimesnil. (Rousse. *Consultation*, p. 71-75.)
2. Décret du 29 mars 1880.
3. Burnichon, t. II, p. 635.
4. Thureau-Dangin, t. V, p. 562.
5. *Eod. loco*, p. 567 ; Burnichon, t. II, p. 646 et s.
6. Thureau-Dangin, t. V, p. 572.

commun et de la liberté. Les catholiques, nous y insiste-
rons plus loin, réclamaient hautement leur place dans la
vie publique et défendaient, avec la liberté des congrégations, la liberté d'enseignement et la liberté d'association
qui en est la garantie. Le mouvement de l'*Avenir* avait
produit l'*Agence pour la défense de la liberté religieuse*
dont nous avons constaté l'action énergique. Au Parlement
les défenseurs des congrégations se placent résolument
sur le terrain de la liberté et du droit commun que nous
avons vu invoquer à la Chambre des députés, à propos
de l'affaire de la Meilleraye, par le rapporteur lui-même
qui soutenait la légalité des actes du Gouvernement [1].
Nous avons rappelé les orateurs qui, dans les différents
débats soulevés, soutinrent la thèse de la liberté, en particulier Berryer et surtout Montalembert se faisant le
champion de la cause catholique avec une ardeur qui
paraissait presque une témérité en face de préjugés encore
si puissants sur les hommes les plus modérés [2]. M. Guizot
lui-même, nous l'avons vu, se faisait le protecteur éclairé
des congrégations enseignantes, et ne se résignait qu'à
contre-cœur aux mesures inspirées par des préventions
auxquelles il jugeait impossible de résister de front.

Sur le terrain juridique des jurisconsultes de valeur, de
nombreux membres du barreau, discutaient la portée des
lois d'exception qu'on entendait appliquer aux congrégations, ils insistaient sur la nécessité de dissiper la confu-
fusion qu'on prétendait maintenir entre les corporations,
établissements publics qui ne pouvaient naître qu'en vertu
d'une loi, et les congrégations religieuses, associations
libres de se former aux termes du droit commun [3]. Telle était
en particulier la portée de la consultation de M. de Vatimesnil signée en 1845 par Berryer et de nombreux avocats [4] et
dont la conclusion posait le principe qui devait être désormais le véritable terrain pour la défense des membres des

1. Voir aussi les déclarations de M. Dubois à la Chambre en 1831 et
1834. (Rousse. *Consultation*, p. 92-93)
2. Thureau-Dangin, t. III, p. 410 ; Lacanuet. *Montalembert.*
3. Voir l'ouvrage de M. Nachet en 1830 (Rousse. *Consultation*, p. 92).
4. Consultation insérée dans la *Consultation* de M. Rousse en 1880,
(p. 61). Pour les adhésions voir la *Consultation* de M. Rousse, p. 42 et 127
et s. ; Burnichon, t. II, p. 637.

congrégations : « Il demeure établi à nos yeux qu'aucune
loi actuellement en vigueur n'autorise la dissolution des
associations non reconnues dont les membres vivent en
commun. Ces personnes restent sous la protection des principes généraux qui consacrent la liberté individuelle, la
liberté religieuse et l'inviolabilité du domicile [1]. »

Sans parler des écrivains que nous rappellerons plus loin
et qui défendirent la cause de la liberté d'association en
elle-même et sur le terrain religieux, nous devons mentionner les voix éloquentes qui s'élevèrent au sein même
de ces congrégations environnées de tant de préjugés
même dans les milieux les plus éclairés. En 1844 le Père
de Ravignan, ancien magistrat, publiait son livre *De l'existence et de l'Institut des Jésuites* dont l'effet fut immense.
Sortant de l'attitude jusque-là effacée des Jésuites qui
consistait à tout attendre de la tolérance du Gouvernement,
il adoptait la tactique suivie par Montalembert qui consistait à se défendre par la publicité, l'appel à l'opinion
publique, et à se servir des armes fournies par les libertés modernes : « Je suis Jésuite, s'écriait-il, c'est-à-dire
religieux de la compagnie de Jésus. Ce nom est mon nom ;
je le dis avec simplicité. » Et il faisait un éloquent appel au
droit public de la France, à la Charte qui a proclamé la
liberté de conscience. Par la modération et la dignité du
ton, par l'absence d'animosité contre les hommes cette
apologie avait un accent incomparable qui fit son succès [2].

Il avait été précédé dans cette voie par Lacordaire qui
en 1839 adressait « à son pays » le fameux *Mémoire pour
le rétablissement en France des Frères Prêcheurs* [3] dans
lequel il faisait appel à l'opinion publique « la reine du
monde » avec un accent empreint d'éloquence et de fierté [4].

<hr>

1. Rousse. *Consultation*, p. 74 ; M. de Vatimesnil s'appuyait aussi sur
l'article 59 de la Charte abrogeant virtuellement les lois contraires aux
principes posés par elle (Rousse, p. 73.)

2. Thureau-Dangin, t. V, p. 511-513. — Voir aussi la réponse aux attaques
de Quinet par le P. Cahours : *Des Jésuites par un Jésuite*, 1843. (Burnichon, t. II, p. 499.)

3. Poussielgue. Edition publiée à cette époque comme défense des congrégations.

4. « Mon pays, disait-il au début, un de vos enfants, nouveau chrétien
par la foi, prêtre par l'onction traditionnelle de l'église catholique, vient

Il ne se contentait pas d'une apologie de l'ordre qu'il se proposait de rétablir et de rappeler les vertus et les services de ceux dont il entendait continuer la tâche. Tout en se défendant d'examiner la valeur des lois par lesquelles on prétendait refuser l'existence aux communautés religieuses et de discuter leur abrogation par la Charte, il posait la question sur ce terrain du droit commun qui devait être de plus en plus celui sur lequel il fallait rallier l'opinion. Les communautés religieuses existent en France, c'est un fait. Elles sont le résultat d'un acte libre de ceux qui les composent, elles répondent à leurs aspirations ; de quel droit les empêcherait-on de les satisfaire ? Il ne s'agit pas de rétablir l'ancienne organisation des couvents et les abus qu'il avoue dans le passé. L'Etat ne reconnaît plus les vœux. Il s'agit de la liberté des individus dont les vœux relèvent de leur seule conscience, qui invoquent le droit de propriété, la liberté du domicile, la liberté individuelle pour vivre en commun sous une règle qu'ils ont choisie. « Si les vœux reconnus de l'autorité publique donnaient aux ordres religieux une autre force que celle qui naît d'un consentement chaque jour renouvelé, un autre caractère que celui de la liberté la plus absolue, on concevrait les alarmes de tous les pouvoirs et de tous les partis... Ce qui est inexplicable, c'est que quelques hommes las des passions du sang et de l'orgueil, pris pour Dieu et pour les hommes d'un amour qui les détache d'eux-mêmes, ne puissent se réunir dans une maison à eux, et là, sans privilège, sans vœux reconnus par l'Etat, uniquement liés par leur conscience, y vivre à 500 francs par tête, occupés par ses services que l'humanité peut bien ne pas concevoir toujours, mais qui dans tous les cas ne font de mal à personne [1].

C'était parler avec éloquence le langage du sens com-

réclamer de vous sa part dans les libertés que vous avez conquises et que lui-même a payées. »

1. Il faut noter aussi ce passage qui semble écrit pour l'époque actuelle : « Personne jusqu'ici n'a paru s'opposer aux associations de simple travail : pourquoi s'opposerait-on à des associations où la religion est unie au travail ? Serait-ce donc que les choses les plus naturelles deviennent illégitimes dès que le christianisme y entre comme élément ? » (*Mémoire*, p. 100.)

mun et tracer le programme législatif dont notre époque
devrait depuis longtemps connaître la réalisation. « L'opinion publique, flattée qu'on s'adressât à elle, fut à la fois
surprise, et charmée d'un langage si nouveau [1]. »

On voit par cet exposé quelle était la situation des congrégations au cours de la période qui nous occupe. Sans
doute cette situation, au point de vue du droit pour les
religieux de s'associer, restait mal définie. Sans doute les
congrégations autorisées étaient soumises à une législation spéciale, et les congrégations non autorisées, malgré
l'apaisement qui se produisait au sein du Parlement depuis 1845, ne jouissaient pas en définitive d'un régime
qui pût légalement leur assurer une sécurité complète.
Mais, ainsi que le remarque son historien, la monarchie
de Juillet ne doit pas être confondue avec un régime per-
sécuteur ; il n'y avait rien de commun entre les hommes,
parfois timorés, qui cherchaient à éviter les difficultés de
l'heure présente par une politique qu'ils croyaient être
de juste milieu et les sectaires qui feront à d'autres
époques une œuvre de systématique hostilité [2]. Au fond,
les congrégations sont, de la part du Gouvernement,
l'objet d'une tolérance bienveillante et même reçoivent
de lui certains encouragements fondés sur les services
rendus. Ces services, appréciés surtout de la part des congrégations enseignantes, continuent à dissiper les préjugés. Grâce à la sincérité et à l'éloquence de leurs défenseurs, les attaques contre les communautés religieuses,
tout en se perpétuant, deviennent démodées ; l'opinion
publique rend justice aux congrégations en s'habituant à
les voir à l'œuvre. Aussi les communautés se développent
et étendent leur action surtout sur le terrain de l'enseignement et de la bienfaisance. C'est à leur influence qu'il
faudra peut-être, au moins autant qu'à l'attitude prudente
du clergé dans les questions politiques, attribuer le caractère de la révolution de 1848 au point de vue religieux :
elle ne manifesta à aucun degré l'allure antireligeuse qui
avait caractérisé la révolution de 1830.

1. Thureau-Dangin, t. III, p. 408.
2. *Eod. loco*, t. V, p. 580.

§ 2. — *Les corps indépendants. Le barreau.*

Au sujet de ce que nous avons appelé les corps indépendants, il faut noter pour le barreau l'ordonnance du 27 août 1830 [1]. « Considérant que de justes et nombreuses réclamations se sont élevées depuis longtemps contre les dispositions réglementaires qui régissent l'exercice de la profession d'avocat », l'ordonnance remettait à l'assemblée générale de l'Ordre l'élection du conseil de discipline et du bâtonnier. Elle permettait à tout avocat inscrit au tableau de plaider devant les cours et tribunaux du royaume sans avoir besoin d'aucune autorisation.

§ 3. — *Les associations professionnelles et ouvrières.*

Sur le terrain professionnel on ne voit pas se renouveler sous la monarchie de Juillet les tentatives d'organisation générale que nous avons constatées sous la Restauration, mais l'idée corporative devait être à cette époque accueillie et propagée par les économistes [2]. Dans la pratique, à côté des Chambres syndicales de patrons autorisées par l'administration et des essais de groupements émanant des milieux patronaux [3], on peut relever les tentatives d'association faites par les menuisiers en 1832, les tailleurs en 1833, par les ouvriers typographes en 1840, en 1843 par les bijoutiers [4].

Les groupements ouvriers les plus importants étaient restés les compagnonnages qui entrent toutefois en décadence [5]. Les causes de cette décadence sont l'intolérance et l'exclusivisme des « devoirs », le symbolisme de leurs rites dont s'accommode mal l'état d'esprit des nouvelles générations, la perturbation jetée dans les mœurs par

1. Cresson. *Usages et règlements de la profession d'avocat*, t. II, p. 360.
2. Martin Saint-Léon. *Histoire des corporations*, p. 637.
3. Levasseur. *Histoire des classes ouvrières*, 1867, t. II, p. 377. — M. de Mun a relevé qu'en 1841 le tribunal de commerce de Paris aurait demandé l'organisation des corporations. (Chambre, 12 juin 1873. *Officiel*, p. 1279.)
4. Du Célier. *Les classes ouvrières en France*, 1857, p. 55, 56, 79, 82 ; Hubert-Valleroux. *Les corporations d'arts et métiers*, p. 253.
5. Martin Saint-Léon. *Le compagnonnage*, p. 104 et s.

l'invention des chemins de fer et par l'évolution industrielle. Les divisions intérieures s'accentuèrent de 1830
à 1840 et donnèrent naissance à la société dissidente dite
l'*Union* et à de nombreuses sociétés secrètes à la fois politiques et ouvrières, en même temps que les rixes se suc-
cédaient entre compagnons de groupements opposés. Malgré le succès de l'ouvrage d'Agricol Perdiguier, *Le livre
du compagnonnage*, qui remit un instant le compagnonnage à la mode, l'esprit de corps alla s'affaiblissant et les
divisions ne firent que s'accroître.

Malgré cette décadence qui lui retirait son influence sur
la jeunesse, le compagnonnage était encore puissant et
c'est lui qui, surtout de 1839 à 1848, continuait à diriger
les grèves et les coalitions ouvrières dont la plus importante éclata en 1845 dans la corporation des charpentiers[1].
Les seules grèves qui réussissaient étaient celles qui étaient
entreprises par les compagnonnages dont l'organisation
faisait alors sentir sa puissance[2]. Le Gouvernement qui
avait toléré cette organisation sévit rigoureusement contre
les tentatives de coalition dont elle était le plus souvent
l'inspiratrice[3] : en 1832 la grève des charpentiers, en 1833
la grève des cordonniers et des boulangers, l'insurrection
lyonnaise de 1834 au lendemain de la loi du 10 avril, la
grève des charpentiers de 1834, furent l'occasion de poursuites judiciaires. La loi de 1834 était sans nul doute
applicable non moins que l'article 415 du Code pénal sur
les coalitions[4].

La plus importante de ces grèves, avons-nous dit, fut
celle qui éclata dans la corporation des charpentiers en
1845. Des perquisitions eurent lieu chez les « mères » des
deux sociétés de compagnons, les registres furent saisis
et plusieurs compagnons arrêtés furent traduits devant la
police correctionnelle. Le 26 août des condamnations sévères furent prononcées visant l'article 415 du Code pénal qui déclarait illicite « toute coalition de la part des

1. Martin Saint-Léon. *Le compagnonnage*, p. 134.
2. Hubert-Valleroux, p. 282.
3. Martin Saint Léon, p. 112.
4. De 1825 à 1847 il y eut 1.251 poursuites et 7.148 inculpés pour faits
de coalition. (*Réforme sociale*, 16 février 1912, p. 265.)

ouvriers pour faire cesser en même temps de travailler [1]».
Les débats avaient mis en évidence l'entente des deux
compagnonnages cependant hostiles de *Liberté* et du *Devoir* [2].

Le procès de 1845 est resté célèbre par la plaidoirie de
Berryer et sa revendication éloquente du droit d'association pour les ouvriers [3]. Berryer en effet ne se bornait pas
à rappeler que les destructions révolutionnaires étaient
responsables du bouleversement du régime du travail, et
qu'il était injuste, en face des patrons charpentiers reconstitués en corps, d'obliger les ouvriers à rester isolés [4],
il s'élevait plus haut et plaidait la cause de la liberté
d'association sur le terrain professionnel et envisagée en
elle-même.

Après s'être associé aux paroles de l'avocat général qui
blâmait les atteintes à la liberté du travail, il envisageait
l'accusation en elle-même. Que reprochait-on aux prévenus? D'avoir pris en commun une résolution de s'abstenir
du travail jusqu'à ce qu'ils aient obtenu un salaire suffisant ; « accusation qui retentit étrangement lorsque tous
les esprits sont préoccupés d'associations, d'intelligences,
je pourrais dire de coalitions formées dans d'autres sphères de la société et qui tendent, non pas à assurer ce prix
du travail de dix centimes par heure d'augmentation,
mais un bénéfice énorme par des opérations de centaines
de millions dans lesquelles l'Etat, le public et nous tous,
nous sommes intéressés » ! Et il relevait cette maxime
« contre laquelle, disait-il, je sens un besoin invincible
de lutter sans cesse, en toute rencontre et en toute occasion, cette maxime égoïste, antisociale : chacun chez soi,
chacun pour soi. L'union est le premier besoin des hommes, le droit le plus légitime de ceux qui ont une position

1. Le Code pénal par l'article 414 ne réprimait la coalition de patrons
que si elle était injuste et abusive, par l'article 415 il frappait en tous
cas la coalition d'ouvriers (Ravier du Magny. *Revue catholique des institutions*, 1er août 1912, p. 110).
2. Martin Saint-Léon, p. 134 et s.
3. C. de Lacombe. *Berryer et la monarchie de juillet*, p. 465 ; Ravier
du Magny, p. 108.
4. Il rappelait que l'édit de 1776 avait établi la corporation des charpentiers lesquels avaient été reconstitués en corps en 1808.

commune, un intérêt commun, le droit de l'intelligence. Ce droit est sacré ; ce droit est inviolable ; ce droit est-il respecté par les lois qui nous régissent ; je ne ferai pas à nos lois l'injure de dire qu'elles lui sont contraires... Respectez la liberté des droits, cette liberté sacrée, fondamentale ». C'était poser d'une façon lumineuse la question de la revendication du droit d'association.

Ce n'était pas seulement en effet la question des compagnonnages ou des coalitions qui était alors en jeu. Berryer révélait à un régime essentiellement bourgeois où le pouvoir était aux mains des grands propriétaires et industriels, l'existence d'une classe ouvrière [1], qui se constituait sur les ruines de l'ancienne organisation professionnelle. Le livre de Perdiguier avait déjà fait entrevoir comme un monde nouveau jusque-là inconnu [2].

La situation des populations ouvrières avait été désastreuse à la suite de la crise qui avait été la conséquence de la révolution de 1830 ; le chômage et ses souffrances avaient provoqué de nombreux désordres [3]. Quand les progrès du commerce et de l'industrie se firent heureusement sentir, un nouveau régime économique et social se créa par l'extension du machinisme et la concentration de l'industrie [4] et apporta une perturbation profonde dans les milieux ouvriers. Ce fut alors, malgré l'augmentation du bien-être général, l'apparition de ce qu'on a appelé le paupérisme industriel, « misère morale rendue plus insupportable par le voisinage et le contraste des richesses que ces misérables contribuaient à créer [5] ».

Sans doute il ne faudrait pas méconnaître ce que la monarchie de juillet, qui s'appuyait surtout sur la classe bourgeoise, fit pourtant pour l'ouvrier : développement des caisses d'épargne, des conseils de prudhommes, de l'assistance publique, des sociétés de secours mutuels, de l'instruction primaire, des salles d'asile ; les projets sur

1. Ravier du Magny, p 109.
2. Martin Saint-Léon. *Le compagnonnage*, p. 121.
3. Thureau-Dangin, t. I, p. 102.
4. Levasseur, *Histoire des classes ouvrières*, 2ᵉ série, t. I, p. 522 ; Martin Saint-Léon. *Le compagnonnage*. p. 147.
5. Thureau-Dangin, t. VI, p. 148.

les patentes, les caisses de retraite, les monts-de-piété [1]. Sans doute aussi une partie de la bourgeoisie ne méconnut pas ses devoirs, mais trop souvent elle les négligea ; s'il y a, disait Villermé [2], beaucoup de patrons qui s'occupent de leurs ouvriers, « il serait temps qu'ils s'en occupassent tous, et qu'à l'abandon complet dans lequel la plupart laissent l'ouvrier, à la pensée exclusive d'exploiter sa position, succédât de leur part une pensée plus généreuse, plus humaine, un patronage qui leur serait au moins aussi profitable que leur égoïsme ». Cet égoïsme, ce manque d'élévation d'esprit et de cœur, cette préoccupation excessive de l'intérêt matériel, étaient, avec la part insuffisante faite au christianisme qui aurait pu apporter le vrai remède au mal social, les reproches qu'on pouvait adresser, non toujours sans fondement, à la bourgeoisie maîtresse du pouvoir [3]. Sans admettre le calcul qui lui a été reproché par les écrivains démocrates et sans envisager la nation comme partagée en deux castes, celle des capitalistes et celle des prolétaires, la bourgeoisie en arrivait trop souvent en fait à considérer que la hiérarchie de l'atelier doit subsister même en dehors du travail et qu'il importe à l'ordre social que les ouvriers restent subordonnés en toutes choses aux patrons [4].

Or, c'était à ce moment que se révélait, comme nous l'avons dit, l'existence d'une classe ouvrière [5] qui devait, par l'isolement que créait le manque d'organisation professionnelle, tendre forcément à rapprocher ceux qui ressentaient des souffrances communes et avaient de communes aspirations.

Par son inertie, qui venait de son ignorance, le patronat n'avait pas su prendre l'initiative d'une commune as-

---

1. *Eod. loco.* Du Célier, p. 62, 74, 76, 79, 80, 81. Il faut noter en particulier la loi de 1841 sur le travail des enfants dans les manufactures qui était une grave exception au principe de la liberté du travail (Du Célier, p. 81).

2. *Tableau de l'état physique et moral des ouvriers employés dans des manufactures de coton, de laine et de soie,* 1840, t. II, p. 372.

3. Thureau-Dangin, t. VI, p. 49 et s., p. 149. — On a relevé la rigueur avec laquelle le gouvernement de Louis-Philippe, issu de l'émeute, traita les classes ouvrières (Martin Saint-Léon, p. 151).

4. Du Célier, p. 66.

5. Levasseur. *Histoire des classes ouvrières,* 2ᵉ série, t. I, p. 485.

sociation [1]. Les ouvriers, auxquels la loi refusait tout droit d'association [2] et qui cependant étaient rassemblés par la grande industrie, allaient tendre à s'associer et à s'associer exclusivement entre eux. La *révolution* de juillet leur avait fait espérer la disparition de toutes les entraves qui empêchaient la réorganisation en corps d'état [3]. Leur union devait revêtir son caractère d'antagonisme contre les patrons dont ils restaient séparés malgré les essais d'entente qui avaient eu lieu [4]. Nous voyons se dessiner à cette époque la situation qui résulte de la transformation du travail par la grande industrie et le machinisme : d'une part, le patron est porté à ne voir dans l'ouvrier qu'un mécanisme industriel à acheter au plus bas prix possible ; d'autre part, l'ouvrier ne cherche en s'associant aux autres ouvriers qu'à obtenir des salaires aussi élevés que possible. Chaque parti lutte pour son propre intérêt, c'est l'antagonisme au lieu de l'entente en vue de l'intérêt professionnel commun [5]. Les *revendications* des ouvriers se traduisaient par des grèves [6] dont on pouvait souvent constater la violence et qui n'étaient pas seulement des tentatives pour l'amélioration du sort des travailleurs, mais qui revêtaient un caractère de lutte de classes [7].

L'union des ouvriers devait aussi revêtir un caractère politique car la politique va devenir un instrument pour les revendications ouvrières [8]. C'est en effet alors qu'on

1. « Les classes les plus puissantes, les plus intelligentes et les plus morales de la nation n'ont point cherché à s'emparer de la démocratie afin de la diriger. La démocratie a donc été abandonnée à ses instincts sauvages. » (De Tocqueville. *La démocratie en Amérique.* Introduction, p. 7.)

2. La Cour de Cassation, en 1836 et 1844, proclamait le droit pour le Gouvernement de défendre aux ouvriers les réunions avec signes distinctifs. (Morin. *Répertoire de droit criminel*, v° association, p. 221.)

3. Du Célier, p. 56.

4. *Eod. loco*, p. 56, 78.

5. Cette situation est exposée en ce qui concerne l'Angleterre dans une étude parue dans *le Correspondant* du 10 mars 1917 (p. 173).

6. En particulier les grèves de 1833 (Martin Saint-Léon, p. 113 ; Thureau-Dangin, t. II, p. 221) et de 1840 (Thureau-Dangin, t. IV, p. 283).

7. Du Célier, p. 54, 55. En particulier l'insurrection lyonnaise de 1831 (*eod. loco*, p. 59).

8. Levasseur, 2ᵉ série, t. 1, p. 485. L'ouvrier sera amené à penser que si son vote eût été nécessaire on aurait eu plus d'égards pour ses récla-

constate la naissance du socialisme[1] qui ne sera pas seulement une doctrine de réforme sociale mais tendra à devenir un parti politique et surtout un parti révolutionnaire[2]. Le socialisme, qui suscite déjà de vives inquiétudes sous la monarchie de juillet[3], lancera l'ouvrier de plus en plus dans les sociétés secrètes et révolutionnaires[4]. L'ouvrier sera embrigadé par le parti qui fera la révolution de 1848[5], parti dont il sera, comme il l'a été en 1830[6], le principal instrument et auquel il voudra ensuite, comme en 1830, mais avec plus de danger pour la société, réclamer sa part. C'est donc surtout dans la période de la monarchie de juillet que se manifeste la classe ouvrière, que s'étend le mouvement ouvrier, que se forme ce qu'on pourra appeler le parti ouvrier, parti que doivent si malheureusement désormais dominer les influences politiques. Ces tendances politiques et souvent révolutionnaires susciteront contre l'association ouvrière d'invincibles méfiances qui se feront pendant longtemps ressentir au préjudice de la cause de la liberté d'association.

§ 4. — *Les associations de bienfaisance et économiques.*

A cette période aussi se continue le développement des associations qui se proposent un but bienfaisant ou économique, qui tendent à procurer un aide moral ou matériel.

Les œuvres de bienfaisance dues à la puissance de l'association s'étendent sous l'influence du mouvement religieux dont nous avons constaté la puissance. Le Gouvernement ne sait pas donner aux œuvres charitables l'existence légale qui leur aurait été nécessaire, il continue à exercer

mations ; les barricades de 1830 se font au cri de : vive la réforme (Du Célier, p. 82).

1. Thureau-Dangin, t. VI, p. 81.
2. « L'idée se développe en l'ouvrier de faire une révolution à son tour, une révolution contre les bourgeois vainqueurs. » (De Brémond d'Ars. *La vertu sociale du christianisme*, 1890, p. 299.)
3. Thureau-Dangin, t. VI, p. 151.
4. Martin Saint-Léon, p. 111 ; Thureau-Dangin, t. II, p. 220, 244.
5. Du Célier p. 60 ; de la Hodde, p. VIII.
6. Du Célier, p. 51 ; Levasseur, p. 523.

un droit de contrôle et de tutelle sur les œuvres ; mais l'administration se montre le plus souvent bienveillante envers l'action charitable. Elle accepte le concours des hommes religieux et même de quelques congrégations dans les bureaux de bienfaisance et les commissions hospitalières [1]. Sur le terrain de l'initiative privée, des sociétés de bienfaisance se perpétuent en dehors des attaches officielles, ainsi la *Société de Charité maternelle*, la *Société philanthropique*, l'*Association des Dames de la Charité* [2]. La *Société pour l'encouragement de l'instruction élémentaire en France*, comptant des hommes de toutes les confessions, se reconstitue fortement et perfectionne la méthode de l'enseignement mutuel. Les cours d'adultes sont établis, ainsi que les cours professionnels fondés par l'*Association polytechnique*.

Les *salles d'asile* sont importées d'Angleterre par M. Cochin et l'ordonnance de 1837 leur donne une existence légale ; *les crèches* sont établies en 1844 ainsi que de nombreuses institutions de patronage. L'*établissement de Saint-Nicolas*, fondé en 1827, est suivi par la fondation de la colonie agricole de Petit Bourg et de l'asile Fénelon [3]. La *colonie pénitentiaire de Mettray* est créée par M. de Metz ; elle est destinée à devenir rapidement une institution modèle et sera cependant de nos jours l'objet d'attaques injustes et malfaisantes.

La *Société des bonnes études* que nous avons vu continuer son existence devait donner naissance à la *Société de Saint-François Régis* destinée à lutter contre le concubinage et à reconstituer la famille ouvrière ; elle devait donner naissance surtout à la *Société de Saint-Vincent de Paul* [4]. Ce fut en effet sous les auspices de M. Bailly, président de la *Société des bonnes études*, que se réunit en 1833, la première « conférence ». Sous ce nom, emprunté au nom des réunions qui se rassemblaient à la *Société des bonnes études*, Ozanam groupa quelques étudiants qui

1. Du Célier, p. 75.
2. Goyau. *Revue du clergé français*, novembre et décembre 1917.
3. Du Célier, p. 76.
4. De Grandmaison. *La congrégation*, p. 369 ; Thureau-Dangin, t. II, p. 356.

résolurent de passer des discussions théoriques à la pratique « en entrant dans le domaine des faits, c'est-à-dire de la charité [1] ». On sait comment ces jeunes gens, qui s'étaient réunis pour visiter quelques familles pauvres, « fondèrent ainsi, presque sans s'en douter, cette Société de Saint-Vincent de Paul dont les ramifications s'étendent aujourd'hui sur le monde entier [2] », et qui devait tant contribuer à ramener le Christianisme parmi les nouvelles générations.

Bienveillante, avons-nous dit, était l'attitude du Gouvernement vis-à-vis des organisations charitables; cependant à l'égard des associations bienfaisantes, comme à l'égard de toutes, il était armé des dispositions absolues de la loi de 1834. C'est ainsi que le 22 novembre 1845 furent condamnés par la Cour de Paris les membres de l'*Œuvre de Saint-Louis* défendus par Berryer [3]. Patronnée par le comte de Chambord, elle avait pour but de soulager les personnes que les événements de 1830 avaient privées de leurs moyens d'existence. Le Gouvernement y vit, il est vrai, une association dont les tendances politiques dominaient le but bienfaisant: « Tout démontre, disait l'arrêt, que ladite association avait, sous le voile de la charité, le but essentiellement politique d'être un centre de subventions, d'encouragements, d'espoir même pour ceux qui ont donné des gages de dévouement à l'ancienne monarchie, d'hostilité ou de révolte contre la royauté fondée en 1830. » L'association fut dissoute [4].

Il faut noter aussi le développement des sociétés de secours mutuels. Nous avons vu ces sociétés constituer un moyen de groupement pour les métiers que n'accueillait pas l'organisation du compagnonnage [5]; c'est dans leur

1. De Grandmaison, p. 360.
2. Thureau-Dangin, p. 357.
3. Weil, p. 118: Ravier du Magny. *Revue catholique des institutions*, 1ᵉʳ août 1912, p. 113.
4. L'arrêt de Cassation du 2 mai 1846 qui rejeta le pourvoi déclare que « l'engagement de plusieurs individus de donner une coopération quelconque, mais fixée à l'avance, à l'accomplissement d'une œuvre déterminée, même quand la direction de cette œuvre serait confiée à d'autres individus, suffit pour constituer le fait d'association prévu et puni. » (*Sirey*, 1846, I, p. 589.)
5. Fagniez, p. 95.

sein que les ouvriers apprenaient à réfléchir sur leur condition et sur les moyens de l'améliorer [1].

Les sociétés de secours mutuels rencontrèrent de la part
du Gouvernement une bienveillance qui se traduisit par
l'octroi libéral de l'autorisation ; en 1840 une circulaire de
M. de Rémusat leur donna une sorte de consécration officielle. L'introduction des membres honoraires se généralisa. Les progrès étaient sensibles : en 1840 le capital des
164 sociétés parisiennes dépassait 2 millions pour 14.000 associés, et dans toute la France on évaluait le nombre des
associés à 200.000. Les sociétés de secours mutuels ne se
bornaient pas du reste aux secours de maladie et aux promesses de pension, elles assuraient leurs membres contre
le chômage et elles stipulaient pour eux dans les questions de tarifs [2]. Elles préludaient ainsi au rôle des syndicats [3].

Malheureusement les sociétés de secours mutuels furent
souvent compromises dans les coalitions, et lancées dans
la voie de la violence et même de l'agitation politique.
C'est ainsi qu'en 1831, à propos de la question de la fixation d'un tarif minimum de salaires que les mutuellistes
lyonnais voulurent rendre obligatoire pour les patrons,
éclata la première insurrection de Lyon qui fut un instant
victorieuse [4]. Les associations ouvrières furent de plus en
plus envahies par la propagande du parti républicain
cherchant à tirer parti des exigences économiques des
ouvriers et à exciter leurs convoitises [5]. En 1834 les Mutuellistes de Lyon se joignirent à la Société des droits de
l'homme pour soulever la sanglante émeute de 1834. L'association des Mutuellistes était restée jusqu'alors étrangère à la politique ; le soulèvement de 1834 revêtait un
caractère plus politique que social [6].

En même temps se propageait l'idée qui voyait dans la
société coopérative de production l'organisation économique de l'avenir, capable de résoudre les conflits du capi

1. Du Célier, p. 57.
2. Du Célier, p. 77, 78.
3. Fagniez, p. 95.
4. Du Célier, p. 58, 59.
5. Thureau-Dangin, t. II, p. 243.
6. Thureau-Dangin, t. II, p. 244, 246.

tal et du travail [1]. Cette doctrine, qui jouira d'une si grande faveur après la révolution de février, était mise en lumière par l'école socialiste de Buchez qui provoqua la fondation d'un certain nombre de petites associations corporatives [2]. L'administration n'y mit aucun obstacle [3].

§ 5. — *Les associations politiques et électorales.*

Les associations politiques et populaires constituèrent la grande préoccupation du Gouvernement de Juillet. Nous avons vu quelle avait été leur éclosion au lendemain de l'établissement d'un régime qui devait son existence aux éléments révolutionnaires. Ces éléments avaient été un instrument puissant aux mains des auteurs du mouvement de 1830 ; ils auront pour objectif la chute du régime qui leur devait son existence. Aussi les associations politiques n'auront pas seulement pour objet la revendication des droits et de la défense des intérêts, mais elles auront en général dès l'origine un caractère d'opposition violente. Ce caractère révolutionnaire en fera les foyers d'organisation des émeutes et des insurrections qui seront les événements distinctifs de cette période. Si elles n'ont pas été la cause exclusive de la révolution de 1848, elles y ont préparé les esprits en surexcitant les passions par un antagonisme acharné contre le pouvoir. Ce sont elles, nous l'avons remarqué, ce sont les inquiétudes qu'elles inspiraient à la partie paisible de la population et au Gouvernement lui-même, qui avaient provoqué les mesures restrictives de la loi de 1834. A ces mesures elles opposèrent une résistance qui accrut la violence de leur action. Brisées par la répression, elles se transformèrent de plus en plus en sociétés secrètes, mais au fond elles maintenaient leur existence en conservant leur caractère de violence.

Une catégorie d'associations devait au contraire continuer à se produire au grand jour et bénéficier d'une tolé-

---

1. Fagniez, p. 96.
2. Thureau-Dangin, t. VI, p. 190.
3. Du Célier, p. 82 ; Villermé (t. I, p. 327) constate l'échec de la colonie sociétaire inspirée par le phalanstère fouriériste.

rance légale, c'étaient les associations électorales. L'entente entre les électeurs constituait en somme l'exercice d'un droit reconnu par la Charte de 1830, comme il avait été reconnu par la Restauration, puisque cette entente était la conséquence logique du droit de vote. Ce droit avait du reste été élargi par l'abaissement du cens à 200 francs [1] qui avait doublé le nombre des électeurs politiques. Les questions électorales prenaient en même temps une plus grande importance car le mouvement politique était transformé et les centres d'influence se déplaçaient. Le Gouvernement cherchait son point d'appui dans la petite bourgeoisie, tandis que l'opposition cherchait le sien dans les classes ouvrières [2].

Les associations politiques qui pouvaient se réclamer du principe de la liberté électorale ne subirent donc aucune entrave [3]. Les Comités électoraux fonctionnèrent sans obstacle. C'est ainsi qu'on vit se former en 1837 un *Comité central démocratique* pour s'occuper des élections, en 1845 un comité électoral créé par la gauche constitutionnelle et un autre par le centre gauche. En 1846 le *Comité central des électeurs de l'opposition du département de la Seine* adressait une circulaire aux électeurs de Paris et des départements. Ces comités, qui restaient constitués après la période électorale, présentaient en réalité tous les caractères de véritables associations et pouvaient fournir un fondement à des poursuites qui auraient invoqué l'article 291 [4]. Ils ne furent cependant l'objet d'aucune poursuite ni même d'aucune interdiction, et on peut noter à leur égard l'attitude du Gouvernement scrupuleux de la liberté électorale. Toutefois, quand il apparut que les électeurs ne se groupaient plus seulement pour choisir ou patronner des candidats, mais pour discuter la législation électorale, le Gouvernement s'éleva en principe contre les

1. Loi du 19 avril 1831.
2. Du Célier, p. 52-53.
3. Weil, p. 123 et s.
4. Les adversaires du Gouvernement le reconnaissaient eux-mêmes : « Nous sommes les premiers à reconnaître, disaient-ils, que la permanence des comités électoraux dans une société soumise au régime réprésentatif est un fait anormal, insolite, et dont la légitimation ne se trouve point dans la lettre de la constitution elle-même. » (Weil, p. 131.)

comités pour la défense de la loi électorale. Il fit juger
que la loi de 1834 lui permettait de dissoudre toute association qui constituait une organisation permanente et non
seulement un groupement temporaire et accidentel en vue
de l'exercice du droit d'élection [1].

La question de la réforme électorale se posait en effet
forcément. Le mouvement politique dont nous avons
signalé l'évolution portait les esprits à voir dans le régime
nouveau un acheminement vers l'avènement de la démocratie. L'opposition devait de plus en plus se faire une
arme de la réforme électorale en mettant les discussions
qu'elle soulevait à la portée des classes populaires. Les
associations électorales et le *Comité de la réforme électorale* engagèrent une campagne de pétitions dans ce sens [2].
En 1840 la question fut posée à la Chambre par M. Arago
qui présenta la réforme électorale comme une réforme
sociale, se faisant ainsi un écho de la propagande des opinions avancées auprès des masses privées du droit de vote.
M. Thiers repoussa la « souveraineté du nombre » comme
« le principe le plus dangereux et le plus funeste [3] ». En
1842 la question fut reprise au nom de tous les groupes
de gauche et pareillement écartée [4]. En 1846 elle fut soulevée de nouveau par l'opposition qui réclama l'abaissement du cens à 100 francs et l'adjonction des capacités ;
la Chambre des députés, après le discours de M. Guizot,
repoussa le 26 mars 1847 la prise en considération [5].
Désormais la question de la réforme électorale allait
devenir l'arme de l'opposition et constituer son moyen
d'action contre le Gouvernement ; sur ce terrain devait
se préparer l'explosion de 1848. L'agitation fut organisée
à la suite d'une entente entre le *Comité de la réforme électorale* et le *Comité central électoral de Paris* [6]. On arrêta

---

1. Voir la circulaire de M. Martin du Nord en 1841 et l'arrêt de Cassation du 4 septembre de la même année. (Weil, p. 132.)
2. Weil, p. 128.
3. Thureau-Dangin, t. IV, p. 178.
4. *Eod. loco*, t. VII, p. 6.
5. *Eod. loco*, p. 10.
6. On a noté à cet égard l'influence du voyage à Paris de Richard Cobden le fondateur de la ligue anglaise qui avait obtenu l'abolition de la
loi contre l'importation des céréales. (Thureau-Dangin, t. VII, p. 79 ; Weil,
p. 128.)

un projet de pétitions, mais on s'engagea surtout dans
une campagne de banquets. La question de la réforme
électorale avait donc été lancée au moyen des associations
politiques, mais elle devait se poursuivre sur le terrain
du droit de réunion.

On sait ce que fut la campagne des banquets qui se
heurta à la législation mal définie sur le droit de réunion [1]. Le Gouvernement s'appuyait sur la loi des 16-
24 août 1790 sur laquelle était fondée l'ordonnance du
31 mai 1833. Il y avait eu, dans cet ordre d'idées, diverses interdictions jusqu'en 1840. Le 9 juillet 1847 le banquet du Château-Rouge donna le signal du mouvement
projeté qui s'étendit dans toute la France [2]. Le refus d'autorisation par le préfet de police du banquet du 12e arrondissement [3] provoqua un violent conflit à la Chambre à
l'occasion de la discussion de l'adresse. Le ministère vic-
torieux envoya le 18 février 1848 aux procureurs généraux une circulaire dans laquelle il revendiquait pour
l'administration le droit d'interdire les réunions publiques
« toutes les fois que par la nature, le but de ces réunions,
et les circonstances au milieu desquelles elles tenteraient
de se produire, le trouble et le désordre pourraient en
être la conséquence ». Toute infraction devait être déférée
aux tribunaux [4].

On sait comment une transaction intervint entre les
députés de gauche et le ministère pour permettre à la justice de trancher la question ; comment, devant la crainte
d'une manifestation qui se préparait considérable [5], cette
transaction ne fut pas maintenue ; comment, malgré l'attitude des députés déclarant qu'ils cédaient à la force, la
foule excitée depuis si longtemps se livra aux désordres
d'où devait sortir la révolution [6]. A cette révolution, les
organisateurs de la campagne des banquets avaient poussé
ou tout au moins préparé l'opinion par leurs excitations

1. Weil, p. 135 et s.
2. Thureau-Dangin, t. VII, p. 82 et s.
3. Un comité avait été formé pour organiser ce banquet. (Thureau Dangin, t. VII, p. 380.)
4. Weil, p. 145.
5. Thureau-Dangin, t. VII, p. 399, 411.
6. Eod. loco, p. 394 et s.

incessantes et publiques [1]. La révolution de 1848 se faisait par eux, quoique, pour beaucoup, malgré eux [2], au nom de la liberté de réunion autant qu'au nom de la réforme électorale. Les associations politiques et électorales avaient, pour une large part, préparé le mouvement qui emportait inopinément la monarchie de juillet.

§ 6. — *Les sociétés secrètes. La Franc-Maçonnerie.*

La responsabilité des sociétés secrètes était non moins grande. Ce fut la forme que les sociétés populaires, engagées de plus en plus dans la voie révolutionnaire, adoptèrent de plus en plus après la répression de l'insurrection de 1832 et le procès d'avril 1834. Nous avons indiqué à cet égard la *Société des familles* et celle des *saisons* ainsi que les *carbonari* [3]. Leur organisation a pour objet d'échapper à la police : « Plus de chefs connus, de listes écrites, de réunions, de revues, d'ordres du jour. Les affiliés, recrutés un à un, après enquête et épreuve, reliés au comité supérieur par une hiérarchie mystérieuse, n'étaient en rapport qu'avec leur chef immédiat ; ils ne devaient se réunir qu'au jour de combat et avaient pour instruction de se munir d'ici là de poudre et d'armes [4]. » Quelques associations essayaient de se recruter dans l'armée. La plupart d'entre elles s'efforçaient d'enrôler les ouvriers, comme la Société des droits de l'homme avait enrôlé les Mutuellistes de Lyon en 1834, en prenant parti pour leurs exigences économiques et leurs convoitises [5].

Quelle fut l'action des sociétés secrètes ? Elles travaillèrent, comme les autres sociétés révolutionnaires, à provoquer les manifestations et les émeutes qui agitèrent cette période. Si, après l'émeute du 12 mai 1839 provoquée par la Société des saisons [6], les sociétés secrètes furent

---

1. *Eod. loco*, p. 114.
2. De la Gorce. *Histoire de la Seconde République*. II, p. 599.
3. Sur les *familles* et les *saisons* voir : de la Hodde. *Histoire des sociétés secrètes*, p. 199 et 216.
4. Thureau-Dangin, t. III, p. 37.
5. *Eod. loco*, p. 243.
6. *Eod. loco*, t. III, p. 380, t. IV, p. 11 ; de la Hodde, p. 233.

désorganisées et surveillées étroitement par la police [1], faut-il en conclure, comme on l'a soutenu [2], qu'elles n'ont eu aucune action sur la révolution de février? On retrouve cependant leurs membres parmi les éléments de désordre qui firent les journées de février [3], malgré l'abstention apparente de leurs chefs [4]. Dans tous les cas, avec l'aide de l'opposition, elles avaient préparé la catastrophe en excitant les esprits, en recrutant les hommes les plus violents, en ébranlant le pouvoir par de continuelles attaques, en apportant leur concours aux associations politiques. La catastrophe survenue, leurs chefs en ont profité. Contre elles, non moins que contre les sociétés politiques proprement dites, sera appliquée la loi de 1834.

A côté des sociétés secrètes populaires se retrouvait la Franc-Maçonnerie gardant son allure bourgeoise et tenant à l'écart les milieux ouvriers. A la Franc-Maçonnerie appartenaient tous les chefs de la révolution de 1830 [5], et « la partie la plus jeune et la plus active des Loges avait pris part au combat des trois journées [6] ». Aussi les premiers jours qui suivirent la révolution furent marqués par un élan d'enthousiasme : le Grand Orient et le suprême Conseil donnèrent une fête patriotique dans les salons de l'hôtel de ville au général La Fayette. Cette fête fut présidée par le duc de Choiseul, les orateurs étaient Berville et Dupin aîné [7]. La même manifestation se produisit dans

1. Thureau-Dangin, t. VI, p. 20.
2. De la Hodde, p. 189.
3. *Eod. loco*, p. 447, 450, 451.
4. Thureau-Dangin, t. VII, p. 418, 420.
5. La Fayette, Dupin aîné, Philippe Dupin, etc. ; de Saint-Albin. *La Franc-Maçonnerie et les sociétés secrètes*, 1867, p. 359 ; Jouaust. *Histoire du Grand Orient de France*, 1865, p. 425. *Tableau historique de la Franc-Maçonnerie en France*, 1878, p. 103.
6. Jouaust. *Tableau historique*, p. 103.
7. Le procès-verbal de cette « fête nationale et maçonnique » rapporte que le Grand Orient avait sollicité du F∴ Odilon Barrot préfet du département de la Seine le local de l'hôtel de ville et que « cette demande fut accueillie avec une faveur toute particulière ». Le buste du roi fut placé dans le lieu le plus apparent de la salle. Au banquet le grand Conservateur porta la santé du roi :
« A sa majesté Louis-Philippe, roi des Français,
A la Reine modèle de bienfaisance,
Au duc d'Orléans prince royal et canonnier de la garde nationale.
A la belle et nombreuse famille royale, source féconde du bonheur public

presque toutes les Loges, et le Grand Orient célébra par une circulaire les événements qui venaient de s'accomplir et qui « assurant nos libertés, sont dans l'esprit de nos institutions ». « Cette déclaration, observe Jouaust, auteur maçon, jette une ombre assez peu favorable sur les protestations de dévouement à la Restauration que le Grand Orient répétait sous le régime précédent [1]. »

Louis-Philippe se montra cependant peu empressé auprès de ces alliés compromettants [2] et refusa la grande maîtrise offerte à un fils aîné. Du reste un certain nombre de maçons, prenant dans le nouveau régime la place des adversaires qu'ils avaient combattus [3], jugèrent que la Maçonnerie était devenue une institution inutile. Les plus ardents cherchèrent dans d'autres associations un centre d'opposition plus énergique. Aussi, en 1831, le Grand Orient perdit plus de 80 ateliers, et la Franc-Maçonnerie « se replia sur elle-même ».

Malgré cette existence effacée qui affectait une forme humanitaire et philanthropique, malgré ses manifestations officielles en faveur du pouvoir, la Maçonnerie comprenait parmi ses meneurs des hommes animés d'un esprit d'hostilité contre le nouveau régime et qui la rendaient suspecte.

En 1833 le Grand Orient manifesta en faveur de la Pologne. La même année il fut obligé de publier une circulaire contre les tendances politiques de certaines Loges dont les chefs avaient été poursuivis et emprisonnés [4]. En 1834, lorsque fut promulguée la loi sur les associations, « il trembla de voir cesser la tolérance précaire qui était la seule garantie de la vie de ses Loges [5] » et il songea à demander au Gouvernement la reconnaissance de l'association maçonnique. Bouilly, qui remplissait les fonctions de grand orateur, fit repousser cette proposition.

En 1835 le Grand Orient « obligé de courber la tête

et de la stabilité du trône. » (*Compte rendu*, p. 50.) Un des orateur parle « des signes chéris des maçons, signes qui sont héréditaires dans la famille du roi » (p. 52).

1. Jouaust. *Tableau historique*, p. 104.
2. Saint-Albin, p. 360.
3. Jouaust. *Histoire du Grand Orient*, p. 430.
4. Jouaust. *Histoire du Grand Orient*, p. 432.
5. *Tableau historique*, p. 105.

devant la pression d'une police ombrageuse », désavoua
la *Revue maçonnique* du Frère Peigné dénoncé par le
préfet de police comme républicain. Une crise s'ensuivit
dans les Loges qui fut calmée par l'amnistie maçonnique
de 1839. A partir de cette époque le mouvement maçonnique se réveillait par diverses mesures destinées à rendre
aux initiations leur ancien éclat et à prévenir l'abus des
réceptions aux hauts grades. En même temps on jetait les
bases de la maison de secours destinée à remplacer par
des secours en nature les secours en argent « qui sont si
souvent détournés de leur destination et enlevés à la
véritable infortune par les mendiants dont fourmille la
Maçonnerie [1] ».

Malgré « l'apathie et la pusillanimité [2] » dont faisait
preuve le Grand Orient, il était bien certain, qu'à côté de
nombreux maçons qui voyaient dans les réunions de plaisir ou les organisations humanitaires des groupements
inoffensifs et attrayants par leur prétendu mystère, les
Loges renfermaient des éléments révolutionnaires. Leurs
meneurs devaient contribuer au mouvement de 1848 dont
elles n'hésiteraient pas à saluer l'explosion [3]. Suspecte au
gouvernement, il n'est pas moins certain que, de l'aveu
même de ses historiens, la Maçonnerie était dans une situation illégale et tombait sous le coup de la loi de 1834.
Cependant, sauf de très rares circonstances [4], elle ne fut
pas inquiétée. La seule mesure de rigueur que « malgré
sa prudence excessive [5] » le Grand Orient devait encourir,
fut, en 1845, la circulaire par laquelle le maréchal Soult,
en raison des règles de la discipline, interdit aux militaires
la fréquentation des Loges « sans jeter toutefois un blâme
sur une institution tolérée par le Gouvernement [6] ». « Le
maréchal Soult, dit Jouaust [7], avait oublié, paraît-il, qu'il

1. *Eod. loco*, p. 108.
2. Jouaust. *Tableau historique*, p. 115.
3. On a relevé les noms de membres des Loges parmi les organisateurs
les plus en vue des banquets réformistes (Claudio Jannet. *La Franc-Maçonnerie et la Révolution*, p. 279).
4. Jouaust (*Tableau historique*, p. 107) rapporte que des poursuites
furent exercées contre plusieurs Loges de Toulouse et de Paris.
5. *Histoire du Grand Orient*, p. 484.
6. Weil, p. 123.
7. *Histoire du Grand Orient*, p. 484.

avait été, sous l'Empire, l'un des dignitaires du Grand
Orient. Celui-ci le lui rappela avec fermeté, en discutant
la défense ministérielle, mais sans réussir à la faire lever [1].

Application de la loi de 1834.

Ce fut surtout aux associations politiques (associations
populaires, électorales ou secrètes) que fut appliquée la
loi de 1834 [2].

Le premier effet de cette loi fut de provoquer une violente résistance de la part des sociétés populaires qu'elle
visait directement. La *Société des droits de l'homme*, secondée par l'*Union de juillet* que présidait La Fayette, annonça
qu'elle n'obéirait pas à la loi. Un congrès des délégués des
sociétés réuni à Paris rédigea une proclamation demandant
« que les associations se réunissent, s'entendent, se multiplient encore, au lieu de se dissoudre ; que les sociétés
existantes proclament la résistance à ce projet d'oppression et qu'elles en donnent l'exemple [3] ». Déjà, au cours
de la discussion de la loi de 1834, on avait conçu de graves inquiétudes. M. de Ludre avait pu dire à la tribune :
« La Société des droits de l'homme ne fera pas d'émeutes ;
mais si elle n'était décidée à attendre que la volonté de la
France se manifeste, le nombre et le courage de ces membres lui permettraient peut-être de livrer une bataille [4]. »
C'était cependant une émeute, et des plus sanglantes, qui
se préparait. Les meneurs profitèrent de l'agitation ouvrière de Lyon pour opérer un rapprochement entre les
sociétés républicaines et les sociétés ouvrières. Dans ce
milieu ainsi troublé tomba le mot d'ordre du refus d'obéissance à la loi. Une bataille s'engagea dans les rues de
Lyon le 9 avril et ne prit fin que le 13 avril au soir. A
Paris, l'émeute se terminait par la sanglante affaire de la
rue Transnonain ; en province, des tentatives du même

1. Jouaust qui affirme le contraire est contredit par Claudio Jannet
(p. 278) qui considère que la circulaire resta toujours en vigueur au moins
théoriquement.
2. Les associations motivèrent aussi les lois de septembre 1835 sur la
presse et le jury. (Thureau-Dangin, t. II, p. 326.)
3. Thureau-Dangin, t. II, p. 241.
4. Dupin. *Mémoires*, t. III, p. 464.

genre se manifestaient réprimées par l'action énergique
de la force armée [1].

Le Gouvernement devait agir. Dès le 15 avril deux projets étaient déposés complétant les mesures de défense
légale ; en même temps une ordonnance déférait à la Cour
des Pairs le jugement de l'attentat qui venait d'être commis contre la sûreté de l'État. Ce procès, dans lequel, sur
3.000 individus arrêtés, 164 accusés furent retenus, donna
lieu aux plus violents scandales et se poursuivit, grâce à
l'énergie de M. Pasquier [2], depuis le 5 mai 1835 jusqu'au
28 janvier 1836. L'instruction avait duré treize mois. Les
accusés parisiens, enfermés à Sainte-Pélagie où ils jouissaient d'un traitement de faveur, se tirèrent d'embarras
par une évasion qui réussit [3]. Tel fut le procès d'avril qui
porta le dernier coup à la *Société des droits de l'homme*
et compléta la défaite du parti républicain réduit désormais pour longtemps à l'impuissance [4].

La loi de 1834, qui avait été le prétexte de ces désordres, devait néanmoins être appliquée. Son caractère
général et absolu en faisait une arme dangereuse entre
les mains du pouvoir [5]. Cependant son application fut
modérée et en général échappa au reproche d'arbitraire.

Contre les associations électorales qui poursuivaient
une agitation en faveur de la réforme de la législation en
matière de droit de vote, nous avons vu que le Gouvernement fit juger la légalité de l'application de la loi de 1834,
mais se montra tolérant [6].

Contre les sociétés secrètes les poursuites eurent lieu
le plus souvent pour attentats et complots [7], mais elles
furent aussi exercées pour délit d'association illicite. La
Société des familles en 1836 et celle des *saisons* en 1839
se désorganisèrent à la suite des condamnations pronon-

---

1 De la Hodde, p. 145 et s.
2. Un comité de défense s'était réuni pour manifester en faveur des
accusés, mais la Cour des Pairs décida qu'elle n'admettrait que des membres du barreau.
3. De la Hodde, p. 168, 169.
4. Thureau Dangin, t. I, p. 329.
5. *Eod loco*, t. II, p. 237.
6. Weil, p. 128, 130.
7. Weil, p. 110.

cées [1]. Les *Carbonari* de Lyon et de Toulouse etaient poursuivis par le parquet en 1835 et 1836 [2]. En 1841 la Cour
de Paris frappait les *Communistes* dirigés par un comité
secret [3]. En 1848 le Gouvernement, parfaitement informé
des sociétés secrètes qui subsistaient, se contentait de les
surveiller [4]. Il faut citer encore le procès des Saint-Simoniens qui fut fondé, non seulement sur le délit d'association illicite, mais sur les délits d'outrage à la morale
publique et d'escroquerie [5].

Nous avons vu aussi la jurisprudence permettre d'appliquer la loi de 1834 aux associations religieuses, aux
associations ouvrières [6] et même aux associations de bienfaisance qui paraissaient dissimuler un but politique.
Quant aux mesures relevées contre les congrégations religieuses, elles ne parurent s'appuyer ni sur l'article 291
du Code pénal, ni sur la loi de 1834.

Au fond la loi de 1834 avait été réclamée par la portion paisible du pays, elle avait été en quelque sorte
imposée au gouvernement par les excès des sociétés politiques et par la guerre implacable que lui faisait la *Société
des droits de l'homme* [7]. Le Gouvernement usait du droit
incontestable de se défendre sur le terrain social, et les
poursuites qu'il ordonnait étaient en général justifiées. Ce
n'est pas que, dans un désir légitime d'atteindre des
sociétés secrètes, il ne tombât parfois dans le ridicule de
poursuivre une foule de petites associations qui se réunissaient chez les marchands de vins plutôt pour faire des
libations que dans un but politique [8]. C'est ainsi que furent
condamnés les membres de la *Société des infernaux*
en 1840 ; de la *Société des animaux*, des *joyeux enfants*

---

1. De Faget de Casteljau, p. 294, 295.
2. Weil, p. 111, 112.
3. Weil, p. 111.
4. De Faget de Casteljau, p. 297.
5. Il faut noter toutefois que la prévention d'association illicite ne
releva pas le fait de cohabitation en commun. (Rousse, *Consultation*, p. 79.)
6. En 1845 une société de secours mutuels ouvrière fut condamnée à
Lyon en raison de son caractère secret qui « devait cacher un but politique ». (Weil, p. 121.)
7. Voir la présentation du projet à la Chambre par le garde des Sceaux.
(Weil, p. 113.)
8. Weil, p. 121 et s.

de Vaugirard, de *la Goguette* en 1847. Les tribunaux prononçaient cependant des acquittements fondés plutôt sur les circonstances de fait que sur les motifs purement juridiques. C'est ainsi qu'en 1835 la Cour de Paris acquittait *la Goguette d'enfer*; que la Cour de Colmar refusait la même année de condamner les membres du *cercle patriotique* de Strasbourg par ce motif qu'il avait été bien entendu « que la loi ne devait être appliquée qu'aux réunions hostiles »; qu'en 1835 une association de Polonais, réunis sans avoir obtenu l'autorisation administrative, bénéficia d'une ordonnance de non-lieu.

Bien qu'elle eut en somme été appliquée avec modération et en général d'une façon justifiée, la loi de 1834 n'en avait pas moins été l'occasion d'une sanglante rébellion dont il avait fallu triompher par la force. Ce fut en réalité la résistance à ses dispositions et la tolérance du Gouvernement qui n'osa pas y recourir contre les comités électoraux qui amenèrent, avec la campagne des banquets dont les comités électoraux étaient les instigateurs, la révolution de 1848. Le Gouvernement de Juillet, scrupuleux de la liberté électorale, négligea de se servir de l'arme qu'il avait réclamée pour se défendre.

Situation générale pendant la période de la monarchie de juillet.

Envisageons, à un point de vue général, la situation dans la période de la monarchie de juillet en ce qui concerne l'association. Sur ce terrain les mœurs sont encore timides [1]. Nous avons vu l'opinion publique, effrayée tout d'abord des allures des associations populaires, favorable à la prohibition. Cette tendance s'est reflétée dans la discussion parlementaire de septembre 1830 et dans les débats de la loi de 1834. Cependant les idées individualistes ont continué à s'atténuer. On proteste contre l'article 291 du Code pénal qu'on représente comme contraire à l'esprit de la Charte. On considère la reconnaissance du

1. Thureau-Dangin, t. VII, p. 381.
2. Du Célier, p. 55.

droit de réunion et d'association comme une conséquence naturelle de la révolution de 1830.

L'exemple de l'étranger n'a pas été sans résultat. La révolution de 1830 et la constitution de 1831 ont proclamé en Belgique la liberté d'association [1]. Le développement des études d'histoire et de philosophie sociale ont mis en lumière certaines législations étrangères qu'on a été amené à comparer avec notre législation restrictive [2]. L'exemple de l'Angleterre notamment est apparu aux esprits éclairés et cet exemple est invoqué dans la discussion de la loi de 1834. De Tocqueville fait ressortir l'importance de l'association dans la démocratie américaine. On voit Montalembert proposer aux catholiques l'exemple des catholiques d'Irlande et de Belgique [3] et leur donner comme modèle la ligue fondée par Cobden pour imposer aux pouvoirs publics l'abolition des lois contre l'importation des céréales [4]. C'est aussi Cobden qui, lors de son voyage en France en 1847, contribue, par l'exposé de l'action de sa ligue, à confirmer l'opposition dans sa résolution de campagne extraparlementaire qui aboutit à l'organisation des banquets. En même temps l'influence des écrivains et des économistes s'exerce sur l'opinion publique qui s'habitue à l'usage de l'association.

Nous avons vu le droit d'association réclamé sur le terrain religieux, sur le terrain professionnel et économique, sur le terrain de la bienfaisance. Sur le terrain politique le droit d'association prend rang dans les revendications de l'opposition et la question est posée par les orateurs de la discussion de 1834 de même qu'elle sera posée par Berryer dans le procès des compagnons charpentiers en 1845. Le droit d'association est réclamé par les légitimistes eux-mêmes [5], par les républicains qui font de cette revendication le prétexte de l'insurrection de 1834, par

1. Congrès de 1899. *Compte-rendu*, p. 74.
2. Crouzil. *La liberté d'association*, 1907, p. 19.
3. Voir aussi : le P. de Ravignan . *De l'existence et de l'Institut des Jésuites*, éd. de 1855, p. 12. « Mes frères des Etat-Unis, d'Angleterre et de Hollande sont libres et tranquilles ; pourquoi ne le suis-je pas comme eux. »
4. Thureau-Dangin, t. V, p. 485.
5. Thureau-Dangin, t. II, p. 142.

les diverses associations politiques, par l'opposition placée sur le terrain de la réforme électorale.

Il faut noter à cet égard les revendications des catholiques avec Montalembert, Lamennais et Lacordaire. Ici
encore se présente l'exemple des catholiques anglais qui
ont dû leur émancipation en 1829 à l'action de l'association [1]. Sous l'influence du mouvement religieux dont nous
avons noté le développement, les catholiques prennent
part à la vie publique et revendiquent les libertés qui
leur permettront de lutter pour faire triompher leurs
droits. Si le Gouvernement ne réalise pas toujours son
désir sincère de pacification, il leur assure dans la pratique l'usage de ces libertés publiques [2]. C'est ainsi qu'il
laisse se former l'agence générale pour la défense de la
liberté religieuse et le comité pour la liberté religieuse.

Les catholiques qui réclament le droit de s'unir en
usent pour demander la liberté des congrégations et la
liberté de l'enseignement. La revendication de ces deux
libertés supposait la revendication de la liberté d'association elle-même [3]. Nous avons vu comment les défenseurs
des congrégations se placèrent sur le terrain du droit
commun en matière d'association. Sur le terrain de la
liberté de l'enseignement la lutte fut particulièrement
vive car la liberté d'enseignement avait été promise par
la Charte de 1830. Cette liberté, on le comprenait, avait
pour corollaire la liberté d'association. Aussi le procès de
l'école libre amena la loi de 1833 sur la liberté de l'enseignement primaire dont les conséquences furent importantes pour le développement des congrégations enseignantes [4]. La lutte s'engagea ensuite sur le terrain de la
liberté de l'enseignement secondaire contre le monopole
universitaire. Elle se produisit surtout en 1844 à l'occasion du projet sur l'enseignement secondaire [5]. Dans la
discussion de ce projet, comme dans la discussion du
projet libéral qui avait été déposé en 1837 [6], comme

---

1. *Eod. loco*, t. I, p. 286.
2. *Eod. loco*, t. V, p. 579, 580.
3. Lecanuet. *Montalembert*, t. I, p. 224.
4. Thureau-Dangin, t. II, p. 346.
5. *Eod. loco*, t. V, p. 483, 534.
6. *Eod. loco*, t. III, p. 418.

dans la discussion du projet de 1847 [1], on vit apparaître le grand obstacle à la reconnaissance de la liberté de l'enseignement. C'était, avec la prétention de l'Université qui voulait conserver le monopole absolu dont elle jouissait, la crainte de l'extension qui allait en résulter pour les congrégations religieuses. Les restrictions qui étaient apportées à leur égard firent échouer ces divers projets parce qu'elles furent vivement combattues par les catholiques défendant ainsi la liberté d'association sur le terrain de l'enseignement, ou tout au moins refusant d'admettre sur ce terrain les mesures restrictives contre les membres des congrégations religieuses.

En même temps qu'ils étaient conduits à réclamer la liberté d'association et qu'ils s'unissaient même pour cet objet, les catholiques, nous l'avons indiqué, usaient de l'association sur le terrain de l'enseignement et de la bienfaisance et contribuaient ainsi à en démontrer l'utilité pratique en y habituant l'opinion.

Ce mouvement de l'opinion publique en faveur de la liberté d'association se traduisait au Parlement, il se manifestait chez les hommes d'Etat, les orateurs, les jurisconsultes, les économistes, les écrivains réformateurs et socialistes.

Au Parlement, nous avons vu M. Guizot en 1830 et en 1834, tout en réclamant des mesures restrictives, souhaiter pour l'avenir l'abolition de l'article 291 [2].

En 1845 M. Thiers lui-même, au cours de l'interpellation sur les Jésuites, se défendait d'être hostile à la liberté d'association, et proclamait « excessive à l'interdiction absolue de toute congrégation religieuse [3] ». Dans les discussions de 1830 et de 1834 on attaquait avec violence l'article 291 du Code pénal ; dans la discussion de 1834 le principe de la liberté d'association était pour la première fois nettement proclamé, notamment par Odilon

1. Le projet de 1841 fut retiré sans être rapporté à cause de la protestation soulevée contre les dispositions sur les petits séminaires. (Thureau-Dangin, t. V, p. 466, 467.)

2. La doctrine de M. Guizot « se ramène à d'incessants compromis, à de majestueux marchandages entre le fait et le droit au détriment du droit. » (Michel. *L'idée de l'Etat*, 1898, p. 292.)

3. *Moniteur* du 2 mai 1845, p. 1165.

Barrot, Lamartine, Berryer. Ce dernier surtout se posait
en champion de la liberté d'association qu'il réclamait en
1845 à la Chambre à propos des Jésuites [1], devant le tribunal pour l'association de Saint-Louis et pour les compagnons charpentiers.

Montalembert, en se faisant le défenseur de la cause de
la liberté des catholiques, était conduit à se placer sur le
terrain de la liberté d'association. C'était au fond la cause
qu'il défendait dans le procès de l'école libre devant la
Cour des Pairs ; c'était pour cette cause qu'il luttait, non
seulement au Parlement [2] mais comme homme d'action
en groupant les catholiques pour la revendication de leurs
droits et en particulier de la liberté d'enseignement.
Lacordaire, avocat, avait défendu à la barre la liberté
d'association, il la défendit peut-être plus utilement encore
en montrant dans la chaire de Notre-Dame [3] cette robe
de dominicain qui lui permettait de dire : « Je suis une
liberté [4]. » Le P. de Ravignan, de son côté, était par sa
prédication elle-même [5], le plus éloquent apologiste de
ces congrégations religieuses qui réclamaient le droit
d'exister.

A côté des orateurs nous avons signalé les jurisconsultes maintenant contre les interprétations restrictives
ce qui pouvait subsister du droit d'association. Ils s'occupaient surtout de la défense des congrégations, mais en
les défendant ils revendiquaient en réalité la liberté d'association elle-même sur le terrain du droit commun.

Les écrivains et les économistes se placent surtout, en
ce qui concerne l'association, sur le terrain professionnel.
En effet, comme on l'a justement remarqué [6], l'époque de
Louis-Philippe est une époque de transition dans l'histoire de l'économie sociale entre la période où l'opinion
publique est détournée par les événements de l'étude des
faits sociaux et la période de 1848 où les questions sociales prennent une importance prépondérante. On s'in-

1. Chambre, 3 mai 1845.
2. Burnichon, t. II, p. 594.
3. En 1835. Thureau-Dangin, t. III, p. 401.
4. *Eod. loco*, t. V, p. 462.
5. En 1837. Thureau-Dangin, t. III, p. 403 ; t. V, p. 462.
6. Martin Saint-Léon. *Histoire des corporations*, p. 634.

téresse aux classes ouvrières, et toute une école, qui se préoccupe de rétablir l'harmonie entre les classes dirigeantes et les classes laborieuses, cherche la solution du problème dans les moyens de rémédier à l'isolement et à l'instabilité du travailleur. On envisage ce moyen dans l'association professionnelle. C'est, de la part des économistes, la rénovation de l'idée corporative.

Nous avons vu sous la Restauration l'idée corporative soulevée par Sismondi. Elle allait être reprise par un ancien Saint-Simonien, Philippe Buchez, dont la doctrine exaltait à la fois les idées révolutionnaires et les principes du catholicisme[1]. Dans le *Journal des sciences morales et politiques* devenu ensuite l'*Européen*, il exposa en 1831 ses idées sur l'association ouvrière destinée à réaliser les principes d'égalité et de fraternité qui devaient constituer les bases sociales[2]. Dans la grande industrie devaient être créés des syndicats composés mi-partie de fabricants et mi-partie de contremaîtres représentant les ouvriers. Ces syndicats qui correspondraient entre eux devraient se transmettre les offres ou demandes d'emplois, surveiller l'apprentissage, fonder des institutions de prévoyance, concilier les litiges entre patrons et ouvriers. Ils avaient surtout pour mission de fixer un minimum de salaire qui serait obligatoire pour tous ceux travaillant dans la même industrie[3]. Ce projet demeura à l'état théorique.

Il en était autrement pour les ouvriers de la petite industrie auxquels Buchez conseillait la coopération. Il leur proposait de s'associer pour travailler sous la direction des plus capables d'entre eux avec des fonds fournis par l'Etat et de généreux bienfaiteurs. Sur les bénéfices, chaque membre de la société aurait reçu une part égale à celle du salaire ordinaire de la profession ; du surplus, une part était attribuée aux membres en proportion de leur travail, une part était affectée à la formation d'un

---

1. Sur le côté religieux de l'école de Buchez qui eut des adhérents tels que Roux-Lavergne et le futur Père Olivaint, voir Thureau-Dangin, t. VI, p. 92, 93.

2. Hubert-Valleroux, p. 251.

3. Chacun restant libre d'ouvrir une usine ou d'y travailler. (Hubert-Valleroux, p. 252.)

fonds de secours, une troisième part était destinée à former un capital indivisible destiné à assurer la perpétuité de l'association. Après une tentative faite en 1832 par des ouvriers menuisiers, une autre tentative aboutit en 1834 à l'association des ouvriers bijoutiers en doré qui fut le premier modèle des associations de ce genre. Sans doute la plupart des associations fondées sous l'inspiration de Buchez ne survécurent pas [1], mais cette tentative avait donné naissance aux sociétés coopératives de production. En 1840 Buchez fondait le journal *l'Atelier* qui devait durer jusqu'en 1850 et qui, rédigé par de véritables ouvriers, et tout en se disant socialiste, combattait les utopies des réformateurs communistes, détournait les ouvriers de toute affiliation aux sociétés révolutionnaires et secrètes, et, professant un respect sincère pour le christianisme, propageait l'idée de l'association coopérative. Les disciples de Buchez allaient même plus loin que leur maître en préconisant l'idée de réunion de tous les ouvriers du même métier et, par suite, de la formation de véritables corporations mais libres et ouvertes.

Le comte de Villeneuve-Bargemont, ancien conseiller d'Etat [2], avait été frappé, dans ses fonctions de préfet de deux départements importants, de l'état misérable des ouvriers d'usine et de l'animosité de la classe laborieuse contre la classe riche trop souvent indifférente. Il regrettait les avantages des anciennes corporations sans croire possible de les rétablir [3]. Dans son ouvrage *l'Economie politique chrétienne*, publié en 1834, il insistait sur la nécessité du réveil du sentiment religieux auquel tout gouvernement clairvoyant devrait faire appel pour moraliser les classes populaires. En même temps, frappé des avantages du système corporatif [4], il concluait à l'établissement de corporations ouvrières facultatives. Ces corporations devaient délivrer après l'apprentissage des certificats lesquels recommanderaient l'ouvrier à la confiance

1. Thureau-Dangin, t. VI, p. 93.
2. Hubert-Valleroux, p. 246 ; Martin Saint-Léon, p. 638.
3. Il leur reprochait surtout le monopole contraire à la liberté du travail.
4. Il citait en particulier les compagnies d'avocats et d'officiers ministériels.

du public. De plus, ces corporations d'ouvriers d'une même profession pourraient, sous le contrôle de l'autorité, se réunir pour former des sociétés de secours mutuels et organiser des cours professionnels ; il leur serait interdit de traiter les questions politiques et les questions de salaires. Cette dernière interdiction leur enlevait toute possibilité d'exercer une mission d'arbitrage en cas de conflits avec les patrons.

Un autre économiste, M. de la Farelle [1], ancien magistrat, préconisait aussi les corporations libres. Il avait publié un mémoire sur la question des corporations qui avait été mise au concours par la Société royale des sciences et arts de l'Ain et il avait fait ressortir l'inconvénient de l'isolement de l'ouvrier qui n'était pas un moindre mal que la contrainte ancienne. En 1842 il développait cette idée dans son *Plan d'une réorganisation des classes industrielles :* les marchands et ouvriers devaient être répartis en corps de métiers divisés en maîtres, compagnons et apprentis, chaque communauté ayant son syndicat où les ouvriers seraient représentés. Chacun du reste pouvait se refuser à en faire partie et l'Etat n'intervenait que pour accorder aux corporations la personnalité juridique [2].

L'idée d'association était soulevée par d'autres ouvrages [3]. Nous avons vu Perdiguier faire paraître en 1839 le *Livre du compagnonnage* qui recueillit les approbations de Louis Blanc, de la Farelle, de Lamartine, et inspira à George Sand le sujet de son roman *Le compagnon du tour de France.* Villermé, dans son *Tableau de l'état physique et moral des ouvriers employés dans les manufactures,* paru en 1840, se montrait favorable aux associations industrielles d'ouvriers sagement organisées [4]. Buret, dans son ouvrage *De la misère des classes laborieuses en France et en Angleterre,* voulait donner à l'association professionnelle un rôle important au moyen des conseils de famille qui dans chaque communauté arrêteraient le

1. Hubert-Valleroux, p. 249 ; Martin Saint-Léon, p. 689.
2. Un bureau central des arts et manufactures était créé au ministère.
3. Martin Saint-Léon. *Le compagnonnage*, p. 122, 123.
4. T. II, p. 327.

taux des salaires et sanctionneraient les contrats d'engagements. Les syndicats cantonaux devaient aussi par une élection à double degré nommer au Corps législatif des représentants du travail. Le baron de Gérando, dans son livre publié en 1841 sur *Les progrès de l'industrie*, regrettait l'isolement de l'ouvrier. Cependant il ne concluait pas au rétablissement des corporations mais à la création de sociétés amicales et de comités de patronage. C'était néanmoins un symptôme de réaction contre l'individualisme.

D'autres économistes cependant, dominés par l'idée de la liberté du travail qui avait été prépondérante au xviii° siècle, continuaient, avec Jean-Baptiste Say et Bastiat [1], à repousser aussi bien l'intervention de la corporation que celle de l'Etat. Rossi, dans son *Cours d'économie politique*, traitait d'utopie rétrograde le projet de rétablissement des corporations [2].

Le rôle de l'association, envisagé d'une façon générale, était mis en lumière par M. de Tocqueville dans son ouvrage *De la démocratie en Amérique* [3], dont le succès fût si soudain et si considérable [4]. Il n'étudiait pas seulement les conditions d'existence du peuple américain, montrant comment aux Etats-Unis les inconvénients de l'égalité absolue étaient tempérés par l'exercice en matière politique du droit d'association qui garantissait l'indépendance des individus [5]. Il indiquait aussi quel usage les Américains faisaient de l'association dans la vie civile au point de vue industriel, commercial, religieux, philantbropique [6]. Il faisait ressortir l'importance du droit d'associasion « presque aussi indispensable de sa nature que la liberté individuelle [7] ».

Dans la deuxième partie, parue en 1840, tirant pour les nations modernes emportées de plus en plus par le

---

1. Jean-Baptiste Say. *Cours d'économie politique*, 1828-1830 ; Bastiat. *Articles économiques*, 1846 ; *Harmonies économiques*, 1850.
2. T. I, leçon 18.
3. 1835.
4. Thureau-Dangin, t. VI, p. 56.
5. *De la démocratie en Amérique* (édition de 1850), t. I, ch. xii.
6. T. II, p. 119.
7. T. II, p. 231.

courant de la démocratie, les conclusions des faits qu'il avait observés, il faisait ressortir les dangers de l'individualisme, c'est-à-dire de l'isolement et au fond de l'égoïsme du citoyen, à mesure que, par l'égalité plus achevée des conditions, les traditions se brisent et que s'efface toute notion de hiérarchie [1]. Cet individualisme tend à concentrer de plus en plus tout le pouvoir dans les mains de l'Etat dont la centralisation administrative ne cesse de s'accroître [2]. Aussi les associations sont nécessaires aux peuples démocratiques « dont les citoyens sont dans l'impuissance s'ils n'apprennent à s'aider librement [3] ». Il distingue les associations politiques et les associations civiles [4]. « Les associations politiques peuvent être considérées comme de grandes écoles gratuites où tous les citoyens viennent apprendre la théorie générale des associations [5]. » Non pas que la liberté illimitée des associations politiques n'offre des dangers, mais détruire l'association politique c'est nuire à l'association civile [6]. Non pas sur ce dernier terrain qu'on ne doive prohiber certaines associations, mais le pire système est que le pouvoir exécutif soit chargé de permettre ou de défendre les associations suivant sa volonté arbitraire. « Quand la loi, ajoutait-il, se borne à prohiber certaines associations et laisse aux tribunaux le soin de punir ceux qui désobéissent, le mal est moins grand... C'est ainsi que les peuples libres ont toujours compris qu'on pouvait restreindre le droit d'association. Mais s'il arrivait que le législateur chargeât un homme de démêler d'avance quelles sont les associations dangereuses et utiles, et le laissât libre de détruire toutes les associations dans leur germe ou de les laisser naître, personne ne pouvant plus prévoir dans quel cas on peut s'associer, et dans quel autre il faut s'abstenir, l'esprit d'association serait entièrement frappé d'inertie [7]. » C'était là faire une critique

---

1. T. II, p. 110. *De l'individualisme dans les pays démocratiques.*
2. T. II, p. 327, 331, 311.
3. P. 121.
4. P. 129.
5. P. 131.
6. *Eod. loco.*
7. P. 132.

sévère du système prohibitif qui dominait alors notre législation. C'était en même temps répandre dans les esprits la notion des bienfaits de l'association. L'ouvrage eut, nous l'avons dit, un grand retentissement.

Une place importante dans le mouvement de l'opinion publique en faveur de l'association revint aux écrivains catholiques. Réclamant les libertés publiques pour la revendication de leurs droits, ils ne se bornaient pas à demander la liberté d'association pour les congrégations religieuses et comme garantie de la liberté d'enseignement, ils étaient conduits à faire appel à l'opinion publique en faveur de la liberté d'association elle-même. Ils luttaient non seulement par la parole, mais aussi par la plume.

Il faut noter à cet égard la campagne de l'*Avenir* [1] dont le premier numéro paraissait le 15 octobre 1830. Déjà en 1829 le *Correspondant*, feuille semi-hebdomadaire, s'était donné pour mission de revendiquer la liberté religieuse en dissipant les préventions qui séparaient le catholicisme et les idées modernes [2]. Lamennais, secondé par Montalembert, Lacordaire et quelques autres écrivains, voulaient dégager la cause des catholiques de celle de la royauté compromise, s'unir à la démocratie et revendiquer, au nom des principes nouveaux, une part du droit commun et des libertés générales [3]. Ce fut à cette tâche que se voua Lamennais avec toute sa fougue et son ironie dédaigneuse qui manquaient souvent de mesure et de goût. « Il n'y a de vie, écrivait-il, que dans la liberté, dans la liberté entière pour tous, égale pour tous... La liberté ne se donne pas, elle se prend [4]. » Il voulait l'union des catholiques et des vrais libéraux, poussait à l'organisation d'un parti catholique dont il formulait la tactique élec-

1. Thureau-Dangin, t. 1, p. 283.
2. Le *Correspondant* devait, après une éclipse, reparaître en 1843 sous sa forme actuelle. (Thureau-Dangin, t. 1, p. 288.)
3. D'après l'abbé de Salinis, le programme de l'*Avenir* devait être la revendication de la liberté sur le terrain du droit commun, liberté d'enseignement, liberté d'association, la liberté religieuse étant rattachée par un lien étroit aux autres libertés publiques. (Hamel. *Histoire du collège de Juilly*, p. 5, 16, 17.)
4. Thureau-Dangin, t. 1, p. 291.

torale : « Il est une vénalité permise : que les électeurs catholiques se mettent partout et publiquement à l'enchère, et qu'ils se livrent à quiconque les payera le plus cher en libertés [1]. »

Ce ne fut pas seulement la liberté religieuse que réclama l'*Avenir* d'où devait sortir l'*Agence générale* dont nous avons constaté l'activité, ce ne fut pas seulement la liberté de l'enseignement en vue de laquelle il organisa le procès de l'école libre en 1831. Il réclamait la liberté départementale et communale avec la décentralisation. Avant de Tocqueville il montrait dans l'individualisme le danger d'une société démocratique. A ce danger il proposait comme remède la liberté d'association dont il se faisait le champion [2]. On sait comment les exagérations et les violences de l'*Avenir* compromirent ce qu'il y avait de juste dans la cause qu'il défendait [3]. Lamennais mettait son point d'honneur à adopter les idées de la démocratie la plus avancée, réclamait la suppression du Concordat et du budget des cultes, se mettait en hostilité avec les évêques. On a pu dire que les difficultés et les méfiances qui résultèrent de cette attitude ont pour longtemps entravé le rapprochement qu'avaient rêvé les écrivains de l'*Avenir* entre la société moderne et le catholicisme sous le règne de la liberté. On sait enfin comment la condamnation par Grégoire XVI, le 12 août 1832, de certaines doctrines de l'*Avenir* fut suivie de la révolte orgueilleuse de Lamennais, de la soumission de ses collaborateurs et de la disparition de l'*Avenir*. Parmi les revendications qu'avait soulevées cette campagne compromise par ses excès mêmes, la plus légitime et la plus durable était, avec la revendication de la liberté de l'enseignement dont elle apparaissait comme la garantie, la revendication de la liberté d'association.

Nous avons rappelé le rôle de Lacordaire comme orateur. Comme écrivain [4], il apparaît dans le *Mémoire pour*

---

1. *Eod. loco.*
2. *Eod. loco.*, p. 296.
3. *Eod. loco.*, p. 297. Il disait par exemple : « Nous voulons la licence de la presse. »
4. Voir sur Lacordaire écrivain : *Lacordaire* par M. d'Haussonville, p. 118 (Hachette. Collection des écrivains de France).

*le rétablissement en France de l'ordre des Frères Prê-
cheurs* dont nous avons noté le grand retentissement en
1839. Lacordaire ne se bornait pas à réclamer la liberté
d'association comme une nécessité pour les congrégations
religieuses aspirant à reparaître au xixᵉ siècle sous une
forme nouvelle et sur le terrain du droit commun. Il
revendiquait la liberté d'association en elle-même comme
indispensable à tous les citoyens dans la société moderne
et comme remède aux maux dont souffre cette société.
« Nous avons des fortunes trop petites, disait-il dans la
conclusion de son mémoire, unissons-les. Nous souffrons
de la lutte sociale, sortons-en... Les associations religieuses, agricoles, industrielles, sont les seules ressources
contre la perpétuité des révolutions. Jamais le genre
humain ne reculera vers le passé ; jamais il ne deman-
dera secours aux vieilles constitutions aristocratiques,
quelle que soit la pesanteur de ses maux ; mais il cher-
chera dans les associations volontaires fondées sur le travail et la religion le remède à la plaie de l'individualisme.
J'en appelle aux tendances qui se manifestent de toutes
parts. Si le Gouvernement laisse à ces tendances généreuses, tout en les surveillant, l'essor qu'elles sollicitent,
il préviendra de grandes catastrophes. »

Non moins éloquente était, au point de vue de la revendication de la liberté d'association, la fière apologie du
Père de Ravignan que nous avons signalée : *De l'existence
et de l'Institut des Jésuites.* Suivant la voie ouverte par
Lacordaire et Montalembert, il s'adressait à l'opinion plus
qu'au gouvernement, et, se réclamant des libertés modernes, il faisait appel au principe de liberté de conscience posé par la Charte [1].

D'autres écrivains catholiques appuyaient ces revendi-

---

1. « Aux yeux de l'État, des hommes, des prêtres réunis dans des habi-
tudes communes et purement religieuses, pourront n'avoir sans doute
aucun droit politique ou civil de corporation ; et nous ne réclamens rien
à cet égard, mais ces prêtres réunis... sont également inattaquables ; ou
bien la liberté religieuse est un mensonge, et le droit public des Français, la loi fondamentale, une déception... Je ne vous demande ni existence publique et reconnue, ni la moindre part de la fortune de l'État, je
demande seulement à respirer comme vous l'air libre de la patrie. » (Édition de 1859, p. 24, 25.)

cations : M. de Vatimesnil, dans sa lettre au *R. P. de Ravignan* ; M. de Riancey dans sa brochure *La loi et les Jésuites* ; l'abbé Dupanloup en 1845 dans sa brochure intitulée *Les associations religieuses* [1] ; Montalembert dans son programme de l'*Agence pour la défense de la liberté religieuse*, dans ses pétitions [2] pour la liberté de l'enseignement, dans sa brochure de 1843 sur *Le devoir des catholiques dans la question de la liberté d'enseignement* [3]. Ozamam, tout en défendant la généralité des professeurs de l'Université contre le reproche d'irréligion, s'associait à la campagne de Montalembert [4] ; dès 1837 il avait préconisé entre les classes sociales cette union dont il voyait l'instrument dans l'association charitable [5]. Il démontrait ainsi par la pratique l'utilité de l'association dont il recommandait l'usage. Notons enfin la campagne de Veuillot dans l'*Univers* fondé peu après la révolution de Juillet [6] ; comme tous les défenseurs de la liberté d'enseignement et de la liberté des congrégations pour lesquelles il luttait, il en voyait la garantie dans la liberté d'association [7].

Il ne faut pas non plus négliger toute une catégorie d'écrivains réformateurs ou socialistes qui, malgré les erreurs ou les illusions de leurs doctrines, contribuèrent à la diffusion de l'idée d'association [8].

Les doctrines de Saint-Simon réagissaient contre les idées de l'isolement des individus et de l'égoïsme de l'État. D'après elles la liberté de l'individu n'est pas le

1. Rousse. *Consultation*, p. 62 (note).
2. Il réclame le droit qui appartient à tous les Français de s'unir : « Il est temps que l'esprit d'association se forme parmi nous. » (Lecannet. *Montalembert*, t. I, p. 230.)
3. Thureau-Dangin, t. V, p. 485 ; Burnichon, t. II, p. 487.
4. Beaunard. *Frédéric Ozanam*, 1912, p. 318.
5. Entre le système d'intervention directoriale du Gouvernement et la liberté absolue de l'individu il voyait place pour un système de conciliation avec l'association des travailleurs. (Cité par M. Joly. *Revue hebdomadaire*, 12 avril 1913, p. 205, 207).
6. Thureau-Dangin, t. V, p. 475 ; Burnichon, t. II, p. 523 et s.
7. « C'est la vie des catholiques que l'on veut suspendre et, s'il se peut, étouffer », disait-il en 1845 à propos de l'interpellation sur les Jésuites. (*Revue catholique des Institutions*, 1891, p. 498.)
8. Pour la bibliographie des œuvres Saint-Simoniennes et socialistes voir : Reybaud. *Études sur les réformateurs et les socialistes modernes*, 1844, p. 399.

but du contrat social ; l'organisation sociale doit avoir
pour objet l'amélioration de la classe la plus nombreuse
et la plus pauvre. Il faut réorganiser la société en prenant le travail pour base de toute hiérarchie, combattre
les effets désastreux de la division du travail, généraliser
la richesse nationale et lutter contre l'individualisme en
associant les travailleurs [1]. Négligeons les utopies sur la
nouvelle organisation de la religion, de la famille, de la
propriété ; constatons qu'après le procès de 1832 et la
condamnation d'Enfantin, les adeptes de la doctrine Saint-
Simonienne, dont plusieurs furent des hommes distingués [2], se placèrent sur un terrain exclusivement pratique et s'en tinrent à préconiser les grands travaux
publics et les institutions de crédit agricole et industriel [3].

Il n'en est pas moins vrai que l'école Saint-Simonienne
répondit l'idée d'association et préconisa ses applications
dans le monde du travail [4].

Saint-Simon avait été le précurseur du socialisme.
L'état d'esprit qui, sous ce nom nouveau, tendit à la transformation et au bouleversement de l'ordre social, avait en
effet dû, pour une grande part, sa formation aux doctrines Saint-Simoniennes qui attribuaient les inégalités et
les souffrances à l'organisation sociale [5]. Le socialisme,
qui tendra de plus en plus à devenir un parti politique
par son alliance avec les passions révolutionnaires [6], est
à l'origine une doctrine. Les socialistes ne se proposent
plus, comme les économistes, de consolider l'ordre social ;
ils veulent le transformer. Dans ses diverses manifestations, et tout en faisant appel à la puissance de l'Etat,
l'école socialiste a cependant recours à l'association pour
réaliser ses plans de réorganisation sociale.

Pierre Leroux, d'abord Saint-Simonien, et rédacteur

1. Clément. *Réforme sociale*, 1er avril 1913, p. 460 ; Reybaud, p. 33,
42, 88.
2. Thureau-Dangin, t. I, p. 270.
3. C'est-à-dire des associations de capitaux.
4. Du Célier, p. 54. — Transon déclare que, selon Saint-Simon, la loi de
l'humanité est le progrès continu vers l'association universelle. (Reybaud, p. 7.)
5. Thureau-Dangin, t. VI, p. 82.
6. *Eod. loco*, p. 141.

du *Globe*, exposa dans divers ouvrages et revues sa doctrine [1] qui avait pour objet le perfectionnement constant de l'humanité. Tout en aboutissant au socialisme d'Etat, il préconisait comme remède à l'isolement de l'individu la forme particulière d'association qu'il appelait la triade.

Fourier [2], dont les ouvrages avaient paru avant la révolution de Juillet [3] et n'avaient eu d'abord aucun retentissement, vit sa doctrine propagée, après le démembrement de l'école Saint-Simonienne par Lechevallier et Transon qui publièrent le *Phalanstère* et la *Réforme industrielle*. Après l'éloignement de ces deux disciples, Victor Considérant continua la propagande dans la *Phalange* et dans la *Démocratie pacifique*. Fourier croit trouver dans l'association le remède aux maux qui résultent de la concurrence, du salariat et de la misère. A « l'ordre morcelé » il veut substituer « l'ordre combiné [4] » en associant les capitaux, les ménages et les familles. Chacune des associations compose un phalanstère. On sait comment, avec la thèse de « l'attraction passionnelle », Fourier organisait le phalanstère aboutissant à un système de destruction de la famille où le ridicule le disputait à l'odieux. Les essais pratiques d'organisation phalanstérienne ne conduisirent qu'à des échecs complets. La doctrine, qui se résolvait en une œuvre de décomposition morale et sociale, tint cependant une place importante dans le mouvement intellectuel du temps, grâce à la propagande de Considérant [5] et des hommes qui l'entouraient.

Le communisme avait ses apôtres [6] dans Buonarotti qui propageait les idées révolutionnaires de Babeuf et dont les

---

1. Thureau-Dangin, t. VI, p. 84.
2. *Eod. loco*, p. 95.
3. *Théorie des quatre mouvements*, 1808. — *L'association domestique et agricole*, 1822. — *Le nouveau monde industriel*, 1829.
4. Fourier poursuit « la construction de sociétés supérieures ou harmoniques fondées sur le principe de l'association. (Considérant. *Le socialisme devant le vieux monde*, p. 42.) Une des principales formules du socialisme phalanstérien est l'association volontaire du capital, du travail et du talent (*Eod. loco*, p. 56) ; Michel. *L'idée de l'Etat*, p. 378 et s.
5. *Destinées sociales*, 1836-1838. — *Le socialisme devant le vieux monde*, 1849.
6. Thureau-Dangin, t. VI, p. 107 et s.

doctrines pénétraient les sociétés secrètes ; dans Cabet avec son système icarien où l'État avait le rôle de régulateur [1] ; dans Louis Blanc avec sa brochure sur *l'organisation du travail* publiée en 1840. Louis Blanc préconisait l'association des travaux, mais cette association s'opérait par la toute-puissance de l'État qui devait prévenir les maux qu'engendre la libre concurrence en organisant des « ateliers nationaux » et en réglementant les salaires. Notons enfin Proudhon qui contribua avec Louis Blanc à donner au socialisme ses précisions doctrinales [2] en réclamant l'égalité absolue des conditions de fortune et des salaires [3], et qui surtout répandit dans la classe ouvrière des idées de haine contre la société, la propriété et l'autorité [4]. Démolisseur implacable de l'ordre social, il était impuissant à reconstruire. Attaquant les communistes pour établir un véritable communisme d'État, il était au fond individualiste ; tout en préconisant le contrat qui repose sur l'initiative des parties, tout en prônant la mutualité, il était en réalité hostile aux aspirations vers l'association [5].

Malgré leurs erreurs cependant et malgré l'influence pernicieuse de leurs doctrines, les utopistes et les écrivains socialistes avaient orienté l'opinion publique vers l'idée d'association. Victor Considérant, se défendant de donner au socialisme un caractère révolutionnaire, pourra écrire : « Nous sommes avant tout de l'école sociétaire, c'est-à-dire de l'école qui résout tous les problèmes sociaux par la liberté, par l'association facultative et volontaire [6]. » M. Reybaud écrivant en 1841 ses *Études sur les réformateurs ou socialistes modernes*, arrivait à cette conclusion [7] : « Ces écoles téméraires soulevaient le plus grand problème des temps modernes, celui de l'association [8]. »

---

1. Voir dans Considérant (*Le socialisme*, p. 33) les points sur lesquels Cabet se sépare d'Owen dont il avait subi l'influence.
2. Thureau-Dangin, t. II, p. 220.
3. *Mémoire sur la propriété*, 1840 ; *Création de l'ordre dans l'humanité*, 1843 ; *Système des contradictions économiques*, 1846.
4. Thureau-Dangin, t. VI, p. 141.
5. Considérant. *Le socialisme*, p. 105.
6. Considérant. *Eod. loco.*, p. 126.
7. P. 295.
8. Du Célier (p. 54) remarque que de ces doctrines se dégage, avec l'idée de l'intervention de l'État, l'idée « que les forces humaines, comme

La notion d'association s'était donc répandue dans les esprits pendant la période de la monarchie de juillet en même temps que l'usage de l'association, ainsi que nous l'avons observé, entrait dans les mœurs. A la fin de cette période M. Reybaud, dans l'ouvrage précité, pouvait dire[1] : « L'avenir, on peut l'espérer du moins, appartiendra à l'association. Seule elle saura apporter un remède efficace aux vices de la culture morcelée, à l'éparpillement des forces sociales, aux chocs quotidiens dans lesquels elles s'annulent et s'absorbent, aux sacrifices que conseille une concurrence déréglée. Elle aura seule la puissance de terminer une longue querelle qui se perpétue entre le principe de la liberté et le principe de l'autorité. Dans le monde des passions, dans le monde de l'intelligence, dans le monde des intérêts, l'harmonie ne se fondera que par l'association. Rien n'est encore prêt pour son avènement ; gouvernement et peuple, personne n'est mûr, tout résiste, et pourtant un besoin d'union, de concert, se fait sentir de mille côtés. Partout où l'association a offert quelque sécurité, quelque garantie, on est allé vers elle sans effort, avec abandon. La dette publique, les banques, les grandes entreprises commerciales et industrielles, sont les produits de cet instinct, de ce besoin. Sur une échelle plus réduite, le principe règne dans le domaine des affaires. Les capitaux se cherchent et se groupent, les intérêts se combinent et se coalisent. L'association a aussi pénétré dans les sphères morales et pour des fins toutes de sentiment. En haut se forment des sociétés de charité et de philanthropie ; en bas des sociétés de secours mutuels. Les symptômes sont donc consolants, et, si notre cœur ne nous trompe, l'avenir sera beau... Les abus de l'autorité ont dû conduire à la liberté, c'est-à-dire à l'expression la plus élevée de la force individuelle ; les abus de la liberté individuelle conduiront à l'association qui doit être la manifestation la plus complète de la force collective[2]. »

les capitaux, ne peuvent arriver à leur maximum de puissance que par l'association ».

1. P. 296.

2. M. Reybaud indiquait que l'Académie des sciences morales avait mis au concours la question de l'association privée et volontaire.

Et de fait, nous l'avons dit, une réaction s'opérait contre l'individualisme par la création d'une multitude d'associations dont la vogue n'était pas sans provoquer les critiques et portait parfois à la raillerie [1]. Cet état de choses était constaté dans la discussion même de la loi de 1834 par plusieurs orateurs, notamment par M. Bérenger [2] et par M. Isambert qui prétendait qu'il existait plus de trente mille associations non autorisées [3]. Cet état de choses résultait aussi de la situation des principales catégories d'associations que nous avons envisagées, situation que nous voulons résumer dans son ensemble.

Nous avons constaté, sous l'influence du mouvement très marqué de renaissance religieuse, le développement des associations sur le terrain religieux, surtout des associations pour la défense de la liberté religieuse. Les congrégations religieuses continuent à se développer. Elles sont encore l'objet d'attaques violentes, mais ces attaques apparaissent de plus en plus démodées en présence des services qu'elles rendent sur le terrain de la bienfaisance et de l'enseignement. Leurs défenseurs, ne se contentant pas de lutter sur le terrain légal, font appel à l'opinion publique en se réclamant du droit commun et des libertés publiques dont les catholiques revendiquent l'usage. Le Gouvernement fait preuve à leur égard de tolérance et même d'une bienveillance manifeste toutes les fois qu'il n'a pas à craindre une opposition parlementaire faisant appel aux anciens préjugés. Nous avons constaté toutefois que les congrégations restent soumises à une législation spéciale considérée comme nécessaire par les pouvoirs publics, et que la situation des religieux, en ce qui concerne le droit de s'associer et de vivre en commun en dehors de toute personnalité civile, reste mal définie. Malgré les efforts des jurisconsultes, les adversaires des congrégations continuent à maintenir la confusion entre la congrégation non autorisée et l'association illicite. La ques-

1. Reybaud. *Jérôme Paturot*, 1845, ch. XIII. Les sociétés philantrophiques et savantes.

2. *Moniteur* du 18 mars, p 603. M. Bérenger citait l'Association pour l'abolition de la traite des noirs, pour l'instruction élémentaire, la Société des prisons, l'Association des amis de la paix.

3. *Eod. loco.*, p. 627.

tion se pose cependant plus précise, devant l'opinion publique, sur le terrain du droit commun où la liberté d'association est revendiquée pour tous les citoyens.

Sur le terrain de la bienfaisance les associations se développent et le besoin en apparaît de plus en plus sur le terrain économique.

Sur le terrain professionnel on constate le réveil plus marqué de l'idée corporative, et de nombreux écrivains s'efforcent de trouver un remède au mal profond qui résulte de l'isolement de ceux qui exercent le même genre de travail. Les ouvriers, rapprochés les uns des autres par le développement de la grande industrie, ressentent plus vivement leurs souffrances souvent trop réelles, leurs besoins et leurs communes aspirations. La classe ouvrière en se formant tend à la liberté d'association [1] que nous avons vue revendiquée pour la première fois par Berryer dans le procès des compagnons charpentiers. Mais, en pratique, ces aspirations se traduisent, en dehors du compagnonnage dont la décadence s'accentue, par des tentatives encore restreintes et isolées, de groupements véritablement professionnels. Ni le Gouvernement, ni le patronat, n'ont su prendre l'initiative de ce mouvement, et les milieux ouvriers, privés du droit d'association, poussés irrésistiblement par le besoin de s'unir pour la défense de leurs intérêts communs et l'amélioration de leur sort, vont être conduits à se grouper dans un esprit d'antagonisme et de révolte [2]. Le socialisme et les tendances révolutionnaires feront de plus en plus dévier le mouvement ouvrier vers des influences politiques. Il en résultera contre ce mouvement la méfiance trop souvent justifiée de l'opinion publique, et la réalisation des légitimes aspirations du monde du travail à la liberté d'association s'en trouvera pour longtemps retardée.

Sur le terrain politique et électoral les associations représentaient en réalité l'exercice d'un droit constitu-

1. Du Célier, p. 56.

2. « Grâce aux mauvais génies, des désirs extravagants ont chassé les justes espérances, et des hommes à qui la société offrait de gagner une part de ses richesses se sont mis en tête de tout prendre par la force. » (De la Hodde, p. ix.)

tionnel, mais elles ne se bornèrent pas à l'exercice de ce droit. Se produisant trop souvent avec le caractère de sociétés secrètes et révolutionnaires qui ne cessaient de faire appel à la violence et au crime, s'appuyant au fond sur les pires éléments de désordre, adoptant, lors même qu'elles se plaçaient sur le terrain constitutionnel, la forme d'une opposition systématique, les associations politiques travaillèrent à la chute du régime établi par la Charte de 1830.

La révolution de 1848, qui n'avait pas comme celle de 1830 sa justification dans les actes illégaux du pouvoir, fut une catastrophe qui n'avait pas été voulue par la plupart des membres de l'opposition et qui les jeta dans une véritable stupeur [1]. Par qui fut-elle accomplie ? En fait, et si l'on considère les événements des journées de février, par des meneurs entraînant avec eux certains éléments des sociétés secrètes [2], et surtout les éléments de désordre toujours prêts à se jeter dans une agitation révolutionnaire [3]. Il faut y joindre, avec la garde nationale dont la défection encouragea l'émeute [4], les masses ouvrières [5], travaillées depuis si longtemps par les excitations à la haine contre un Gouvernement sans cesse accusé de corruption et gardant le souvenir des poursuites contre les coalitions ouvrières qui apportaient leur appoint pour le renversement du régime. Mais au fond la révolution de 1848 était l'œuvre du parti républicain [6] et plus encore de l'opposition dynastique [7]. Celle-ci avait accepté le concours des républicains dans la campagne pour la réforme électorale et en faveur de la liberté de réunion qui devaient être les prétextes du conflit, et soulevé l'agitation des banquets. En réalité ces hommes de l'opposition constitu-

1. Thureau-Dangin, t. VII, p. 526.
2. *Eod. loco*, p. 457; De la Hodde, p. 431.
3. « Il y a à toute époque dans Paris dix mille coquins qui renverseront le Gouvernement existant... les fautes du pouvoir sont le prétexte, l'entraînement de la classe moyenne est le moteur, mais la véritable force... c'est le troupeau qui grouille dans les égouts de Paris. » (De la Hodde, p. 450, 451, 474.)
4. Thureau-Dangin, t. VII, p. 437.
5. De la Hodde, p. 432.
6. Thureau-Dangin, t. VII, p. 504, 514.
7. Thureau-Dangin, t. VII, p. 526.

tionnelle qui n'avaient pas désiré la chute du régime [1], l'avaient préparée par la direction imprimée aux associations politiques et électorales. Les associations politiques, avec le concours des sociétés secrètes, n'avaient cessé d'ébranler le Gouvernement dont leurs attaques incessantes devaient amener la chute. Aussi l'association politique dont la crainte avait provoqué la législation prohibitive de 1834, devait continuer à apparaître dans l'avenir avec un caractère révolutionnaire qui fera de nouveau considérer au pouvoir, surtout après la période de 1848, la liberté d'association comme un danger politique.

Quelle fut, à l'égard des associations, l'attitude du Gouvernement sous la monarchie de juillet ? Par son origine même, il était porté à la tolérance ; mais, après les hésitations du début, il fut conduit à se défendre contre les éléments révolutionnaires auxquels il devait en somme son existence. Après avoir usé des armes que mettait entre ses mains la législation du Code pénal dont il reconnaissait lui-même le caractère excessif, il se trouva, par la violence des sociétés populaires et secrètes conduit à réclamer, avec la loi de 1834 une aggravation de la législation. Il faut reconnaître que cette nouvelle législation n'était pas en opposition, sinon avec l'esprit, au moins avec la lettre de la Charte de 1830 qui ne contenait pas la promesse de la liberté d'association comme celle de la liberté d'enseignement. Il faut reconnaître aussi, qu'en réclamant contre les associations de nouvelles armes, le Gouvernement répondait au vœu de la partie de la population soucieuse avant tout du maintien de l'ordre public, qu'il était entraîné par la nécessité de défendre son existence contre des excitations aboutissant à l'émeute et aux attentats criminels. Il ne faut pas oublier enfin que le Gouvernement fit de la loi une application modérée et que son hésitation à y recourir contre les comités électoraux, devenus de véritables associations, fut une des causes qui rendirent la révolution du 1848 inévitable.

Il faut cependant regretter que cette nécessité légitime de défense contre une action révolutionnaire n'ait pas

---

1. Thureau-Dangin, t. VII, p. 341 ; De la Hodde, p. 407.

permis au Gouvernement d'accoutumer l'opinion publique
à l'exercice de la liberté d'association, même sur le terrain politique. Il faut déplorer que, pour lutter contre les
violences des associations révolutionnaires, il ait été conduit à introduire dans la législation ce texte qui frappait,
plus rigoureusement encore que le Code pénal, toutes les
associations quel que fut leur but et leur caractère. C'était
maintenir la législation prohibitive même contre les honnêtes gens, c'était rejeter les éléments de désordre dans
les associations secrètes. Malgré les armes qu'il avait
réclamées et dont il n'osa pas suffisamment se servir, le
Gouvernement devait être débordé sur le terrain même où
il avait voulu soutenir la lutte.

Si nous essayons de caractériser la période de la monarchie de juillet, nous pouvons noter, avec un important
développement des associations, un incontestable mouvement en faveur de la liberté d'association elle-même.
Nous pouvons d'autre part constater que l'Etat est, plus
puissamment encore que dans la période précédente, armé
contre l'association par une législation qui maintient, en
l'aggravant, le système de prohibition et d'arbitraire. En
pratique, dans la réalité des faits et dans le mouvement
des idées, c'est, malgré d'incontestables erreurs, une
période de progrès pour l'association et pour l'expansion
de la notion elle-même de la liberté d'association : au
point de vue législatif, toutes les associations peuvent être
paralysées, c'est une période d'oppression.

TABLE DES MATIÈRES

www.ingramcontent.com/pod-product-compliance
Lightning Source LLC
LaVergne TN
LVHW020955050726
842519LV00001B/257